suhrkamp taschenbuch
wissenschaft 2386

Seit zwei Jahrzehnten tritt der Politikwissenschaftler John McCormick für eine »demokratische Wende« in der Forschung zu Machiavelli ein, indem er die plebejischen, antioligarchischen und sogar »populistischen« Züge von dessen politischem Denken betont. Wie die bahnbrechenden Aufsätze in diesem Band zeigen, ist Machiavelli überraschend relevant für die Analyse der gegenwärtigen Krise der Demokratie, die durch Populismus und Plutokratie gekennzeichnet ist. Mit seiner Hilfe, so McCormick, lassen sich unsere demokratischen Verfassungen neu gestalten, so dass die Bürgerinnen und Bürger die Korruption von Oligarchen vereiteln und sich direkter sowie umfassender am politischen Geschehen beteiligen können.

John McCormick ist Professor für Politikwissenschaft an der University of Chicago. Er gilt als einer der bedeutendsten Machiavelli-Forscher der Gegenwart.

# John McCormick
# Machiavelli und der populistische Schmerzensschrei

*Studien zur politischen Theorie*

Aus dem Amerikanischen
von Mike Hiegemann

Mit einem Nachwort
von Dirk Jörke

Suhrkamp

Klimaneutral
Druckprodukt
ClimatePartner.com/14438-2110-1001

Erste Auflage 2023
suhrkamp taschenbuch wissenschaft 2386
Originalausgabe

Umschlag nach Entwürfen
von Willy Fleckhaus und Rolf Staudt
Druck und Bindung: C.H. Beck, Nördlingen
Printed in Germany
ISBN 978-3-518-29986-9

www.suhrkamp.de

# Inhalt

*Für Christian Joerges*

# Vorwort

Die in diesem Band versammelten Aufsätze lassen sich zwei miteinander verflochtenen wissenschaftlichen Strömungen zuordnen: der Demokratisierung Machiavellis und der Machiavellisierung der Demokratietheorie. Im Laufe der vergangenen zwanzig Jahre vollzog sich in der Forschung zu Niccolò Machiavelli eine »demokratische Wende« – eine Interpretationswende, im Zuge derer die proplebejischen, antioligarchischen und sogar »populistischen« Aspekte der politischen Theorie des florentinischen Staatssekretärs in den Vordergrund gerückt wurden.[1] Im Bestreben, gegenwärtige Demokratien zu reformieren, haben Politikwissenschaftler im selben Zeitraum überdies an Machiavelli als einer Inspirationsquelle angeknüpft; insbesondere wenn es darum ging, Institutionen so umzugestalten, dass gewöhnliche Bürger oligarchische Korruption vereiteln und sowohl direkter als auch umfassender an politischen Prozessen teilhaben können.[2]

1 Vgl. John P. McCormick, *Machiavellian Democracy*, Cambridge 2011; sowie ders., *Reading Machiavelli. Scandalous Books, Suspect Engagements and the Virtue of Populist Politics*, Princeton 2018. Vgl. ferner Filippo Del Lucchese, *The Political Philosophy of Niccolò Machiavelli*, Edinburgh 2015; Christopher Holman, *Machiavelli and the Politics of Democratic Innovation*, Toronto 2018; Ronald J. Schmidt, *Reading Politics with Machiavelli*, Oxford 2018; Yves Winter, *Machiavelli and the Orders of Violence*, Cambridge 2018; sowie Gabriele Pedullà, *Machiavelli in Tumult. The Discourses on Livy and the Origins of Conflictual Politics*, Cambridge 2018. Zur kritischen Beurteilung dieser Literatur vgl. Catherine H. Zuckert, »Machiavelli. Radical Democratic Political Theorist?«, in: *Review of Politics* 3 (2019), S. 499-510; Marc Stears u. a., »On Machiavelli as Plebeian Theorist,« in: *Theoria* 161 (2019), S. 108-116; sowie Katherine M. Robiadek, »For the People. Deepening the Democratic Turn in Machiavelli Studies«, in: *Political Theory* 4 (2021), S. 686-699.

2 Vgl. Oliver Dowlen, *The Political Potential of Sortition. A Study of the Random Selection of Citizens for Public Office*, Exeter 2008; Mark Warren, Hilary Pearse (Hg.), *Designing Deliberative Democracy. The British Columbia Citizens' Assembly*, Cambridge 2008; Graham Smith, *Democratic Innovations. Designing Institutions for Citizen Participation*, Cambridge 2009; Peter Stone, *The Luck of the Draw. The Role of Lotteries in Decision Making*, Oxford 2011; Robert E. Goodin, *Innovating Democracy. Democratic Theory and Practice After the Deliberative Turn*, Oxford 2012; Jeffrey A. Winters, *Oligarchy*, Cambridge 2011; Martin Breaugh, *The Plebeian Experience. A Discontinuous History of Political Freedom*, New York

Die folgenden Aufsätze zeichnen nach, dass es sich bei Machiavelli um den ersten Denker der westlichen politischen Ideengeschichte handelt, der darauf bestand, dass die Wenigen und nicht die Vielen die größte Gefahr für die Freiheit des Gemeinwesens, für Republiken und Volksherrschaften darstellen. Ferner betonen sie, dass Machiavelli als erster politischer Theoretiker Vorschläge zu politischen Institutionen formulierte – wie etwa Volkstribunen und politische Strafprozesse, bei denen die Gerichtsbarkeit vom Volke ausgeht –, die gewöhnliche Bürger dazu ermächtigen, sowohl das Verhalten der Eliten einzuschränken als auch eine direkte Volksherrschaft über die öffentliche Ordnung auszuüben. Die Aufsätze veranschaulichen, dass Machiavelli eine Form der Volksherrschaft vorschlug, die den aristokratischen Vorurteilen früherer Autoren wie beispielsweise Platon, Aristoteles, Cicero, Bruni und zu seiner Zeit Guicciardini trotzte. Darüber hinaus wird in den nachfolgenden Aufsätzen dargelegt, wie und in welchem Umfang nachfolgende »Republikaner« wie etwa Jean-Jacques Rousseau und in jüngerer Zeit Nadia Urbinati und Philip Pettit versuchten, sich der populistischen Vorschläge zu erwehren, die Machiavelli aus der athenischen Demokratie und insbesondere dem republikanischen Rom herleitete.

Im Folgenden schlage ich außerdem vor, im Rahmen gegenwärtiger Demokratien einige Aspekte von Machiavellis demokratischem Verfassungsmodell anzuwenden. Ich plädiere dafür, dass liberale Demokratien Institutionen wie ein neorömisches »Volkstribunat« einführen sollten, an dem ausschließlich plebejische Bürger teilnehmen; oder eine neo-athenische »Bürgerjury«, in der eine große Anzahl gewöhnlicher Bürger über die Schuld oder Unschuld der sozioökonomischen und politischen Eliten urteilen, die aufgrund unangemessenen oder kriminellen Verhaltens angeklagt wurden.

In den 1990er Jahren war ich der Tradition der Frankfurter Schu-

2013; Jeffrey Green, *The Shadow of Unfairness. A Plebeian Theory of Democracy*, Oxford 2016; Lawrence Hamilton, *Freedom Is Power. Liberty through Political Representation*, Cambridge 2014; Steven Klein, *The Work of Politics. Making a Democratic Welfare State*, Cambridge 2019; K. Sabeel Rahman, *Democracy Against Domination*, Oxford 2016; George Robert Bateman, *The Transformative Potential of Participatory Budgeting. Creating an Ideal Democracy*, London 2019; sowie v. a. Camila Vergara, *Systemic Corruption. Constitutional Ideas for an Anti-Oligarchic Republic*, Princeton 2020.

le sehr verbunden, nutzte den frühen Habermas, um Carl Schmitts wiederauflebende Theorie einer Führerdemokratie zu kritisieren, und versuchte, Habermas' Theorie einer europäischen Demokratie nach seiner kantischen Wende zu rehegelianisieren.[3] Angesichts der rasant wachsenden sozialen Ungleichheit und der rücksichtslosen militärischen Intervention der Bush-Cheney-Regierung sah ich mich in den frühen 2000er Jahren dazu veranlasst, nochmals auf mein frühes Interesse an Machiavelli zurückzukommen. Ich erinnerte mich daran, wie Machiavelli ausdrücklich betonte, dass die Bürger der antiken Republiken die Eliten viel härter für Korruption und Verrat bestraften, als die republikanischen Bürger es zu seiner Zeit taten – zweifelsohne strenger, als wir es in gegenwärtigen liberalen Demokratien tun. In der Tat sollten Machiavellis Schriften modernen Bürgern die Schamesröte ins Gesicht treiben. Denn er beharrt darauf, dass Bürger weder in den Genuss von Freiheit noch Gleichheit kommen, solange sie politischen und sozioökonomischen Eliten erlauben, mit Verbrechen wie den folgenden davonzukommen: ein Desaster wie den Zweiten Golfkrieg auszulösen, eine Katastrophe wie die Finanzkrise von 2008 zuzulassen und in jüngster Zeit einem Präsidenten Donald Trump zu ermöglichen, einen gewaltsamen Sturz der konstitutionellen Demokratie in den Vereinigten Staaten anzuzetteln. Jeder, der sich ernsthaft mit Machiavellis Texten befasst, so schien es mir, sollte erkennen, dass moderne demokratische Bürger den Eliten gestatten, straffrei genau die Art ungeheuerlicher Verbrechen zu begehen, für die er die schwersten Strafmaßnahmen vorsah. Aufgrund der veränderten Umstände und Beweggründe wurden meine Arbeiten weniger von Habermas als von Machiavelli geprägt, als das zwanzigste Jahrhundert dem einundzwanzigsten Platz machte.

Obwohl Machiavelli an keiner Stelle das Wort »Demokratie« verwendete und wenngleich er einige (jedoch eingeschränkte) Vorbehalte gegenüber der athenischen Demokratie äußerte, liefern die hier versammelten Aufsätze genügend Gründe, die dafür sprechen, dass es sich bei Machiavelli tatsächlich um den ersten »demokratischen Theoretiker« in der westlichen politischen Ideengeschichte handelt. Auch wenn Rousseau diese Ehre oft und weithin zuteil-

3 Vgl. McCormick, *Carl Schmitt's Critique of Liberalism. Against Politics as Technology*, Cambridge 1997; sowie ders., *Weber, Habermas and Transformations of the European State. Constitutional, Social, and Supranational Democracy*, Cambridge 2009.

wird, werde ich Folgendes nachweisen: Während Rousseau Machiavellis Verachtung für sozioökonomische Ungleichheit geteilt haben mag, lehnte er durch Mehrheiten bestimmte politische Reformen vehement ab, die Machiavelli befürwortete, um diese Form der Ungleichheit zu überwinden. Weitaus radikaler als Rousseau hob Machiavelli die klassische normative Unterscheidung zwischen Aristokraten und Oligarchen auf und warf sozioökonomischen Eliten vor, *immer* zugunsten der Unterdrückung gewöhnlicher Bürger zu agieren. Daher billigte er Reformgesetze, die Rousseau verachtete, wie etwa Roms Ackergesetze, aufgrund derer das Eigentum von wohlhabenden zu ärmeren Bürgern umverteilt wurde.

Machiavelli, so denke ich, greift die wenigen Momente der traditionellen politischen Ideengeschichte auf, in denen Autoren wie Aristoteles widerwillig einräumen, dass das gemeine Volk gelegentlich über ein gutes politisches Urteilsvermögen verfügt, und entwirft auf dieser Grundlage eine neue demokratische Theorie. In Anlehnung an Leo Strauss und Carlo Ginzburg sind noch heute zahlreiche Historiker und Politikwissenschaftler auf die wenigen Fälle fixiert, in denen Machiavelli anmerkt, das Volk habe eine schlechte politische Entscheidung getroffen, während sie die vielen und weitaus katastrophaleren Entscheidungen völlig ignorieren, die Machiavelli den Eliten (insbesondere aristokratischen Senaten) der spartanischen, römischen, karthagischen, venezianischen und florentinischen Republiken zuschreibt. Ich lege dar, dass Machiavelli während seiner gesamten Laufbahn tatsächlich plebejische Aufstände lobte, die darauf abzielten, Republiken auf antioligarchische und protopopulistische Weise zu reformieren – insbesondere *tumulti* wie die römische *secessio plebis*, den sogenannten Ausmarsch des einfachen Volkes, und den Ciompi-Aufstand.

Einige Leser mögen überrascht sein, dass ich in diesen Aufsätzen Machiavellis radikal demokratische Politik bedenkenlos dem Populismus zuordne. Das mag daran liegen, dass zu viele Wissenschaftler und Journalisten Populismus als ein ausschließlich rechtes Phänomen begreifen. Dabei ignorieren sie die Tatsache, dass der Populismus durchaus progressive Formen angenommen hat und immer noch annimmt, von der *People's Party* in den Vereinigten Staaten des späten neunzehnten Jahrhunderts bis hin zu den *Gilets jaunes* im heutigen Frankreich. Der Populismus, mit dem ich die machiavellische Demokratie verbinde, ist ein dezidiert linker Populismus.[4] Wie ich in den einleitenden und abschließenden Aufsätzen verdeutliche, ist der Unterschied zwischen Links- und Rechtspopulismus recht einfach zu erklären: Der progressive Populismus ist eine ausdrücklich mehrheitliche Bewegung, die die ungerechten Privilegien einer reichen und mächtigen elitären Minderheit infrage stellt. Der Rechtspopulismus hingegen ist eine chauvinistische, jedoch nicht unbedingt »mehrheitliche« Bewegung, die die imaginären Privilegien vulnerabler zugewanderter oder religiös-ethnischer Minderheiten anficht. Machiavellis Schriften antizipieren einen linken Populismus, weil er die Plebejer dazu anhält, sozioökonomische und politische Eliten herauszufordern – informell durch *tumulti*, formell durch klassenspezifische Institutionen – und von ihnen einen wachsenden Anteil an der wirtschaftlichen und politischen Macht einzufordern.

Liberale oder pluralistische Kritiker des Populismus, so behaupte ich, haben sich auf zu rigide Weise der parteibasierten, repräsentativen Demokratie verschrieben. Solche Systeme können die Masse der Bürger jedoch nur enttäuschen, weil sie grundsätzlich den sozioökonomischen und politischen Eliten den Vorzug geben und so die Saat der Unzufriedenheit säen, die von antidemokratischen Führern oder Parteien ausgenutzt werden kann. Ich nenne diese Unzufriedenheit in Anlehnung an einen Ausdruck Émile Durkheims »den populistischen Schmerzensschrei«.[5] Entschiedenen Kritikern des Populismus wie Urbinati oder Cas Mudde[6] halte ich entgegen, dass repräsentative Systeme durch direktdemokratische oder klassenspezifische Institutionen ergänzt werden müssen. Damit meine ich machiavellische Institutionen, die ein direktes Urteil des Volkes ermöglichen (wie Referenden oder politische Strafprozesse), sowie Institutionen, die gewöhnliche Bürger (moderne »Plebejer«, wenn Sie so wollen) dazu ermächtigen – entweder per Losverfahren

4 Vgl. die Beiträge in Dagmar Comtesse u. a. (Hg.), *Radikale Demokratietheorie. Ein Handbuch*, Berlin 2019.

5 Vgl. Émile Durkheim, *Le Socialisme. Sa définition, ses débuts, la doctrine saint-simonienne*, Paris 1992, S. 37: »Der Sozialismus ist keine Wissenschaft, keine Soziologie im Kleinen, er ist *ein Schrei des Schmerzes* und zuweilen des Zorns, der von den Männern ausgestoßen wird, die unser kollektives Unwohlsein am stärksten spüren.« Aus dem Französischen von und hervorgehoben durch Mike Hiegemann.

6 Vgl. Cas Mudde, Cristóbal Rovira Kaltwasser, *Populismus. Eine sehr kurze Einführung*, aus dem Englischen von Anne Emmert, Bonn 2019.

(anstelle von Wahlen) oder durch Institutionen (Ämter oder Versammlungen), von denen sozioökonomische Eliten ausgeschlossen sind –, direkt ein politisches Amt auszuüben.

Ich möchte, dass die Leser Folgendes aus dieser Sammlung mitnehmen: Machiavelli legt überzeugend dar, dass Volksherrschaften die ständigen Ziele von (obwohl er den Begriff nicht geprägt hat) »gewaltigen rechten Verschwörungen« sind – zu jeder Zeit, an jedem Ort und in jedem Moment. Aus dieser Perspektive stellt also das, was Politikwissenschaftler kürzlich als plutokratisch erzeugte »systemische Korruption« oder politisch bedingte »oligarchische Folgeschäden«[7] bezeichneten, eine ständige, existenzielle Gefahr für jedes bürgerliche Gemeinwesen dar, das noch nicht zu einer bloßen Oligarchie geworden ist. Die einzige Möglichkeit, diese Korruption zu stoppen oder rückgängig zu machen, besteht darin, dass gewöhnliche Bürger sämtliche Hebel in Bewegung setzen – zum Beispiel im Militärdienst oder durch Arbeitskraft –, um Zugeständnisse von den Eliten zu erzwingen, die es vorziehen, ihren unverhältnismäßigen Einfluss auszudehnen, anstatt ihn aufzugeben. Solche Zugeständnisse müssen die Einrichtung von Institutionen einschließen, die, in Machiavellis Worten, »die Anmaßung der Wenigen stoppen«[8] und das strafgerichtliche Urteil der Vielen ermöglichen, das wiederum »selten schädlich für die Freiheit«[9] ist.

Die Aufsätze in dieser Sammlung haben, wie die meisten meiner Forschungsarbeiten, von einer engen Zusammenarbeit mit deutschen Wissenschaftlern profitiert. Ich möchte Axel Honneth danken, dass er mich 1994 einlud, meinen ersten Vortrag in Deutschland zu halten, und vor allem dafür, dass er mich seinem damaligen jungen Assistenten Rainer Forst vorstellte, mit dem mich seit fast dreißig Jahren ein reger Gedankenaustausch und eine wertvolle Freundschaft verbindet. Dank der großzügigen Einladungen von

7 Vgl. Gordon Arlen, »Aristotle and the Problem of Oligarchic Harm. Insights for Democracy«, in: *European Journal of Political Theory* 3 (2019), S. 393-414; sowie Camila Vergara, »Populism as Plebeian Politics. Inequality, Domination, and Popular Empowerment«, in: *Journal of Political Philosophy* 2 (2020), S. 222-246.

8 Niccolò Machiavelli, *Discorsi sopra la prima deca di Tito Livio*, in: Corrado Vivanti (Hg.), *Opere I. I Primi Scritti Politici*, Turin 1997, S. 73-254, Buch I, Kap. 3. Sämtliche Machiavelli-Zitate in diesem Band wurden von John P. McCormick aus dem Italienischen übersetzt. In dieser Form wurden sie hier aus dem Amerikanischen übertragen.

9 Ebd., Buch I, Kap. 4.

Dagmar Comtesse, Skadi Krause, Marcus Llanque, Andreas Niederberger, Emanuel Richter, Martin Saar, Philipp Schink und dem überaus liebenswürdigen Martin van Gelderen wurden mehrere der hier enthaltenen Aufsätze bereits in Form von Vorträgen in Deutschland präsentiert.

Überaus großer Dank gebührt Dirk Jörke dafür, dass er dieses Projekt konzipiert und sich bereit erklärt hat, daran mitzuwirken, Mike Hiegemann für seine fachkundige Übersetzung der Aufsätze ins Deutsche und insbesondere Philipp Hölzing vom Suhrkamp Verlag für die umsichtige und enthusiastische Unterstützung dieses Projekts von seinen Anfängen bis zur Veröffentlichung. Bereichert wurden die hier versammelten Aufsätze durch die aufschlussreichen Kommentare meiner Studenten Gordon Arlen, Steven Klein, Will Levine und Niklas Plaetzer. Wertvolle Gespräche mit meinen Freunden Sonja Asal, Joel Isaac, Thomas Meyer und Robert Norton haben mir dabei geholfen, diesen Band als Ganzes zu konzipieren. Als Forschungsassistentinnen leisteten Emily Salamanca und Noelle Norona einen unschätzbaren Beitrag.

Diese Sammlung ist Christian Joerges gewidmet, der mir von Bremen über Florenz bis Berlin, in guten wie in schlechten Zeiten, ein herzlicher, großzügiger und engagierter Mentor war.

*Chicago, Illinois, im November 2021*
*John P. McCormick*

# 1. Neubesinnung auf das demokratische Athen und das republikanische Rom in einem Zeitalter der Plutokratie und des Populismus

In den Debatten zur Krise der gegenwärtigen Demokratie spielen zwei antike politische Ordnungen eine bedeutende Rolle: die athenische Demokratie und die römische Republik. In Versuchen, die wachsende politische Ungleichheit sowie die zügellose politische Korruption in unserem plutokratischen Zeitalter zu thematisieren, beruft sich eine zunehmende Anzahl von Politikwissenschaftlern auf beide Modelle, entweder um sie als nachzuahmende Vorbilder oder als abschreckende Beispiele ins Feld zu führen. Ich werde an dieser Stelle einige ideologische und historische Falschdarstellungen hervorheben, wie sie von Philip Pettit und Nadia Urbinati vorgenommen werden, wenn sie sich im Rahmen ihrer Kritik an majoritären und populistischen Lösungsansätzen für die aktuelle Krise auf Athen und Rom beziehen.

Ich stehe hingegen Josiah Obers Ansatz näher, wiewohl die Art und Weise problematisch ist, auf die er anhand seines Entwurfs der sogenannten »Demopolis« – seiner neo-athenischen Alternative zur liberalen Demokratie – moderne liberale von antiken demokratischen Grundsätzen unterscheidet. Im Zuge meiner kritischen Anmerkungen werde ich meine Präferenz für Institutionen beteuern, die sich aus der athenischen Demokratie sowie der römischen Republik herleiten lassen und mithilfe derer man der gegenwärtigen Krise begegnen könnte: Institutionen wie plebejische Versammlungen, zufällig verteilte politische Ämter und vor allem politische Strafprozesse, bei denen die Gerichtsbarkeit vom Volke ausgeht.

In jüngst veröffentlichten Büchern wie Pettits *On the People's Terms*[1] und Urbinatis *Democracy Disfigured*[2] drückt sich eine aufrichtige Besorgnis über die derzeitige Krise der Demokratie aus. Beide artikulieren jedoch tiefgreifende Ängste gegenüber majoritären und populistischen Lösungsansätzen für diese Krise. Folglich

1 Philip Pettit, *On the People's Terms. A Republican Theory and Model of Democracy*, Cambridge 2013.

2 Nadia Urbinati, *Democracy Disfigured. Opinion, Truth and the People*, Cambridge, MA 2014.

schlagen Pettit und Urbinati durch Eliten vermittelte politische Lösungen vor, die allein auf *Wahlen* fixiert sind und gegenmajoritäre Maßnahmen betonen. Ich behaupte hingegen, dass solche Modelle die für eine Wiederbelebung der gegenwärtigen Demokratie notwendigen institutionellen Reformen vielmehr schwächen als befördern. Im Wesentlichen streben sie ein »Weiter so« an. Pettit und Urbinati verdoppeln lediglich den Wetteinsatz und forcieren damit – aus Gründen, die ich noch erläutern werde – genau diejenigen Merkmale moderner repräsentativer Regierungsformen, durch die eine Plutokratie *begünstigt* und reaktionäre Populismen *angespornt* werden.

Ferner sprechen beide Autoren den Modellen Athens und Roms ab, als sinnvolle Inspirationsquellen für gegenwärtige Demokratien gelten zu können: Pettit verzerrt die direktdemokratische Beschaffenheit des antiken Athens, indem er sie als irrational und unterdrückend charakterisiert, während Urbinati das republikanische Rom zur Geburtsstätte des modernen Populismus erklärt, den sie ausschließlich als eine Form des demagogischen Cäsarismus begreift.

In seinem Buch *Demopolis*[3] geht Josiah Ober konstruktiver vor. Auf Basis von historischen Untersuchungen antiker politischer Modelle unterscheidet er mit Blick auf die moderne Staatsform, die wir liberale Demokratie nennen, was tatsächlich als *liberal* und was hingegen als *demokratisch* gelten kann. Ober stellt dar, dass drei Wertsetzungen die *Demokratie* stärken: politische Gleichheit, politische Freiheit und politische Teilhabe. Sie unterscheiden sich wesentlich von ausdrücklich *liberalen* Wertsetzungen, wie beispielsweise persönliche Autonomie, Menschenrechte und Verteilungsgerechtigkeit. Obers Rekontextualisierung verdeutlicht, was Demokratie eigentlich ist und – was weitaus wichtiger ist – welche Möglichkeiten für deren Realisierung im Rahmen großer moderner Nationalstaaten gegeben sind. Ich halte es jedoch für problematisch, dass Ober zu sehr an liberalen Vorstellungen von Privateigentum und körperlicher Unversehrtheit haftet, und zwar auf eine Weise, die eine relative wirtschaftliche Gleichheit sowie einen wirksamen politischen Strafvollzug in einer florierenden Demokratie letztlich verhindern.

3 Josiah Ober, *Demopolis. Oder was ist Demokratie?*, aus dem Amerikanischen von Karin Schuler und Andreas Thomsen, Darmstadt 2017.

# Teil 1: Majoritarismus und Populismus angesichts von Athen und Rom

In der aktuellen Debatte über das republikanische Revival verfechten führende Teilnehmer eine skeptische Haltung gegenüber Majoritarismus und Populismus, die die Realisierbarkeit demokratischer Ideale potenziell unterwandert. Vor allem die Aversion gegen eine Mehrheitsregel und eine populistische Politik unterbindet sämtliche Versuche, sich dem fatalen Problem wachsender Ungleichheit anzunehmen, von dem Demokratien derzeit heimgesucht werden. Im Mittelpunkt dieses Abschnitts stehen die jüngsten Veröffentlichungen von Philip Pettit und Nadia Urbinati, in denen sich solche Ängste vor einer Mehrheitsregel und dem Populismus manifestieren. Es werden ideologische und historische Falschdarstellungen hervorgehoben, die von beiden Autoren im Zuge ihrer kritischen Auseinandersetzung mit dem Majoritarismus und einer populistischen Politik vorgenommen werden. Darüber hinaus werde ich den Vorschlägen von Pettit und Urbinati, die sich primär auf durch Eliten vermittelte politische Lösungsansätze stützen, weitaus direktdemokratischere institutionelle Alternativen entgegensetzen, die sich aus der athenischen Demokratie sowie der römischen Republik herleiten lassen. Obgleich sich Urbinati als Kritikerin von Pettits Republikanismus versteht, werde ich nachzeichnen, dass ihr soziopolitisches Projekt viel mit Pettits republikanisch legitimiertem Institutionsmodell gemein hat. Beide Autoren bevorteilen repräsentative Regierungsformen, die vorwiegend auf Wahlen fußen und sich durch gegenmajoritäre Maßnahmen auszeichnen. Damit sprechen sie sich für Modelle aus, die notwendige institutionelle Reformen zugunsten einer Redemokratisierung im Zeitalter einer rasant zunehmenden Vermögensungleichheit eher behindern.

Ich behaupte, dass zwischen der abstrakt-normativen Ebene von Pettits Argumenten und seinen institutionellen Empfehlungen in *On the People's Terms* gegenmajoritäre Präferenzen und Verpflichtungen zum Tragen kommen, die sein Modell der politischen Legitimität – ungeachtet von Pettits egalitären Bestrebungen – vom demokratischen zum aristokratischen Ende des republikanischen

Kontinuums verschieben. Ich werde ebenso aufzeigen, dass sich Urbinati in *Democracy Disfigured* weigert anzuerkennen, dass die von ihr ideengeschichtlich und empirisch rekonstruierten repräsentativen Regierungsformen – trotz des von ihr verwendeten höchst einfallsreichen Arendtschen und Millschen Theorierahmens – auf keine konstruktive Weise eine progressive Reform gegenwärtiger Demokratien bewirken können. Die bedingungslose Art, auf die Urbinati den *Pluralismus* dem *Populismus* entgegensetzt, untergräbt in einem schwerwiegenden Maß sämtliche ihrer Versuche, sich des fatalen Problems der *Plutokratie* in liberalen Demokratien anzunehmen. Ihre Darstellung von gegenwärtigen repräsentativen Regierungsformen verharmlost auf dramatische Weise strukturelle Verzerrungen, aufgrund derer der gegenwärtige demokratische Wahlkampf zugunsten von mächtigen und etablierten Minderheiten betrieben wird – eine Verzerrung der Mehrheitsregel, die regressive anstelle von progressiven Populismen befördert. Ferner stelle ich Urbinatis Bestreben infrage, der römischen Republik abzusprechen, ein der athenischen Demokratie ebenbürtiges Gemeinwesen zu sein und als gedankliche wie politische Inspirationsquelle für institutionelle Reformbestrebungen innerhalb gegenwärtiger Demokratien dienen zu können.

Ich werde darlegen, dass ein genuin demokratischer Republikanismus sich die Lehren aus der republikanischen und demokratischen Vergangenheit zu eigen machen muss, und zwar auf weitaus einfallsreichere und weniger ochlophobische Weise, als dies Pettit und Urbinati tun. Hierzu zählt im Besonderen die erfrischende Ehrlichkeit, mit der die Vielen, die Bevölkerung, die Armen dem Kernproblem des Zusammenhangs von wirtschaftlicher *und* politischer Macht begegnet sind. Um beispielsweise zu verhindern, dass Oligarchen ihr Vermögen dazu gebrauchen konnten, die politische Freiheit weniger vermögender Bürger einzuschränken, etablierten die Hopliten des antiken Griechenlands und die Plebejer der römischen Republik Institutionen, die den Armen als der Mehrheit die höchste legislative Autorität zusicherten und dafür sorgten, dass exekutive und justizielle Ämter zufällig verteilt wurden, oder aber sicherstellten, dass die Armen solche Ämter übernehmen. Athenische Demokraten bevorzugten die Mehrheitsregel, per Losverfahren vergebene Ämter und Gerichte, während römische Plebejer auf majoritäre Reformen drängten sowie auf die Einrichtung eines

Tribunats, das sich der Gefahr einer vom Reichtum bestimmten Staatstätigkeit entgegenstellte.

In scharfem Kontrast zu den allein auf Wahlen fußenden sowie gegenmajoritären demokratischen Modellen, die von Pettit und Urbinati vorgeschlagen werden, verfügten die athenische Demokratie und die römische Republik über Institutionen, die sicherstellten, dass die Armen über die Reichen oder aber gleichberechtigt mit den Reichen herrschten. Anhand des auf mehreren Ebenen der athenischen Staatsform eingesetzten Losverfahrens und der mit dem Tribunat der römischen Republik verbundenen Institutionen werde ich hervorheben, wie sich demokratische Republikaner sowohl verfassungsrechtlich als auch kollektiv direkt dem entgegenstellten, was Pettits Republikanismus und Urbinatis repräsentative Demokratie als eine sekundäre, private und individuelle Angelegenheit betrachten: die unerhörte politische Macht des Reichtums.

## 1. Philip Pettits »republikanische« Ängste vor einer Mehrheitstyrannei

Philip Pettits *On the People's Terms* sucht zwei Aufgaben zu erfüllen: Erstens soll es sich dabei um eine philosophische Neuformulierung der Theorie der Nichtbeherrschung handeln, die der Autor zuvor in seinen einflussreichen Werken *Republicanism* und *A Theory of Freedom* ausgearbeitet hat.[4] Zweitens geht es Pettit darum, eine neuartige Theorie politischer Legitimität zu artikulieren, die an seine innovative Freiheitstheorie anschließt. Als eine philosophische Neuformulierung von Pettits früheren paradigmatischen Versuchen im Bereich der normativen politischen Theorie ist *On the People's Terms* ein durchschlagender Erfolg. Das Buch stellt eine äußerst eindrucksvolle und größtenteils überzeugende Reetablierung der Freiheitstheorie als Theorie der Nichtbeherrschung dar.

Bemerkenswerterweise entgeht Pettit den bedauernswerten Schicksalen, die zwei bedeutende philosophische Vorgänger ereilten, die vergleichbar ambitionierte Gerechtigkeitstheorien formulierten: John Rawls und Jürgen Habermas. Viele würden sagen, dass diese Größen der Moral- und Sozialphilosophie die Macht,

4 Vgl. Pettit, *Republicanism. A Theory of Freedom and Government*, Oxford 1999; sowie ders., *A Theory of Freedom. From the Psychology to the Politics of Agency*, Oxford 2001.

Originalität und radikalen Implikationen ihrer philosophischen Kernaussagen verrieten, als sie einerseits versuchten, ihre Projekte gegenüber ihren größten Kritikern neu zu formulieren, und andererseits dem Bestreben folgten, ihre philosophischen Agenden unmittelbarer auf die Politik zu übertragen.[5]

Im Gegenzug verfeinert Pettit seine philosophische Begründung für den Grundsatz der Nichtbeherrschung, ohne dabei die Vitalität seiner früheren Werke einzubüßen. Tatsächlich gelingt es Pettit in *On the People's Terms*, seine Argumente aufrechtzuerhalten und voranzutreiben und das egalitäre sowie emanzipatorische Potenzial seiner ursprünglichen normativen Vision zu bekräftigen. Verehrer von Pettits früheren Ausführungen zur Freiheit als einer Form der Nichtbeherrschung werden nicht enttäuscht. Kritiker dieser Freiheitstheorie als philosophischen Projekts werden aufgrund von Pettits enormen Anstrengungen sicherlich viele ihrer Einwände überdenken müssen.

Auf äußerst überzeugende Art und Weise stellt Pettit anhand von Grundbegriffen und auf der abstraktesten Ebene des Projekts die folgende Konzeption politischer Legitimität vor: »Die Bevölkerung muss eine solche Macht über die Regierung haben, dass die Regierungsform in einem umfassenden, egalitären Sinne des Begriffs als demokratisch bezeichnet werden kann: eine Regierungsform, die das *krátos* begründet, oder ›Kontrolle‹ durch den *dēmos* oder das ›Volk‹.«[6] Problematischer wird es jedoch, wenn Pettit genauer darzulegen sucht, welches institutionelle Modell einer Demokratie er für die Umsetzung seiner Theorie politischer Legitimität am geeignetsten hält. Pettit ist sich sehr wohl bewusst, dass eine größere institutionelle Spezifität möglicherweise weitere Kontroversen hinsichtlich seines Versuchs auslösen könnte, ein republikanisches Modell einer Demokratie zu formulieren. Da er beabsichtigt, dass sein

5 Rawls und Habermas haben auf dem Weg von *Eine Theorie der Gerechtigkeit* zu *Politischer Liberalismus* sowie von der *Theorie des kommunikativen Handelns* zu *Faktizität und Geltung* wohl eher mehr, nicht weniger philosophische Gegner gewonnen. Vgl. John Rawls, *Eine Theorie der Gerechtigkeit,* aus dem Amerikanischen von Hermann Vetter, Frankfurt/M. 1979; ders. *Politischer Liberalismus,* aus dem Amerikanischen von Wilfried Hinsch, Frankfurt/M. 2003; Jürgen Habermas, *Theorie des kommunikativen Handelns*, 2 Bde., Frankfurt/M. 1981 sowie ders., *Faktizität und Geltung. Beiträge zur Diskurstheorie des Rechts und des demokratischen Rechtsstaats*, Frankfurt/M. 1992.

6 Pettit, *On the People's Terms,* S. 239.

institutionelles Modell »realisierbar« und »realistisch«[7] sei, antizipiert Pettit, dass es in der Praxis möglicherweise nicht »jeden überzeugen« könne, selbst diejenigen nicht, die seiner Freiheitstheorie zugetan sind. In diesem Sinne analysiere ich Pettits Projekt.

In *On the People's Terms* reagiert Pettit durchgehend gereizt auf zwei Gedanken, die stets mit früheren Fassungen seiner Theorie verknüpft werden: (1) Dass sein Republikanismus eher auf der aristokratischen als der demokratischen Seite des traditionell republikanischen politischen Spektrums zu verorten ist[8] und (2) dass seine Einschätzungen politischer Institutionen gegenwärtige demokratische Praktiken eher bestätigen als sie zu hinterfragen, sie also gegenwärtige Maßnahmen kritiklos anerkennen anstatt mutige Reformbestrebungen anzuregen.[9] In Erwiderung darauf ergreift Pettit in *On the People's Terms* beabsichtigte Gegenmaßnahmen, die solche Lesarten seiner politisch-institutionellen Agenda zerstreuen sollen.[10]

Im Großen und Ganzen denke ich, dass das von Pettit in *On the People's Terms* skizzierte institutionelle Modell immer noch anfällig für beide Kritikpunkte ist. Pettits Modell tendiert aus dem folgenden einfachen Grund eher zum aristokratischen als zum demokratischen Republikanismus: Es wurde primär konzipiert, um der Gefahr einer Mehrheitstyrannei vorzubeugen, und nur sekundär oder vielmehr nebenbei, um der Gefahr zu begegnen, dass reiche und prominente Bürger einen unverhältnismäßigen Einfluss auf die Staatstätigkeit einer Demokratie ausüben. Darüber hinaus bestätigt das Modell in seiner derzeitigen Form gegenwärtige demokratische Praktiken, anstatt sie zu kritisieren, da Pettit mit zweierlei Maß misst, wenn er bestehende repräsentative Wahlinstitutionen mit nicht wahlbasierten, direkteren institutionellen Alternativen vergleicht.

### *Republikanismus, demokratisch oder aristokratisch?*

Demokratische Republikaner betrachteten den übermäßigen politischen Einfluss von Reichtum traditionell als die größte Gefahr

7 Vgl. ebd., S. 180 f.

8 Vgl. ebd., S. 6, Fußnote 4.

9 Vgl. ebd., S. 217.

10 Vgl. ebd., S. 23, 61, 210, 227, 257, 289, 292.

für die Freiheit der Volksherrschaft. Ich denke in diesem Kontext vor allem an die Hopliten und Theten der antiken griechischen Demokratien, die Plebejer der antiken römischen Republik sowie die niederen Zunftgenossen der mittelalterlichen und frühneuzeitlichen schweizerischen, deutschen und italienischen Stadtstaaten. Als Folge dieser zentralen Sorge platzierten sie an erster Stelle – und nicht etwa unter »ferner liefen« – ihrer institutionellen Reformen Praktiken, die unmittelbar die maßlose politische Einflussnahme der Reichen abschwächten. Dazu zählten unter anderem der ausgiebige Gebrauch von Losverfahren anstelle von Wahlen, wenn es um die Ernennung von Regierungsbeamten ging, sowie für ärmere Bürger reservierte mächtige Ämter und Versammlungen. Das Losverfahren und ausschließlich plebejische Institutionen fungierten für gewöhnliche Bürger als Formen der *affirmative action*, einer gezielten Vorteilsgewährung. Natürlich beharrten sie stets darauf, dass große Bürgerversammlungen, angeleitet von majoritären Verfahren, als die mächtigsten Institutionen innerhalb einer Republik wirken sollten, selbst wenn sie als »gemischte Regierungsformen« verstanden wurden.

Dagegen hielten die aristokratischen Republikaner – griechische Oligarchen, römische Adlige sowie die Granden der frühneuzeitlichen Stadtstaaten – die Mehrheitstyrannei für die größte Bedrohung republikanischer Freiheit. Folglich befürworteten sie den Einsatz von nur indirekt rechenschaftspflichtigen senatorischen oder gerichtlichen Ämtern, um die Autorität majoritärer Versammlungen zu mäßigen – manche würden sagen, um sie zu unterwandern. Überdies zogen sie Wahlen dem Losverfahren als Mittel der Ernennung von politischen Amtsträgern vor. In *On the People's Terms* errichtet Pettit im Zentrum seines institutionellen Modells – zugegebenermaßen weitaus kompetenter als in früheren Werken – vergleichbar gegenmajoritäre Bollwerke, die vor einer Mehrheitstyrannei schützen sollen. Zudem spricht er sich anstelle von Losverfahren ausdrücklich für wahlbasierte Modi zur Ernennung von politischen Beamten aus. Trotz bekundeter Sorgen über die Vermögensungleichheit entwirft Pettit im Einklang mit seinen früheren Arbeiten keinerlei institutionelle Sicherungsmaßnahmen, die den übermäßigen politischen Einfluss sozioökonomischer Eliten begrenzen könnten.

Pettits Modell nimmt »Ungleichverteilungen von Privatvermögen und Macht«[11] ausdrücklich hin. Der Autor besteht allerdings darauf, dass sein Modell »maßgeblich beschränkt, wie groß materielle Ungleichheiten sein können«, da das für Pettits Republikanismus so zentrale »Ideal gleichberechtigter Freiheit« nun mal erfordert, dass jedes Individuum »den Respekt anderer verlange«.[12] Darüber hinaus erklärt Pettit, dass die Regierung seines republikanischen Modells politischer Legitimität »auf angemessene Weise vor Elend und Armut, Ungerechtigkeit und Ungleichheit schützen wird«.[13] In *On the People's Terms* formuliert er jedoch keinerlei Richtlinien, die Auskunft darüber geben, (1) wie viel Vermögensungleichheit sein Modell überhaupt erlaubt und (2) welche institutionellen Maßnahmen sicherstellen sollen, dass zulässige Vermögensungleichheiten sich nicht in die Art von politischer Ungleichheit verwandeln, die schließlich Beherrschung ermöglicht.

Pettit rechtfertigt diese Auslassungen, indem er behauptet, *On the People's Terms* befasse sich in erster Linie mit der Frage der politischen Legitimität und nicht mit dem Thema der sozialen Gerechtigkeit. Es geht vor allem um die Beziehung Bürger/Staat, nicht um die Beziehungen zwischen den Bürgern, oder in Pettits Worten: »staatliche Herrschaft«, nicht »private Herrschaftsverhältnisse«.[14] Diese Betrachtungsweise von politischer Legitimität und staatlicher Herrschaft erlaubt es Pettit, den Staat ganz allgemein als entweder eigenmotivierte Entität oder als einen – wie wir noch sehen werden – Vertreter von potenziell herrschenden Bevölkerungsmehrheiten, jedoch nicht primär als einen Interessenvertreter der potenziell herrschenden Reichen zu begreifen.[15] Die bloße Tatsache, dass Pettit glaubt, er könne politische Legitimität oder öffentliche Herrschaft mehr oder weniger unabhängig von Fragen der sozialen Gerechtigkeit und von privaten Herrschaftsverhältnissen diskutieren, weist seine Legitimitätstheorie aus republikanischer Sicht als eine eher aristokratische denn demokratische aus. Ich werde darüber im Folgenden noch mehr zu sagen haben. Mir scheint allerdings sehr aufschlussreich, und dies sei hier nur vorläufig bemerkt, dass der Begriff »Klasse« im sozioökonomischen Sinn kein einziges Mal in

11 Ebd., S. 298.
12 Ebd.
13 Ebd., S. 3.
14 Ebd.
15 Ebd.

*On the People's Terms* erwähnt wird. Zudem folgt Pettit der bedauernswerten Tendenz, die politische Macht von Privatunternehmen und Gewerkschaften annähernd gleichzusetzen,[16] obwohl derzeit offenkundig die Machtunterschiede zwischen beiden exponentiell zugunsten der Ersteren anwachsen.

Die Feststellung, Pettits institutionelles Modell politischer Legitimität neige zum aristokratischen Republikanismus, schließt nicht die Behauptung ein, dass sie völlig antidemokratisch sei. Auf recht bemerkenswerte Weise strebt Pettit eine Form der Demokratie an, in der die Bevölkerung nicht nur unmittelbaren *Einfluss* auf die Regierung ausübt – im Sinne der eher beschränkten »Schumpertschen« Schemata –, sondern auch dauerhafte *Kontrolle* über sie.[17] Demokratische Kontrolle bedeutet für Pettit, dass Bürger die *Ausrichtung* der Regierungspolitik entlang zweier Gleise vorgeben: Erstens auf kurzfristige Weise durch diejenigen Institutionen seines Modells, die Wahlen und Anfechtbarkeit garantieren; zweitens durch die langfristige Schaffung von stetig wachsenden egalitären sozialen Normen in demokratischen Gesellschaften. Pettit zufolge kommen diese egalitären Normen durch legale und verfassungsrechtliche Reformen zum Ausdruck, die dazu dienen, im Laufe der Zeit eine weitergehende Demokratisierung zu ermöglichen.

Aus Pettits Sicht sind jedoch demokratischer Einfluss, demokratische Kontrolle und eine demokratische Ausrichtung der Regierungspolitik nur dann wünschenswert, solange Wahlmehrheiten nicht vulnerable Minderheiten dominieren, insbesondere solche, wie er wiederholt festhält, die sich durch religiöse, kulturelle, ethnische oder geschlechtliche Zuschreibungen auszeichnen.[18] Wie in seinen früheren Werken sind diese vulnerablen, »heiklen« Minderheiten diejenigen, für die sich Pettit am meisten interessiert. Der Autor befasst sich weitaus weniger mit den unverwundbaren privilegierten Minderheiten,[19] die er anscheinend für nicht so »heikel« hält. Pettit macht keinen Unterschied zwischen wohlhabenden politischen Akteuren (zum Beispiel Unternehmen oder Lobbyisten), unabhängigen Militärs und Fremdmächten. Er ordnet sie alle als Akteure ein, die – nicht notwendigerweise oder zwangsläufig – als

16 Vgl. ebd., S. 116, 234.

17 Vgl. ebd., S 23.

18 Vgl. ebd., S. 2, 135, 211-214, 226, 262, 304.

19 Vgl. ebd., S. 85, 172, 209-211, 218, 231-234, 250.

Interessenvertreter fungieren *könnten*, die die gewöhnlichen Bürger von Demokratien beherrschen. (Folgt man einer radikaleren Anwendung von Pettits Theorie der Nichtbeherrschung als er selbst, dann bedeutet natürlich allein die Tatsache, dass solche Akteure nicht einvernehmlich gegen die selbst gefassten Interessen von weniger mächtigen Akteuren vorgehen können oder könnten, dass die Ersteren *de facto* die Letzteren beherrschen.)

Pettit zufolge stellt eine Mehrheitstyrannei demnach eine *endogene* Gefahr für die Volksherrschaft dar, während sich die unverhältnismäßige politische Einflussnahme der Reichen lediglich als eine *exogene* Gefahr erweist. Dennoch legt das umfangreiche Beweismaterial aus historischen und empirischen Studien nahe, dass die Reichen mit größter Wahrscheinlichkeit schon immer eine herrschende Macht innerhalb von Demokratien waren und stets sein werden. Ich erwähne an dieser Stelle nur Aristoteles' *Politik* sowie die Arbeiten von Jeffrey Winters und Thomas Piketty, um einige jüngere Beispiele zu nennen.[20]

In *On the People's Terms* setzt Pettit durchgehend voraus, dass der grundlegende Stellenwert von Wahlen in seinem Modell – also die Tatsache, dass Politiker nach Stimmen einer möglichst breiten Wählerschaft streben sollten – primär vor einer Mehrheitstyrannei schützt. Politiker, die nach einer ständig wachsenden Anzahl von potenziellen Unterstützern innerhalb der Wählerschaft Ausschau halten, werden angeblich davon absehen, eine Politik zu verfolgen, die einen Bevölkerungsteil im Auftrag eines anderen ungeheuer verärgert. Falls dies nicht möglich sein sollte, ist Pettit davon überzeugt, dass der in seinem Modell enthaltene Grundsatz der Anfechtbarkeit das dauerhafte Fortbestehen einer Mehrheitstyrannei verhindern wird: Sein Modell bietet Individuen und Teilgruppen eine Vielzahl öffentlicher sowie privater Wege und Möglichkeiten, mittels derer sie gegen eine unterdrückende Politik, die aus gewöhnlichen Wahlvorgängen hervorgegangen ist, Berufung einlegen und klagen können.

Unter den Wahlbedingungen von Pettits Theorie stellen politische Eliten (entweder an sich oder als die Interessenvertreter wirtschaftlicher Eliten) keine ernsthafte Gefahr für die Freiheit ge-

20 Vgl. Jeffrey A. Winters, *Oligarchy*, Cambridge 2011; sowie Thomas Piketty, *Das Kapital im 21. Jahrhundert*, aus dem Französischen von Ilse Utz und Stefan Lorenzer, München 2014.

wöhnlicher Bürger dar, da solche Akteure durch Beschämung zu einem Wohlverhalten getrieben werden können und öffentlicher Druck sie dazu anleitet, egalitäre Normen zu wahren. Bürgerlichen Mehrheiten gewährt Pettit hingegen nicht denselben Vertrauensvorschuss, den er den politischen Eliten so freigebig entgegenbringt. Ungeachtet der egalitären Normen, von denen er annimmt, sie würden demokratische Gesellschaften durchdringen, kann er sich nicht vorstellen, dass bürgerliche Mehrheiten innerhalb einer Demokratie durch folgende Arten öffentlicher Beschämung umgestimmt werden könnten: Beispielsweise die moralischen Vorbehalte, die laut Thukydides' unvergesslichem Bericht den athenischen *dẽmos* antrieb, seine vorangegangene Entscheidung, jeden männlichen Bürger Mytilenes zu töten und die Frauen und Kinder der Hafenstadt in die Sklaverei zu verkaufen, rückgängig zu machen. Zudem ist der in Pettits Modell erwähnte Grundsatz der Anfechtbarkeit, durch den Individuen und Teilgruppen mehr oder weniger dazu befugt sind, gegen den Staat zu klagen, aus zweierlei Gründen fragwürdig: Erstens erlegt er benachteiligten Individuen oder Gruppen eine Bürde von unbezahlbaren Kosten auf. Zweitens macht er sie abhängig vom guten Willen einer Klasse von Rechtsanwälten und Advokaten, die im öffentlichen Interesse arbeiten und von denen eine ausreichende Anzahl vorhanden sein werde in einer demokratischen Gesellschaft, die sich durch exponentiell steigende egalitäre Normen auszeichne, wie Pettit auf wunderliche Weise behauptet.

Pettit scheint zufrieden mit der Aussicht, dass in seinem Modell die Mehrheit qua Mehrheit (das heißt ärmere oder dem Mittelstand zugehörige Bürger) die Staatstätigkeit erfolgreich durch Wahlverfahren beeinflussen sowie steuern kann und dass diese Mehrheit selbst durch die ordnungsgemäße Umsetzung verfassungsrechtlicher Gewaltenteilung vor einer Beherrschung durch Fraktionen regierender Eliten geschützt wird.[21] Mehrheiten befähigt Pettit hingegen nicht institutionell dazu, eine Regierungspolitik infrage zu stellen, da er davon ausgeht, dass (1) letztere bereits annähernd deren Präferenzen widerspiegele und (2) eine institutionelle Verdopplung der Mehrheitsmacht eine unzulässige Bedrohung für Minderheiten darstellen würde. Viel mehr, als Pettit es sich einge-

21 Vgl. Pettit, *On the People's Terms*, S. 220-223.

stehen mag, ist jedoch das Ausmaß, in dem Mehrheiten tatsächlich die Gestaltung der Politik in Wahldemokratien beeinflussen und kontrollieren können, höchst umstritten in der Politikwissenschaft. Darüber hinaus deutet die Geschichte der nur indirekt haftbaren gegenmajoritären Institutionen, auf die sich Pettit so oft beruft – Verfassungs- und Berufungsgerichte, Senats- und Aufsichtsorgane, Verwaltungsausschüsse sowie das Modell der Gewaltenteilung –, auf folgenden beunruhigenden Schluss hin: Wenn es um Herrschaftszwecke ging, erwiesen sich *privilegierte* Minderheiten stets als weitaus erfahrener im Umgang mit solchen Institutionen, als *vulnerable* Minderheiten es taten, wenn sie solche Zwecke gar nicht erst verfolgten. Anders ausgedrückt, dürfte Pettits institutionelles Demokratiemodell dazu beitragen, dass eine stabile Herrschaft der Vielen zugunsten eines zutiefst unwirksamen Schutzes der vulnerablen Wenigen geopfert wird. Entgegen Pettits aufrichtigen Absichten könnte es innerhalb demokratischer Staatswesen sogar den gefährlichen Einfluss der privilegierten Wenigen aufblähen.[22]

Da es sich bei der Kaperung des Wahlverfahrens durch wohlhabende Eliten in Pettits Augen lediglich um einen Ausnahmefall und keineswegs um einen gewöhnlichen Umstand handelt, genießt die Mehrheit qua Mehrheit in seinem Schema nicht das kollektive Einspruchsrecht, das ihr noch in der römischen Republik zugestanden wurde, die angeblich Pettits republikanischer Maßstab sein soll. Er mag an dieser Stelle einwenden, dass seine Theorie nicht die Erschaffung von Institutionen verbiete, die Mehrheiten ein solches Einspruchsrecht gewähren. Überdies hat er nur Gutes über die Bürgerversammlung, die 2004 zur Wahlreform im kanadischen British Columbia gebildet wurde,[23] und freundlicherweise auch über meine eigenen Arbeiten zu sagen, die sich auf das Volkstribunat des alten Roms berufen.[24] Pettit beharrt in der Tat darauf, dass Experimente mit direkteren und egalitäreren institutionellen Maßnahmen, die in seinen Überlegungen nicht ausdrücklich ausgeschlossen werden, im Rahmen seines Modells vollkommen zulässig seien.

22 Richard Bellamy schlägt hingegen ein unerschrocken majoritäres Konzept republikanischer Demokratie vor. Vgl. Richard Bellamy, *Political Constitutionalism. A Republican Defence of the Constitutionality of Democracy*, Cambridge 2007.

23 Vgl. Pettit, *On the People's Terms*, S. 197, 200-205, 235 f.

24 Vgl. ebd., S. 213, 217.

Dennoch vermute ich, dass Pettit der Überzeugung ist, ein der bürgerlichen Mehrheit vollständig zugestandenes Einspruchsrecht – selbst wenn es den schädlichen Einfluss konzentrierten Reichtums verringern könnte – erhöhe die Gefahr einer Mehrheitstyrannei, die ihrerseits wiederum das *summum malum* seiner republikanischen Demokratietheorie ist. Wie er bemerkt, muss eine republikanische Regierung »vor privaten Herrschaftsformen schützen, ohne öffentliche Herrschaft auszuüben«.[25] Daher haben Pettits gegenmajoritäre Verbindlichkeiten – seinen ansonsten egalitären Ansprüchen zum Trotz – mit Blick auf experimentelle Institutionen, die Mehrheiten ein Einspruchsrecht gewähren, damit die übermäßige Vermögensmacht in Demokratien abgeschwächt werden kann, eine entmutigende und möglicherweise sogar disqualifizierende Wirkung. Wenn diese Schlussfolgerung zutreffend ist, dann scheint Pettit auf einer tieferen theoretischen Ebene, als ihm bewusst ist, Montesquieus und Rousseaus negative Ansichten über Institutionen wie das römische Tribunat zu teilen, das sie als eine Quelle der Volksverhetzung und als ein Instrument der Mehrheitstyrannei erachteten.

### *Gewählte/repräsentative oder per Losverfahren zusammengestellte/direkte Institutionen?*

Ich behaupte, dass Pettit mit gegenwärtigen Institutionen zufriedener ist, als er vielleicht sein möchte, da er mit zweierlei Maß misst, wenn er einerseits gegenmajoritäre sowie gewählte Institutionen und andererseits direktere majoritäre sowie auf Losverfahren basierende Institutionen beurteilt. Mit Blick auf Plenarversammlungen, die sämtliche Bürger in den politischen Entscheidungsprozess einbeziehen, und kleineren, sogenannten »indikativen« Versammlungen, deren Mitglieder per Losverfahren aus der Gesamtheit der Bürger ausgewählt werden, äußert Pettit zwei Hauptkritikpunkte: Plenarversammlungen erlaubten keine rationale Konsistenz,[26] während indikative Versammlungen der Öffentlichkeit gegenüber potenziell keine Rechenschaft schuldig seien.[27] Plenarversammlungen, so Pettit, tendierten dazu, spezielle, eigenständige Gesetzgebungsakte

25 Ebd., S. 6.

26 Vgl. ebd., S. 191-193, 207, 246, 303.

27 Vgl. ebd., S. 198, 232.

hervorzubringen, die im Laufe der Zeit zueinander in Widerspruch geraten können. Mitglieder von indikativen Versammlungen könnten hingegen – undiszipliniert durch die Aussicht auf Neuwahlen – auf eine unverantwortliche oder eigennützige Weise handeln, die dem Gemeinwohl eher schadet als nützt.

Die Geschichte liefert eine Antwort zu jeder von Pettits Anschuldigungen gegenüber diesen Institutionen. Erstens handelte das athenische Versammlungssystem – das Pettit aus verschiedenen Gründen lobt[28] – auf seine Weise, um genau die Art von irrationalen Ergebnissen zu verhindern, die den Autor so beunruhigen. Zwei untergeordnete Versammlungen, die *boulē*, die eine themensetzende Funktion übernahm, und die *nomothétai*, befugt zur Beantragung von Gesetzesänderungen, interagierten mit der Volksversammlung, der *ekklēsía*, um Widersprüche zu vermeiden, wenn Letztere Gesetze erließ. Zweitens hat keine Volksherrschaft, die jemals im großen Maßstab Losverfahren zur Verteilung politischer Ämter anwandte, dies getan, ohne gleichzeitig strikte öffentliche Kontrollmaßnahmen für ehemalige Amtsinhaber einzurichten. Nach Absolvierung ihrer Amtszeit waren ehemalige Amtsträger innerhalb solcher Systeme dazu verpflichtet, vor gerichtlichen Gremien ihrer Mitbürger Rechenschaft über ihr Verhalten abzulegen. Im Falle eines Fehlverhaltens sahen sie sich dort mit ernsten Strafen konfrontiert, von Bußgeldern über Verbannung bis hin zur Todesstrafe. Kurzum, Plenarversammlungen, sogenannte indikative Versammlungen und per Losverfahren zusammengestellte Institutionen waren nicht so entsetzlich anfällig für Irrationalität und Unverantwortlichkeit, wie Pettit behauptet. Daher sollten sie nicht so ohne Weiteres als Anregungen für gegenwärtige institutionelle Reformen ignoriert werden.

Pettits unvollständige Bewertung solcher Institutionen wäre nicht so problematisch, wenn er der Wirksamkeit repräsentativer Gremien innerhalb gegenwärtiger Demokratien nicht mit so großer Zuversicht begegnen würde. Abermals gibt es eine umfangreiche Literatur, die er nicht berücksichtigt. In ihr zeigt man sich pessimistisch bezüglich der Fragen, (1) inwieweit gewählte Mandatsträger tatsächlich ihre Wahlkreise repräsentieren und (2) ob Wiederwahlen Amtsinhaber wirklich dazu motivieren, sich der Öf-

28 Vgl. ebd., S. 196, 222, Fußnote 39.

fentlichkeit gegenüber verantwortlich zu verhalten. Grundlegender als Wählerstimmen es je sein können, ist heutzutage Reichtum der bestimmende Faktor, wenn es um Gesetzgebung und Wahlkämpfe geht.[29] Hinsichtlich von Wahlen ist dies wohl kaum eine neue Erkenntnis: Aristoteles, der nie von dem am Obersten Gerichtshof der Vereinigten Staaten verhandelten Fall »Citizens United v. Federal Election Commission« gehört hatte, bemerkte einst, dass die reichsten Bürger von Demokratien aus guten Gründen politische Nominierungen durch Wahlen dem Losverfahren vorzögen.[30]

Ferner verknüpft Pettit häufig gegenwärtige repräsentative und auf Wahlen basierende Institutionen auf zu enge und ausschließliche Weise mit Grundsätzen und Werten, die zweifelsohne unverzichtbar für das demokratische Gemeinwohl sind. An dieser Stelle erwähne ich nur das Beispiel der Meinungsfreiheit.[31] Pettit behauptet, dass moderne repräsentative Wahldemokratien besser funktionierten als frühere direkte sowie auf Losverfahren basierende Modelle, wenn es um die Förderung einer politischen Kultur der Meinungsfreiheit gehe. Die Quellen, mit denen er sich sehr gut auskennt,[32] inklusive der Arbeiten von Josiah Ober und Moses Finley, belegen jedoch eine blühende Kultur der Meinungsfreiheit im demokratischen Athen.[33] Als weitere Gegenbeispiele aus einem anderen republikanischen Kontext würde ich überdies Felix Gilberts und Nicolai Rubinsteins Forschungsarbeiten zur Florentiner Republik nennen.[34] In der Tat könnte man Pettits moralhistorisches Narrativ zur Meinungsfreiheit völlig umkehren. Wenn man sich beispielsweise fürs Erste auf Habermas' Meilenstein *Strukturwandel*

29 Vgl. Larry M. Bartels, *Unequal Democracy. The Political Economy of the New Gilded Age*, Princeton 2009; sowie Martin Gilens, *Affluence and Influence. Economic Inequality and Political Power in America*, Princeton 2012.

30 Pettit macht es sich vermutlich zu leicht, wenn er hinnimmt, dass Urbinati den demokratischen Charakter einer Volksvertretung gegenüber Bernard Manins Einwand verteidigt, sie trage in der Praxis eher aristokratische Züge. Vgl. Pettit, *On the People's Terms*, S. 195.

31 Vgl. ebd., S. 201 f.

32 Vgl. ebd., S. 196, 222.

33 Vgl. Ober, *Mass and Elite in Democratic Athens. Rhetoric, Ideology and the Power of the People*, Princeton 1991.

34 Vgl. Felix Gilbert, *Florentine Political Assumptions in the Period of Savonarola and Soderini*, Indianapolis 1957; sowie Nicolai Rubinstein, *Florentine Studies. Politics and Society in Renaissance Florence*, Evanston 1968.

*der Öffentlichkeit*[35] bezöge, ließe sich einwerfen, dass unter den Bedingungen von massenparteilichen, repräsentativen Demokratien die Meinungsfreiheit eher verringert und nicht ausgebaut wird.

### *Republikanismus, Vermögensungleichheit und Klientelismus*

Kommen wir hinsichtlich *On the People's Terms* auf einige grundsätzliche Betrachtungen zum Verhältnis zwischen Republikanismus und Demokratie zurück: Pettits Versäumnis, nicht deutlich zwischen seinem eigenen Standpunkt und dem aristokratischen Republikanismus zu unterscheiden, beruht möglicherweise auf einem Missverständnis, was seine Kritiker mit diesem Begriff meinen. Erlauben Sie mir, auf die Frage der Vermögensungleichheit zurückzukommen, die für meine Analyse von *On the People's Terms* so zentral war, um diesen Punkt zu veranschaulichen. Man kann durchaus sagen, dass aristokratische Republikaner wie Cicero, Guicciardini, Harrington und Montesquieu ernsthaft darüber besorgt waren, dass die reichsten Gesellschaftsmitglieder anstelle der »Besten« die meisten politischen Ämter einer Republik bekleideten und dass eine tiefgreifende wirtschaftliche Ungleichheit die Tugend korrumpieren könnte, die zur Aufrechterhaltung der Freiheit aller Staatsbürger erforderlich ist.

Was sie zu aristokratischen Republikanern macht, ist allerdings die Tatsache, dass sie der Vorstellung anhingen, demokratische und egalitäre Lösungsansätze für diese Probleme seien als mögliche Heilmittel sehr viel tödlicher als die eigentliche Krankheit.[36] In Erwiderung auf die Vermögensungleichheit waren sie es leid, die Ernennung von Magistraten durch etwas anderes als Wahlen anzuerkennen. Außerdem graute ihnen vor der Durchsetzung wirtschaftlicher Gleichheit durch eine Gesetzgebung, die auf majoritäre Verfahren zurückgeht. Schlicht und einfach weil Pettit gemeinsam mit Cicero, Guicciardini, Harrington und Montesquieu glaubwürdige, allgemeine Bedenken gegenüber der soziopolitischen Auswirkung von Vermögensungleichheiten hegt, ist sein Republikanismus in keinem substanziellen Sinn egalitär oder demokratisch. Um das

35 Habermas, *Strukturwandel der Öffentlichkeit. Untersuchungen zu einer Kategorie der bürgerlichen Gesellschaft*, Frankfurt/M. 1990.

36 Dieser Punkt wird nirgends deutlicher artikuliert als in Eric Nelson, *The Greek Tradition in Republican Thought*, Cambridge 2004.

Gegenteil zu erreichen, müsste er in *On the People's Terms* seine eigenen politischen Grundsätze (bezüglich einer sogenannten Mehrheitstyrannei) und institutionellen Präferenzen (die Bevorzugung von Wahlen und senatorischen Gremien) sehr viel stärker von den oben erwähnten aristokratischen Republikanern abgrenzen.

In der Geschichte des Republikanismus stellen Gleichheit und Hierarchie in der Tat komplexe Sachverhalte dar. Dennoch behandelt Pettit republikanische Grundsätze und Praktiken generell auf eine weitaus egalitärere und anti-hierarchischere Weise, als historische Aufzeichnungen es erlauben. Pettits Unaufmerksamkeit gegenüber den wichtigen Unterschieden, die in diesen Angelegenheiten zwischen demokratischen und aristokratischen Republikanern herrschen, verzerren sein Narrativ der Geschichte des »Republikanismus«. Vor allem radikale anti-elitäre Ausreißer wie Machiavelli, Richard Price und die Levellers[37] spielten für die republikanische Tradition eine weitaus bedeutendere Rolle als etablierte und weniger egalitäre Vertreter wie Cicero, Guicciardini, Harrington und Montesquieu. Demokratische und aristokratische Republikaner hätten Aussagen wie die folgende, die Pettit ohne Umschweife für »republikanisch« hält, durchaus auf dezidiert verschiedene Weisen interpretiert: »die republikanische Theorie sozialer Gerechtigkeit würde behaupten, dass der Staat für die Beziehungen seiner Bürger untereinander eine gleichberechtigte Form der Nichtbeherrschung schaffen solle«.[38] Zu einer der größten Streitfragen unter Republikanern verschiedener Couleur zählt beispielsfrage die Frage, in welchem Ausmaß Klientelismus mit gleichberechtigten Beziehungen unter Staatsbürgern zu vereinbaren ist oder nicht.[39]

Aus Sicht vieler oben erwähnter aristokratischer Republikaner wäre Pettits Aussage völlig vereinbar mit Patron-Klient-Beziehun-

37 Vgl. Pettit, *On the People's Terms*, S. 6, 83, 84, 148, 150, 169, 174, 218, 221, 247.

38 Ebd., S. 18.

39 Ich klammere an dieser Stelle das möglicherweise noch problematischere Verhältnis zwischen Republikanismus und Sklaverei aus. Vgl. zu diesem Thema Alex Gourevitch, *From Slavery to the Cooperative Commonwealth. Labor and Republican Liberty in the Nineteenth Century*, Cambridge 2014; sowie die folgende Rezension: Geneviève Rousselière u. a., »Labor Republicanism. Symposium on Alex Gourevitch's *From Slavery to the Cooperative Commonwealth: Labor and Republican Liberty in the Nineteenth Century*, Cambridge 2014«, in: *Political Theory* 4 (2020), S. 496-527.

gen unter Bürgern mit verschiedenen Vermögenshintergründen und von unterschiedlichem sozialen Status.[40] Pettit scheint sich nicht bewusst zu sein, dass dem Klientelismus inhärente hierarchische Praktiken für vorherrschende Vertreter der republikanischen Tradition einschließlich Rousseau[41] nicht bloß eine untergeordnete Rolle spielten, sondern konstitutiv für die Vorstellung vom *liber homo* beziehungsweise freien Menschen waren, der in *On the People's Terms* als Pettits beispielhafter republikanischer Bürger gilt.[42] Aristokratischen Republikanern zufolge sind weniger tugendhafte Bürger freier, wenn sie der Anleitung tugendhafterer Bürger folgen. Klientelistische Praktiken, die von Republikanern wie Cicero und Rousseau gebilligt wurden, scheinen jedoch grundlegend die Richtlinien zu verletzen, die Pettit für den respektvollen Umgang unter Bürgern vorsieht; vor allem weil laut Pettit sämtliche Bürger in der Lage sein sollten, als gesellschaftlich Gleichberechtigte ohne Schamgefühl »einander in die Augen blicken« zu können.[43]

Römische und Florentiner Eliten sowie viele Literaten, die deren Normen in philosophische Formen übersetzten, gingen in ihrer Befürwortung des Patronats davon aus, dass folgender Gedanke in republikanischer Hinsicht völlig angemessen sei: Im Gegensatz zu Pettits Ansprüchen hielten es aristokratische Republikaner in Belangen der Freiheit und Gleichheit für unerheblich, dass Klienten (weniger privilegierte Bürger) »abhängig vom Willen anderer«[44] sein sollten, vor allem wenn dies die von erheblicher Abhängigkeit geprägte Beziehung zu ihren Patronen (vermeintlich vernünftigere gesellschaftlich Höherstehende) betraf. Viele politische Akteure und Theoretiker, deren »republikanische« Gutgläubigkeit über jeden Zweifel erhaben ist, hielten es für notwendig, dass die »Entscheidungsfähigkeit« der Bürger, zu wählen wie sie möchten, eingeschränkt werden solle durch ihr Vermögen, das »Wohlwollen«

40 Vgl. Neal Wood, *Cicero's Social and Political Thought*, Berkeley 1991.

41 Vgl. Kapitel 5.

42 Vgl. Pettit, *On the People's Terms*, S. 6, 88, 221. Zur Frage, wie der Klientelismus das Selbstverständnis von Bürgern und deren Beziehungen untereinander in der römischen und Florentiner Republik strukturierte, vgl. Erich S. Gruen, »Patrocinium and Clientela«, in: ders., *The Hellenistic World and the Coming of Rome*, Berkeley 1986, S. 162 f.; sowie Paul D. McLean, *The Art of the Network. Strategic Interaction and Patronage in Renaissance Florence*, Durham 2007.

43 Vgl. Pettit, *On the People's Terms*, S. 3, 17.

44 Ebd., S. 7.

ihrer Patrone zu wahren.[45] In den römischen und Florentiner Republiken hatten Patrone einen enormen Einfluss auf die Wahl ihrer Klienten, was sich auf Heirats-, Bildungs- sowie Handelsfragen und besonders ihre Teilhabe am politischen Geschehen auswirkte.

Um dies klarzustellen: Es ist im Wesentlichen unerheblich, ob Pettit Republikanismus historisch richtig versteht oder nicht. Zu den stärksten Begründungen für die Nichtbeherrschung als ein »Ideal der Freiheit« zählt Pettit die Tatsache, dass die republikanische Tradition sein Ideal durch »historische Referenzen«, »historische Erfahrungen« und »intellektuelle Glaubwürdigkeit« »weitaus vertretbarer« mache.[46] Hinsichtlich historischer Genauigkeitsmaßstäbe ist Pettit weder ein Bittsteller, noch sollte er dies sein. Mit Recht beteuert er, »die normativen Forderungen, die [in *On the People's Terms*] verteidigt werden, sollten nicht aufgrund von historischen Kriterien beurteilt werden«.[47] Aufgrund aussagekräftiger philosophischer Motive erwarb Pettit vor langer Zeit das Recht, die republikanische »Tradition« zu stilisieren und zu idealisieren, wie immer er wollte. Die entscheidendere Frage ist jedoch, ob Pettits merkwürdiger Umgang mit Geschichte in *On the People's Terms* seinen Versuch untergräbt, ein demokratisch-republikanisches Modell systematisch zu formulieren. Ich bin der Überzeugung, dass Pettits Versäumnis, sich mit den entscheidenden Unterschieden zwischen demokratischem und aristokratischem Republikanismus auseinanderzusetzen, sowie seine Weigerung, die historische Überlegenheit des ersteren über letzteren anzuerkennen, es ihm unmöglich machen, die normativen und institutionellen Alternativen, die er in *On the People's Terms* in Erwägung zieht, sachgemäß zu beurteilen und diesbezüglich die entscheidenden Schlüsse zu ziehen.

Zusammenfassend wäre zu sagen, dass eine potenziell radikal-egalitäre Freiheitstheorie, wie sie Pettit vorschlägt, förmlich

45 Ebd. Zur Vorherrschaft des Klientelismus im römischen und Florentiner Republikanismus sowie Machiavellis heftiger Kritik daran vgl. Amanda Moure Maher, *The Corrupt Republic. The Contemporary Relevance of Machiavelli's Critique of Wealth Inequality and Social Dependence*, Dissertation, Politikwissenschaft, University of Chicago 2017. Zur Problematik der Philanthropie als einer Form der Patron-Klient-Beziehung in gegenwärtigen Demokratien sollten Leser die Forschungsarbeiten von Chiara Cordelli, Ryan Pevnick, Rob Reich und Emma Saunders-Hastings heranziehen.

46 Pettit, *On the People's Terms*, S. 19.

47 Ebd., S. 20.

nach einer Exemplifizierung durch ein radikal-demokratisches institutionelles Modell schreit. Die hier erwähnten Kritikpunkte sollten Pettit dazu ermutigen, ein radikaleres institutionelles Demokratiemodell zu formulieren, als er es in *On the People's Terms* tat. Der Horizont dessen, was in Anbetracht institutioneller Möglichkeiten als »realistisch« oder »realisierbar« scheint, ist bei Weitem nicht erschöpft durch diejenigen Institutionen seines Modells, die allein Wahlen und die Anfechtbarkeit politischer Entscheidungen garantieren. Um darüber hinauszugehen, schlage ich vor, dass Pettit seine Ängste gegenüber einer Mehrheitstyrannei überwinden und stattdessen viel mehr über die Herrschaft materiell begünstigter Minoritäten besorgt sein sollte. Darüber hinaus wird er mit gleicher Skepsis und Großzügigkeit sämtliche institutionellen Möglichkeiten ausloten müssen, die in der antiken wie der modernen Geschichte demokratischer Republiken verankert sind.

## 2. Nadia Urbinatis »athenischer« Anti-Populismus

Seit beinahe drei Jahrzehnten ist Nadia Urbinati eine eigenständige und wichtige Stimme in der Demokratietheorie, sowohl auf internationaler Ebene als auch im Hinblick auf die italienische Politik. Ich bewundere Urbinati seit langem dafür, wie sie auf mutige Weise Konzepte moderner repräsentativer Regierungsformen theoretisch aufgreift und verteidigt, indem sie hervorhebt, was diese mit der athenischen Demokratie verbindet, anstatt auf deren Unterschiede zu verweisen.[48] Laut Urbinati sind moderne repräsentative Regierungsformen im Kern immer athenisch, da sie gemeinsam mit der athenischen Demokratie der *isonomía* und der *isēgoría* verpflichtet sind, der formalen Gleichheit aller Bürger vor dem Gesetz: Das gleiche Recht zur politischen Teilhabe durch Wahlen und Mitsprache, das der Stimme eines jeden Bürgers im doppelten Sinn – als Wahlstimme und als Meinung – die gleiche Würde und das gleiche politische Gewicht verleiht.[49] Neben den egalitären Grundsätzen stellt Urbinatis Variante einer repräsentativen Demokratie ein Amalgam aus Arendts Pluralismus und Mills deliberativer Demo-

48 Vgl. Urbinati, *Mill on Democracy. From the Athenian Polis to Representative Government*, Chicago 2002.

49 Vgl. Urbinati, *Representative Democracy. Principles and Genealogy*, Chicago 2006.

kratie dar und bildet ein ideales Modell, in dem die repräsentative öffentliche Meinung beständig aus der Interaktion zwischen Gesellschaft und Regierung hervorgeht, und zwar auf eine Weise, die sämtliche Bürger als ernsthafte Akteure und nicht nur als bloße Zuschauer einschließt.

Urbinatis geistreiches und provokatives Buch *Democracy Disfigured* zielt auf drei Strömungen innerhalb der jüngsten Demokratietheorie und -praxis ab: das unpolitische (das sie Pettits Republikanismus zuordnet) sowie das plebiszitäre und das populistische Demokratieverständnis. Ich werde im Folgenden den Schwerpunkt auf den Populismus legen und auf das, was Urbinati als schädliche Einflüsse des alten Roms auf gegenwärtige Populismen bezeichnet. Interessanterweise nutzt Urbinati das Beispiel der römischen Republik ganz anders als Pettit, jedoch ebenfalls auf eine Weise, die hinsichtlich Majoritarismus und vor allem Populismus zu skeptischen Schlüssen führt.

Grundsätzlich hinterlässt das Buch den Eindruck, als seien diese drei Strömungen der Politischen Theorie und Praxis eher Urbinatis intermediäre als endgültige Zielscheiben. Die Feindseligkeit, mit der Urbinati gegen sie spricht, sowie die häufigen Fehldarstellungen dieser Strömungen – sowohl hinsichtlich der Positionen der Wissenschaftler oder Akteure, die sie befürworten, als auch mit Blick auf die intellektuell-historischen Vorläufer dieser Tendenzen – legen die Vermutung nahe, Urbinati müsse überkompensieren, dass entscheidende Dinge unausgesprochen blieben. Man ist geneigt zu vermuten, dass ein gefährlicheres, ungenanntes Ziel hinter ihren Angriffen auf diese drei akademischen und politischen Tendenzen steckt. Es ist sehr wohl möglich, dass es sich bei diesem Buch um eine Art Berlusconi-Kater handelt. Und in der Tat wird kein anderer politischer Akteur so oft in *Democracy Disfigured* genannt wie der viermalige Ministerpräsident Italiens.[50] In dieser Hinsicht gibt *Democracy Disfigured* eine tiefsitzende und alles durchdringende Angst davor preis, dass der Berlusconismus die nächsten Jahrzehnte in Gestalt unpolitischer, plebiszitärer und populistischer Strömungen überdauern könne.

50 Vgl. Urbinati, *Democracy Disfigured*, S. 4, 14, 28, 110, 148, 174, 208 f., 233.

Urbinati problematisiert Populismen aus zweierlei Gründen: Zum einen behauptet sie, Populismus sei ein zu amorphes Konzept, um irgendeine konkrete Bedeutung zu haben; zum anderen wertet sie ihn als einen verhängnisvollen Taumel ab, der letzten Endes in ruchloseste Formen eines autoritären Extremismus hinabführen wird.[51] Demgemäß werden Befürworter des Populismus in *Democracy Disfigured* entweder als gedanklich verwirrte Naive oder aber als verwerfliche Proto-Cäsaristen dargestellt. Urbinati liefert viele Belege für die Ambiguität des Populismus. Zu Recht hält sie fest, dass dieses Phänomen in bestimmten Kontexten (beispielsweise in den Vereinigten Staaten des neunzehnten Jahrhunderts, in einigen latein- und südamerikanischen Fällen des zwanzigsten Jahrhunderts sowie im Südeuropa des einundzwanzigsten Jahrhunderts) Demokratien durchaus ermöglichen und stärken kann.[52] Daher ist es besonders verblüffend zu sehen, wie sehr Urbinati darauf beharrt, dass Populismus alles in allem ein rechtes Phänomen sei und stets die demokratischen Verfassungsnormen zu überschreiten sowie auf missbräuchliche Weise die Rechte von Minderheiten einzuschränken drohe.[53] Urbinati bezichtigt Demokraten, die Sympathien für Populismus hegen, ihn sich in Form seiner historisch progressivsten Ausprägungen anzueignen. Sie kann jedoch nicht überzeugend belegen, warum er kategorisch mit seinen reaktionärsten historischen Spielarten gleichgesetzt werden sollte.

Geradezu alle Anschuldigungen, die Urbinati gegen den Populismus vorbringt – vor allem das Gespenst von ungewissen Ergebnissen sowie die Möglichkeiten schlimmsten Machtmissbrauchs –, könnten gegen den Status quo der repräsentativen Demokratie, so wie sie ihn selbst begreift, gerichtet werden. Urbinati befürchtet, dass in die Logik des Populismus keinerlei Rechenschaftsmechanismen eingebaut seien, und zwar derart, dass viele – allen voran Demagogen, die in die Irre führen – unter Berufung auf die existenzielle Legitimität »des Volkes« die Aufhebung demokratischer Verfas-

51 Vgl. ebd., S. 4 f., 7-9, 11 f., 128 f., 231 f., 134, 152-158.

52 Vgl. ebd., S. 145-149, 232; sowie Jason Stuart Maloy, *Democratic Statecraft. Political Realism and Popular Power*, Cambridge 2013.

53 Vgl. Urbinati, *Democracy Disfigured*, S. 131-142, 145 f., 166 f.

sungsnormen anstreben würden.[54] Dies ist jedoch eine übermäßig alarmistische Sichtweise. Urbinati lässt außer Acht, dass die Wechselwirkungen zwischen sozialen Bewegungen, politischen Parteien und Regierungsinstitutionen in den meisten Fällen hohe Hürden für einen ungehinderten Cäsarismus darstellen. Darüber hinaus zieht sie an keiner Stelle in Betracht, inwieweit solche Wechselwirkungen genau die Art von öffentlicher Debatte erzeugen könnten, die förderlich für eine konstruktive öffentliche Meinungsbildung wäre und die sie ausschließlich dem Status quo repräsentativer Demokratien zurechnet.

Es ist schließlich nicht so, dass es innerhalb gegenwärtiger repräsentativer Demokratien einen Überschuss an stark ausgeprägter Verantwortlichkeit gäbe – eine Tatsache, die zu keinem geringen Anteil erklärt, warum verschiedene Formen des Populismus heute zunehmend an politischem Einfluss gewinnen. Urbinatis Modell repräsentativer Demokratie ist in diesem Sinne viel zu weit entfernt von dieser politischen Realität.

### *Ideologische Inanspruchnahmen von Athen und Rom*

Ich bin der Auffassung, dass Urbinatis »athenische« Argumentationsweise im Rahmen ihrer Populismuskritik zu weit geht, insbesondere wenn sie den Gedanken ablehnt, eine machiavellische Demokratie – oder eigentlich jedes neorömische Politikmodell – könne konstruktive Lösungsansätze für die gegenwärtige Krise repräsentativer Demokratien liefern.[55] Urbinati behauptet, demokratische Staatsbürgerschaft solle auf einem strikten Gleichheitsprinzip basieren, das keinerlei formale oder quasi-formale Unterschiede zwischen Bürgern zulässt. Aus dieser Sicht kann meine Annäherung an die von Machiavelli rekonstruierten römischen und Florentiner Republiken sowie an das Thema des Populismus selbstverständlich nicht förderlich für das Erreichen demokratischer Ziele sein, da die zugrundeliegenden Gemeinwesen – mit Bürgerschaften unterteilt in Klassen und Zünfte, gewöhnliche Bürger und Eliten – gegen den Grundsatz formaler, individueller Gleichheit verstoßen. Stattdessen gilt für Urbinati das demokratische Athen als das einzig zulässige

54 Vgl. ebd., S. 137-143.

55 Vgl. Urbinati, »Republicanism. Democratic or Popular?«, in: *The Good Society* 2 (2011), S. 157-169.

historische Modell, aus dem sich Lehren für die Probleme gegenwärtiger Demokratien ziehen lassen, da – wie sie behauptet – Athen wie modernen Wahldemokratien gemein war, unerschütterlich an dem Ideal eines »Gemeinwesen[s] aus gleichberechtigten einzelnen Bürgern« festzuhalten.[56] Weder athenische noch moderne Demokratiemodelle könnten die Institutionalisierung einer Klassenpolitik normativ tolerieren, wie sie in *Machiavellian Democracy*[57] umrissen wurde, das sich zu sehr auf vermeintliche nicht- oder antidemokratische römische und Florentiner Beispiele stützt.

Aufgrund dieser Affinität zur athenischen Demokratie sind laut Urbinati moderne repräsentative Regierungsformen dem Populismus überlegen, da er zu viele Elemente vom altrömischen Republikanismus (ob nun machiavellischer oder ciceronianischer Art) übernehme – Elemente, die grundsätzlich nachteilig seien für solche Gleichheitsideale.[58] Aus Urbinatis Sicht stellt beinahe jeder Grundsatz, der auf das alte Rom zurückgeführt werden kann, eine populistische Gefahr für gegenwärtige Demokratien dar: beispielsweise die Anerkennung formaler Unterteilungen von Bürgern, wie etwa die Unterscheidung zwischen Plebejern und Eliten; eine Unterbewertung der Meinungsfreiheit zugunsten einer nicht-deliberativen, majoritären Akklamation; und ausschließende, demagogische Praktiken, mittels derer politische Führer verschiedene erklärte Gegner der »normalen Leute« dämonisieren. Diese grundlegend römischen Elemente, so Urbinati, zögen für die Funktionsfähigkeit gegenwärtiger repräsentativer Demokratien immer ungerechte und perverse politische Konsequenzen nach sich, die Anklänge an den italienischen Faschismus enthielten.[59]

Das erste Problem dieses Denkansatzes besteht darin, dass Urbinatis Verklärungen Gefahr laufen, diejenigen Defizite gegenwärtiger repräsentativer Demokratien unkritisch zu rechtfertigen, die die aktuelle politische Krise überhaupt erst erzeugt haben. Die einzige in heutigen repräsentativen Demokratien vorherrschende Schwachstelle, die Urbinati einzuräumen bereit ist, ist das Problem des Geldes in der Politik[60] – ein Problem, das ihrer Einschätzung nach

56 Ebd., S. 158.

57 Vgl. John P. McCormick, *Machiavellian Democracy*, Cambridge 2011.

58 Vgl. Urbinati, »Republicanism. Democratic or Popular?«, S. 166-169.

59 Vgl. ebd., S. 167.

60 Vgl. Urbinati, *Democracy Disfigured*, S. 54-68.

durch eine tragfähige Reform der Wahlkampffinanzierung leicht korrigiert werden kann.[61] Vielleicht könnten solche Reformen in ihrem idealisierten Demokratiemodell erfolgreich umgesetzt werden. Angesichts der ineffektiven Rechenschaftsmechanismen, die für repräsentative Demokratien in Wirklichkeit charakteristisch sind, ist es jedoch nicht sehr wahrscheinlich, dass notwendige Reformen in einem System realisiert werden, in dem diejenigen Beamten, die mit der Umsetzung von Reformen der Wahlkampffinanzierung beauftragt sind, am meisten davon profitieren, dass sie diese scheitern lassen.

Zweitens ist Urbinatis Interpretation der römischen Geschichte ausgesprochen begrenzt und übermäßig hierarchisch. Urbinatis scharfer Kontrast zwischen Athen als einer Regierungsform, die die strikte formale Gleichheit der Bürger voll verwirklichte, und Rom als einer Regierungsform, die feste, konkrete Ordnungen nachdrücklich trennte, verdankt Arnaldo Momigliano – aus Gründen, die ich erläutern werde – mehr als Niccolò Machiavelli.[62] Urbinatis Darstellung der römischen Politik bezieht sich fast ausnahmslos auf die Frühgeschichte der Stadt, in der es mehr Segregation zwischen den Klassen und striktere Trennungen zwischen volksnahen und aristokratischen Institutionen gab, also auf eine Gesellschaft, in der die soziale Mobilität zweifellos recht begrenzt war. Aber dies ist eine zutiefst verzerrte Sicht auf die römische Republik und ihre Entwicklung im Lauf der Geschichte. Schließlich handelte es sich um eine Regierungsform, in der die Römer fortwährend zwischen ihren beiden Konzepten von Staatsbürgerschaft aufs Neue verhandelten, und zwar zwischen dem universellen, auf Gemeinsamkeiten beruhenden Konzept des *populus Romanus* und dem differenzierteren, potenziell konfliktgeladenen Konzept, das durch die Abkürzung »S.P.Q.R.« (das Volk und der Senat von Rom) festgehalten wurde. Rom ist für Urbinati immer Letzteres, ein hierarchisch geteiltes Gemeinwesen, und selten Ersteres, eine Republik freier und gleicher Bürger.

In der mittleren Periode der Republik waren viele der Feind-

61 Vgl. ebd., S. 56f.

62 Vgl. Arnaldo Momigliano, »Prolegomena a ogni futura metafisica sulla plebe romana«, in: ders., *Sui fondamenti della storia antica,* Turin 1984, S. 368-377; sowie ders., »Osservazioni sulla distinzione fra patrizi e plebei«, in: ders., *Roma Arcaica*, Florenz 1989, S. 209-224.

bilder, die Urbinati dazu anhalten, römische Politik stets mit gegenwärtigen Formen des Populismus in Verbindung zu bringen, bereits verschwunden oder hatten sich zumindest grundlegend auf eine Weise gewandelt, die in normativer Hinsicht weitaus weniger alarmierend war.[63] Zum Beispiel wurde die strikte soziale Trennung zwischen Plebejern und Patriziat durch die durchlässigere Unterscheidung zwischen Plebejern und Nobilität ersetzt. Bei den stimmberechtigten Klassen Roms handelte es sich nicht um starre Kasten, wie Urbinati behauptet, sondern vielmehr um fließende Kategorien, die auf Eigentumsverhältnissen fußten, die wiederum jedes Jahrzehnt im Rahmen von Volkszählungen erneut geprüft wurden. Urbinati weist zu Recht darauf hin, dass es in den Abstimmungsversammlungen Roms keine deliberativen Ansätze gab:

> [...] das römische Volk führte keine Debatten über politische Themen und äußerte keine Bedenken im Plenum, wie die Athener es taten. Daher waren nicht die *ekklēsía* einzelner gleichberechtigter Bürger, sondern die römischen *comitia* Versammlungen, in denen man entweder mit Ja oder Nein abstimmen konnte [...], ohne die Befugnis, Gesetze zu initiieren und öffentlich darüber zu debattieren.[64]

Sie spielt jedoch rigoros herunter, wie sehr öffentliche Debatten in den *contiones* verankert waren, die einige Tage vor der formellen Stimmenauszählung zusammentraten.[65] Sie hält sich ausgesprochen lange mit der informellen Redefreiheit des römischen Volkes im Forum auf,[66] übergeht allerdings die Debatten, die unter den Bürgern in den formell einberufenen beratenden Versammlungen stattfanden, die den Sitzungen der Abstimmungsversammlungen vorausgingen.

Im Hinblick auf die im Gegensatz zu Athen – wo angeblich strenge Gleichheit unter den Individuen herrschte – fehlende politische Gleichberechtigung unter den römischen Bürgern proklamiert Urbinati, dass in Rom

63 Vgl. Andrew Lintott, *The Constitution of the Roman Republic*, Oxford 1999; sowie Timothy Peter Wiseman, *Remembering the Roman People. Essays on Late-Republican Politics and Literature*, Oxford 2008.

64 Urbinati, »Republicanism. Democratic or Popular?«, S. 162.

65 Vgl. Urbinati, *Democracy Disfigured*, S. 222.

66 Vgl. Urbinati, »Republicanism. Democratic or Popular?«, S. 46, 166.

Ungleichheit […] das Organisationsprinzip [war]. Das politische Leben Roms erreichte nie das Niveau politischer Gleichberechtigung, das die Athener genossen, und wurde stets vom Einfluss einer kleinen Anzahl senatorischer Familien beherrscht, aus deren Reihen die obersten Magistrate stammten, die die Gesetze verwalteten, über diese Gesetze sowie die Politik im Allgemeinen im Senat berieten und die Armeen anführten.[67]

Wenngleich die Römer grundsätzlich mehr politische Ungleichheit tolerierten als die Athener, ist Urbinatis Behauptung über das volle Ausmaß der Ungleichheit in Rom höchst umstritten. Sie lässt mehr als ein Jahrzehnt von Forschungsdebatten außer Acht, die sich mit der mitbestimmenden Rolle befassen, die die Plebejer hinsichtlich der Regierungspolitik der Republik spielten, vor allem während deren mittlerer Phase und bis zu einem gewissen Grad auch während ihrer letzten Jahrhunderte. Althistoriker wie Egon Flaig, Andrew Lintott, Fergus Millar, John North und Timothy Peter Wiseman behaupteten, dass Institutionen wie das Volkstribunat, politische Strafprozesse, bei denen die Gerichtsbarkeit vom Volk ausging, und Gesetzgebungsverfahren in den gleichberechtigter organisierten römischen Versammlungen die römische Politik demokratischer machten, als dies in der Forschung zunächst angenommen wurde. Auf der anderen Seite haben Karl-Joachim Hölkeskamp, Robert Morstein-Marx, Henrik Mouritsen und Kurt Raaflaub die Thesen wiederbelebt und weiterentwickelt, die bekanntermaßen auf Momigliano und Ronald Syme zurückgehen, die wiederum darauf bestanden, dass es sich bei der Republik schlicht und einfach um eine Oligarchie gehandelt habe.

Urbinati stellt sich durchgehend auf die Seite letzterer Gruppe und es gibt genügend, oftmals beeindruckende Indizien, die sie dazu berechtigen.[68] Sie könnte jedoch anerkennen, dass über diese

67 Ebd., S. 162.

68 Bezeichnenderweise hat Morstein-Marx seine Sicht auf die oligarchische versus demokratische Beschaffenheit der römisch-republikanischen Politik erheblich geändert. Vgl. Robert Morstein-Marx, »Persuading the People in the Roman Participatory Context«, in: Dean Hammer (Hg.), *A Companion to Greek Democracy and the Roman Republic*, Oxford 2014, S. 294-310; ders., »Political Graffiti in the Late Roman Republic. ›Hidden Transcripts‹ and ›Common Knowledge‹«, in: Christina Kuhn (Hg.), *Politische Kommunikation und öffentliche Meinung in der antiken Welt*, Stuttgart 2012, S. 191-217; sowie ders., »›Cultural Hegemony‹ and the Communicative Power of the Roman Elite«, in: Catherine Steel, Henriette

Fragen weiterhin mit Recht gestritten wird. Am relevantesten für Machiavellis Rekonstruktion der römischen Republik ist das zentrale Argument aus Millars Arbeiten: Da sich die Konsuln in der Regel fernab der Stadt aufhielten, während sie die Armeen der Republik anführten, ist es Millar zufolge naheliegend, dass ein Großteil der römischen Innenpolitik von den Tribunen in Versammlungen wie dem *concilium plebis* und der *comitia tributa* bestimmt wurde, die – ob sie Patrizier ausschlossen oder nicht – mehr oder weniger qua Mehrheitsregel entschieden und nicht, wie es die *comitia centuriata* taten, durch gewichtete Stimmen für wohlhabende Bürger.[69]

Darüber hinaus müssen wir die römischen Hinterlassenschaften im Kontext von Urbinatis *eigener* Auffassung von repräsentativen Regierungsformen berücksichtigen. Sie hüllt sich in Schweigen über zwei bedeutende gegenmajoritäre Merkmale der meisten großen repräsentativen Demokratien, die zumindest indirekt auf das alte Rom zurückzuführen sind: den Föderalismus und das Zweikammersystem. In der Tat sind in vielen gegenwärtigen Bundes- und/oder Zweikammerrepubliken wie Brasilien, Kanada, Deutschland, Indien, Nigeria und den Vereinigten Staaten die Bürger kleiner Provinzen und Staaten oftmals in der Gesetzgebung und gelegentlich bei der Wahl der Exekutive überrepräsentiert. Diese Merkmale unterminieren im Wesentlichen das Engagement für die formale Gleichheit einzelner Bürger, das – wie Urbinati betont – die athenische Demokratie und moderne repräsentative Regierungsformen angeblich teilen. Am unerklärlichsten ist jedoch, dass Urbinati den athenischen Charakter ihrer eigenen Vorstellung von repräsentativer Demokratie aushöhlt und dabei unwiderruflich deren Verbundenheit mit der *isonomía* und der *isēgoría* durchtrennt, wenn sie behauptet, dass die von vielen modernen »Demokratien« angewandte qualifizierte Mehrheitsregel die gleiche politische Würde einzelner Bürger nicht verletze.[70] Ich würde gerne sehen, wie sie dies einem durchschnittlichen athenischen Bürger aus dem fünften Jahrhundert erklärt.[71]

van der Blom (Hg.), *Community and Communication. Oratory and Politics in Republican Rome*, Oxford 2013, S. 29-47.

69 Vgl. Fergus Millar, *The Crowd in Rome in the Late Republic*, Ann Arbor 2002.

70 Vgl. Urbinati, *Democracy Disfigured*, S. 270, Fußnote 68.

71 Vgl. Melissa Schwartzberg, *Counting the Many. The Origins and Limits of Supermajority Rule*, Cambridge 2013.

Auch im Hinblick auf die von ihr proklamierte Verbindung zwischen athenischer Demokratie und gegenwärtigen repräsentativen Regierungsformen betont Urbinati die formal egalitären Merkmale der *isonomía* und hebt die positive Auswirkung auf die Redefreiheit hervor, die das Prinzip der *isēgoría* zur Folge hat.[72] Urbinati übergeht jedoch die entscheidende demokratische Praxis des *boulomenos*: die Tatsache, dass jeder athenische Bürger, »der wollte«, sich auch selbst vorschlagen konnte, wenn es darum ging, per Losverfahren ausgewählt zu werden, um als Magistrat ein politisches Amt zu bekleiden. Eine solche Praxis erlaubte de facto jedem athenischen Bürger, der dazu willens und in der Lage war, ein politisches Amt zu bekleiden, und zwar weitgehend unabhängig von den in der Stadt vorherrschenden sozioökonomischen Machtunterschieden.

Dies ist ein zentraler Aspekt der athenischen politischen Praxis, den gegenwärtige repräsentative Demokratien und selbst Urbinatis idealtypische Variante derselben ihren Bürgern nicht bieten kann, da sie gleiche Voraussetzungen für die Ausübung direkter politischer Macht durch jeden Bürger, der dies wünscht, ausschließen. Die enormen materiellen und sonstigen Kosten von Wahlkampagnen, sogar in repräsentativen Demokratien mit öffentlich finanzierten Wahlen, machen es Durchschnittsbürgern unmöglich, jemals ein öffentliches Amt auszuführen. Zumindest verpflichten Wahldemokratien durchschnittliche Bürger, die für ein Amt kandidieren, effektiv dazu, Klienten der Einzelpersonen und Gruppen zu werden, die ihre Kampagnen finanzieren. Urbinati besteht – meiner Ansicht nach viel zu entschieden – darauf, dass die athenische Praxis des Losverfahrens oder der Losentscheidung im heutigen Kontext nicht mehr wirksam reproduziert werden könne.[73] Vielleicht ist das wahr, vielleicht auch nicht. Solange es der repräsentativen Demokratie jedoch nicht gelingt, eine gewisse Annäherung an die gleichberechtigte Aufteilung und Ausübung der politischen Macht unter den Bürgern zu ermöglichen, werden populistische Bewegungen legitime Gründe haben, sie infrage zu stellen.

72 Vgl. Urbinati, *Democracy Disfigured*, S. 62, 163.
73 Vgl. ebd., S. 12.

Wie dem auch sei, Urbinatis Unterscheidung zwischen den politischen Modellen Athens und Roms lässt sich weit weniger als Kritik an *Machiavellian Democracy* verstehen, als sie bereit wäre einzugestehen. In erheblichem Maß argumentiert sie nämlich eher an dem Buch *vorbei* und nicht *dagegen*. Urbinati versäumt es weitgehend, die Art und Weise anzuerkennen, auf die Machiavelli die athenischen und römischen Modelle so miteinander verbindet, dass sich meine Verwendung seiner Theorie der Volksherrschaft als weniger anfällig für ihre Kritik erweist, als sie nahelegt – zumindest ist ein solchermaßen rekonstruiertes Modell viel weniger anfällig als ein Modell, das sich viel unmittelbarer auf die Geschichte der römischen Republik bezieht.

Ich werde hier erneut darstellen, inwiefern Machiavellis Demokratiemodell der kritischen Stoßrichtung von Urbinatis scharfer Unterscheidung zwischen den athenischen und römischen Modellen entgeht. Dabei konzentriere ich mich in erster Linie auf diejenigen Elemente von Machiavellis Rekonstruktion des alten Roms, die sich Urbinatis Kritik an der römischen Republik entziehen: Machiavelli billigt nicht, einer wohlhabenden herrschenden und formell im Senat etablierten Klasse die alleinige Autorität zur Festlegung einer politischen Agenda zu gewähren. Ferner beschneidet er die römische Staatsbürgerschaft nicht vollständig um politische Gleichberechtigung und befürwortet keine ungleichberechtigt organisierten und nicht-deliberativ strukturierten Volksversammlungen. Indem Machiavelli die Macht hervorhebt, die von proplebejischen Institutionen und Praktiken ausgeübt wurde, nehmen seine Schriften genau genommen die Forschungsergebnisse der oben erwähnten zeitgenössischen Althistoriker vorweg, die darauf bestehen, dass es sich bei der römischen Republik in jeder Hinsicht um eine Demokratie handelte.

Über den römischen Senat bemerkt Urbinati, dass der Gedanke, »der Ort der Macht (das heißt *auctoritas*, die Macht, etwas zu initiieren oder zu beginnen) solle im Senat sein«, als »das Prinzip, das das institutionelle und ethische Leben der römischen Republik anregte«, diente.[74] Was auch immer die verfassungsrechtliche Rolle

74 Urbinati, »Republicanism. Democratic or Popular?«, S. 162.

des Senats in den verschiedenen Phasen der historischen römischen Republik gewesen sein mag, Machiavellis Rekonstruktion der Republik in den *Discorsi* verleiht dem Senat keinerlei exklusive Autorität über legislative oder politische Initiativen. Machiavelli lehnt dieses Prinzip ab, wenn er den Volkstribunen – und damit auch jedem Bürger, der an einer Volksversammlung teilnimmt – die Befugnis erteilt, Gesetzesentwürfe vorzuschlagen.[75]

Mit Blick auf öffentliche Debatten und Stimmabgaben verbindet Machiavelli in ähnlicher Weise die Funktionsweise von deliberativen und abstimmenden Versammlungen.[76] Zudem ist es an dieser Stelle lohnend, den bereits oben erwähnten Abschnitt aus den *Discorsi* ausführlich zu zitieren, um den Ort zu veranschaulichen, an dem jeder einzelne Bürger in Machiavellis Rekonstruktion der römischen Versammlungen Gesetze initiieren sowie über sie debattieren und abstimmen konnte. Laut Machiavelli konnte

> [e]in Tribun oder *Bürger jeglicher Art* [...] dem Volk ein Gesetz vorschlagen, gegen oder für das sich *jeder Bürger* aussprechen durfte, bevor eine Entscheidung getroffen wurde [...]. Es war gut, dass *jeder*, der sich um das Gemeinwohl sorgte, Gesetze vorschlagen und *jeder* seine Meinung dazu äußern konnte, damit das Volk anschließend das beste unter ihnen wählen konnte.[77]

Daher handelt es sich bei den Grundsätzen und Praktiken, mittels derer Urbinati versucht, die athenische Demokratie vom römischen Republikanismus zu unterscheiden – das heißt »gleiche politische Freiheit [...], das Recht eines jeden Bürgers auf politische Teilhabe (*isonomía*) sowie auf freie Meinungsäußerung zu staatspolitischen Angelegenheiten (*isēgoría*)[78] –, um genau diejenigen, die Machiavelli in die römische Politik überträgt. Kurz gesagt, versuchte Machiavelli nichts anderes, als die politische Praxis Roms zu athenisieren, indem er die *comitia* so wirken ließ, als wäre sie eine *ekklēsía*.[79]

Doch auch ohne Machiavellis Eingriff in die politische Ideengeschichte, die sich seinem egalitäreren und demokratischeren Mo-

75 Vgl. Niccolò Machiavelli, *Discorsi sopra la prima deca di Tito Livio*, in: Corrado Vivanti (Hg.), *Opere I. I Primi Scritti Politici*, Turin 1997, S. 73-254, Buch I, Kap. 18.

76 Vgl. McCormick, *Machiavellian Democracy*, S. 32, 77 f., 99.

77 Machiavelli, *Discorsi*, Buch I, Kap. 18. Hervorhebung durch John P. McCormick.

78 Urbinati, »Republicanism. Democratic or Popular?«, S. 161 f.

79 Vgl. McCormick, *Machiavellian Democracy*, S. 97.

dell der römischen Republik verdankt, erscheint Urbinatis Beharren darauf, dass die alten Römer und mittelalterlichen Florentiner sich an keine wirkliche Vorstellung von Gleichheit – die auf der gemeinsamen Zugehörigkeit zu einer *res publica* oder *commune* gründete – hielten, bestenfalls als eine grobe Vereinfachung.[80] Trotz der formalen Unterscheidung der Bürger (durch auf Volkszählungen zurückgehende Rangordnungen) wurde die formale Gleichheit aller römischen Bürger bekanntermaßen von denen hochgeschätzt, die einen solchen Status genossen.[81] Darüber hinaus verfassten florentinische politische Denker von Leonardo Bruni bis hin zu Francesco Guicciardini ausführliche Abhandlungen über die Bedeutung des Grundsatzes der »Gleichheit« in der florentinischen Stadtgeschichte – trotz oder gerade wegen des Stellenwerts von Zunftgruppierungen in ihrer Stadt.[82] Umgekehrt empfahl Jean-Jacques Rousseau – für viele der moderne Inbegriff absoluter formaler individueller Gleichheit – in großen Republiken die gewichtete Stimmabgabe für wohlhabende Bürger und griff dabei explizit auf das römische Modell zurück.[83] Tatsächlich stützte sich der Genfer, der von vielen als der größte Demokrat der modernen politischen Ideengeschichte angesehen wird, grundsätzlich weitaus stärker auf intellektuelle und institutionelle Quellen römisch-republikanischen Ursprungs als auf athenisch-demokratische.

## *Populistische Mittel und demokratische Zwecke*

Kurzum, Urbinatis Narrativ, dem zufolge einzig die athenische Demokratie und gegenwärtige repräsentative Regierungsformen individuelle Gleichberechtigung wahrten, während die römische sowie die Florentiner Republik absolute Ungleichheit zementierten, ver-

80 Vgl. Urbinati, »Republicanism. Democratic or Popular?«, S. 162.

81 Vgl. Erich S. Gruen, *Culture and National Identity in Republican Rome*, Ithaca 1995.

82 Vgl. Mark Jurdjevic u. a. (Hg.), *Florentine Political Writings from Petrarch to Machiavelli,* Philadelphia 2019; sowie Machiavelli, *Discorsi*, *Buch I*, Kap. 55-56; sowie Buch II, Kap. 4.

83 Vgl. Jean-Jacques Rousseau, *Vom Gesellschaftsvertrag oder Grundsätze des Staatsrechts*, aus dem Französischen von Hans Brockard und Eva Pietzcker, Ditzingen 2011, S. 132.

zerrt die historische Faktenlage, die in der Tat sehr viel komplexer ist, als sie einräumt. Dies legt den Schluss nahe, dass es in normativer Hinsicht nicht annähernd so illegitim wäre, wie Urbinati suggeriert, gegenwärtige Experimente mit institutionalisierten Klassenunterschieden in Betracht zu ziehen, die direkt oder indirekt auf den historischen Modellen von Rom und Florenz beruhen. Sobald wir uns von der Versuchung befreit haben, die formale Gleichheit im antiken Athen und in gegenwärtigen repräsentativen Demokratien zu fetischisieren, erweckt die Unterscheidung von Klassen nicht länger den Anschein, eine schwerwiegende Gefahr für den normativen Status echter Gleichberechtigung in gegenwärtigen Gemeinwesen darzustellen.

Urbinatis Tirade gegen den Populismus blendet solche Populisten gänzlich aus, die ein politisches System, das grundsätzlich repräsentativ, wahl- und parteibasiert bleibt, demokratischer und nach majoritären Prinzipien gestalten wollen – und zwar unter Beibehaltung der Gewaltenteilung und des Vorrangs individueller Rechte.[84] Viele Populisten fragen heute ernsthaft: Wie können wir legislative Referenden, Losverfahren für Ämter und politische Strafprozesse, die von gewöhnlichen Bürgern entschieden werden, in das bereits bestehende System der repräsentativen Demokratie einführen? Urbinati besteht darauf, dass das antike Athen nicht wiederhergestellt werden könne. Wer hat dies jedoch behauptet? Die entscheidende Frage ist vielmehr, ob gegenwärtige repräsentative Demokratien nicht auf »athenischere« Weisen verändert werden können, als antipopulistische Demokraten sich vorzustellen vermögen. Einfach gesagt: Populistische Bestrebungen können Bürger dabei unterstützen, sich für politische Institutionen einzusetzen, die eine repräsentative Regierung demokratischer machen.

Urbinatis überdeterminierte Haltung zum Populismus beschwört den unangenehmen Gestus eines Ultimatums herauf: Nehmt das System, wie es ist – und goutiert es. Arbeitet innerhalb der derzeit festgelegten Regeln und ändert sie nicht, damit es nicht

84 Vgl. Oliver Dowlen, *The Political Potential of Sortition. A Study of the Random Selection of Citizens for Public Office*, Exeter 2008; Graham Smith, *Democratic Innovations. Designing Institutions for Citizen Participation*, Cambridge 2009; Peter Stone, *The Luck of the Draw. The Role of Lotteries in Decision Making*, Oxford 2011; sowie Robert E. Goodin, *Innovating Democracy. Democratic Theory and Practice After the Deliberative Turn*, Oxford 2012.

zu schlimmeren, ungewollten politischen Katastrophen kommt. Wie Urbinati gerne betont, gibt es jedoch keine legitime Form des demokratischen Konstitutionalismus, die nicht die Möglichkeit mit sich bringt, die Spielregeln zu revidieren.[85] Und wenn Urbinati möchte, dass die repräsentative Demokratie wirklich repräsentativer und demokratischer wird, wird sie sich ein umfassenderes Verständnis ihrer Standards für die Rechtmäßigkeit von Regeländerungen aneignen müssen.

Wir müssen aufmerksamer auf den populistischen Schmerzensschrei hören (siehe Kapitel 6), der Anlass für die jüngste Welle institutioneller Reformvorschläge und -initiativen ist, die sich in Demokratien weltweit abzeichnet. Viele Wissenschaftler und Aktivisten begreifen mittlerweile, dass die vorherrschenden Institutionen repräsentativer Wahldemokratien nicht ausreichen, um zu bewirken, dass sich Regierungen Durchschnittsbürgern gegenüber zugänglich und verantwortlich verhalten. Sie sehen sehr deutlich, dass einige wenige Privilegierte – Interessenlobbys, Wirtschaftseliten und wohlhabende Einzelpersonen – übermäßigen Einfluss auf die Staatstätigkeit ausüben und dass diese im Grunde ungeachtet der Interessen der überwältigenden Mehrheit der Bürger regieren, zu denen insbesondere die Angehörigen der Mittelschicht und der Arbeiterklasse sowie die Armen zählen.

Viele dieser Reformvorschläge erscheinen Mainstream-Akademikern wie Urbinati als »utopisch«, weil sie die Grundsätze und Praktiken gegenwärtiger repräsentativer Demokratien infrage stellen. Diese Vorschläge versuchen sich der Funktionsweise antiker Volksherrschaften anzunähern, wenn nicht sogar, sie zu duplizieren: Sie streben an, die vom Volk ausgehende *Herrschaft* wiederzubeleben, nicht das *Einverständnis* der Bevölkerung mit den Regierenden. Genauer gesagt liegt ihnen der Anspruch zugrunde, die Bevölkerung direkter am Gesetzgebungsverfahren wie auch an der Politikgestaltung zu beteiligen und gewöhnlichen Bürgern einen leichteren Zugang zu politischen Ämtern zu ermöglichen, als dies Parlamentswahlen erlauben. Dies erklärt, warum Forderungen nach Gesetzgebungsreferenden sowie Losverfahren für Bürger weltweit eine zentrale Rolle im Rahmen solcher Vorschläge spielen, und zwar in einer Art und Weise, die sich Urbinatis engstirniger Kritik

85 Vgl. Urbinati, *Democracy Disfigured*, S. 17, 21, 33.

von Plebisziten entzieht und ihre unüberlegte Ablehnung von Losentscheiden fragwürdig macht.[86]

Weil diese jüngste Welle institutioneller Reformvorschläge im Geiste gewissermaßen athenisch – und ja, sogar römisch – ist, jedoch nicht philadelphisch oder pariserisch, unterscheidet sie sich qualitativ von vorangegangenen Reformbestrebungen. So versuchten beispielsweise englische Reformer des neunzehnten Jahrhunderts, das Wahlrecht auf die Arbeiterklasse auszuweiten, während ihre US-amerikanischen Pendants im neunzehnten und zwanzigsten Jahrhundert erfolgreich die folgenden Ziele verfolgten: Frauenwahlrecht, Direktwahl von Senatoren und Vorwahlen, die der Parteibasis ermöglichten, Präsidentschaftskandidaten zu wählen. Mit anderen Worten: diese Formen demokratisch-institutioneller Innovationen zielten darauf ab, die Wählerschaft und den Zuständigkeitsbereich von Wahlinstitutionen zu erweitern. Aber – und dies ist von zentraler Bedeutung – sie stellten *nicht* das Konzept der Wahldemokratie an sich infrage, das heißt, sie versuchten nicht, den Durchschnittsbürgern eine direktere und umfassendere Beteiligung an der Herrschaft als solcher zu ermöglichen.

Demokratisch geneigte populistische Wissenschaftler und Aktivisten behaupten mit Recht, dass die Institutionen repräsentativer Demokratien trotz früherer Reformen im vergangenen halben Jahrhundert einen astronomischen Anstieg wirtschaftlicher Ungleichheit innerhalb hochentwickelter kapitalistischer Demokratien hingenommen (oder zumindest nicht verhindert) haben. Mehr noch, diese Institutionen haben die dauerhafte Kaperung von Regierungen durch privilegierte, isolierte Minderheiten überhaupt erst ermöglicht. Als Reaktion darauf schlugen Reformer nicht-wahlbasierte Institutionen vor, die einerseits gewöhnliche Bürger dazu autorisieren, unmittelbar auf Gesetzgebungsverfahren Einfluss zu nehmen, und andererseits die zufällige Verteilung wichtiger politischer Ämter erlauben. Urbinati sollte sich mit solchen Vorschlägen unvoreingenommener auseinandersetzen, als sie es in *Democracy Disfigured* tut.

86 Vgl. ebd., S. 12, 176-180, 217-225. Vgl. ferner Dowlen, *The Political Potential of Sortition*; Stone, *The Luck of the Draw*; Smith, *Democratic Innovations*; sowie Goodin, *Innovating Democracy*.

# Teil 2: Ungleichheit, Korruption und Strafe in Obers Demopolis

Josiah Obers kürzlich veröffentlichtes Werk *Demopolis* ist genau das Buch, auf das zeitgenössische Demokratietheoretiker, die sich ideengeschichtlich mit antiken Theorien und Praktiken befassen, gewartet haben, ohne sich in vollem Maße klargemacht zu haben, dass wir es brauchen. Ober verwendet geschickt historische Untersuchungen und formale Theorien, um innerhalb des hegemonialen – wenn auch wenig analysierten – Amalgams namens liberaler Demokratie das *Liberale* von dem *Demokratischen* zu trennen. In diesem Sinne muss *Demopolis* als ein beeindruckendes Unterfangen der politischen Phänomenologie begriffen werden: Auf der konzeptionellen Ebene drängt Ober die konstitutiven Merkmale der Demokratie (diejenigen, die sich auf die »gemeinsame Selbstregierung durch Bürger« beziehen)[87] in den Vordergrund, während er die liberalen Elemente des Amalgams (wie beispielsweise »ethische[r] Individualismus, Toleranz […] sowie unveräußerliche Menschenrechte«)[88] in den Hintergrund rückt. Durch diese Umdeutung können Politikwissenschaftler ein weitaus eindeutigeres Verständnis davon erlangen, was Demokratie eigentlich ist, worin ihre besonderen Eigenschaften bestehen und – ebenso wichtig – welche Möglichkeiten für ihre Umsetzung innerhalb großer moderner Nationalstaaten gegeben sind, vor allem in einer Zeit, die von einer politischen Unzufriedenheit mit dem Liberalismus geprägt ist.

Ober zeigt, dass drei spezifisch *politische* Werte die Demokratie wesentlich stützen: politische Gleichheit, politische Freiheit und politische Teilhabe. Untermauert werden die drei wiederum durch den unverzichtbaren Wert der bürgerlichen Würde. Diese Werte, so Ober, unterscheiden sich inhaltlich von den eigentümlichen liberalen Werten wie persönliche Autonomie, Menschenrechte und Verteilungsgerechtigkeit. Während Ober jedoch auf die deutlichen Unterschiede zwischen Demokratie und Liberalismus hinweist, liefert er überzeugende Argumente dafür, dass es sich bei ihnen grundsätzlich nicht um Gegensätze handeln muss. Demokratie

87 Ober, *Demopolis*, S. 38.

88 Ebd., S. 12.

und Liberalismus sähen sich laut Ober ähnlichen, wenn nicht sogar identischen Grundrechten gegenüber verpflichtet wie beispielsweise der Rechtsstaatlichkeit, Redefreiheit und Versammlungsfreiheit. Darüber hinaus bestehe die Möglichkeit, sie auf unzählige Arten zu kombinieren, und zwar nicht notwendigerweise nach dem Muster der liberalen Demokratien, die nach dem achtzehnten Jahrhundert entstanden.

Obwohl Ober dies nicht explizit ausspricht, liefert die Tatsache, dass er Demokratie und Liberalismus als eigenständige, jedoch kompatible Modelle begreift, ein Mittel gegen die Giftpille, die die geistigen Väter der liberalen Demokratietheorie hinterlassen haben. Ober nennt zwar keine Namen, impliziert jedoch, dass Montesquieu, Swift, Madison, Constant, Mill und ihresgleichen unaufrichtig – oder schlimmer noch: aus ideologischen Gründen – zwischen den sogenannten Freiheiten der Antike und der Moderne unterschieden, und zwar auf eine Art, die der Demokratie gegenüber ausgesprochen unredlich war. Diese entschieden ochlophoben und abstimmungsfeindlichen Theoretiker und Staatsmänner suchten ihre Schöpfung, die liberale Demokratie, gegen eine entsetzliche Bedrohung zu impfen: die Möglichkeit, dass das demokratische Element des Amalgams liberale Demokratie irgendwann den im Rahmen der Moderne vorherrschenden liberalen Bestandteil erfolgreich infrage stellen könnte.

Wie Ober andeutet, benachteiligten die intellektuellen Begründer der liberalen Demokratie durch die übermächtige Verankerung liberaler Elemente innerhalb des von ihnen entworfenen Modells *sowohl* Demokraten *als auch* Liberale in Krisenmomenten wie den gegenwärtigen. Damit unterdrückten sie vorsätzlich unschätzbare Mittel, durch die die Basisdemokratie in Zeiten wie den unseren, in denen der Liberalismus nunmehr ineffizient oder veraltet erscheint, energisch vorangetrieben werden könnte – das heißt unter Bedingungen, unter denen die *Demokratie* (oder eine betont demokratische liberale Demokratie) die beste oder einzige Hoffnung für das menschliche Wohlergehen sein dürfte, das Ober so vornehm als den Genuss von Wohlstand, Sicherheit und Nichttyrannei bezeichnet.[89]

Wie uns Ober zu Recht in Erinnerung ruft, handelt es sich beim

89 Vgl. ebd., S. 65 f.

Liberalismus genauso wie bei der Demokratie um ein umstrittenes Konzept. Sicherlich ließe sich glaubwürdig behaupten, dass der unerschütterliche Einsatz des Liberalismus, das *Privateigentum* und die *körperliche Unversehrtheit* Einzelner durch die Grundsätze der Rechtsstaatlichkeit zu schützen, zu dessen Besonderheiten zählt. Ober zufolge wissen Demokraten ebenfalls den Schutz des Privateigentums sowie der körperlichen Unversehrtheit Einzelner zu schätzen – sei es aus moralischen Gründen, wie beispielsweise der Sorge um das menschliche Wohlergehen, oder aus Vernunftgründen, die mit dem Interesse an einem stabilen Regierungssystem einhergehen –, auch wenn sie beides nicht auf die gleiche Weise priorisieren wie Liberale.

Ich frage mich jedoch, ob Ober nicht auch selbst Vorstellungen von Eigentumsrechten und körperlicher Unversehrtheit aufrechterhält, die *zu* liberal sind, um zu verhindern, dass sein Modell einer Demopolis genau den Gefahren erliegt, die er als existenzielle Bedrohungen für demokratische Grundsätze ausfindig macht. Insbesondere könnte Ober das Ausmaß unterschätzen, in dem *wirtschaftliche* Ungleichheit zwangsläufig die Art von »systematischer Korruption«[90] erzeugt, die er als eine ernsthafte Bedrohung für die Basisdemokratie erachtet. Gleichermaßen mag er die *Schwere* der Strafen unterschätzen, die die Demopolis gegen »die Überheblichen und Mächtigen[91] verhängen muss, die nicht-tyrannische Prinzipien verletzen, indem sie die »schwächsten und verletzlichsten Bürger«[92] ausbeuten, erniedrigen und bevormunden.[93]

Damit sein Modell der Basisdemokratie auch für Liberale attraktiv bleibt, bemüht sich Ober stets zu zeigen, dass die Demopolis an rechtsstaatlichen Standards festhält. Vor allem Liberale sollten nicht befürchten, dass die Basisdemokratie wohlhabende Bürger willkürlich enteignen werde. Damit einhergehend müssten sie sich auch keine Sorgen darüber machen, dass die Demopolis einzelnen Personen übermäßig schaden werde – vermutlich sogar denjenigen nicht, die nicht-tyrannische Prinzipien verletzen. Damit das Konzept der Demopolis jedoch tragfähig bleibt, würde ich Ober vorschlagen, sich hinsichtlich dessen, was als willkürlich oder über-

90 Ebd., S. 203.

91 Ebd., S. 242.

92 Ebd., S. 171.

93 Vgl. ebd.

mäßig gelten mag, weniger akribisch um liberale Frömmeleien zu kümmern, vor allem wenn es um das Eigentum und das Leben der »arroganten und mächtigen« Wenigen geht, die drohen, die Basisdemokratie zu korrumpieren und zu usurpieren.

## Tyrannei, wirtschaftliche Ungleichheit und »systematische Korruption«

Zur Eigentumsfrage: Aus zweierlei Gründen bleibt Obers Demopolis anfällig für Formen wirtschaftlicher Ungleichheit, die unweigerlich die politische Gleichheit zersetzen und damit auch Werte wie Freiheit, Teilhabe und Würde angreifen. Erstens ordnet er – wenig differenziert – die *Oligarchie* der Rubrik *Tyrannei* als fundamentale Bedrohung für eine Demopolis unter. Zweitens degradiert er die Verteilungsgerechtigkeit zu einer untergeordneten und nicht grundlegenden Frage der Basisdemokratie.

Wenn er den Grundsatz der Nicht-Tyrannei (oder Nicht-Autokratie) formuliert, dem das Modell einer Demopolis gewidmet ist, erklärt Ober, dass »ich […] von der griechischen Standardverwendung des Wortes ab[weiche], indem ich auch *eine kleine Herrschaftskoalition* […] in meine Definition von ›Tyrannei‹ aufnehme«.[94] Doch sein bewundernswerter Versuch, den Begriff der Tyrannei so umfassend zu definieren, gerät hier genau genommen zu einem Manko: Er lässt die Verschiedenheit zweier Bedrohungen für die Demokratie außen vor, da er die wesentlichen Unterscheidungsmerkmale zwischen schleichender Oligarchie und aufsteigender Tyrannei verdeckt. Ich würde behaupten, dass der Zeitrahmen, in dem sich die Oligarchie entwickelt, länger ist und ihre sichtbaren Manifestationen weniger offensichtlich sind als diejenigen, die mit der aufkommenden Autokratie einhergehen. Indem er die Oligarchie der Rubrik der Tyrannei unterordnet, ist es Ober möglich, die besonderen Vorsichtsmaßnahmen und Rechtsmittel zu verschleiern, die notwendig wären, um die oligarchische Usurpation der Demokratie im Gegensatz zur Tyrannei zu bekämpfen.

Durch seine Subsumierung der Oligarchie unter die Tyrannei macht Ober in ähnlicher Weise die ökonomischen Faktoren unsichtbar, die bei einer »Übernahme durch die Elite«, die er so be-

94 Ebd., S. 31, Anmerkung 25. Hervorhebung durch John P. McCormick.

sorgniserregend findet, oftmals – ich würde sagen ausnahmslos – eine Rolle spielen.[95] Tatsächlich beschränkt Ober die Übernahme durch Eliten beständig auf Situationen, in denen politische Eliten oder technokratische Experten zugunsten eigennütziger Zwecke gegen das Gemeinwohl der Bürger kolludieren, oder wie er es ausdrückt: auf Umstände, unter denen eine politische Klasse oder eine Gruppe von Experten »sich absprechen könnte[n], um die Regierung zu kapern und *de facto* zum Tyrannen zu werden«.[96] Selten, wenn überhaupt jemals, hält er *wirtschaftliche* Eliten, die in eigener Sache kolludieren, um – entweder direkt oder indirekt – zu regieren, für Tyrannen.

Obers Einschätzung zufolge stellt die plutokratische Usurpation einer Demopolis – das heißt die Übernahme der Regierung oder Vereinnahmung von Regierungsbeamten durch *Wirtschaftseliten* – höchstens eine zeitweilige, jedoch keine anhaltende Bedrohung der Basisdemokratie dar. Sie scheint in die Kategorie zu fallen, die Ober lediglich für einen »*Sonderfall* systematischer Korruption«[97] hält. Dieser Eindruck wird durch Obers erschreckend blasierte Betrachtung des gegenwärtigen Stands demokratischer Politik bestärkt: »Ich lasse die Frage beiseite, ob systematische Korruption dieser Art tatsächlich ein Kennzeichen zeitgenössischer Systeme ist (wie einige Kritiker sagen) oder nur eine theoretische Möglichkeit.«[98]

Obers Agnostizismus legt an dieser Stelle nahe, dass plutokratische Eingriffe in die Basisdemokratie und die Übernahme einer Demopolis durch Eliten die Ausnahmen und nicht die Normen demokratischer Politik sind. Dies ist einer von mehreren Fällen in seinem Buch, anhand derer ich behaupten würde, dass Obers historische Perspektive zu griechisch und nicht italienisch genug ist. Die Geschichte der vormodernen Volksherrschaften in Italien warnt vor Versuchen, Fragen der wirtschaftlichen Ungleichheit oder der Verteilungsgerechtigkeit von demokratischer Politik zu trennen. Das Beispiel des alten Roms und die Erfahrungen der mittelalterlichen italienischen Republiken veranlassten die Befürworter einer Volksherrschaft dazu, sich unmittelbar der Bedrohung zu stellen, die wirtschaftliche Ungleichheit für die bürgerliche Gleichheit dar-

95 Vgl. ebd., S. 210 f., 234.

96 Ebd., S. 203.

97 Ebd. Hervorhebung durch John P. McCormick.

98 Ebd.

stellt. Machiavelli legt beispielsweise recht überzeugend dar, dass eine Demopolis das ständige Ziel von (obwohl er den Begriff nicht geprägt hat) »gewaltigen rechten Verschwörungen« ist – zu jeder Zeit, an jedem Ort und in jedem Moment. Aus italienischer Sicht ist die plutokratisch erzeugte systematische Korruption also eine ständige existenzielle Bedrohung für jedes bürgerliche Gemeinwesen, das nicht bereits eine bloße Oligarchie ist. Mein Eindruck ist, dass diese Diagnose auch auf die antiken griechischen Demokratien zutrifft – aber selbstverständlich füge ich mich in dieser Frage Ober.

Es gibt andere Gründe zur Annahme, dass Ober der Eigentumsfrage zu bereitwillig ausweicht, insbesondere wenn es um Verteilungsgerechtigkeit geht. Ober delegiert Fragen der Verteilungsgerechtigkeit ausdrücklich in den liberalen Bereich, und doch setzen seine eigenen Definitionen demokratischer Werte – politische Gleichheit, Freiheit, politische Teilhabe und bürgerliche Würde – ein erhebliches Maß an wirtschaftlicher Gleichheit voraus, um effektiv verwirklicht werden zu können. Vielleicht erfordert eine starke, florierende Demopolis nicht die nahezu vollständige sozioökonomische Gleichheit, die von umverteilenden Liberalen und Sozialisten gefordert wird; sie erfordert jedoch sicherlich mehr als das, was Ober hinsichtlich seines Modells der Basisdemokratie ausdrücklich zuzugeben bereit ist.

Ober besteht darauf, dass die wirtschaftlichen Beziehungen in einer Demopolis weder libertär noch umverteilend sein müssen, und er rügt sowohl laxe als auch egalitäre Liberale dafür, dass sie drohen das bürgerliche Leben demokratischer Bürger aufs Spiel zu setzen, indem sie ihre moralischen Forderungen übersteigern.[99] Da es jedoch recht offensichtlich ist, dass die konstitutiven Werte einer Demopolis letztlich nur unter den Bedingungen relativer sozioökonomischer Gleichheit zu realisieren sind, obliegt es Ober, einige greifbare Kriterien dafür festzulegen, wodurch sich diese relative sozioökonomische Gleichheit auszeichnen müsste, wie sie erreicht werden sollte und wie sie aufrechterhalten werden kann.

99 Vgl. ebd., S. 172.

## Politische Strafe in einer Demopolis: Entlassung oder Tod durch den Demos?

Wenden wir uns der Frage der körperlichen Unversehrtheit und der politischen Strafe zu. Ober fragt, »wie ein Kollektiv aus herrenlosen Bürgern Bedingungen schaffen kann, in denen sich jedes Individuum nicht nur zur Befolgung der Regeln verpflichtet fühlt [...], sondern auch dazu, sich an der Bestrafung der Regelbrecher zu beteiligen«.[100] Oder auf noch dramatischere Art und Weise: Wie können selbst »die schwächsten und verletzlichsten Bürger«[101] »das Verhalten arroganter Individuen kontrollieren [...], die andere demütigen und bevormunden[102] und damit gegen den Grundsatz der Nicht-Tyrannei verstoßen?

Zu den strafbaren Vergehen, die Ober als demütigende und bevormundende Gefahren für die bürgerliche Würde bezeichnet, gehören böswillige Akte massenhaft verbreiteter Falschinformationen. Er schreibt:

> Andererseits wird unsere Würde durch Falschinformationen bedroht, weil sie uns dazu verleiten können, persönliche (etwa gewagte Investitionen) oder kollektive Risiken einzugehen (z. B. eine gefährliche öffentliche Politik), auf die wir uns nicht eingelassen hätten, wenn wir in Besitz der korrekten Information gewesen wären.[103]

Hinsichtlich des ersten Beispiels (Falschinformationen, die gefährliche Investitionen fördern) denkt Ober vermutlich an die Finanzeliten, die die Wirtschaftskrise von 2008 verursacht haben. Mit Blick auf das zweite Beispiel (Täuschung, die zu gefährlicher öffentlicher Politik führt) ist Ober expliziter: Hier beruft er sich insbesondere auf die Falschinformationen, die von der Bush-Cheney-Regierung verbreitet wurden, um die US-Invasion im Irak 2003 zu legitimieren.[104]

Welche Strafen hält Ober angesichts solcher materiell katastrophalen Verletzungen der bürgerlichen Würde für angemessen? Obwohl er sich den Kopf darüber zerbricht, ob und inwieweit die an-

100 Ebd., S. 170.
101 Ebd., S. 171.
102 Ebd., S. 25.
103 Ebd., S. 189.
104 Vgl. ebd., S. 197, Anmerkung 19.

tike athenische Praxis des Ostrakismos einem vertretbaren Standard der Rechtsstaatlichkeit entspräche,[105] scheint das Scherbengericht für ihn eine zulässige Option darzustellen. Wesentlich banaler ist, dass Ober unter solchen Umständen die Entfernung korrupter Beamter aus deren Amt durch Wahl- oder Gerichtsprozesse befürwortet.[106] Am provokativsten gebärdet sich Ober hinsichtlich solcher Fälle, in denen sich eine ganze Regierung, eine ganze Versammlung oder sogar eine ganze Klasse politischer Vertreter als korrupt oder tyrannisch erwiesen hat. Hier schlägt er eine »Rückkehr zur direkten Herrschaft des Demos«[107] vor. Ferner führt er aus: »Die institutionelle Antwort der Kerndemokratie auf diese Bedrohung besteht in der ständigen Bereitschaft der Bürger, den Staat direkt zu regieren, und zwar nicht nur im eigenen Namen, sondern auch durch eigene Entscheidungen.«[108]

Folglich vertritt Ober eine Option als das Recht und die Pflicht des Volkes, die Rousseau nicht nur für politisch ineffektiv, sondern auch für moralisch abstoßend hielt. Das souveräne Volk hat nicht nur das Recht, die Mitglieder einer korrupten Regierung auszuwechseln oder deren institutionelle Form umzugestalten; um die Ursachen der Korruption oder Usurpation erfolgreich bekämpfen zu können, muss es – contra Rousseau – die Regierung unter Zwangsverwaltung stellen und zur direkten Demokratie zurückkehren.

Dies ist ein faszinierender Vorschlag, mit dem ich zutiefst sympathisiere. Dennoch frage ich mich, welche historischen Beispiele einer demokratischen Umkehr, wenn überhaupt, Ober hier im Sinn hat. Wann und wo hat eine direkte Demokratie je eine repräsentative Demokratie abgelöst? Mir scheint, dass Demokratien meistens leider nur von Oligarchien gestürzt werden, nicht umgekehrt.

Seltsamerweise hüllt sich Ober weitgehend in Schweigen, wenn es um eine Form der politischen Strafe geht, die vor dem achtzehnten Jahrhundert allgegenwärtig in den seinerzeitigen Modellen einer Demopolis war: Politische Strafprozesse, bei denen die Gerichtsbarkeit vom Volk ausging und in deren Rahmen Beamte oder Privatpersonen, die der Korruption oder des Verrats angeklagt

105 Vgl. ebd., S. 250 f., 262 f.
106 Vgl. ebd., S. 203.
107 Ebd., S. 209.
108 Ebd., S. 234.

wurden, mit der Todesstrafe rechnen mussten. Ich denke hier an Kapitalprozesse, die von großen Bürgerjurys durchgeführt wurden, wie jene, im Zuge derer Sokrates in Athen und Gnaeus Marcius Coriolanus in Rom verurteilt wurden. Zu den Verbrechen, die einer solchen Form der Bestrafung würdig sind, gehören einige der von Ober genannten: Die Verbreitung von Lügen, um sinnlose Kriege auf Kosten des Lebens und der Besitztümer zahlreicher Bürger zu initiieren, oder aber das Begehen von Finanzstraftaten, die umfangreiche Wirtschaftskrisen auslösen und unzählige Menschen um ihre Arbeitsplätze, Häuser und Ersparnisse bringen. Während ich mit Obers kompatibilistischer Sicht auf den Liberalismus und die Demokratie weitgehend sympathisiere, muss der Demokrat hier – wie auch hinsichtlich der Eigentumsfrage – für eine Politik eintreten, die Liberale für willkürlich und übertrieben halten könnten.

Ober erklärt ausdrücklich, dass »es [unsinnig] wäre, [...] ohne freie und gleiche Bürger von einer Demokratie zu sprechen«.[109] Aus genau diesem Grund sollte er ernsthafter darüber nachdenken, ob eine Demopolis wohlhabenden Bürgern oder Beamten, die aufgrund wirtschaftlicher oder politischer Korruption verurteilt wurden, nicht die Todesstrafe androhen sollte.

## Schluss: Demokratischer Republikanismus – Vergangenheit, Gegenwart und Zukunft

In der Politik muss jemand – zumindest zeitweise – dem Zwang eines anderen ausgesetzt sein. Diejenigen, deren politische Präferenzen sich in keiner politischen Maßnahme manifestieren, werden schnell behaupten, dass sie von denen dominiert oder sogar tyrannisiert werden, deren Präferenzen sich durchgesetzt haben. Die grundlegende Frage ist – wie Machiavelli unvergleichlich in den *Discorsi* darlegt –, ob die Wenigen oder die Vielen die verlässlicheren »Hüter der Freiheit« in einer Republik sind. Er stellte die Frage, wer – die Reichen oder die einfachen Bürger – die eigene Freiheit am besten verteidige und wer wiederum die andere Partei weniger stark dominiere. Wir wissen, wie Machiavellis Antwort

109 Ebd., S. 172.

lautete.[110] Philip Pettit scheint in *On the Peoples' Terms* der Frage, wer wen beherrschen sollte – jedenfalls bis zu einem gewissen Grad und zumindest aus der Perspektive einiger politischer Akteure –, ausweichen zu wollen. Er unternimmt in seinem Buch enorme Anstrengungen, um eine diesbezügliche Entscheidung zu umgehen, außer in den Augenblicken, in denen er sich implizit oder explizit für eine Unterwerfung der Vielen unter die Wenigen ausspricht, etwa wenn er zum Schutz vor einer Mehrheitstyrannei die übermäßige politische Einflussnahme von Reichen zu einem zweitrangigen Problem erklärt oder indem er hinnimmt, dass das Recht auf juristische Anfechtbarkeit für benachteiligte Individuen oder Gruppen aus der Bevölkerungsmehrheit im Gegensatz zu wohlhabenderen Beherrschern mit unerschwinglichen Kosten verbunden ist.

Der demokratische Republikanismus nimmt sich in erster Linie der Bedrohung an, die der politische Einfluss von Reichtum für die gemeinsame Freiheit darstellt, und ordnet ihr etwaige Bedenken bezüglich eine Mehrheitstyrannei unter. Der aristokratische Republikanismus priorisiert diese Anliegen in umgekehrter Reihenfolge. Daher schlug ich vor, Pettits Republikanismus letzterer Tradition zuzuordnen. Pettit führt die ihm unterstellten aristokratisch-republikanischen Tendenzen einerseits auf Missverständnisse zurück, die sich aufgrund seines hohen Abstraktionsniveaus aufseiten der Leser ergeben; andererseits besteht er darauf, dass sein republikanisches Modell spezifische egalitäre und direktdemokratische Reformen nicht ausschließe, nur weil er sie nicht ausdrücklich befürworte. Pettits Ängste vor einer Mehrheitstyrannei – Ängste, die er mit traditionellen aristokratischen Republikanern teilt – schwächen jedoch das demokratisch-republikanische Potenzial seiner institutionellen Überlegungen und Vorschläge.

Neben freien Abstimmungen und freier Meinungsäußerung bewertet Urbinati die formale Eignung für Ämter und Versammlungen normativ höher als substanzielle politische Ergebnisse, die durch einen Rückgriff auf neorömische klassenspezifische Institutionen erzielt werden könnten.[111] Es ist an dieser Stelle erwähnenswert, dass Machiavelli die römische Republik am meisten rühmte, als sie *den Plebejern die vollständigen Rechte* einräumte, sich für

110 Vgl. McCormick, *Machiavellian Democracy.*

111 Vgl. Urbinati, *Democracy Disfigured*, S. 25, 67, 75, 245, Fußnote 17.

sämtliche Ämter und Versammlungen der römischen Verfassung, einschließlich des Konsulats und des Senats, zur Wahl aufstellen zu lassen.[112] Urbinatis Ansichten sind zweideutig, wenn es um den einzigen formalen Ausschluss in Machiavellis Rekonstruktion des republikanischen Roms geht, nämlich den Ausschluss der reichsten und prominentesten Bürger aus dem Tribunat (und möglicherweise aus Volksversammlungen wie dem *concilium plebis*).[113] Ihr Einwand, dass Gremien, die in der frühen römischen Republik ausschließlich dem Adel vorbehalten waren, wie der Senat, gegen zeitgenössische, anti-elitäre Normen der politischen Gleichheit verstießen, trifft nicht auf die reife Republik zu, die den Plebejern formell die Teilnahme an solchen Gremien gestattete.

Es wäre daher interessanter zu fragen, ob die Besetzung von Magistratsämtern und Versammlungen mit gewöhnlichen Bürgern, die Machiavelli tatsächlich anordnete, ebenfalls gegen Urbinatis Gleichheitsstandard verstoßen würde, und falls ja, aus welchen Gründen.[114] Was genau wären Urbinatis Gründe für die Ablehnung einer *affirmative action*, einer gezielten Vorteilsgewährung für gewöhnliche Bürger, wie sie durch das Volkstribunat und das *concilium* ermöglicht wurde? Im Kontext von Athen ruft Urbinati aus: »Demokratie bedeutete, dass Armut weder etwas war, wofür sich das Volk schämen musste, noch ein Grund für politische und staatsbürgerliche Entmachtung.«[115] Die grundlegende Frage, die ich mit *Machiavellian Democracy* aufwerfen wollte, lautet: Was wäre, wenn Armut als Quelle für die *Entschlossenheit* der Bürger und ihre *Ermächtigung* in staatlichen Institutionen dienen würde? Wie würde Urbinati reagieren, ohne sich auf übermäßig idealisierte Vorstellungen von Athen und gegenwärtigen repräsentativen Demokratien zu berufen?

Weder das in Demen und Stämme aufgeteilte antike Athen noch

112 Vgl. Machiavelli, *Discorsi*, Buch I, Kap. 60.

113 Vgl. Urbinati, *Democracy Disfigured*, S. 120, 176-178, 220, 224.

114 Vgl. McCormick, *Machiavellian Democracy*; Martin Breaugh, *The Plebeian Experience. A Discontinuous History of Political Freedom*, New York 2013; Jeffrey Green, *The Shadow of Unfairness. A Plebeian Theory of Democracy*, Oxford 2016; Camila Vergara, *Systemic Corruption. Constitutional Ideas for an Anti-Oligarchic Republic*, Princeton 2020; sowie Graham Smith, David Owen, »Machiavellian Democratic Innovations. McCormick's People's Tribunate«, in: *The Good Society* 2 (2011), S. 203-215.

115 Urbinati, *Democracy Disfigured*, S. 248, Fußnote 24.

gegenwärtige Republiken, die gemäß föderalen und kommunalen Grundsätzen gegliedert sind, werden im strengen Sinne dem gerecht, was Urbinati als »das gleiche Recht« eines jeden Bürgers beschreibt, »zu gleichen Teilen den politischen Willen mitzubestimmen (ein Mensch – eine Stimme)«.[116] Im Hinblick auf die formalen Unterschiede, die sowohl unter den Bürgern Athens als auch innerhalb moderner Demokratien herrschten, und in Anbetracht der Tatsache, dass das Gleichheitsprinzip in Rom und Florenz weitaus stärker berücksichtigt wurde, als Urbinati dies einzugestehen bereit ist, vermute ich, dass ihre Einwände gegen die Bürger ermächtigende Klassenunterscheidungen aus normativen Gründen schwer aufrechtzuerhalten wären. Tatsächlich ist nicht klar, ob Urbinatis strenge Standards der formalen Gleichheit innerhalb jedweder Demokratie – zentralistisch oder föderal – eine Politik verbürgen würden, der gemäß einzelne Bürger unterschiedlich behandelt werden könnten, beispielsweise durch progressive Einkommensteuergesetze, Tarifverhandlungen oder die gezielte Vorteilsgewährung für benachteiligte Minderheiten.

Auf kleinliche Art und Weise versucht Urbinati, den Schatten des Gespensts von Benito Mussolini über meine Vorschläge zu »klassenspezifischen« und auf »Zünften« basierenden Maßnahmen zu werfen, durch die man heute weniger wohlhabende Bürger begünstigen könnte.[117] Als Antwort darauf würde ich den ehemaligen Richter am Obersten Gerichtshof der Vereinigten Staaten Antonin

116 Ebd., S. 28. Vgl. ferner ebd., S. 59.

117 Vgl. Urbinati, »Republicanism. Democratic or Popular?«, S. 167, wo sie meine Vorschläge mit dem »antidemokratischen Korporatismus« des »faschistischen Regimes« Italiens vergleicht. Das Zunftmodell des Mittelalters und der Renaissance, das ich in *Machiavellian Democracy* behandele und das in Florenz und vielen italienischen Städten eine dezentralisierte Form der kollektiven Selbstverwaltung begründete, unterscheidet sich deutlich von der Form des Korporatismus, die dem italienischen Faschismus zugeschrieben wird. Vgl. John M. Najemy, *Corporatism and Consensus in Florentine Electoral Politics (1280-1400)*, Chapel Hill 1982. Darüber hinaus sollten die korporatistischen Maßnahmen, die man im Nachkriegsdeutschland sowie in Skandinavien durchführte und die besonders fortschrittliche Formen der Sozialdemokratie untermauerten, nicht so leichtfertig mit dem Faschismus über einen Kamm geschert werden. Hinsichtlich einer aktuellen Beurteilung dieses Modells vgl. Thomas Geoghegan, *Were You Born on the Wrong Continent? How the European Model Can Help You Get a Life*, New York 2010.

Scalia als die politische Figur italienischer Herkunft nennen, die sich besser für einen Kontext eignet, in dem übermäßig strenge Vorstellungen von formaler Gleichheit angewandt werden, um eine beträchtliche soziale Ungleichheit zu verfestigen, anstatt sie zu mindern.[118]

Ich glaube von ganzem Herzen, dass Urbinati von dem »aufrichtigen Wunsch« motiviert ist, sich »der oligarchischen Transformation unserer Demokratien« zu widersetzen, die sie genauer als »die außerordentliche Macht von Unternehmensinteressen und des Finanzkapitals im Bereich der Meinungs- und Willensbildung« bezeichnet.[119] Um dies zu tun, glaube ich jedoch auch, dass sie ihre unangemessen starren Standards formaler politischer Gleichheit lockern muss, die in den meisten Fällen lediglich dazu dienen, die gegenwärtige Verwirklichung einer substanziellen demokratischen Gleichheit zu unterminieren.

118 Vgl. United States Supreme Court, *Metro Broadcasting v. FCC*, 497 U.S. 547 (1990); United States Supreme Court, *City of Richmond v. J.A. Croson*, 488 U.S. 469 (1989); Erwin Chemerinsky, »The Jurisprudence of Justice Scalia. A Critical Appraisal«, in: *University of Hawaii Law Review* 22 (2000), S. 385-401; sowie David H. Gans, »Justice Scalia's Originalist Sins«, in: *Constitutional Accountability Center*, 22. September 2010, ⟨www.theusconstitution.org/blog/justice-scalias-originalist-sins/⟩, letzter Zugriff 25. 05. 2022.

119 Urbinati, »Republicanism. Democratic or Popular?«, S. 163.

# 2. Haltet die Reichen in Schach und überwacht die Magistrate. Zur Wiederherstellung der Rechenschaftspflicht der Eliten gegenüber der Bevölkerung

Die politischen Auswirkungen der Vermögensungleichheit stellen ein zunehmend beunruhigendes Problem in gegenwärtigen Demokratien dar, insbesondere in den Vereinigten Staaten.[1] Dennoch scheinen Demokratietheoretiker und politische Analysten kaum in der Lage zu sein, eine Frage aufzuwerfen, die für die Politik der Republiken vor dem achtzehnten Jahrhundert von zentraler Bedeutung war: Welche Institutionen werden wohlhabende Bürger daran hindern, einen politischen Prozess zu dominieren, der für alle Bürger in annähernd gleichem Maße zugänglich und für deren Belange empfänglich sein sollte? Die Beweggründe und Mittel der Reichen wurden als hauptsächliche Bedrohungen – in vielen Fällen sogar als die größten Bedrohungen – für die Stabilität und Freiheit innerhalb solcher Staatsformen erachtet. Wenn sie nicht formell eingeschränkt wurden, neigten die reichsten Bürger dazu, ihr Privileg zu nutzen, um Mitbürger ungestraft zu belästigen und die Arbeit der Regierung zugunsten ihrer eigenen Vorteile anstelle des Gemeinwohls zu beeinflussen. Um diese Ziele zu erreichen, untergruben wohlhabende Einzelpersonen und Familien oftmals republikanische Regierungen, indem sie sie in eine oligarchische oder autokratische Richtung manövrierten und gelegentlich sogar so weit gingen, sie an fremde Mächte auszuliefern.[2]

Doch die politischen Konzepte zur Kontrolle von Eliten sind in

1 Vgl. Steven Fraser, Gary Gerstle (Hg.), *Ruling America. A History of Wealth and Power in a Democracy* Cambridge, MA 2005; Paul Krugman, *Der große Ausverkauf. Wie die Bush-Regierung Amerika ruiniert*, aus dem Amerikanischen von Birgit Hofmann und Herbert Allgeier, Frankfurt/M. 2004; sowie Kevin Phillips, *Die amerikanische Geldaristokratie. Eine politische Geschichte des Reichtums in den USA*, aus dem Englischen von Andreas Wirthensohn, Frankfurt/M. 2003.

2 Im Kontext der italienischen Halbinsel vgl. Peter R. Baehr, *Caesar and the Fading of the Roman World. A Study in Republicanism and Caesarism*, New Brunswick 1997; Lauro Martines, *Power and Imagination. City-States in Renaissance Italy*, New York 1979; sowie Anthony Molho u. a. (Hg.), *City-States in Classical Antiquity and Medieval Italy*, Ann Arbor 1991.

modernen Volksherrschaften sehr begrenzt: Ihre Verfassungen konzentrieren sich mit Blick auf Machtmissbrauch und zweckwidrige Einflussnahme beinahe ausschließlich auf Regierungsbeamte, nicht jedoch auf wohlhabende Bürger. Diese Verfassungen schützen niemals ausdrücklich davor, dass die Reichen entweder die Reihen der gewählten Magistratur unverhältnismäßig besetzen könnten oder dass sie das Verhalten weniger wohlhabender Bürger zu bestimmen suchen, denen es gelang, ein politisches Amt zu bekleiden.[3] Infolgedessen können durch die institutionellen Vorkehrungen moderner Republiken die politischen Präferenzen und Interessen der Wenigen besser verwirklicht werden als die der Vielen. Als die Verfassungsväter moderner Republiken, insbesondere der Vereinigten Staaten, über die Amtsträger hinausblickten, um potenziell schädliche soziale Gruppen zu ermitteln, betrachteten sie am häufigsten Bürger mit weniger oder gar keinem Eigentum – die Massen, den Mob, die Menge – als die Hauptbedrohung für die Stabilität der Regierung und die Freiheit der Mitbürger.[4] Aus dieser Sicht stellen habgierige oder fanatische Volksmehrheiten, die vulnerable Minderheiten enteignen oder verfolgen, die größten Gefahren für Republiken dar. Obwohl die Väter der Verfassung gelegentlich die Vorstellung heg-

3 Selbst im zutiefst klassenbewussten Kontext der französischen Republikgründungen fanden formale Vorkehrungen gegen den übermäßigen politischen Einfluss der Reichen nie ihren Weg in die Verfassung. Hierbei handelt es sich vermutlich um eine Kombination aus zwei Faktoren: einer Reaktion auf die formell verankerten Privilegien des Erbadels im *Ancien Régime* und dem Einfluss der aufklärerischen Vorstellung von Volkssouveränität, das heißt des Gründungsstatus eines politisch homogenen Volkes. Vgl. Lynn Hunt, *Symbole der Macht, Macht der Symbole. Die Französische Revolution und der Entwurf einer politischen Kultur*, aus dem Amerikanischen von Michael Bischoff, Frankfurt/M. 1989; sowie Michael P. Fitzsimmons, *The Remaking of France. The National Assembly and the Constitution of 1791*, Cambridge 1994. Der Mangel an Klassenspezifität bei der Organisation von Richterämtern und Versammlungen in den Verfassungen der frühen französischen Republiken schließt jedoch anhand von Eigentumsverhältnissen zugrunde gelegte Eignungskriterien für die Ausübung von politischen Ämtern oder die Stimmabgabe – sowohl im französischen als auch im US-amerikanischen Kontext – nicht aus. Nach dem achtzehnten Jahrhundert wird eine Klassenschwelle durch die republikanischen Verfassungen erwirkt, in denen Klassenunterscheidungen keinerlei Rolle für die Ausrichtung der politischen Institutionen spielen.

4 Vgl. Max Farrand (Hg.), *The Records of the Federal Convention of 1787*, 3 Bde., New Haven 1911; sowie Jennifer Nedelsky, *Private Property and the Limits of American Constitutionalism. The Madisonian Framework and Its Legacy*, Chicago 1991.

ten, dass wohlhabende Bürger durchaus die Freiheit einer Republik bedrohen könnten,[5] entwarfen sie die Verfassung der Vereinigten Staaten ausdrücklich, um »die Regierung und die Regierten zu kontrollieren«, das heißt die Magistratur und die Mehrheit des Volkes.[6]

Ich behaupte, dass die sozioökonomische Disposition des modernen Republikanismus und die daraus folgenden institutionellen Entscheidungen sich schädlich auf gegenwärtige Volksherrschaften auswirken. Schließlich sind Letztere nicht weniger anfällig für Korruption, Subversion und Usurpation durch die Reichen, als ihre historischen Vorläufer es waren.[7] Die Anzeichen sprechen einerseits dafür, dass Geld mehr als Stimmen und finanzielle Mittel mehr als Rechte auf entscheidende Weise die Politik unserer gegenwärtigen Republiken bestimmen.[8] Auf der anderen Seite wird deutlich, dass Wahlen, das institutionelle Herzstück moderner Demokratien, ein weniger solides Mittel sind, um die Rechenschaftspflicht von Regierungsbeamten sicherzustellen.[9] Wenn dem so ist, setzt demokratische Verantwortlichkeit eine noch formellere, direktere und energischere Kontrolle der sozioökonomischen *und* politischen Eliten voraus, als gegenwärtige Wahlkampffinanzreformer vorschlagen.[10] Überlegungen zu der Geschichte und den Institutionen früherer Republiken legen nahe, dass die Problematik der politischen Rechenschaftspflicht, die gegenwärtige Demokratien plagt, struktureller Natur ist und zu ihrer Korrektur substanzielle Reformen erforderlich sind. In diesem Kapitel werde ich Methoden jenseits des Wahlverfahrens untersuchen, mithilfe derer gewöhnliche Bürger die Macht und den Einfluss wohlhabender Bürger und der Magistratur in antiken, mittelalterlichen und Renaissance-Republiken

5 Vgl. Farrand (Hg.), *The Records of the Federal Convention of 1787*, Bd. 1; sowie Marvin Meyers (Hg.), *The Mind of the Founder. Sources of the Political Thought of James Madison*, Hanover 1981, S. 395.

6 Vgl. Alexander Hamilton u. a., *Die Federalist Papers*, aus dem Amerikanischen von Barbara Zehnpfennig, München 2007.

7 Vgl. George William Domhoff, *Who Rules America? Power and Politics*, New York 2001.

8 Vgl. Rogan Kersh, »Influencing the State. U.S. Campaign Finance and Its Discontents«, in: *Critical Review* 1 (2003), S. 203-219.

9 Vgl. Adam Przeworski u. a. (Hg.), *Democracy, Accountability, and Representation*, Cambridge 1999.

10 Vgl. Robert D. Behn, *Rethinking Democratic Accountability*, Washington, D.C. 2000.

einschränkten. Anschließend werde ich darlegen, wie diese Methoden in gegenwärtigen Demokratien rekonstruiert werden könnten. Ich hoffe, die Aufmerksamkeit wieder auf den die Innenpolitik der Republiken bestimmenden Klassenkonflikt zu lenken[11] und das Argument wiederzubeleben, dass die finanziellen Mittel der Reichen und der weite Handlungsspielraum von Amtsträgern – *nicht* die vermeintliche Ignoranz, der Neid und die Laune der allgemeinen Bürgerschaft – die größten Bedrohungen für die Freiheit solcher Regierungsformen darstellen.[12]

Der erste Teil dieses Kapitels ist historischer und interpretativer Natur und konzentriert sich auf institutionelle Alternativen zu modernen, wahlbasierten Methoden zur Ernennung von Eliten und bürgerausgrenzenden Möglichkeiten, sie zu kontrollieren. Ich leite diese Alternativen aus den Überlegungen florentinischer Republikaner des frühen sechzehnten Jahrhunderts ab, die sowohl über die politische Geschichte ihrer Heimatstadt als auch über die Verfassungsordnungen der altrömischen sowie der damals zeitgenössischen venezianischen Republik nachdachten: (1) Francesco Guicciardinis Ausführungen zum Ernennungsverfahren für Magistrate,

11 Aristoteles bemerkte, dass der innerhalb von Republiken vorherrschende Konflikt wohlhabende gegen weniger wohlhabende Bürger aufbrachte. Vgl. Aristoteles, *Politik*, Buch IV, Kap. 11, in: Ernst Grumach, Hellmut Flashar (Hg.), *Werke in deutscher Übersetzung*, aus dem Griechischen von Eckart Schütrumpf, 20 Bde., Berlin 1956 ff., Bd. 9.III, S. 29-33. Vgl. ferner Bernard Yack, *Problems of a Political Animal. Community, Justice and Conflict in Aristotelian Political Thought*, Berkeley 1993; sowie Carles Boix, *Democracy and Redistribution*, Cambridge 2003.

12 Die Vorstellung, dass das Volk nicht über die Wahl der sie regierenden und repräsentierenden Eliten hinaus an der politischen Gestaltung teilnehmen könne oder solle, ist vorherrschend in Wirtschaftsmodellen der Demokratie, die von Schumpeter geprägt sind, in neorepublikanischen Modellen, die sich auf die Gründerväter der Vereinigten Staaten berufen, und im Rahmen solcher Ansätze, die beide Strömungen miteinander kombinieren. Vgl. Przeworski, »Minimalist Conception of Democracy. A Defense«, in: Ian Shapiro, Casiano Hacker-Cordon (Hg.), *Democracy's Value*, Cambridge 1999, S. 23-55; Marci A. Hamilton, »The People. The Least Accountable Branch«, *The University of Chicago Law School Roundtable* 1 (1997), S. 1-18; sowie Richard Posner, *Law, Pragmatism and Democracy*, Cambridge, MA 2004. Dann gibt es noch die eigentümliche Abneigung gegen eine Volksherrschaft in der poststrukturalistischen »Demokratietheorie«. Vgl. Ernesto Laclau, Chantal Mouffe, *Hegemonie und radikale Demokratie. Zur Dekonstruktion des Marxismus*, aus dem Englischen von Michael Hintz und Gerd Vorwallner, Wien 2012.

in dessen Rahmen Methoden des Losverfahrens und der Wahl miteinander kombiniert werden, (2) Niccolò Machiavellis Eintreten für politische Ämter und Versammlungen, die ausschließlich gewöhnlichen – und nicht etwa wohlhabenden – Bürgern vorbehalten sind, und (3) Vorschläge beider Autoren zur angemessenen Rolle der Magistratur und/oder der allgemeinen Bürgerschaft hinsichtlich der Anklage sowie Verurteilung von Regierungsbeamten und mächtigen Bürgern, die des politischen Fehlverhaltens verdächtigt werden. Der zweite Teil ist hingegen analytischer und präskriptiver Natur. In ihm wird (4) eine Typologie von Regierungsformen erläutert, die sich daran orientiert, wie und in welchem Umfang Losverfahren und Wahlen zur Nominierung und Ernennung von öffentlichen Richtern eingesetzt werden. Dem folgt (5) ein hypothetischer Vorschlag für eine mittels Abänderung der US-amerikanischen Verfassung zu schaffende Institution zur Wiederherstellung der Rechenschaftspflicht der Eliten, die Elemente der Randomisierung, den Ausschluss von Reichtum und die Mittel der öffentlichen Anklage sowie öffentlicher Berufungsverfahren miteinander kombiniert, die in den republikanischen Verfassungen vor dem achtzehnten Jahrhundert hervorstachen.

## Teil 1

### 1. Kombination von Losverfahren und Wahlen

Die Verfassungen moderner Republiken versuchen, Regierungsbeamte auf drei grundsätzliche Arten haftbar und auskunftspflichtig zu machen: durch das Belohnungs-/Sanktionsschema der Wahl sowie die Aussicht auf Wiederwahl, durch die institutionelle Gegenüberstellung funktional getrennter Befugnisse und im Extremfall durch die Androhung von Amtsenthebungsverfahren, die von anderen Amtsträgern durchgeführt werden. In darauf gründenden Systemen sind sämtliche Bürger formell dazu berechtigt, ein Amt zu bekleiden, und die Kategorie »Elite« trifft eigentlich nur auf diejenigen zu, die genau dies tun. Die eingangs erwähnten Verfassungen postulieren ein soziologisch anonymes politisches Subjekt, »das souveräne Volk«, aus dem durch Parlamentswahlen politische Eliten geschaffen und in das sie wieder entlassen werden.

Diese institutionellen Vorkehrungen und die ihnen zugrundeliegenden Prinzipien kämen vielen Anhängern vormoderner Volksherrschaften seltsam, ungerecht und gefährlich vor. Aus ihrer Sicht hätten die Reichen eindeutige und permanente politische Vorteile gegenüber ärmeren Bürgern, wenn wohlhabende Bürger für alle Richterämter kandidieren dürfen, wenn sie in jedem öffentlichen Rat mitbestimmen können und wenn uneingeschränkte Wahlen das einzige Mittel zur Verteilung öffentlicher Ämter sowie der Zusammensetzung von Versammlungen sind. Schließlich ermöglicht Reichtum diesen Bürgern, eine größere Reputation, ein markanteres Auftreten und üblicherweise bessere öffentliche Redefähigkeiten zu kultivieren, so dass ihnen Wähler in Wahlkämpfen fast zwangsläufig ihre Stimme geben. Darüber hinaus ermöglicht Geld den Reichen, nicht-wohlhabende Kandidaten zu finanzieren, sie aufzubauen und/oder sie zu bestechen, damit Letztere zu Lasten breiterer Wählerschaften die Interessen Ersterer vertreten.

Um diesen »aristokratischen Effekt«[13] von Wahlen zu vermeiden, teilten antike Demokratien die meisten ihrer Magistratsämter durch Losentscheide zu und hielten sich an das Rotationsprinzip.[14] Das Losverfahren stellte sicher, dass die Reichen und Honoratioren kaum je eine Chance hatten, in einem Ausmaß zu regieren, das ihren Anteil an der Gesamtheit der Bürger überstieg. Darüber hinaus sorgte der regelmäßige und häufige Amtswechsel dafür, dass wohlhabende Magistrate ihr Vermögen weder dafür nutzen konnten, um sich in einem Amt einzurichten, noch dazu, um die Ernennung gleichgesinnter Nachfolger zu beeinflussen oder zu bestimmen.[15] Dennoch wurde der Einsatz von Losverfahren anstelle von Wahlen im Laufe der westlichen Politikgeschichte zu einer Seltenheit. Für gewöhnlich schwächten Republiken die aristokratischen Tendenzen von Wahlen auf eine der folgenden zwei Arten ab: Sie begrenzten den Einfluss von Wahlen, indem sie sie mit dem Zufallsprinzip

13 Vgl. Bernard Manin, *The Principles of Representative Government*, Cambridge 1997.

14 Die athenische Demokratie teilte etwa 600 von 700 Magistratsämtern durch Losentscheide zu. Vgl. Mogens Herman Hansen, *Die athenische Demokratie im Zeitalter des Demosthenes. Struktur, Prinzipien und Selbstverständnis*, Berlin 1995. Zu den unbeabsichtigten und unerwarteten Folgen des Losverfahrens in sozialen und politischen Zusammenhängen vgl. Neil Duxbury, *Random Justice. On Lotteries and Legal Decision-Making*, Oxford 1999.

15 Vgl. Josiah Ober, *Mass and Elite in Democratic Athens. Rhetoric, Ideology and the Power of the People*, Princeton 1991.

von Losverfahren kombinierten, oder durch die Festlegung klassenspezifischer Eignungsbestimmungen für bestimmte politische Ämter. Um Regelungen, die Wahlen gemäß dem ersten Ansatz einzuschränken suchen, geht es in diesem Abschnitt. Maßnahmen, die dem zweiten Ansatz folgen, sind Thema des nachfolgenden Abschnitts (2).

Francesco Guicciardini (1483-1540) gilt gemeinhin als Vordenker moderner repräsentativer Regierungsformen, da er als erster Theoretiker den aristokratischen Effekt von Wahlen mit einem breiten Wahlrecht in Einklang brachte.[16] Der florentinische Patrizier gelangte zu einer Erkenntnis, die James Madison später vollständig systematisieren sollte: Wahlen erzeugen nahezu immer aristokratische Strukturen, unabhängig davon, ob die Wähler formell von einer wählbaren Elite getrennt sind oder nicht.[17] Denn allgemeine Wahlen haben grundsätzlich zur Folge – insbesondere wenn sie in einem weitläufigen Gebiet abgehalten werden –, dass die tugendhaftesten, vernünftigsten und gerechtesten (sprich: wohlhabendsten) Bürger ins Amt gehoben werden.[18] Dennoch möchte ich an dieser Stelle einen etwas anderen Guicciardini in den Mittelpunkt stellen: den jüngeren Staatsmann, Theoretiker und Historiker, der mit einer Vermischung von Losverfahren und Wahlen zu kämpfen hatte – einer Kombination, die für die florentinische Politik seiner Jugendzeit charakteristisch war.

Die vielen verschiedenen republikanischen Verfassungen, die vom dreizehnten bis weit in das fünfzehnte Jahrhundert hinein in

16 Vgl. John G. A. Pocock, *The Machiavellian Moment. Florentine Political Thought and the Atlantic Political Tradition*, Princeton 1975; sowie Manin, *The Principles of Representative Government.*

17 Vgl. Francesco Guicciardini, *Dialogue on the Government of Florence,* aus dem Italienischen von Alison Brown, Cambridge 1994; sowie ders., »Considerations of the *Discourses* of Niccolò Machiavelli«, in: James B. Atkinson, David Sices (Hg.), *The Sweetness of Power. Machiavelli's Discourses and Guicciardini's Considerations*, DeKalb 2002, S. 381-438. Vgl. ferner Hamilton u. a., *Die Federalist Papers.*

18 Während Guicciardinis Ausführungen zu den aristokratischen Tendenzen von Wahlen im Kontext der amerikanischen und französischen Republiken mit Begeisterung aufgegriffen wurden, setzten sie sich in Großbritannien erst im späten neunzehnten Jahrhundert durch. Als Walter Bagehot für ein erweitertes Wahlrecht plädierte, behauptete er jedoch, dass die »Hochachtung« vor der britischen Wählerschaft eher auf eine bestimmte kulturelle Disposition als auf ein politisches Herrschaftsprinzip zurückzuführen sei. Vgl. Walter Bagehot, *The English Constitution*, hg. von Paul Smith, Cambridge 2001.

Florenz erprobt wurden, suchten die Gegensätze zu neutralisieren, die dem Muster von externen Bündnissen, Familienrivalitäten und dergleichen entsprachen.[19] Beim Klassenkonflikt zwischen den *ottimati*, Angehörigen wohlhabender und renommierter Familien, und dem *popolo* oder dem Volk handelte es sich jedoch um eine heftige Form des Wettbewerbs, der beständig im Kampf um politische Ämter ausgetragen wurde. Die *ottimati* bevorzugten ein *governo stretto*, eine personell begrenzte Regierung, in der einige prominente Bürger aus Patrizierfamilien (*magnati*) oder wohlhabenden Zünften (*popolani*) einander in Magistratsämtern mit langen Amtszeiten und kurzen Wiederwählbarkeitsregelungen abwechselten. Das Volk, niedere Zunftgenossen und Arbeiter, die nicht in Zünften organisiert waren (*popolo minuti* oder *sottoposti*), strebten hingegen ein *governo largo*, eine partizipatorische Form der Regierung an, in der sehr viel mehr Bürger aufgrund gelockerter Eigentums- und Aufenthaltsbestimmungen, kürzerer Amtszeiten und strengerer Wiederwählbarkeitsbeschränkungen ein politisches Amt bekleiden konnten. In den Debatten der frühen Republik ging es nur selten um die Vor- und Nachteile von Losverfahren und Wahlen. Die meisten Parteien einigten sich auf das Losverfahren als die letztgültige Methode zur Ernennung der bedeutendsten Amtsträger. Zu Konflikten kam es jedoch, als es um die Zusammensetzung von Gremien ging, die die Eignung der Bürger für ein politisches Amt prüften, und die Strenge oder Laxheit der von ihnen angewandten Kriterien. Zudem war die Frage entscheidend, ob weniger wohlhabenden Bürgern aus niederen Zünften politische Ämter vorbehalten waren oder nicht.[20]

19 Vgl. zur politischen Geschichte von Florenz in mehr oder weniger chronologischer Reihenfolge John M. Najemy, *Corporatism and Consensus in Florentine Electoral Politics (1280-1400)*, Chapel Hill 1982; Gene Brucker, *The Civic World of Early Renaissance Florence*, Princeton 1977; Nicolai Rubinstein, *The Government of Florence Under the Medici (1434 to 1494)*, Oxford 1966; ders., »I primi anni del Consiglio Maggiore di Firenze (1494-99)«, in: *Archivio Storico Italiano* 112 (1954), S. 151-194; Humphrey C. Butters, *Governors and Government in Early Sixteenth Century Florence (1502-1512)*, Oxford 1985; sowie John N. Stephens, *The Fall of the Florentine Republic (1512-1530)*, Oxford 1983. Vgl. ferner Gisela Bock u. a. (Hg.), *Machiavelli and Republicanism*, Cambridge 1990.

20 Vgl. Najemy, *Corporatism and Consensus in Florentine Electoral Politics*; sowie Brucker, *Florentine Politics and Society (1343-1378)*, Princeton 1962. Auf einige der wesentlichen Details zur Florentiner Republik, wie etwa den die *magnati*

In der Republik, die unter dem Einfluss des Dominikanerbruders Girolamo Savonarola nach der Vertreibung der Medici im Jahr 1494 gegründet wurde, schreibt der junge Guicciardini über Wahlen und Losverfahren als Methoden zur Nominierung und Ernennung von Magistraten. In seiner *Geschichte von Florenz*[21] erscheint Guicciardini das Losverfahren als angemessene Methode zur Bestimmung einer Gruppe von Nominierenden aus den Reihen der etwa 3200 Bürger, die an einer großen Versammlung, dem Großen Rat, teilnehmen.[22] Doch mit Blick auf die abschließende Ernennung von Magistraten offenbart Guicciardini bereits in seinem zur gleichen Zeit geschriebenen *Discorso di Logrogno*[23] eine Vorliebe für Wahlen anstelle von Losverfahren.[24] Guicciardini schlägt vor, den Ernennungsprozess für die Signoria (das Exekutivgremium der Republik), die *Guerra dei Dieci* (eine Institution von zehn Magistraten, die für militärische Angelegenheiten zuständig ist) und die *Otto di Guardia e Balìa* (eine Institution von acht Magistraten, die für die Überwachung der Stadt zuständig ist) wie folgt neu zu gestalten: Im Großen Rat wird per Wahl über die Namen abgestimmt, die von den per Los bestimmten Nominierenden vereinbart und eingereicht wurden. Über diejenigen Kandidaten, die eine Mehrheit erzielen, kann anschließend erneut abgestimmt *oder* per Losverfahren entschieden werden, um festzulegen, wer die offene(n) Position(en) letztendlich besetzen wird.[25] Als er die zwischen 1497 und 1499 eingeführten verfassungsrechtlichen Neuerungen der Florentiner Republik erörtert,[26] folgert Guicciardini schließlich, dass der Übergang von Wahlen zu Losverfahren im Rahmen der maßgeblichen Berufungsphase für Magistratsämter den Kreis

betreffenden Wahlrechtsentzug und die Rolle der Zünfte, werde ich im nächsten Abschnitt eingehen.

21 Guicciardini, *The History of Florence*, aus dem Italienischen von Mario Domandi, New York 1970.

22 Vgl. ebd, S. 106; sowie Giovanni Silvano, »Florentine Republicanism in the Early Sixteenth Century«, in: Bock u. a. (Hg.), *Machiavelli and Republicanism*, S. 40-70.

23 Guicciardini, *Discorso di Logrogno (On Bringing Order to Popular Government)*, in: Athanasios Moulakis (Hg.), *Republican Realism in Renaissance Florence. Francesco Guicciardini's Discorso di Logrogno*, Lanham 1998, S. 117-149.

24 Vgl. ebd., S. 126.

25 Vgl. ebd., S. 126 f.

26 Vgl. Rubinstein, »I primi anni del Consiglio Maggiore di Firenze«, S. 154.

der möglichen Amtsträger von zweihundert Angehörigen der renommiertesten Familien um einen sehr viel größeren und wesentlich weniger »geeigneten« Teil der Bürgerschaft erweiterte.[27] Zieht man jedoch Guicciardinis aristokratische Vorurteile in Betracht, drängt sich die Frage auf, ob die so ernannten Magistrate wirklich ungeeignet waren.[28]

Zudem deutet diese Episode darauf hin, dass *der gemeinsame Einsatz von Losverfahren und Wahlen* weitaus gerechtere und weniger oligarchische Auswirkungen zur Folge haben kann als der ausschließliche Einsatz von Wahlen zur letztgültigen Bestimmung von Kandidaten. Anhand von Guicciardinis eigener Darstellung scheint die Wählerschaft mit Blick auf Unterscheidungsmerkmale zur Amtstauglichkeit sehr viel weniger voreingenommen zu agieren, wenn Wahlen zur Nominierung von potenziellen Kandidaten im Vorfeld von Losverfahren vollzogen werden, die abschließend über die Verteilung von politischen Ämtern entscheiden. Während die Anforderung, dass ein Kandidat eine anfängliche Zustimmung von fünfzig Prozent benötigte, Kandidaturen verhinderte, die für die *ottimati* völlig inakzeptabel gewesen wären,[29] hatten die Bürger im Rat die Möglichkeit, in der Nominierungsphase für eine Gruppe von Kandidaten zu stimmen, die ein breites Spektrum von persönlichen Fähigkeiten, sozialen Hintergründen und politischen

27 Vgl. Guicciardini, *The History of Florence.*

28 Humphrey C. Butters bezweifelt Guicciardinis Behauptung, dass der hinsichtlich der endgültigen Berufungsphase für Magistratsämter vollzogene Wechsel von Wahlen zu Losverfahren den Kreis der potenziellen Amtsinhaber überhaupt erweitert habe. Vgl. Butters, *Governors and Government in Early Sixteenth Century Florence*, S. 36. Er betont, dass anschließend lediglich eine einzige Person der Signoria beitrat, der zu einem früheren Zeitpunkt nicht bereits ein anderes Familienmitglied vorausgegangen war. Zudem weist dies auf eine tiefer liegende Problematik hin, denn die florentinischen *ottimati* unterschieden entlang familiärer Abstammungslinien, wen sie für amtswürdig hielten und wen nicht. Während beispielsweise Machiavelli Verwandte hatte, deren Vorfahren der Signoria angehörten, standen für ihn selbst die Chancen schlecht, dasselbe zu tun, da er einem weniger wohlhabenden und weniger angesehenen Familienzweig angehörte. Vgl. Robert Ridolfi, *The Life of Niccolò Machiavelli*, aus dem Italienischen von Cecil Grayson, Chicago 1963, S. 2, 257, Fußnote 4. Nur durch die Verfassungsreformen mag es solchen »schwarzen Schafen« etablierter Familien möglich gewesen sein, Zugang zu Magistratsämtern zu erhalten, sehr zum Entsetzen von *ottimati* wie Guicciardini.

29 Vgl. Butters, *Governors and Government in Early Sixteenth Century Florence*, S. 36.

Meinungen vertraten. Wir können also zu dem Schluss kommen, dass die Option, mehr als nur einen Kandidaten durch Wahlen zu nominieren, die Wirkung solcher Merkmale wie Wohlstand und Renommee auf die Wählerschaft etwas einschränkt, wenn die Bürger wissen, dass sie die letztgültige »Wahl« des Magistrats dem Zufall überlassen, das heißt dem Losverfahren. Mit anderen Worten, der »aristokratische Effekt« wird vermindert, wenn Wahlen entweder eine Kandidatenliste hervorbringen, die, sagen wir, mehr als zwei Personen umfasst, oder sie dazu genutzt werden, eine umfangreiche Kandidatenliste auf etwa ein halbes Dutzend Kandidaten zu beschränken, die anschließend auf Grundlage des Losverfahrens politische Ämter erlangen können.

Ungeachtet Guicciardinis kritischer Haltung in seiner *Geschichte von Florenz* lässt sich seine im Rahmen des *Discorso di Logrogno* geäußerte Offenheit gegenüber Wahlen oder Losverfahren als Methoden zur Ernennung von Magistraten wie den Prioren in der Signoria vermutlich durch seinen lebenslangen Einsatz für die Einrichtung eines ordentlichen Senats in Florenz erklären. Wie viele der Florentiner *ottimati* rechnete Guicciardini die Langlebigkeit und Stabilität von Venedigs »gemischter Verfassung« dem Vorrang des Senats gegenüber den Dogen und dem Großen Rat – das heißt den »edlen« anstelle der »königlichen« und »vom Volk ausgehenden« Elementen der Verfassung – zu.[30] Sollte ein solcher Senat in Florenz gegründet werden, schlug Guicciardini vor, ihm die meisten Befugnisse zu übertragen, die seinerzeit von der Signoria, dem Großen Rat und dem auf Lebenszeit amtierenden Regierungschef der Republik, dem *Gonfaloniere di Giustizia*, ausgeübt wurden. Guicciardini schien also nichts dagegen zu haben, Losverfahren zur Bildung politischer Gremien einzusetzen, die er letzten Endes zu schwächen hoffte. Es überrascht an dieser Stelle nicht, dass Losverfahren *keine* Rolle bei der Zusammensetzung des von ihm vorgeschlagenen zweihundertköpfigen Senats spielten. Mehr als die

30 Vgl. Quentin Skinner, *Visionen des Politischen*, aus dem Englischen von Robin Celikates und Eva Engels, Frankfurt/M. 2009, S. 93-171; Felix Gilbert, »The Venetian Constitution in Florentine Political Thought«, in: Nicolai Rubinstein (Hg.), *Florentine Studies. Politics and Society in Renaissance Florence*, Evanston 1968, S. 442-462; sowie ders., »Bernardo Rucellai and the Orti Oricellari. A Study on the Origin of Modern Political Thought«, in: ders., *History. Choice and Commitment*, Cambridge 1977, S. 215-246.

Hälfte dieses Senats würde die zentrale Funktion des Großen Rates, die direkte oder indirekte Ernennung von Magistraten, umgehen. Während der Volksrat regelmäßig achtzig Bürger zu Senatoren mit *befristeten* Amtszeiten ernennen würde, übernähmen außerdem bis zu einhundertzwanzig ehemalige Magistrate und Botschafter ohne Ratsabstimmung und mit sofortiger Wirkung eine *lebenslange* Mitgliedschaft im Senat.[31]

Eine mögliche Begründung für die Legitimierung solcher Ernennungen, die von Guicciardini nicht erwähnt wird, dürfte darauf zurückzuführen sein, dass der Rat diese Personen bereits »genehmigt« oder »gewählt« hatte, als sie zunächst in der Signoria, den *Guerra dei Dieci* oder als Botschafter dienten. Aus zynischer Sicht ließe sich Guicciardinis Reformvorschlag jedoch als zweifach oligarchisch interpretieren: Die im Senat wechselnden Mitglieder werden gewählt und *nicht* durch die unaristokratische Methode des Losverfahrens ernannt, während sie selbst einer angestammten, dauerhaft eingesetzten Reihe von Honoratioren zahlenmäßig unterlegen sind. Guicciardinis Plan zufolge würde der Rat bei der Ablösung ständiger Senatsmitglieder nach deren Tod oder deren Eintritt in den Ruhestand lediglich eine begrenzte Rolle spielen. Durch einen Mehrheitsbeschluss würde der Rat einen von drei Ersatzkandidaten auswählen, die zuvor vom Senat geprüft und von ihm auf Grundlage einer internen Zweidrittelmehrheit nominiert wurden.[32]

Im vierten Abschnitt werde ich von den Details der florentinischen Verfassungsregelungen um 1494-1499 und Guicciardinis diesbezüglichen Reformvorschlägen von etwa 1512 abstrahieren,

31 Vgl. Guicciardini, *Discorso di Logrogno*, S. 137. Man sollte bedenken, dass Guicciardini diesen Reformvorschlag für die Volksherrschaft von Florenz verfasste, während er als *Botschafter* der Republik in Spanien diente. Tatsächlich galt Guicciardini mit siebenundzwanzig Jahren als der jüngste Bürger, der jemals für ein Botschafteramt ausgewählt wurde. Einige Jahre zuvor ließen die *ottimati* – die darauf bestanden, dass die Söhne der renommiertesten Familien solche Posten verdienten – die Ernennung Machiavellis zum Botschafter beim deutschen Kaiser scheitern. Stattdessen erhielt Machiavellis junger aristokratischer Freund Francesco Vettori den Auftrag. Vgl. Ridolfi, *The Life of Niccolò Machiavelli*. In jedem Fall plädiert Guicciardini durch die Einbeziehung von Botschaftern in seinem Reformvorschlag dafür, sich selbst zu einem lebenslangen Mitglied des Senats zu machen.

32 Vgl. Guicciardini, *Discorso di Logrogno*, S. 137 f.

um eine Typologie von Republiken auszuarbeiten, anhand derer sich bewerten lässt, inwieweit sie sozioökonomische Eliten davon abhalten, politische Magistrate zu dominieren. Zum Schluss des vorliegenden Abschnitts sei noch einmal die von Guicciardini vermerkte Tatsache betont, dass ein Element der Randomisierung im Auswahlverfahren für Magistrate die eliteférdernde Tendenz von Wahlen vermindere. Die florentinischen Verfassungsreformen von 1497 legen den Schluss nahe, dass es keines allgemeinen Losverfahrens nach dem Vorbild antiker Demokratien bedürfe, um die Vorteile zu minimieren, die wohlhabende und namhafte Bürger bei der Zuteilung von politischen Ämtern genießen.[33]

## 2. Klassenspezifische und Reichtum ausschließende Institutionen

In seinem Hauptwerk, den *Discorsi*, rekonstruiert Niccolò Machiavelli (1469-1527) die Geschichte und die Verfassung der antiken römischen Republik, wobei seine Neufassung als ein Modell für Volksherrschaften seiner eigenen Zeit und für solche der Zukunft konzipiert ist.[34] Machiavelli hebt darin vor allem diejenigen politischen Institutionen des alten Roms hervor, die wohlhabendere Bürger ausschlossen, so weit wie möglich jenseits von deren Einflussbereich wirkten oder unmittelbar gegen sie opponierten. Als armer Beamter von relativ niederer Herkunft in der von Savonarola gegründeten Florentiner Republik war Machiavelli besonders sensibel, wenn es um die Beweggründe und das Verhalten der *grandi* ging, der reichsten und mächtigsten Vertreter der Gesellschaft, deren Privilegien sich einem unstillbaren Verlangen nach Unterdrü-

33 Vgl. beispielsweise Nadia Urbinatis Analyse des durch und durch modernen institutionellen Kompromisses zwischen »direkter« und »repräsentativer« Demokratie auf nationalstaatlicher Ebene, die von Condorcet vorgeschlagen, jedoch nie angenommen wurde: Nadia Urbinati, »Condorcet's Democratic Theory of Representative Government«, in: *European Journal of Political Theory* 1 (2004), S. 53-75.

34 Vgl. Niccolò Machiavelli, *Discorsi sopra la prima deca di Tito Livio*, in: Corrado Vivanti (Hg.), *Opere I. I Primi Scritti Politici*, Turin 1997, S. 73-254; ders., *Il Principe (De Principatibus)*, hg. v. Giorgio Inglese, Turin 1995; sowie ders., *Istorie Fiorentine*, hg. v. Franco Gaeta, Milan 1962.

ckung verdankten.[35] Er unterschied die *grandi* vom Rest der Bürgerschaft, von den Menschen, deren Anliegen es nicht war, andere zu unterdrücken, sondern einzig der Unterdrückung zu entgehen. Im Kontext des alten Roms bildeten die *grandi*, die wohlhabenden Patrizier der Republik, den Senat und sicherten sich das Amtsmonopol in den bedeutendsten Magistraten Roms – vor allem im Konsulat, der jährlich gewählten, zweiköpfigen Regierungsleitung.

Dafür, dass sie sich der »Anmaßung« der *grandi* entgegenstellten, überhäuft Machiavelli insbesondere eine Institution der gewöhnlichen Bürger mit Lob: die Volkstribunen.[36] Laut Machiavelli stellten die Anmaßung der *grandi* und der ihr zugrundeliegende Herrschaftsdrang ernsthafte Bedrohungen für die Freiheit der Bürger und die Stabilität republikanischer Regierungsformen dar: Entweder würden die *grandi* früher oder später einen Fürsten einsetzen oder eine fremde Macht heranziehen, um ihre unermüdlichen Bestrebungen zur Unterdrückung des Volkes voranzutreiben – oder das Volk würde selbst auf solche Maßnahmen zurückgreifen, um sich vor dem anhaltenden Machtmissbrauch zu schützen oder angesichts dessen Vergeltung zu üben. Der Erfolg des Tribunats, das im Namen von Roms Plebejern oder ärmeren Bürger handelte, trägt ihm Machiavellis Anerkennung ein, jene innerstaatliche Institution vor allen anderen gewesen zu sein, die zu Roms außergewöhnlicher Fähigkeit beitrug, Freiheit zu bewahren und Ruhm zu erlangen. (Ein Bürgerheer – ein weiteres, wenn auch weniger direktes Mittel, das zur Haftbarmachung der Eliten dienen sollte – ist die nach

35 Vgl. Machiavelli, *Discorsi*, Buch I, Kap. 5; sowie ders., *Il Principe*, Kap. 9. Vgl. ferner Robert Black, »Machiavelli, Servant of the Florentine Republic«, in: Bock u. a. (Hg.), *Machiavelli and Republicanism*, S. 71-99, hier S. 97; Najemy, »The Controversy Surrounding Machiavelli's Service to the Republic«, in: ebd., S. 102-117, hier S. 117; Felix Gilbert, *Machiavelli and Guicciardini. Politics and History in Sixteenth Century Florence*, Princeton 1965; sowie Ridolfi, *The Life of Niccolò Machiavelli*.

36 Vgl. Machiavelli, *Discorsi*, Buch I, Kap. 3. Zu Einzelheiten bezüglich römischer Klassenverhältnisse und politischer Institutionen vgl. Claude Nicolet, *The World of the Citizen in Republican Rome*, aus dem Französischen von Paul Stephen Falla, Berkeley 1980. Zu Machiavellis Verwendung der römischen Geschichte und Institutionen vgl. John Patrick Coby, *Machiavelli's Romans. Liberty and Greatness in the Discourses on Livy*, Lanham 1999; sowie John P. McCormick, »Machiavellian Democracy. Controlling Elites With Ferocious Populism«, in: *American Political Science Review* 2 (2001), S. 297-314.

außen gerichtete Institution, die Machiavelli als förderlich für Freiheit und Ruhm erachtet.) Im Laufe der römisch-republikanischen Geschichte dienten zwei bis fünf oder sogar bis zu ein Dutzend Plebejer für eine Amtszeit von einem Jahr als Tribunen. Die Plebejer wählten die Tribunen in ihrer Versammlung, dem *concilium plebis*, das patrizische Bürger explizit ausschloss.[37]

Die Tribunen führten Beratungen über die Verabschiedung von Gesetzen (die Plebiszite) im *concilium* durch. Ihre Körper waren »sakrosankt«, das heißt, Patrizier durften sie nicht körperlich angreifen, und die Plebejer versprachen, diejenigen zu töten, die es dennoch taten. Damit einhergehend übten die Tribunen eine Macht aus, die dem *habeas corpus* verwandt war, da sie die Freilassung von Plebejern verlangen konnten, die aus welchen Gründen auch immer von einem Patrizier oder einem Magistrat festgenommen worden waren. Zudem legten die Tribunen ihr Veto gegen Gesetze ein, die vom *grandi*-dominierten Senat bevorzugt wurden und von dessen Beauftragten, den Konsuln, erlassen werden sollten. Wie ich im nächsten Abschnitt erörtern werde, waren die Tribunen auch dazu befugt, Magistrate oder mächtige Bürger politischer Straftaten zu bezichtigen. Trotz der Tatsache, dass es sich beim Tribunat um ein gewähltes Amt handelte, da die Plebejer Tribunen aus ihren eigenen Reihen wählten, minimierte die Klassenspezifität etwaige aristokratische Auswirkungen dieses Wahlvorgangs.[38] Die wohlhabendsten oder namhaftesten Bürger unter den Plebejern wurden wahrscheinlich regelmäßig zu Tribunen ernannt, aber erst als die Republik von Korruption gezeichnet war, begannen auch tatsächliche Patrizier dieses Amt zu bekleiden.[39]

Bemerkenswerterweise handelt es sich bei Machiavellis Rekonstruktion der römisch-republikanischen Politik um eine Geschichte von zwei Städten: Innerhalb der einen Republik gibt es sowohl ein är-

37 Vgl. Andrew Lintott, *The Constitution of the Roman Republic*, Oxford 1999; sowie Lily Ross Taylor, *Roman Voting Assemblies. From the Hannibalic War to the Dictatorship of Caesar (Thomas Spencer Jerome Lectures)*, Ann Arbor 1990. Machiavelli scheint sich indirekt auf das *concilium* zu beziehen, wenn er Tribunen erwähnt, die Gesetze vorschlagen, über die jeder Bürger eine Meinung äußern dürfe (vgl. Machiavelli, *Discorsi*, Buch I, Kap. 18) und direkt, wenn er den *publico consiglio* dem Senat gegenüberstellt (vgl. ders., *Discorsi*, Buch III, Kap. 30).

38 Vgl. Lintott, *The Constitution of the Roman Republic*, S. 120.

39 Vgl. Machiavelli, *Discorsi*, Buch I, Kap. 4, 6, 37.

meres Gemeinwesen gewöhnlicher Bürger als auch ein wohlhabenderes Gemeinwesen einer Elite. Das erstere dient letzterem als Spiegel, als dessen Negativbild: Die *grandi* treffen politische Entscheidungen im Senat, die Plebejer im *concilium*[40] – und beide in Versammlungen namens *concioni*.[41] Der Senat nimmt Einfluss darauf, dass die Konsuln Gesetze in seinem Sinne erlassen; das Volk drängt die Tribunen dazu, ein Veto gegen sie einzulegen. Die Konsuln bestimmen über Leben und Tod, während die Tribunen die Plebejer von einer solchen Bedrohung befreien. Tatsächlich scheint es, als erlaube die formale *Trennung* dieser beiden Gemeinwesen innerhalb ein und desselben politischen Systems dem weniger gefährlichen plebejischen Gemeinwesen, dem es einzig um die Vermeidung von Beherrschung geht, das Gemeinwesen der *grandi* zu überwachen, das die fortwährende Unterdrückung anderer anstrebt und von dem Machiavelli ausdrücklich behauptet, dass es die größere Gefahr darstelle.

Nachwirkungen dieser Konstellation zweier Gemeinwesen in einem gab es im mittelalterlichen Florenz und den anderen italienischen Republiken des dreizehnten Jahrhunderts: Als Teile der Bevölkerung, die in Handelszünften organisiert waren, Selbstvertrauen gewannen und sich an politischen und sogar bewaffneten Konflikten mit den angestammten Aristokraten ihrer Städte – den *magnati* oder *grandi* – beteiligten, gründeten sie innerhalb der Gemeinden alternative Institutionen. Neben den legislativen und exekutiven Institutionen, die von den *magnati* dominiert wurden, wie dem Gemeinderat und der *Podestà*, gründete das in Zünften organisierte Volk in Florenz und anderswo die Räte des *popolo* und richtete das Amt des *Capitano del Popolo* ein.[42] Als die Plebejer erkannten, dass das Tribunat ein notwendiger, jedoch nicht ausreichender Garant ihrer Freiheit im politischen Kampf gegen die Patrizier ist, konkurrierten *popolo* und *grandi* offen um die Priorenämter in der Signoria, ganz so wie ihre römischen Pendants um die Amtszeiten im Konsulat stritten.[43]

Die Sitze in der florentinischen Signoria wurden jedoch nicht durch allgemeine Wahlen bestimmt; klassen- beziehungsweise berufsspezifische Vorgaben und Randomisierung prägten den Beru-

40 Vgl. ebd., Buch I, Kap. 18.

41 Vgl. ebd., Buch I, Kap. 4, 5; sowie Buch III, Kap. 34.

42 Vgl. Martines, *Power and Imagination*.

43 Vgl. Machiavelli, *Discorsi*, Buch I, Kap. 47.

fungsprozess. In ihrer substanziell partizipatorischsten Form (von 1343 bis 1348 und insbesondere zwischen 1378 und 1382) ging die Republik so weit, zwei der sechs Sitze in der Signoria für Mitglieder der drei Gruppen politisch anerkannter Zünfte zu reservieren. Mit Blick auf Wohlstand und Status waren dies in absteigender Reihenfolge die *arti maggiori*, die *arti mediane* und die *arti minori*. Ohne solche Quoten für Zunftgenossen von mittlerem oder niederem Stand hätten die reichen *popolani* der gehobenen Zünfte und die patrizischen *magnati* (so es ihnen erlaubt war, sich in die *arti maggiori* eintragen zu lassen) die Ämter im Priorat immer wieder dominiert.[44] In den fortschrittlicheren Ausprägungen solcher Modelle nominierten die Oberhäupter der insgesamt dreiundzwanzig Zünfte Mitglieder ihrer Basis, deren Namen dann zusammen mit den Namen der von den amtierenden Magistraten und Bezirksbeamten nominierten Kandidaten in Losbeuteln (*borse*) eingereicht wurden. Aus diesen Losbeuteln wurden anschließend Namen gezogen, deren Anzahl der Menge der offenen Sitze in der Signoria entsprach und eine Gleichverteilung unter den gehobenen, mittleren und niederen Zünften garantierte.

Im Gegensatz zu bürgerweiten Parlamentswahlen oder sogar geografisch eingegrenzten Bezirkswahlen stellte dieses Verfahren sicher, dass niedere Händler, Handwerker und Ladenbesitzer ähnliche Möglichkeiten hatten, ein politisches Amt zu bekleiden, wie Bankiers und Großunternehmer: Zunftspezifische Nominierungen gingen einem Losverfahren voraus, dessen Ergebnisse wiederum der gremienweiten Quotenregelung entsprachen. Von allen Zünften eingereichte Nominierungen und eine den verschiedenen Zunftklassen entsprechende Sitzzuteilung sorgten dafür, dass politische Ämter breiter unter den Bürgern verteilt wurden. Wiederholte Änderungen dieses Verfahrens seitens der Oligarchen und Fürsten untergruben und zerstörten letztlich die Zunftbasis der frühen florentinischen Republiken,[45] aber deren korporatistische und klassenspezifische Maßnahmen kamen dem sehr nahe, was Machiavelli mit seinem neorömischen Modell wiederzubeleben suchte: Politische Institutionen, die auf sozioökonomischen Unterschieden fußen, sind besser dazu geeignet, eine Regierungsbeteiligung ge-

44 Vgl. Najemy, *Corporatism and Consensus in Florentine Electoral Politics*.

45 Vgl. Brucker, *The Civic World of Early Renaissance Florence*; sowie Rubinstein, *The Government of Florence Under the Medici*.

wöhnlicher Bürger zu gewährleisten, als klassenneutrale Institutionen und der allgemeine Grundsatz einer formalen Berechtigung aller Bürger zur Ausübung eines politischen Amtes.

Es ist jedoch erwähnenswert, dass Machiavelli in den *Discorsi* hinsichtlich seines vom alten Rom abgeleiteten Vorschlags für *grandi-* und *popolo*-spezifische Institutionen zwei große Fehler vermeidet, die von den florentinischen Volksrepubliken begangen wurden: Zum einen machte man sich die Klasse der *magnati* mehr noch als die Zünfte zum Feind; zum anderen verlor man die Unterstützung von niederen Zunftgenossen oder den ortsansässigen Arbeitern und Steuerzahlern, die nicht formell in Zünften organisiert waren. Machiavellis lebenslange Kampagne für das oben in Klammern erwähnte Bürgerheer, das nicht nur aus unmittelbar in Florenz ansässigen Bürgern, sondern auch aus Einwohnern der umliegenden Provinzen bestehen sollte, zielte hingegen darauf ab, die Loyalität des *popolo minuto* und der *sottoposti* sicherzustellen und die Anzahl der Bürger zu erhöhen, die der Stadt als Soldaten, Steuerzahler und potenzielle Magistrate zur Verfügung standen. Ein Bürgerheer hätte eine stark erweiterte florentinische Bürgerschaft in die Politik der Republik integriert, aber aufgrund des Widerstands der *ottimati* wurde das Vorhaben zu Machiavellis Zeit weniger als halbherzig durchgeführt.[46]

Was die Feindschaft der florentinischen *magnati* angeht, ist festzuhalten, dass der *popolo* oftmals dazu provoziert wurde, sie zu entrechten, weil jene *grandi* nicht von körperlichen Gewalttaten und politischen Einschüchterungen absahen.[47] Diese Vorgehensweise

46 Vgl. Ridolfi, *The Life of Niccolò Machiavelli*; Elena Fasano Guarini, »Machiavelli and the Crisis of the Italian Republics«, in: Bock u.a. (Hg.), *Machiavelli and Republicanism*, S.17-40; sowie Alissa Ardito, *Machiavelli and the Modern State. The Prince, the Discourses on Livy, and the Extended Territorial Republic*, Cambridge 2015. Machiavellis Pläne wurden von den *ottimati* der Republik, die es in der Stadt nicht mit einer bewaffneten Bevölkerung zu tun haben wollten, konsequent vereitelt oder zurückgeschraubt – vor allem mit Blick auf ein Bürgerheer, das einem auf Lebenszeit amtierenden Regierungschef wie Machiavellis Vorgesetzten, dem *Gonfaloniere di Giustizia* Piero Soderini, unterstellt gewesen wäre. Darüber hinaus weigerten sich die *ottimati*, die Bevölkerung des Gebiets um Florenz als etwas anderes als Untertanen anzuerkennen, erst recht nicht als potenzielle Bürger. Vgl. Ridolfi, *The Life of Niccolò Machiavelli*.

47 Vgl. Gaetano Salvemini, *Magnati e Popolani in Firenze dal 1280 al 1295*, Florenz 1899; sowie Martines, *Power and Imagination*.

führte zu einer dauerhaften Instabilität der florentinischen Volksherrschaft, da die *magnati* stets darauf abzielten, entweder (1) einen äußeren Feind bei dessen Absichten gegen die Stadt zu unterstützen, in der Hoffnung, auf diese Weise ihre politische Bedeutung wiederzuerlangen, oder (2) mit Mitgliedern der großen, wohlhabenderen Zünfte – insbesondere denjenigen, die im Bank- und Finanzwesen tätig waren – zu kooptieren oder zu kolludieren, um die unteren Zünfte der Kaufleute und Handwerker auszuschließen und die Republik zu schwächen.[48] Machiavellis Modell sichert der Klasse der *grandi* ihren Platz innerhalb der Republik und ermöglicht dem sozial mobilen, gehobenen *popolo*, in sie eingebunden zu werden, ohne zugleich die republikanische Form preiszugeben.[49] Es stellt zudem sicher, dass Institutionen vorhanden sind, die nicht mühelos vom Adel sowie von »in den Adelsstand erhobenen« *popolani* korrumpiert werden können, damit deren privilegierte Positionen geprüft werden können. Machiavelli eröffnet dem Volk auf listige Weise die Möglichkeit, eine Klasse der *ottimati* zu töten, die in ihren Unterdrückungsbestrebungen zu weit gegangen ist, oder aber einen Fürsten anzurufen, dies im Namen des Volkes zu tun.[50] Sollen jedoch die *grandi* überleben und die Republiken Bestand haben, muss Ersteren innerhalb Letzteren eine herausragende Rolle zugestanden werden, damit sie keine oligarchischen oder fürstlichen Staatsstreiche anzetteln können.

Vor diesem Hintergrund ist zu verstehen, warum Machiavelli an vielen Stellen einräumt, dass die römischen Institutionen, die von wohlhabenden Bürgern, dem Senat und den Konsuln dominiert wurden, eine größere proaktive Autorität hinsichtlich politischer Agenden hatten als die Tribunen oder Volksversammlungen.[51] Dennoch bewahrten plebejische Institutionen das Volk vor einer Herrschaft der *grandi* und gaben ihm genügend Gegenmacht an die Hand, durch die sich das Verhalten der *grandi* in freiheitserhaltende

48 Vgl. ebd.

49 Vgl. Machiavellis eigene Darstellung dieser Form der Absprache in: Machiavelli, *Istorie Fiorentine*, Buch III, Kap. 21. Tatsächlich verschmolzen die florentinischen *ottimati* beziehungsweise *grandi* seinerzeit alte Magnatenfamilien mit neueren *popolani* der gehobenen Zünfte.

50 Vgl. Machiavelli, *Discorsi*, Buch I, Kap. 16, 27; Buch II, Kap. 2; sowie ders., *Il Principe*, Kap. 13.

51 Vgl. u. a. Machiavelli, *Discorsi*, Buch I, Kap. 37.

Richtungen lenken ließ. Umgekehrt könnte man auf dieser Grundlage – insbesondere aus heutiger Sicht und vor dem Hintergrund der westlichen Geschichte seit Machiavellis Tagen – zu dem Schluss kommen, dass eine engere Verzahnung der beiden gewissermaßen getrennten Gemeinwesen *oder* die Schaffung einer einzigen, soziologisch anonymen Verfassungsordnung es allein den *grandi* ermöglichen würde, das Volk auf unanfechtbare Weise zu überwältigen. Tatsächlich kritisiert Guicciardini in seinem Kommentar zu Machiavellis *Discorsi* das alte Rom sowie Machiavellis Lobpreisung desselben aus genau diesen Gründen: Wenn die römischen Patrizier den Plebejern von Anfang an das formale Recht eingeräumt hätten, für Ämter wie das des Konsulats zu kandidieren, hätten die Plebejer diese Ämter nur selten und widerwillig ausgeübt. Darüber hinaus hätten sie sich sicherlich nie für die Schaffung eines eigenen Magistrats, des Tribunats, eingesetzt.[52]

Es kann an dieser Stelle nicht genug betont werden, wie schwierig es war, den *grandi* die Einrichtung eines Tribunats oder eines funktionalen Äquivalents desselben schmackhaft zu machen.[53] In der vormodernen Geschichte der Republiken machten sich gewöhnliche Bürger regelmäßig eine Kombination von Losverfahren und Wahlen als Methoden zur Ernennung von Magistraten zunutze. Ratssitze und sogar ganze Versammlungen, die ausschließlich ärmeren Bürgern vorbehalten waren, waren nicht außergewöhnlich. Aber ein Volksmagistrat, für das Reiche nicht infrage kamen, stellt in der Geschichte der republikanischen Verfassungen eine Seltenheit dar. Dennoch hält Machiavelli eine Institution nach dem Vorbild des römischen Tribunats hinsichtlich einer freien Regierungsform für unverzichtbar. Eine Volksherrschaft erfordert auf beinahe

52 Vgl. Guicciardini, »Considerations of the *Discourses* of Niccolò Machiavelli«.

53 Vgl. Marcus Tullius Cicero, *De re publica / Vom Staat*, aus dem Lateinischen von Michael von Albrecht (Hg.), Ditzingen 2013; ders., *De legibus / Über die Gesetze*, aus dem Lateinischen von Rainer Nickel (Hg.), Düsseldorf 2002; sowie Charles Louis de Secondat de Montesquieu, *Betrachtungen über die Ursachen der Grösse der Römer und deren Verfall nebst der Abhandlung über die Politik der Römer in Religionssachen und dem Dialog zwischen Sulla und Eukrates*, aus dem Französischen von Robert Habs (Hg.), Leipzig 1882, S. 77 f. Zu Machiavellis rhetorischer Strategie, ein patrizisches Publikum davon zu überzeugen, Tribunen anzuerkennen, vgl. McCormick, »Tempering and Redirecting the Grandi's Appetite to Oppress. The Dedication and Intention of Machiavelli's *Discourses*«, in: Victoria Kahn u. a. (Hg.), *Politics and the Passions (1500-1850)*, Princeton 2005, S. 7-29.

paradoxe Weise *sowohl* die Mitbestimmung und Loyalität der *grandi als auch* die Einrichtung einer Institution, die sie grundsätzlich verabscheuen. Es überrascht daher nicht, dass Machiavelli, als er auf Wunsch von Giovanni de' Medici (Papst Leo X.) eine Verfassung für eine revitalisierte florentinische Republik vorschlägt, auf sehr subtile und beinahe heimliche Weise eine tribunizische Institution, die *proposti*, in seinen Plan aufnimmt. In seiner Abhandlung über florentinische Angelegenheiten schlägt er zunächst die Einrichtung einer exklusiven Klasse von fünfundsechzig auf Lebenszeit ins Amt berufenen Bürgern vor, die sich in der Signoria abwechseln sollen, einschließlich eines *Gonfaloniere di Giustizia*, der für eine Amtszeit von zwei oder drei Jahren als Regierungschef dienen würde.[54] Er hofft, dass diese Reform die *ottimati* zufrieden stellen werde, das heißt diejenigen Männer von »hochmütigem Geist«, die »denken, sie verdienen es höher im Rang zu stehen« als alle anderen,[55] und die frühere Republiken untergruben, weil sie es ihnen verübelten, das Priorat mit Angehörigen niederer Stände teilen zu müssen.[56]

Um Vertreter mittlerer Ränge zufrieden zu stellen, schlägt Machiavelli den sogenannten »Rat der Auserwählten« vor, ein senatorisches Gremium von zweihundert auf Lebenszeit ins Amt berufenen Mitgliedern. Dabei handelt es sich um eine Institution, die der von Guicciardini vorgeschlagenen nicht unähnlich ist.[57] Leo X. selbst solle über die anfängliche Zusammensetzung dieser Gremien, vorwiegend bestehend aus gehobenen Zunftgenossen der Republik, bestimmen. Zudem besteht Machiavelli darauf, dass Leo X. den Großen Rat als die Versammlung wieder einführen solle, die der »Allgemeinheit« des Volkes vorbehalten ist.[58] Während er Leo X. unverhohlen rät, seine »Freunde« (*amici*) heimlich die Ergebnisse aller Wahlen bestimmen zu lassen, die zu Lebzeiten des Papstes im Rat durchgeführt werden,[59] werde es danach der Große Rat selbst sein, der nachfolgende Mitglieder der Signoria und des Rates der

54 Vgl. Machiavelli, »Discursus Florentinarum Rerum Post Mortem Iunioris Laurentii Medices«, in: Corrado Vivanti (Hg.), *Opere I. I Primi Scritti Politici*, Turin 1997, S. 733-745, hier S. 739.

55 Ebd., S. 738.

56 Vgl. ebd., S. 739.

57 Vgl. ebd., S. 740.

58 Vgl. ebd., S. 741.

59 Vgl. ebd.

Auserwählten sowie alle weiteren Amtsträger der neuen Republik beruft.

Anschließend – als handele es sich um einen nachträglichen Einfall zu einer bereits vollständigen Verfassungsordnung, die auf den Prinzipien der persönlichen Ernennung und Wahl von Elitebürgern fußt – führt Machiavelli das Amt der *proposti* ein, ein per Losverfahren bestimmtes Magistratsamt, das allein gewöhnlichen Bürgern vorbehalten ist. Diese *proposti* bilden eine Untergruppe von sechzehn *Gonfalonieri di Compagnia del Popolo*, einer Institution, die während des bewaffneten Kampfes mit den *magnati* traditionell der Volksmiliz nahestand und sich zu einem der Beratungsgremien der Signoria entwickelte. Machiavelli lässt offen, ob seine rekonstruierten volksnahen Gonfalonieri jährlich von der Stadtwache, den Zünften, dem Großen Rat oder zu dessen Lebzeiten von Leo X. selbst gewählt werden. Er besteht jedoch darauf, dass diese Volksmagistrate *nicht* zur Klasse der Mitglieder der Signoria gehören und sie nicht unverzüglich wiederernannt werden dürfen, »damit das Amt in der Stadt umfassender verbreitet wird«.[60] Losverfahren sollen darüber bestimmen, welche der Gonfalonieri für eine einwöchige oder einmonatige Amtszeit als *proposti* fungieren werden, um den Verhandlungen der Signoria sowie den Sitzungen des Rates der Auserwählten beizuwohnen und im Großen Rat als vollwertig stimmberechtigte Mitglieder teilzunehmen.

Machiavellis Beschreibung zufolge scheint es zunächst so, als seien die *proposti* lediglich nicht stimmberechtigte »Zeugen« der beiden oben genannten Versammlungen, die sich vorwiegend aus gesellschaftlich Höherstehenden zusammensetzen. Doch dann insistiert er darauf, dass weder die Signoria noch der Rat der Auserwählten in Abwesenheit der *proposti* zusammentreten dürfen.[61] Darüber hinaus solle es den *proposti* möglich sein, in diesen Gremien verabschiedete Beschlüsse hinauszuzögern und unter Heranziehung der breiteren, ihnen unmittelbar untergeordneten Räte gegen sie Berufung einzulegen.[62] Machiavelli erläutert weder, wa-

60 Ebd., S. 742.

61 Vgl. ebd.

62 Genauer gesagt kann ein für eine Woche amtierender *proposto* eine Entscheidung der Signoria gegen das gesamte Gremium von zweiunddreißig Mitgliedern anfechten, die im selben Jahr ebenfalls als *proposti* infrage kämen. Diese dürfen sich ohne die Anwesenheit mindestens zweier *proposti* nicht versammeln, die ge-

rum die *proposti* aus den Reihen der volksnahen Gonfalonieri per Losverfahren bestimmt werden müssen noch warum ihre Amtszeit in bestimmten Gremien auf eine Woche begrenzt sein soll. Eine plausible Erklärung ergibt sich aus der Tatsache, dass der Einsatz des Losverfahrens die *ottimati* in den oberen Räten daran hindert, bereits im Voraus Kenntnis darüber zu erlangen, welche volksnahen Gonfalonieri mit ihnen als *proposti* zusammentreten werden. Dadurch werden schließlich etwaige Versuche seitens der *ottimati*, die *proposti* im Vorfeld zu korrumpieren oder einzuschüchtern, vereitelt. Darüber hinaus beugen die kurzen Amtszeiten der politischen Vereinnahmung der *proposti* vor, während sie unter den *ottimati* dienen. Machiavelli bringt klar den Wunsch zum Ausdruck, dass so viele nicht zu den Mitgliedern der Signoria gehörende Bürger wie möglich dieses Amt bekleiden sollten, das in den oberen Räten der Republik im Grunde als die Augen und Ohren des Volkes dient und durch das sich ausdrücklich eine Veto- oder Empfehlungsmacht über die in ihnen vorgeschlagenen Gesetze ausüben lässt.

Machiavelli beteuert, es sei »nicht recht, dass Magistrate nicht von jemandem überwacht werden sollten, der sie dazu bringt, Handlungen zu unterlassen, die nicht gut sind«.[63] Diese Form der Überwachung und des Vetorechts mag gewöhnlichen Bürgern besonders heftig erscheinen, die gemäß den Traditionen der Florentiner Republik davon ausgehen, dass allen Bürgern die Ausübung der höchsten Ämter der Signoria möglich sei, die ihnen in diesem Entwurf formell verschlossen sind. Aber indem er den gewöhnlichen Bürgern etwas wegnimmt, worum sie zuvor stark benachteiligt mit den *ottimati* konkurrierten, behält Machiavelli ihnen nun möglicherweise etwas Mächtigeres vor, das *ausschließlich* für sie bestimmt ist. In der römischen Republik fungierte das Tribunat als plebejische Antwort auf die Magistrate, von denen die Plebejer zunächst formell ausgeschlossen waren und zu denen sie später nur unter

meinsam gegen die Entscheidungen der Zweiunddreißig beim Rat der Zweihundert Berufung einlegen können. Dieser »auserwählte« Rat darf nicht ohne sechs *Gonfalonieri di Compagnia del Popolo* – darunter zwei *proposti* – zusammentreten, von denen drei die dort beschlossene Politik an den Großen Rat zur Ansicht und Billigung weiterleiten könnten. Letztere dürfen wiederum nicht ohne zwölf anwesende Gonfalonieri tagen, unter denen sich drei *proposti* befinden müssen, die im Rat volles Stimmrecht haben.

63 Machiavelli, »Discursus Florentinarum«, S. 742.

erschwerten Bedingungen Zutritt erlangten – wenn man so will, handelte es sich dabei um ein Gegenkonsulat. In ähnlicher Weise werden in Machiavellis vorgeschlagener florentinischer Republik die volksnahen Gonfalonieri als eine Art »Gegen-Signoria« fungieren und die *proposti* als Gegenpriorat.[64]

Dieser neue Magistrat volksnaher Gonfalonieri beziehungsweise *proposti* mag der dem Volk vorenthaltenen Institution ähneln, widersetzt sich ihr jedoch in der Praxis. Laut Machiavelli wird er »[für die Republik] größer, nützlicher [...] und ehrenhafter«[65] sein als eine Signoria, die nominell für alle gleichermaßen zugänglich wäre. Das Volk zu erzürnen, indem man es von den mächtigsten Magistraten ausschließt, und ihm stattdessen einen untergeordneten Magistrat zu bieten, der jedoch ausschließlich ihm gehört, ist Machiavellis Methode, das Volk sowohl geistig als auch institutionell zu stärken. Auf der einen Seite werden gewöhnliche Bürger nicht länger an der Illusion leiden, dass sie tatsächlich für höhere Ämter infrage kämen, die sie nur in seltenen Fällen bekleiden und innerhalb derer sie letztlich marginalisiert werden. Andererseits laufen sie nicht Gefahr, in den neuen und allein für sie geschaffenen Magistraten von den *ottimati* unterdrückt zu werden. Gewöhnliche Bürger dazu berechtigen, Ämter auszuüben, die ausschließlich für sie bestimmt sind, um so die Herrschaft der *grandi* überwachen und unter Umständen politische Ämter, von denen sie ausgeschlossen sind, wiedererlangen zu können, stärkt sie eher als eine allgemein geltende formale Eignung für sämtliche politische Ämter. Machiavelli behauptet, dass die päpstlichen Freunde der *ottimati*, die »die höchsten Regierungsämter bekleiden[66] werden, aufgrund der von ihm vorgeschlagenen Verfassung nicht den Verlust ihres Eigentums zu befürchten haben. Dennoch spricht er offen aus, dass die »Allgemeinheit der Bürger« erwarten wird, dass im Laufe der Zeit »nach

64 In den *Istorie Fiorentine* gebraucht Machiavelli dieselbe Formulierung zur Beschreibung der Funktion der traditionellen *Gonfalonieri di Compagnia del Popolo*, die er in den *Discorsi* zur Charakterisierung des Tribunats verwendet: sie handelten »gegen die Anmaßung der Großen«. Machiavelli, *Istorie Fiorentine*, Buch II, Kap. 22. In der Republik nach 1494 war Machiavelli als Staatssekretär des Exekutivkomitees *Dieci di Libertà e Pace* tätig, dessen Aufgabe zum Zeitpunkt seiner Gründung darin bestand, »die Schwachen vor den Starken zu schützen«. Ebd.

65 Machiavelli, »Discursus Florentinarum«, S. 743.

66 Ebd., S. 744.

und nach« mehr Machtbefugnisse in ihre Hände fallen.[67] Der Große Rat, die *Gonfalonieri di Compagnia del Popolo* und die *proposti* sind die Mittel, um dies zu erreichen.[68] Die machiavellische Volksherrschaft setzt klassenspezifische Institutionen voraus, die das Klassenbewusstsein gewöhnlicher Bürger schärfen und sie befähigt, hochrangigere Bürger mit Nachdruck zu überwachen.

### 3. Staatsbürgerliche Anklage- und Berufungsverfahren

Sowohl Guicciardini als auch Machiavelli bestätigen immer wieder, wie schwierig es sei, prominente Bürger einer Republik davon abzuhalten, Grenzen zu überschreiten.[69] Eingeschüchtert von der Aussicht auf Vergeltungsmaßnahmen seitens derjenigen Bürger, die über größere finanzielle und politische Mittel verfügen, werden gewöhnliche Bürger *ottimati* nicht ohne Weiteres des Fehlverhaltens beschuldigen oder gar anklagen. Wenn es sich jedoch bei der Freiheit um mehr als nur ein leeres Versprechen handeln soll, dann muss gewöhnlichen Bürgern die Freiheit zugestanden werden, unbehelligt *und* ungefährdet von Mitbürgern welchen Ranges auch immer leben zu dürfen.[70] Gewöhnliche Bürger sowie wohlwollende, jedoch vielleicht schwache Magistrate müssen bereit sein, Schritte einzuleiten, die eine solche Freiheit gewährleisten. Ferner bedarf es Verfahren, mittels derer sie dies auf sichere und geordnete Weise tun können. Laut Machiavelli und Guicciardini müsse man im Rahmen solcher Verfahren zutreffende von falschen Anschuldigungen unterscheiden und ein Berufungsverfahren verordnen, das angemessene Urteile sicherstellt.[71] Es überrascht nicht, dass

67 Ebd.

68 Machiavellis Ausführungen zu den *proposti* sind offenbar so subtil, dass selbst die sorgfältigsten Kommentatoren seines Memorandums sie völlig ignorieren. Vgl. Silvano, »Florentine Republicanism in the Early Sixteenth Century«; sowie Maurizio Viroli, »Machiavelli and the Republican Idea of Liberty«, in: Bock u. a. (Hg.), *Machiavelli and Republicanism*, S. 143-171.

69 Vgl. u. a. Guicciardini, *Discorso di Logrogno*, S. 122; ders., *Maxims and Reflections*, aus dem Italienischen von Mario Domandi, Philadelphia 1965, S. 85 f., 99, 142 f.; sowie Machiavelli, »Discursus Florentinarum«, S. 742.

70 Vgl. Philip Pettit, *Republicanism. A Theory of Freedom and Government*, Oxford 1999.

71 Abgesehen davon durften sowohl Guicciardini als auch Machiavelli hautnah miterleben, zu welch missbräuchlichen Zwecken übertriebene, fadenscheinige und

Guicciardini das Anklage- sowie das letzte Berufungsverfahren fest in die Hände einiger weniger Amtsträger legt und damit bereits moderne, bürgerausschließende Amtsenthebungsbestimmungen vorwegnimmt. Machiavellis Empfehlungen unterstreichen hingegen die Bedeutung der Institutionen und des Urteilsvermögens der gesamten Bürgerschaft – eine Idee, die von modernen Republiken weitgehend aufgegeben wurde.

Wir erinnern uns daran, dass Guicciardini in seinem *Discorso di Logrogno* dem darin vorgeschlagenen Senat erlaubt, seine Zusammensetzung selbst zu bestimmen. Er weist dem Senat ebenfalls die Rolle zu, den Regierungschef der Republik, den *Gonfaloniere di Giustizia*, vor Gericht zu stellen, falls dieser wegen eines Verbrechens angeklagt werden sollte: Ein Mitglied der Signoria, *nicht* etwa irgendein Bürger im Allgemeinen, könnte den Gonfaloniere vor dem Senat anklagen und eine bestimmte Strafe fordern, einschließlich Misstrauensantrag, Geldstrafe, Amtsenthebung und sogar Tod. Dieser einzelne Prior dürfte jedoch nur eine Anklage pro Amtszeit in der Signoria erheben, um nicht zu einem anhaltenden Ärgernis für den Regierungschef zu werden. Eine Zweidrittelmehrheit im Senat würde anschließend über die Schuld oder Unschuld des Gonfaloniere und die Angemessenheit der vorgeschlagenen

parteiisch motivierte Denunziationen eingesetzt werden konnten. Während er im Dienst der Republik stand, war Machiavelli ständig anonymen Anschuldigungen ausgesetzt, die darauf abzielten, ihn von seinem Sekretariats- oder Diplomatenposten zu entfernen oder ihn daran zu hindern, seine damit verbundenen Aufgaben wahrzunehmen. Er wurde beispielsweise als Nachkomme eines Bastards gebrandmarkt, weil er es versäumt hatte, Schulden und Steuern zu zahlen. In einem anderen Fall wurde er hingegen bezichtigt, Sodomie mit einer Geliebten begangen zu haben. Vgl. Sebastian de Grazia, *Machiavelli in Hell*, Princeton 1989, S. 140; sowie Ridolfi, *The Life of Niccolò Machiavelli*. Als die Republik nach fünfzehn Jahren des Wiederaufstiegs der Medici 1527 wiederhergestellt wurde, wurde Guicciardini unter den Tyrannen für seine Verwaltungs-, Botschafter- und Militärdienste zur Rechenschaft gezogen. Vgl. ders., *The Life of Francesco Guicciardini*, aus dem Italienischen von Cecil Grayson, New York 1968. Die republikanischen Behörden beschuldigten ihn der Korruption und des Verrats. Mit übertriebenem Eifer verhängten sie infolgedessen Geldstrafen gegen ihn und verbannten ihn. Guicciardini deutete sogar die Möglichkeit an, dass er, wie Sokrates oder Bernardo del Nero (mehr zu Letzterem weiter unten) durch einen außer Kontrolle geratenen Demos zum Tode verurteilt werden könnte. Vgl. Guicciardinis selbst verfasste anklagende und rechtfertigende Abhandlungen über seinen Werdegang zu jener Zeit: Guicciardini, *Autodifesa di un politico*, Rom 1993.

Strafe entscheiden.[72] Andere Bürger würden aufgrund solcher Verbrechen hingegen vor einem Ad-hoc-Tribunal oder der *quarantìa* angeklagt. Sobald jemand einen Privatbürger oder einen öffentlichen Magistrat entweder anonym oder als zuordenbare Person bei einem anderen Magistrat beschuldigte, wäre Letzterer dazu verpflichtet, die *quarantìa* einzuberufen, vor der dann der Angeklagte oder sein Stellvertreter zu erscheinen hätte. An diesem Punkt müsste der Ankläger als Zeuge vortreten und das Tribunal innerhalb eines Monats eine schriftliche Entscheidung treffen.[73] Falls das Urteil die Todesstrafe wäre, würde man das Berufungsverfahren auf die gleiche Weise handhaben wie den oben erwähnten Strafprozess gegen den Gonfaloniere vor dem Senat. Daher hätten gewöhnliche Bürger zwar das Recht, andere Bürger sowie Magistrate unterhalb des *Gonfaloniere di Giustizia* anzuklagen, jedoch *nicht* das Recht, zusammen als richterliches Gremium zu agieren oder aber mit einer juristischen Befugnis am Berufungsverfahren teilzunehmen.

Als Guicciardini seinen *Discorso di Logrogno* schrieb, wurden sämtliche Berufungen gegen Todesurteile für politische Straftaten an den Großen Rat verwiesen.[74] Gegen heftigen Widerstand der *ottimati* bestand Girolamo Savonarola darauf, dass das Volk die Möglichkeit erhält, durch eine Zweidrittelmehrheit im gesamten Rat ein solches Strafmaß herabzusetzen. In einem berüchtigten Fall, den sowohl Guicciardini als auch Machiavelli aufgriffen,[75] verwehrten jedoch Savonarola-Partisanen fünf *ottimati*, den sogenannten »fünf Medici«, die wegen eines geplanten Staatsstreichs sowie der beabsichtigten Wiedereinsetzung der Medici im Jahr 1497 zum Tode verurteilt worden waren, beim Rat Berufung einzulegen, woraufhin sie kurzerhand hingerichtet wurden.[76] Zur Vergeltung ermordeten kurz darauf Angehörige der toten Medici mit Unterstützung der

72 Vgl. Guicciardini, *Discorso di Logrogno*, S. 147.

73 Vgl. ebd., S. 146.

74 Vgl. Machiavelli, *The History of Florence*, S. 106; sowie ders., *Discorsi*, Buch I, Kap. 45.

75 Vgl. Guicciardini, *The History of Florence*, S. 184-190; sowie Machiavelli, *Discorsi*, Buch I, Kap. 7, 45.

76 Von den »fünf Medici« hätte vermutlich vor allem Bernardo del Nero vom Großen Rat verschont bleiben können: Bernardo, ein beliebter und angesehener Bürger, der es dank der Gunst der Medici und seiner beachtlichen Talente schaffte, aus armen Verhältnissen zu Reichtum und politischer Prominenz aufzusteigen, wusste lediglich von dem Komplott, war allerdings nicht aktiv daran beteiligt.

Bevölkerung die bedeutendsten Savonarolaner.[77] Ganz gleich, ob es sich dabei nun um ein Spiegelbild von Guicciardinis unbedingtem Misstrauen gegenüber dem Großen Rat oder eine Reaktion auf die Unwirksamkeit eines »Rechts« handelt, in Krisensituationen wie diesen Berufung einzulegen: Guicciardinis Reform zielt darauf ab, das Berufungsverfahren für alle politischen Straftaten unter die Kontrolle eines von den *ottimati* dominierten Magistrats zu stellen, der nur geringfügig größer ist als das Gremium, das das ursprüngliche Urteil gefällt hat. Dieser Vorschlag steht in deutlichem Kontrast zu Machiavellis Ideen zu politischen Anklage- und Berufungsverfahren.

Sowohl in der römischen Republik als auch in Machiavellis Rekonstruktion derselben konnte *jeder* Bürger einen Magistrat öffentlich der Korruption oder des Amtsvergehens beschuldigen oder sogar eine prominente Privatperson wegen übermäßiger politischer Einflussnahme anklagen. Eine solche Anschuldigung veranlasste in einer *concione* oder einer formelleren Versammlung eine Anhörung zur Frage, ob die betreffende Person beispielsweise ihr Amt behalten dürfe, eine Geldstrafe zu zahlen habe, verbannt werden müsse oder aber zur Hinrichtung verurteilt werden solle. Machiavelli betont allerdings, dass die Tribunen angesichts ihrer Autorität gegenüber dem Volk und den *grandi* am wirksamsten Anschuldigungen erhoben haben. Sie konnten einen Patrizierbürger oder einen öffentlichen Magistrat dazu verpflichten, vor den Volksversammlungen Rechenschaft über ihre Handlungen abzulegen, anstatt die betreffende Person dem Volk zu überantworten, das sie auf der Straße »in einem Tumult«[78] getötet hätte.[79] Machiavelli behauptet, dass

77 Vgl. Machiavelli, *Istorie Fiorentine*, S. 142; sowie ders., *Discorsi*, Buch I, Kap. 7. Dieser Vorfall untergrub Savonarolas innerstaatliche Basis: Weil er sich nicht offen zu dem Gesetz äußerte, das er verfasst und für das er gekämpft hatte – schlicht und einfach, weil es seiner eigenen Partei zugutekam –, wurde er von den Florentinern verhaftet und gefoltert und schließlich auf Befehl seines langjährigen Gegenspielers Papst Alexander VI. hingerichtet.

78 Machiavelli, *Discorsi*, Buch I, Kap. 7.

79 Machiavelli beruft sich auf das Beispiel des ersten Volksurteils gegen einen Patrizier, den Konsul, Senator und Feldherrn Gnaeus Marcius Coriolanus. Er schlug vor, dass der Senat während einer Hungersnot Lebensmittelvorräte verwenden sollte, um die Plebejer zu unterdrücken. Bevor das Volk ihn außerhalb des Senats angreifen konnte, intervenierten die Tribunen, indem sie Coriolanus öffentlich anklagten und ein formelles Verfahren einleiteten, das ihn dazu ver-

formale und allgemein zugängliche Anklageverfahren (1) diejenigen bestrafen, die es verdienen, (2) andere abschrecken, die erwägen, solche Straftaten in Zukunft zu begehen, und (3) die Eskalation fraktionsinterner Gewalt verhindern, die in solchen Fällen allzu oft aus inoffiziellen und willkürlichen Strafen resultiere: Wenn ehrgeizige und mächtige Bürger »auf gewöhnliche Art zermalmt«[80] werden, das heißt legal, dann werden in Erwiderung darauf private oder fremde Mächte kaum je von ihren Freunden und ihrer Familie zu deren Unterstützung herangezogen.

Machiavelli unterscheidet Anschuldigungen, die durch Fakten und Zeugen bekräftigt werden und an die Justizbehörden gerichtet sind, von »Verleumdungen«, anonymen und unbegründeten Vorwürfen, die auf Plätzen und in Hinterzimmern zugeflüstert werden.[81] Wenngleich kleine öffentliche Räte besser als keine Institution sind, wenn es darum geht, politische Anschuldigungen vorzubringen, präferiert Machiavelli ausdrücklich Anhörungsgremien mit »sehr vielen Richtern«.[82] Ob nun aufgrund seiner übermäßigen Empfindlichkeit gegenüber Einschüchterungsversuchen, Korruption oder eigennützigen Handlungen betont Machiavelli, dass kleine Strafprozess- und Berufungsgremien wie die Florentiner *Otto di Guardia e Balìa*, die üblicherweise aus *ottimati* bestanden, für eine Republik weniger nützlich seien als größere Versammlungen oder das Volk als Ganzes. In diesem Zusammenhang gibt er eine Erklärung ab, die vielleicht emblematisch für seine Theorie einer Volksherrschaft ist: Solche Gremien seien unwirksam, weil »die Wenigen sich immer nach Art der Wenigen verhalten«.[83]

Sowohl Guicciardini als auch Machiavelli begreifen, dass die *ottimati* es vorzogen, vor Gremien, die sich aus ihresgleichen zusammensetzten, vor Gericht gestellt zu werden und Berufung ein-

pflichtete, sich vor dem Volk dem Gericht zu stellen. Machiavelli deutet an, dass Coriolanus getötet wurde, während Titus Livius berichtet, dass er verbannt wurde und anschließend mit einer feindlichen Armee zurückkehrte, um Rom zu drohen. Vgl. *Titus Livius. Römische Geschichte*, Buch I-III, aus dem Lateinischen übersetzt und herausgegeben von Hans Jürgen Hillen, Düsseldorf/Zürich 1987, Buch II, Kap. 34-39.

80 Machiavelli, *Discorsi*, Buch I, Kap. 7.

81 Vgl. ebd., Buch I, Kap. 8.

82 Ebd., Buch I, Kap. 7.

83 Ebd. Vgl. ferner ebd., Buch I, Kap. 49.

zulegen, anstatt sich vor größeren Institutionen zu verantworten, deren Mitglieder sie für »ignorant« und »missgünstig« hielten.[84] Anhand der römischen Causa Marcus Manlius Capitolinus veranschaulicht Machiavelli jedoch, dass das Volk durchaus dazu in der Lage ist, das Verhalten von Patriziern objektiv zu beurteilen, auch wenn es selbst an den entsprechenden Kontroversen beteiligt ist.[85] Als sich herausstellte, dass ihr Held Manlius den Senat verleumdet hatte, weil dieser das Volk betrogen haben sollte, entsagte letzteres seiner Wut auf die Patrizier und gewährte Manlius keinerlei Unterstützung mehr. Darüber hinaus weist Machiavelli nach, dass Volksmagistrate, die Tribunen, Patrizier nicht einfach unaufhörlich im Namen ihrer plebejischen Wählerschaft verfolgen. In einem Fall, in dem das Volk gegenüber den Patriziern überreagierte, nachdem das Dezemvirat die Volksfreiheit verletzt hatte, verhängten die Tribunen ein einjähriges Moratorium für Anschuldigungen gegen die *grandi*.[86] Mit anderen Worten, Machiavelli schlägt vor, dass die *ottimati* weder einen strukturellen Nachteil im Rahmen politischer Strafprozesse, in denen das Volk der Richter ist, noch eine ständige Verfolgung durch Anschuldigungen plebejischer Magistrate befürchten müssen. Aber in Regierungsformen, in denen solche Institutionen bestehen, sollten die *grandi* zweimal darüber nachdenken, das Volk zu unterdrücken und seine Freiheit zu bedrohen.

Laut Machiavelli war der Mangel an gesetzlich festgelegten sowie vom Volk ausgehenden Anklageverfahren in Florenz eine der Hauptursachen für die Instabilität der Republik. Durch ein effektives Anklageverfahren, so Machiavelli weiter, hätte man in Florenz sowohl das Blutvergießen prominenter Bürger infolge der Hinrichtung der fünf Medici als auch die Hinzuziehung des spanischen Heers während des Sturzes von Piero Soderini und der Wiedereinsetzung der Medici vermeiden können.

Hätten ihre *ottimati*-Gegner auf angemessene Anklageverfahren zurückgegriffen, wären die Savonarola-Partisanen und Soderini entweder verurteilt oder einzeln freigesprochen worden, ohne dass die fraktionsinterne Gewalt eskaliert oder die Republik nachfolgend gestürzt worden wäre. Aber bei den *Otto di Guardia e Balìa* und der Signoria, die sich im Hinblick auf diese Umstände als wirkungslos

84 Vgl. u. a. Guicciardini, *Maxims and Reflections*.

85 Vgl. Machiavelli, *Discorsi*, Buch I, Kap. 8.

86 Vgl. ebd., Buch I, Kap. 45.

erwiesen, handelte es sich oftmals um zu kleine Gremien, als dass sie gewillt waren, über solche Fälle zu verhandeln und ordnungsgemäß über sie zu urteilen oder aber ihre Entscheidungen zuverlässig an den Großen Rat weiterzuleiten, falls die Verurteilten Berufung einlegten. Man könnte aus Machiavellis Analyse die Schlussfolgerung ziehen, dass ein so großes Gremium wie die gesamte Bürgerschaft in politischen Fällen *sowohl* als erster Richter *wie auch* als Forum für Berufungsverfahren fungieren sollte. Wenn die Magistrate oder kleinere Kollegialgremien die erste Aufgabe erfüllen, werden die Angelegenheiten möglicherweise nie beim Volk ankommen, damit es die zweite Aufgabe erfüllen kann. Eine Institution wie das Tribunat könnte die Magistrate unter Druck setzen, um sicherzustellen, dass das Volk in solchen Fällen immer die endgültige Entscheidung trifft.[87] Doch sehr zu Machiavellis Verzweiflung mangelte es Florenz an einem solchen Vermittler zwischen den Magistraten und dem Volk.[88]

87 Vgl. ebd., Buch III, Kap. 11.

88 Im »Discursus Florentinarum« macht Machiavelli jedoch ernsthafte Zugeständnisse an Guicciardinis Position zu öffentlichen Klagen und vor dem Volk durchgeführten Berufungsverfahren: So schlägt er an dieser Stelle vor, dass die kleinen Kollegialgremien des Medici-Fürstentums und die *Otto di Guardia e Balìa* als Foren zur Entscheidung über öffentliche Delikte fungieren sollen, also Institutionen, die denen ähneln, die er in den *Discorsi* kritisiert. Und während er immer noch auf einem »breiten« Berufungsgremium besteht, ist dasjenige, das er hier vorschlägt, *nicht* der Große Rat – der sogar von den üblichen mehr als dreitausend Mitgliedern auf die sechshundert oder eintausend Bürger seines auf Wunsch von Leo X. erstellten Memorandums reduziert wurde –, sondern ein Gericht, das sich aus Mitgliedern der gesamten Signoria-Klasse und des Senats zusammensetzt, das heißt aus je vierundsechzig und zweihundert Mitgliedern. Vgl. Machiavelli, »Discursus Florentinarum«, S. 740 f. Mit der Erlaubnis Papst Leos X. ist es möglich, die Urteile der *Otto di Guardia e Balìa* vor diesem Berufungsgericht anzufechten, das aus dreißig Teilnehmern besteht, die aus den vierundsechzig Mitgliedern der Signoria und den zweihundert Senatsmitgliedern gelost werden. Ich habe jedoch weiter oben bereits angedeutet, dass man den unmittelbaren Kontext von Machiavellis Vorschlag, die Person, an die er gerichtet ist, und die politischen Anliegen Letzterer nicht unterschätzen sollte. In der Hoffnung, dass sein republikanischer Vorschlag angenommen wird, muss Machiavelli Papst Leo X. versichern, dass die empfohlenen Institutionen »die Sicherheit [seiner] Freunde« garantieren. Vgl. ebd., S. 747. Es sollte daher nicht überraschen, dass er Themen wie öffentliche Klagen, politische Strafprozesse und vor dem Volk stattfindende Berufungsverfahren in diesem Zusammenhang mit großer Vorsicht behandelte. Wären seine anderweitigen Ausführen dazu vor dem

Folglich erkennen Guicciardini und Machiavelli an, dass die größere Handlungsfreiheit, die *sowohl* politische *als auch* sozioökonomische Eliten in den Republiken genossen – anders als beispielsweise in den Fürstentümern (wo gemäß der republikanischen Ideologie nur ein Individuum »frei« sein konnte)[89] –, eine Bedrohung für die Freiheit anderer Bürger und für die Stabilität der Regierungsform selbst darstellte. Doch Machiavelli und andere populistische Partisanen vormoderner Republiken missbilligen den völligen Ausschluss der allgemeinen Bürgerschaft von Misstrauensanträgen und Amtsenthebungsverfahren, die gegen verdächtige Amtsträger gerichtet sind. Solche Angelegenheiten lediglich politischen Mitstreitern und Rivalen in der Regierung zu überlassen, wie Guicciardini empfiehlt und moderne Republiken es tun, stellt eine größere Einladung zur Korruption dar als die Praxis, in solchen Fällen das Volk das endgültige Urteil fällen zu lassen.

## Teil 2
## 4. Losverfahren, Wahlen und eine Typologie von Regierungsformen

Guicciardini und Machiavelli, zusammen mit den von ihnen analysierten Republiken, konzentrierten sich eindeutig mehr auf asymmetrische Machtverhältnisse zwischen Magistraten *sowie* wohlha-

Hintergrund der allgemeinen Unzufriedenheit mit den Medici um 1525 in die Hände des Volkes geraten, hätten Leo X. und seine Freunde zweifelsohne zu den ersten Zielen in Florenz gehört. Vgl. Butters, *Governors and Government in Early Sixteenth Century Florence*; sowie Stephens, *The Fall of the Florentine Republic*, Kap. 5-6.

89 Das soll natürlich nicht bedeuten, dass die *ottimati* ausnahmslos Republiken den Fürstentümern vorzogen. Wie Machiavelli festhält, werden sie versuchen, pro-monarchische Staatsstreiche in die Wege zu leiten, sobald sie davon ausgehen können, dass ein Fürst eine Unterdrückung des Volkes in ihrem Sinne eher ermöglicht, als republikanische Maßnahmen dies zu tun vermögen (die sie auf jeden Fall im oligarchischen Interesse verstanden wissen wollen). Vgl. Machiavelli, *Il Principe*, Kap. 9; vgl. ferner ders., *Discorsi*, Buch I, Kap. 16; sowie Buch III, Kap. 3. Tatsächlich führt Stephens den letztendlichen und dauerhaften Niedergang des Republikanismus in Florenz auf die Vorliebe der *ottimati* zurück, unter den Medici leben zu wollen anstatt unter einem Machtteilungsabkommen mit dem *popolo*. Vgl. Stephens, *The Fall of the Florentine Republic*.

benden Bürgern einerseits und gewöhnlichen Bürgern andererseits als die meisten modernen republikanischen politischen Theoretiker und Praktiker. Insbesondere Machiavellis Adaption des römischen Tribunats im Rahmen seines verfassungsrechtlichen Vorschlags für Florenz geht viel weiter als traditionelle sowie moderne Versuche, politische Ämter innerhalb von Republiken inklusiver und repräsentativer zu gestalten. Moderne Demokratien, die Grundsätze proportionaler Repräsentation verwirklichen oder korporatistische oder konkordanzdemokratische Modalitäten umsetzen, sind sicherlich viel geeigneter als Mehrheitswahlsysteme, wenn es darum geht, einem breiteren Spektrum sozialer Gruppen – insbesondere Arbeitern und in jüngster Zeit Umweltschützern – eine Stimme in der Regierung zu geben.[90] Solche Maßnahmen sind jedoch nicht immun gegen den Einwurf, dass sie lediglich eine »Beherrschung durch die eigenen Leute« ermöglichen; das heißt, in solchen Systemen genießen Partei- und Gewerkschaftseliten enorme Informations- und Machtvorteile gegenüber durchschnittlichen Mitgliedern politischer Organisationen.[91] Machiavellis Tribunen und *proposti* scheinen hingegen dazu bestimmt zu sein, gewöhnliche Plebejer regelmäßig in Positionen mit Herrschaftsgewalt zu bringen.

Im nächsten Abschnitt (5) werde ich die traditionellen tribunizischen Elemente vormoderner Volksherrschaften, wie klassenspezifische politische Institutionen und öffentliche Klagen, in einem modernen Kontext erneut betrachten. Hier kehre ich jedoch zunächst zu den Institutionen des Losverfahrens und der Wahl als Mittel zur Ernennung von Magistraten zurück. Bisher habe ich die »negativen« Aspekte dieser Ernennungsmethoden hervorgehoben, das heißt das Ausmaß, in dem sie die Eliten kontrollieren: Losverfahren halten sozioökonomische Eliten davon ab, die Magistrate zu monopolisieren, während Wahlen politische Eliten rückwirkend sanktionieren. Aber in der Vergangenheit stellten Befürworter beider Ernennungsmethoden auch »positive« Behauptungen über sie

90 Vgl. Arend Lijphart, *Democracy in Plural Societies. A Comparative Exploration*, New Haven 1992; sowie Bernard Grofman, Arend Lijphart (Hg.), *Electoral Laws and Their Political Consequences*, New York 2003.

91 Vgl. Robert Michels, *Zur Soziologie des Parteiwesens in der modernen Demokratie. Untersuchungen über die oligarchischen Tendenzen des Gruppenlebens*, Stuttgart 1989.

auf. In antiken Demokratien wurden Losverfahren beispielsweise dazu genutzt, eine gleichberechtigte politischen Teilhabe unter den Bürgern zu verwirklichen, wodurch wiederum das Prinzip, nacheinander »ein Regierungsamt zu bekleiden und sich regieren zu lassen«,[92] in die Praxis umgesetzt wurde. Für moderne Befürworter von Volksherrschaften operationalisieren Wahlen hingegen die normativen Grundsätze der Repräsentation: Das Volk regiert nicht, sondern willigt ein, von Eliten regiert zu werden, die es wählt und die im Interesse des Volkes handeln, selbst wenn diesem Interesse am besten durch eine Politik gedient ist, die sich dem Willen des Volkes zu jedem beliebigen Zeitpunkt widersetzt. Die Wählerschaft verhindert den Missbrauch dieses willkürlichen Ermessensspielraums, indem sie die Leistung eines Amtsträgers beurteilt und bei der nächsten Wahl entsprechend abstimmt.[93] In Extremfällen soll durch die Androhung eines Amtsenthebungsverfahrens, von dem die Öffentlichkeit weitgehend ausgeschlossen ist, der in repräsentativen Systemen vorherrschende Ermessensmissbrauch bestraft oder unterbunden werden.

Streng genommen eröffnet jede der beiden Ernennungsmethoden einer Volksherrschaft die folgenden Vorteile: Durch das Prinzip der Randomisierung schöpft das Losverfahren innerhalb der Bürgerschaft aus einem breiten Spektrum von Perspektiven und Talenten; Wahlen geben vor, dass würdige und kompetente Amtsträger (vormals: Magistrate) ernannt werden, während sie gleichzeitig als politischer Autorisierungsmechanismus für Bürger fungieren, die ihrerseits nicht regieren können oder wollen. Ungeachtet der Nachteile beider Verfahren – des inhärenten Amateurismus einer Politik, die infolge von Losverfahren betrieben wird, und der aristokratischen Tendenzen von wahlbasierten Regierungsformen – könnten die Stärken jeder Ernennungsmethode miteinander kombiniert werden, wie Guicciardinis Erörterung, wenn nicht sogar Befürwortung der Florentiner Wahlreformen um 1497 nahelegt. In diesem Sinne stelle ich die folgende Typologie von Regierungsformen vor,

92 Aristoteles, *Politik*, Buch III, Kap. 4, in: Ernst Grumach, Hellmut Flashar (Hg.), *Werke in deutscher Übersetzung*, aus dem Griechischen von Eckart Schütrumpf, 20 Bde., Berlin 1956 ff., Bd. 9.II, S. 55.

93 Vgl. Morris P. Fiorina, *Retrospective Voting in American National Elections*, New Haven 1981; sowie G. Bingham Powell, *Elections as Instruments of Democracy*, New Haven 2000.

in deren Rahmen Losverfahren, Wahlen und Kombinationen beider Methoden schematisiert werden.

Das Verfahren zur Verteilung öffentlicher Ämter lässt sich in zwei Phasen unterteilen, die anhand von Guicciardinis Ausführungen im ersten Abschnitt dieses Kapitels betrachtet wurden: die Ermittlung von Kandidaten und die Ernennung von Amtsträgern. Aus einer Anzahl geeigneter Bürger können Kandidaten per Losverfahren nach dem Zufallsprinzip ermittelt oder aber durch Nominierende ernannt werden, die ihrerseits durch Losentscheid, Wahl oder ein kleines Elitengremium bestimmt werden können. Es gibt zwei wesentliche Optionen für die Ernennung von Amtsträgern: Losverfahren und Wahlen. Hier ist ein Schaubild zu diesen Alternativen und ihrer Wechselwirkung:

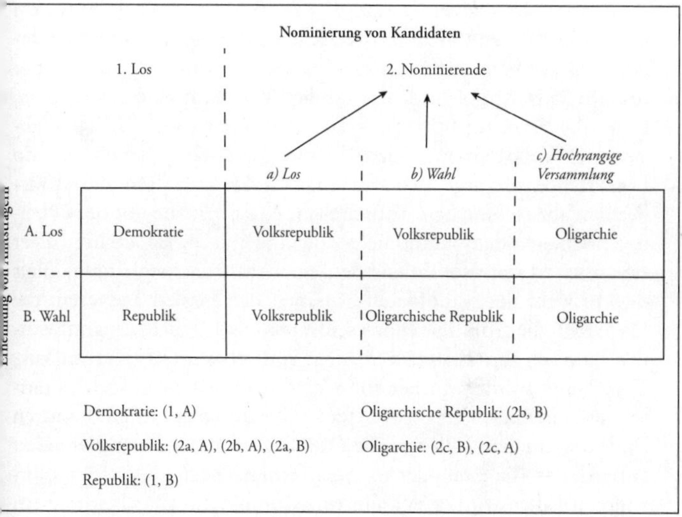


*Demokratie (1, A).* In der theoretischen Kombination (1, A) wird das Losverfahren genutzt, um eine kleine Menge von Kandidaten festzulegen, die aus den Reihen der Bürger stammen. Diese Vorauswahl wird einem zweiten Losverfahren unterzogen, das darüber bestimmt, welche Kandidaten schließlich zu Amtsträgern ernannt werden. Tatsächlich hat das Losverfahren zur Kandidatennominierung keinerlei praktische Auswirkungen auf die Gesamtverteilung der Ämter unter den berechtigten Bürgern. Man könnte es dazu nutzen, die öffentliche Aufmerksamkeit auf eine engere Gruppe von potenziellen Amtsträgern zu lenken. Alternativ könnte dieser Schritt auch zugunsten eines allgemeinen Losverfahren gestrichen werden. So ließe sich in einem einstufigen Verfahren bestimmen, welche Ämter mit welchen Kandidaten aus der gesamten Bürgerschaft besetzt werden. Im Grunde entspricht die Kombination (1, A) daher weitgehend dem antiken Modell, in dessen Rahmen man sich des Zufallsprinzips bediente, um eine gerechte Beteiligung der Bürger zu gewährleisten. Aus den oben genannten Gründen kann man eine solche Regierungsform recht einfach als Demokratie einstufen.

*Volksrepubliken (2a, A), (2b, A), (2a, B).* Weniger eindeutig verhält es sich, wenn man Losverfahren und Wahlen miteinander kombiniert. Wenn Wahlen ein die Eliten ermächtigendes »aristokratisches« Mittel sind, wie können wir dann eine Regierungsform, die sie in irgendeiner Weise einsetzt, als »populistisch« oder als eine »Volksrepublik« klassifizieren? Dies hängt davon ab, wie Losverfahren dazu genutzt werden, aristokratische Tendenzen von Wahlen abzuschwächen. Variante (2a, A) ist beinahe mit dem oben beschriebenen demokratischen Modell identisch, jedoch impliziert sie aufseiten der Nominierenden einen Ermessensspielraum über die Auswahl der Kandidaten zwischen den beiden Losverfahren. Da jedoch die Nominierenden selbst per Losentscheid ernannt werden, können ihre Präferenzen nicht vorherbestimmt oder im Voraus erkannt werden. Daher können wir nicht davon ausgehen, dass solche Präferenzen von vornherein oligarchisch oder demokratisch sind. In manchen Fällen werden die Vorlieben der Nominierenden entweder in die eine oder in die andere Richtung ausschlagen; in anderen Fällen wird es sich um eine Kombination aus beiden handeln. Die Nominierung der Kandidaten ist von einem ausreichenden Maß an Unbestimmtheit geprägt, so dass die aus dem abschließenden Losverfahren hervorgehenden Ergebnisse als hinreichend zufällig bewertet werden können. Folglich lässt sich dieser Variante eine demokratische oder populistische Qualität attestieren, da in ihrem Rahmen grundsätzlich jeder Bürger zu einem Amtsträger ernannt werden könnte. Auf der anderen Seite setzt diese Variante die Zustimmung und den Ermessensspielraum bestimmter Bürger voraus, so dass Aspekte wie Ansehen, Kompetenz und Tugend bei der Auswahl der Kandidaten berücksichtigt werden.

In Variante (2b, A) kann mittels Wahlen Einfluss auf die Präferenzen der Nominierenden genommen werden. An dieser Stelle können Faktoren ins Spiel kommen, die die Wahl der Amtsträger beeinflussen: Da die Nominierenden im Großen und Ganzen von den Bürgern gewählt werden, könnten sie einen unverhältnismäßig wohlhabenden und/oder profilierten Teil der Bevölkerung widerspiegeln. In Anbetracht der Anhaltspunkte, die von Guicciardini und Machiavelli oder hinsichtlich der von ihnen analysierten Republiken zusammengetragen wurden, gibt es keinen Grund zur Annahme, dass Wähler sich bei der Beurteilung von Nominierenden anderer Kriterien bedienen als bei einer Abstimmung über Kandidaten. Von den Nominierenden kann hingegen erwartet werden, dass sie Bürger, die ihnen selbst am ähnlichsten sind, als Kandidaten aufstellen, was die letztendliche Auswahl potenzieller Amtsträger auf eine übermäßig oligarchische Weise verzerren würde. Schließlich griffe man im Rahmen des daran anschließenden Losverfahrens hauptsächlich auf einen Pool wohlhabender oder den Interessen der Reichen zugeneigter Kandidaten zurück. Erinnern wir uns jedoch daran, was Guicciardini über die Wahlreform von 1497 zu sagen hatte, der zufolge vorgeschlagene Kandidaten im Vorfeld eines endgültigen Losverfahrens gewählt wurden, das wiederum über die abschließende Ernennung der Amtsträger bestimmte. Würden wir diese Methode auf die Auswahl aller infrage kommender Nominierender anwenden und nicht nur auf die Auswahl einer oder sehr weniger Personen, ließe sich die mit Wahlen einhergehende aristokratische Tendenz auch in diesem Fall minimieren. Wenn die Wahl einer umfangreicheren Kandidatenliste von, sagen wir, einem halben Dutzend oder mehr potenziellen Nominierenden den aristokratischen Effekt von Wahlen tatsächlich abschwächt, dann wäre es möglich, dass die Nominierenden ein breiteres Spektrum politischer Präferenzen abdeckten, die in ihren Kandidatennominierungen zum Ausdruck kämen, so dass das endgültige Losverfahren wiederum wirkliche Alternativen zu wohlhabenden Amtsträgern hervorbringen könnte.[94]

94 Daher betrachte ich die »Prüfungen«, die in den florentinischen Republiken dem Losverfahren vorausgingen, nicht als »Wahlen«, wie sie oft genannt werden. Das

Dies wäre bei Variante (2a, B) nicht ganz der Fall, weshalb es sich bei ihr um die am wenigsten populistische der Volksrepubliken handelt: Während man über die Nominierenden per Losentscheid bestimmen würde, wodurch sich eine Voreingenommenheit zugunsten der Reichen und Honoratioren ausschließen ließe, müssten die Nominierenden Kandidaten mittels eines Verfahrens auswählen, das, wie oben angedeutet, aristokratische Tendenzen mit sich führen könnte. Entscheidender ist jedoch, dass Wahlen über die endgültige Verteilung politischer Ämter bestimmen. Dieses Verfahren begünstigt letztlich Kandidaten von Rang und Namen, ganz gleich ob nur einige oder die meisten von ihnen tatsächlich namhaft und wohlhabend sind. Diese Variante bewegt sich allerdings im Rahmen einer Volksrepublik, was einerseits auf die Randomisierung zu Beginn des Verfahrens und andererseits auf die Unbestimmtheit über das Ausmaß der aristokratischen Tendenzen in der Nominierungsphase zurückzuführen ist.

*Republik (1, B).* In gewissem Sinne kann die Variante (1, B) als paradigmatischer Fall einer gemischten Regierungsform – *politeía* oder Republik – begriffen werden, die auf mehrdeutige Art sowohl demokratisch und aristokratisch als auch populistisch und oligarchisch ist. Da allein das Losverfahren über die Auswahl der Kandidaten bestimmt, gibt es keine politische Agenda oder Präferenzen, die von den Reichen im Voraus gesetzt werden können. Sämtliche Bürger, ob reich oder arm, haben substanziell – nicht nur formell – die Möglichkeit, für ein Amt zu kandidieren. Auf der anderen Seite können wohlhabende und namhafte Kandidaten sicher sein, dass sie in den meisten Fällen ein politisches Amt erreichen werden, da die endgültige Amtsvergabe durch die Wahl eines oder nur sehr weniger Kandidaten entschieden wird. Dies ist die Regie-

Verfahren zur Bestimmung der Amtseignung gipfelte oft darin, dass man mehr als 5000 Namen in den Losbeuteln platzierte, aus denen anschließend die Kandidaten für politische Ämter gezogen wurden. Wie sowohl Guicciardini als auch der frühere Bürgerhumanist Bruni ahnten, bringt das Urteil darüber, ob eine so große Anzahl von Personen möglicherweise ein Amt bekleiden könne, nicht dieselbe Form der Diskriminierung mit sich, die mit der Auswahl von nur ein oder zwei Personen zur Besetzung eines bestimmten, derzeit verfügbaren Amtes einhergeht. Vgl. Leonardo Bruni, *The History of the Florentine People*, 3 Bde., Cambridge 2001-2007, Bd. 2, S. 73; Brucker, *The Civic World of Early Renaissance Florence*, S. 67; sowie Najemy, *Corporatism and Consensus in Florentine Electoral Politics*, S. 177.

rungsform in der Typologie, die vielleicht am ehesten derjenigen entspricht, die Aristoteles als die gerechteste bezeichnete und die Bernard Manin als die stabilste beschreibt. Aristoteles erachtete eine solche Regierungsform als gerecht, weil verschiedene Teile des Gemeinwesens mit ihren je unterschiedlichen positiven Eigenschaften zu ihr beitragen (die Vortrefflichkeit und Fähigkeit der Wenigen gegenüber dem Freiheitswunsch und dem guten Urteilsvermögen der Vielen).[95] Manin hingegen hält sie für stabil, weil weder die Oligarchen noch das Volk sicher sein können, dass sie von einer Änderung des verfassungsrechtlichen Status quo profitieren könnten.[96] Die Wahl führt wahrscheinlich zu dem Ergebnis, dass die Wenigen regieren werden. Weil jedoch das Losverfahren über die zur Wahl gestellten Kandidaten entscheidet, kann das Volk auch Kandidaten wählen, die nicht unbedingt zu den Wenigen gehören, wenn es dies wünscht. In dieser Hinsicht unterscheidet sich diese Regierungsform von gegenwärtigen Republiken, die ohne den Rückgriff auf Methoden der Randomisierung strukturell sicherstellen, dass fast ausnahmslos die Wenigen gewählt werden.[97]

*Oligarchische Republik (2b, B).* Wenn Nominierende gewählt werden, dann ihrerseits eine Liste von Kandidaten wählen und politische Ämter letztendlich durch eine unter den Bürgern durchgeführte allgemeine Wahl besetzt werden, handelt es sich um eine oligarchische Republik. Es gibt auf keiner Ebene einen Kontrollmechanismus für die mit Wahlen einhergehenden aristokratischen Tendenzen. Selbst eine Eindämmung dieses aristokratischen Effekts, die durch die Auswahl einer breiten Palette von Kandidaten in der Nominierungsphase stattfinden könnte, wird aufgrund der allgemeinen, durch und durch wahlbasierten Beschaffenheit dieses Verfahrens unterbunden. Es ist davon auszugehen, dass die Reichen

95 Vgl. Aristoteles, *Politik*, Buch III, Kap. 11, 13, 15, in: Grumach/Flashar (Hg.), *Werke in deutscher Übersetzung*, Bd. 9.II, S. 66-70, 72-76, 79-82; ders., *Politik*, Buch VI, Kap. 8, in: ebd., Bd. 9.III, S. 103-107; sowie ders., *Politik*, Buch VIII, Kap. 2, in: ebd., Bd. 9.IV, S. 47 f.

96 Vgl. Manin, *The Principles of Representative Government*, S. 128.

97 Manin verbindet vielleicht auf zu selbstgefällige Weise gegenwärtige, ausschließlich wahlbasierte, repräsentative Regierungsformen mit der gerechtesten Variante einer gemischten Verfassung. Vgl. ebd., S. 238. Die oben beschriebene Republik, die die Methoden des Losverfahrens und der Wahl miteinander kombiniert (1, B), ist möglicherweise ebenso stabil, sicherlich genauso realisierbar und unter Umständen gerechter.

oder deren Klienten ihren unverhältnismäßigen Vorteil gegenüber gewöhnlichen Bürgern bei der Amtsvergabe durchaus zu schätzen wissen. Abgesehen davon, dass sie Kandidaten »auswählen« dürfen, haben gewöhnliche Bürger keinerlei Anspruch darauf, politische Ämter zu bekleiden. Ihnen bleibt lediglich vorbehalten, die einstmals gewählten Kandidaten zu gegebener Zeit nicht wiederzuwählen. Die Sequenz von auf Parteitagen durchgeführten Vorwahlen und daran anschließenden Parlamentswahlen entspricht dieser Variante.

*Oligarchie (2c, B), (2c, A).* Der Begriff »Oligarchie« ist in der Regel für ein geschlossenes Herrschaftssystem reserviert, in dem die politische Macht von nur wenigen Individuen oder Familien ausgeht. Diese Art von Regierungsform kann jedoch verfassungsrechtliche Regelungen anwenden und sogar einen breiteren Teil der allgemeinen Bevölkerung einbeziehen, um Lösungen für Ernennungsangelegenheiten herbeizuführen, die aufgrund von Rivalitäten zwischen Eliten und Fraktionen kontrovers erscheinen. Neben dem Ausschluss der unteren Klassen von einer Regierungsbeteiligung besteht das Ziel der Oligarchen darin, die Liste der Kandidaten für politische Ämter ausschließlich auf diejenigen Personen aus ihren eigenen Reihen zu beschränken, mit denen sie alle leben können, unabhängig davon, wie das Ergebnis ausfällt. Die Oligarchen können dies auf zwei Arten erreichen, die auf die Ernennung von Kandidaten durch eine »hochrangige Versammlung«, einen »Rat der Honoratioren« oder ein »Auswahlkomitee« hinauslaufen: (1) Indem sie sich formell als »Senat« konstituieren, der offiziell Kandidaten ernennt, oder (2) indem sie sich durch Verhandlungen und Vereinbarungen auf eine Gruppe von *Nominierenden* einigen, die schließlich über die Auswahl der Kandidaten bestimmt. (Wenn sie sich selbst auf *Kandidaten* einigen könnten, gäbe es keinen Grund, überhaupt auf verfassungsrechtliche Maßnahmen zurückzugreifen.) Unter Umständen, in denen eine kleine Versammlung oder Clique die Nominierenden ernennt, wissen Letztere vermutlich, welche Kandidaten für sämtliche wohlhabenden Familien und führenden Bürger akzeptabel sind und welche nicht. In Variante (2c, B) werden die Kandidaten, die die Nominierenden vorschlagen, dann dem Volk zur Abstimmung gestellt. Solche Wahlen zielen jedoch nicht darauf ab, die Zustimmung der Bevölkerung zu gewinnen oder eine breitere Beteiligung zu fördern, sondern dienen vielmehr dem vorrangigen Zweck, zwischen konkurrierenden Eliten zu vermitteln.[98] In Variante (2c, A) erfüllt das Losverfahren – gewöhnlich die paradigmatische demokratische Methode schlechthin – eine oligarchische Funktion, da der Kreis der auszulosenden Kandidaten bereits durch die Präferenzen der Reichen, die sich in dem von ihnen ausgewählten Nominierungsgremium manifestieren, gravierend eingegrenzt wurde. Auf diese Weise wurde das Losverfahren in Venedig, einer Oligarchie, die sich Republik nannte, und unter der Herrschaft der Albizzi und Medici in Florenz genutzt.[99]

Diese von Guicciardini inspirierte Typologie rückt die Verfassungen moderner Volksherrschaften institutionell-historisch ins rechte Licht und wird hoffentlich eine kritischere Analyse des gegenwärtigen normativen und praktischen Status von Amtsverteilungen in solchen Regierungsformen anregen. Im Kontext dieses Kapitels sind diejenigen Regierungsformen der obigen Typologie am faszinierendsten, die Losverfahren und Wahlen auf populistische Weise miteinander kombinieren. Falls Losverfahren – entweder aus empirischen (»territoriales Ausmaß«) oder normativen Gründen (»Repräsentation«) – Wahlen nicht vollständig ersetzen können oder sollten, könnte die randomisierende Qualität des Losentscheids dennoch in breitere Wahlschemata eingebunden werden. Unabhängig davon, ob Losverfahren dazu verwendet werden, die Reihe der Kandidaten zu erweitern, über die in einer endgültigen Wahlphase abgestimmt werden kann (1, B), oder ob sie zum Einsatz kommen, um über die Verteilung von Ämtern zu entscheiden,

98 Für eine Anwendung der Elite-Schiedsgerichtstheorie der Demokratie neueren Datums vgl. Leonard Wantchekon, »The Paradox of ›Warlord‹ Democracy«, in: *American Political Science Review* 1 (2004), S. 17-34.

99 Vgl. Frederic Lane, *Venice. A Maritime Republic*, Baltimore 1973. Der wachsende Ermessensspielraum der *arroti*, die die Prüfungen durchführten, sowie der *accoppiatori*, die bei den Losverfahren zur Ernennung der Amtsträger die Namen der infrage kommenden Kandidaten aus den Losbeuteln zogen, ließen die Oligarchie der Albizzi und das Prinzipat der Medici formell republikanisch erscheinen. Vgl. Rubinstein, *The Government of Florence Under the Medici*. Padgett und Ansell vermuten, dass die Medici ihre Macht in Florenz nicht allein durch die Kontrolle der Ernennungsmethoden aufrechterhalten haben. Das Ausmaß des von Cosimo de' Medici geschaffenen Klientelsystems sicherte den Aufstieg seiner Familie mit außerpolitischen Mitteln. Vgl. John F. Padgett, Chris K. Ansell, »Robust Action and the Rise of the Medici (1400-1434)«, in: *American Journal of Sociology* 6 (1993), S. 1259-1319.

nachdem die allgemeine Bevölkerung über die Zusammensetzung der Nominierenden abgestimmt hat (2b, A), würden die Ergebnisse den dominanten Einfluss Privilegierter auf politische Institutionen abschwächen, der so charakteristisch ist für die meisten »repräsentativen Demokratien« (2b, B).

Hinter den hier genannten Innovationen steht nicht die Absicht, jedem Bürger die Ausübung eines politischen Amtes nach dem Rotationsprinzip zu garantieren, was überdies nicht das Ergebnis solcher Vorschläge wäre. Diejenigen Bürger, die bereit und in der Lage sind, ein politisches Amt zu bekleiden, jedoch nicht über die nötigen Mittel verfügen, um sich selbst als »wählbar« zu präsentieren (wie es die Reichen und deren Klienten tun), könnten jedoch dank solcher Reformen eine reelle Aussicht auf politische Ämter erlangen. Das Zufallsprinzip würde unter diesen Umständen nicht dazu beitragen, das angestrebte positive Ziel antiker Demokratien zu erreichen, der Reihe nach zu herrschen und beherrscht zu werden. Es könnte jedoch dem negativen Anspruch gerecht werden, die Reichen und Honoratioren davon abzuhalten, die Ämter einer Volksherrschaft zu dominieren und dadurch deren Politik auf unverhältnismäßige Weise zu bestimmen.

## 5. Die wiederbelebten Tribunen

Im Gegensatz zu Machiavellis neorömischem Modell einer Volksherrschaft und seinem Vorschlag zur Wiedergründung einer Republik in Florenz ist die gegenwärtige repräsentative Demokratie von mindestens zwei Schwächen gezeichnet: (1) der Abwesenheit von Handlungsmöglichkeiten, die über wahlbasierte Methoden hinausgehen und durch die die allgemeine Bürgerschaft die politischen Eliten zur Verantwortung ziehen kann, wie im Falle der Tribunen und *proposti* (Veto, Anklageverfahren und/oder Plebiszite); und (2) dem Mangel an einer quasi-formalen Unterscheidung zwischen wirtschaftspolitischen Eliten und gewöhnlichen Bürgern (sowie damit korrespondierenden Institutionen, wie beispielsweise einem kommunalen Senat oder Rat für Patrizier, *ottimati*, *grandi* etc. und einem Tribunat oder *concilium plebis* für den *popolo*, die Plebejer, die Vielen etc.). Überlegungen zu den mit Wahlen einhergehenden aristokratischen Tendenzen und den Privilegien, die politische Amtsträger in modernen Republiken hinsichtlich ihres Zugangs zu Ressourcen und Informationen genießen, legen nahe, dass Wahlen unzureichende oder zumindest unvollständige Mechanismen zur Herstellung der Rechenschaftspflicht der Eliten sind.[100] Darüber hinaus erlaubt die gesellschaftspolitische Definition des Begriffs »Volk«, die die wohlhabenden Bürger einschließt, anstelle einer Definition, die sie vom Volk unterscheidet oder ihm sogar entgegensetzt, den Reichen, gewöhnliche Bürger auf anonyme und unangefochtene Weise zu dominieren.[101]

Warum haben die Republikaner im späten achtzehnten Jahrhundert und danach die konzeptionelle und institutionelle Klassenspezifität aufgegeben, als sie ihre Verfassungen entwarfen? Wenn sie sich nicht gerade in dem eingangs erwähnten ochlophoben Geisteszustand befanden, sahen sich viele möglicherweise ermutigt, durch das, was sich als anbrechendes »pluralistisches« Zeitalter anzukündigen schien, in dem ein breites Spektrum zahlreicher sozialer Gruppen, relativ gleichgestellt hinsichtlich Macht und Einfluss, an die Stelle einer in arme und reiche Bürgern gespaltenen Gesell-

100 Vgl. hierzu im Allgemeinen die Beiträge in Przeworski u. a. (Hg.), *Democracy, Accountability, and Representation.* Im Einzelnen weist Bartels ausdrücklich nach, dass US-Senatoren im Rahmen von Abstimmungen dazu neigen, im Interesse der wohlhabenden Bürger und nicht etwa ihrer breiten Wählerschaft zu handeln. Vgl. Larry M. Bartels, »Economic Inequality and Political Representation«, in: Lawrence Jacobs, Desmond King (Hg.), *The Unsustainable American State,* Oxford 2009, S. 167-196.

101 Der florentinische »Bürgerhumanismus« oder »bürgerliche Republikanismus«, der sozial ganzheitliche und nicht etwa kontestatorische klassen- oder zunftspezifische Vorstellungen von Staatsbürgerschaft betonte, diente letztlich zur Legitimation der vorwiegend oligarchischen Florentiner Republiken. Vgl. James Hankins (Hg.), *Renaissance Civic Humanism: Reappraisals and Reflections,* Cambridge, MA 2000. Diese Tatsache scheint vielen politischen Theoretikern und Ideenhistorikern entgangen zu sein, die gegenwärtig versuchen, diese Art von Republikanismus für angeblich progressive Zwecke wiederzubeleben. Vgl. McCormick, »Machiavelli Against Republicanism. On the Cambridge School's ›Guicciardinian Moments‹«, in: *Political Theory* 5 (2003), S. 615-643; Cass R. Sunstein, »Beyond the Republican Revival«, in: *Yale Law Journal* 97 (1988), S. 1539-1590; Jeffrey C. Isaac, »Republicanism vs. Liberalism? A Reconsideration«, in: *History of Political Thought* 2 (1988), S. 349-377; sowie Alan Patten, »The Republican Critique of Liberalism«, in: *British Journal of Political Science* 1 (1996), S. 25-44.

schaft der Republiken früherer Zeitalter treten könnte.[102] Sicherlich schlossen sie sich durch und durch der kürzlich entwickelten politischen Idee von einer absoluten, unteilbaren und einheitlichen »Souveränität« an, die im revolutionären Zeitalter vom Monarchen auf die Bürgerschaft übertragen wurde.[103] Die Vorstellung von einem »souveränen Volk« und einer damit verbundenen formal rechtlichen Gleichheit aller Bürger verhinderte gesetzliche Unterscheidungen zwischen den Bürgern, insbesondere solche, die dem sozioökonomischen Status entsprachen. Aber was auch immer die Gründe gewesen sein mögen – soziologische Annahmen über einen neu entstehenden Pluralismus, politische Verordnungen für eine homogenere Bürgerschaft oder ganz andere Faktoren –, moderne Verfassungsväter sträubten sich eindeutig davor, Institutionen zu entwerfen, die sozioökonomische Unterschiede anerkennen, ansprechen oder widerspiegeln.[104]

102 Vgl. David Wootton (Hg.), *Republicanism, Liberty and Commercial Societies (1649-1776)*, Stanford 1994. Bekanntlich eröffnet James Madison den Federalist-Artikel Nr. 10 mit einer Erörterung des Fraktionsbegriffs, und zwar verstanden im Sinne von Klassen- und ungerechten Eigentumsverhältnissen. Diese Definition weicht jedoch bald einer Konzeption von Fraktionen, die sich im Laufe des Essays einer Vielzahl von Interessen anpasst.

103 Vgl. Edmund S. Morgan, *Inventing the People. The Rise of Popular Sovereignty in England and America*, New York 1989.

104 Insbesondere die Gründerväter der Vereinigten Staaten, die von der antiken Theorie und Praxis durchdrungen waren, zogen solche Institutionen in Erwägung, lehnten sie jedoch schlussendlich ab: John Adams brachte die Idee eines römischeren Senats in Umlauf und argumentierte, dass ein Gremium, das allein den reichsten Bürgern vorbehalten sei, deren Einfluss *minimieren* würde. Vgl. John Adams, *Discourses on Davila*, in: Charles Francis Adams (Hg.), *The Works of John Adams*, 10 Bde., Boston 1851, Bd. 6, S. 221-404, hier S. 280. Madison hingegen spielte mit der Idee, dass eine legislative Institution vom Besitzbürgertum und die andere von eigentumslosen Bürgern gewählt werden solle. Vgl. Meyers (Hg.), *The Mind of the Founder*. Darüber hinaus setzte er sich mit Pennsylvanias Variante der römischen Censoren auseinander, die die staatliche Verfassungsmäßigkeit legislativer und exekutiver Maßnahmen prüften, lehnte sie jedoch ab. Vgl. Hamilton u. a., *Die Federalist Papers*. Die römischen Censoren beaufsichtigten die Volkszählung, legten Steuer- und Abstimmungsklassen fest, überwachten die Aufnahme in den Senat und sorgten für die Einhaltung der Luxusgesetze. Vgl. Lintott, *The Constitution of the Roman Republic*. Siehe auch folgende Studien zum Einfluss antiker Theorie und Praxis auf die Gründung der Vereinigten Staaten: Mortimer N. S. Sellers, *American Republicanism. Roman Ideology in the United States Constitution*, New York 1994; sowie Carl J.

Was ein funktionales Äquivalent des Tribunats anbelangt, so war es möglicherweise der Glaube an die Macht einer freien Presse, der nahezu alle Verfasser moderner Verfassungen davon abhielt, eine Institution der gewöhnlichen Bürger ernsthaft in Erwägung zu ziehen, die ausschließlich von gewöhnlichen Bürgern für gewöhnliche Bürger geschaffen ist. In aufgeklärten Gesellschaften, in denen Informationen verschiedenen Interessen entspringen, vielerlei Perspektiven zum Ausdruck bringen und offen zwischen allen Bürgern und Bürgervereinigungen fließen, benötigen Menschen angeblich keinen formalen institutionellen Schutz.[105] Jeder Machtmissbrauch durch politische Amtsträger oder sogar prominente Bürger würde der Öffentlichkeit gegenüber aufgedeckt und schließlich von den Justizbehörden bestraft. Sicherlich wurde diesem Glauben in einigen namhaften Fällen Rechnung getragen, in denen die Presse ungeheuerlich korrupte und/oder das Gemeinwohl verratende Handlungen der Eliten enthüllte, der Öffentlichkeit das Wort erteilte und die Regierung letztlich mit Strafverfahren reagierte.[106] Wie jedoch Machiavelli bereits Jahrhunderte zuvor betonte, verfügen politische Amtsträger und Reiche über patentierte Vorteile, wenn es um die Kontrolle von Informationen in einer »freien« Umgebung ungleich verteilter Ressourcen geht. Diese ermöglichen ihnen, die Richtung der öffentlichen Meinung vorzugeben, vorteilhafte ebenso wie wenig schmeichelhafte Fakten zu verbreiten und vor allem populistische Parteigänger zu verleumden, die versuchen, die Herrschaftspraktiken der *grandi* bloßzustellen.[107] Die Konstitutionalisierung eines sogenannten Volksombudsamts schützt Tri-

Richard, *The Founders and the Classics. Greece, Rome, and the American Enlightenment*, Cambridge, MA 1994.

105 Vgl. zur US-amerikanischen Perspektive Leonard W. Levy, *The Emergence of a Free Press*, Chicago 2004; sowie Robert W. Martin, *The Free and Open Press. The Founding of American Democratic Press Liberty*, New York 2001. Mit Blick auf Europa vgl. Johan van der Zande (Hg.), *Early French and German Defenses of Freedom of the Press*, Boston 2003; sowie Jürgen Habermas, *Strukturwandel der Öffentlichkeit. Untersuchungen zu einer Kategorie der bürgerlichen Gesellschaft*, Frankfurt/M. 1990.

106 Vgl. im US-amerikanischen Kontext u. a. David Rudenstine, *The Day the Press Stopped. A History of the Pentagon Papers Case*, Berkeley 1998; sowie Carl Bernstein, Bob Woodward, *Die Watergate-Affäre*, aus dem Amerikanischen von Karl Otto von Czernicki, München/Zürich 1974.

107 Vgl. Machiavelli, *Discorsi*, Buch I, Kap. 5.

bunen weder vollständig vor Diskreditierungs-, Korruptions- und Einschüchterungsversuchen seitens der Eliten[108] noch garantiert es, dass die *grandi* nicht doch gelegentlich das Volk erfolgreich manipulieren werden, indem sie sich auf religiöse Motive berufen und unnötige Kriege initiieren.[109] Darüber hinaus erfüllt ein »freier« Informationsfluss für sich genommen nur eine unzureichende Kontrollfunktion, insbesondere – aber nicht nur – weil Medien zusehends in immer weniger Händen konsolidiert werden.[110]

Wenngleich die Notwendigkeit von klassenspezifischen Institutionen im achtzehnten Jahrhundert unterschätzt wurde, hätte man erwarten können, dass sie im Zuge der industriellen Revolution offensichtlich geworden wäre. Die an alte Republiken erinnernde massive Konzentration von Reichtum und wachsende soziale Ungleichheit kamen wieder zum Vorschein, als die von der politischen Philosophie der Aufklärung theoretisierten »Handelsrepubliken« zu den »kapitalistischen Demokratien« der historischen Wirklichkeit wurden. Doch unter jenen Umständen versäumten es die Kritiker, die sich mit den demokratischen Defiziten moderner Volksherrschaften befassten, sich der institutionellen Lehren zu bedienen, die alte, klassenbasierte Republiken bereithielten. Warum hat zum Beispiel niemand im US-amerikanischen Kontext die Einrichtung einer Vermögensobergrenze für Mitglieder des Repräsentantenhauses oder eine Vermögensuntergrenze für den Senat vorgeschlagen, so dass nationale Kollegialorgane eher traditionellen republikanischen Versammlungen geähnelt hätten?

Während solche Maßnahmen die Privilegien der Reichen zu verankern scheinen, könnten sie in einem machiavellischen Sinne genügend Unmut und Klassenbewusstsein entfachen, um eine energischere Überwachung des Oberhauses und seiner Wählerschichten durch das Unterhaus und die Bevölkerung im Allgemeinen zu bewirken. Es gehört zu Machiavellis tiefsten Einsichten, dass den innerhalb der Republiken vorherrschenden unvermeidlichen Machtunterschieden zwischen den *grandi* und dem *popolo* institutionell so entsprochen werden sollte, dass Letzterer sich ihrer mehr und nicht

108 Vgl. ebd., Buch III, Kap. 3.

109 Vgl. ebd., Buch I, Kap. 13.

110 Vgl. Robert W. McChesney, *Rich Media, Poor Democracy. Communication Politics in Dubious Times*, Champaign-Urbana 1999; sowie Michael Janeway, *Republic of Denial. Press, Politics and Public Life*, New Haven 1999.

weniger bewusst wird und sich möglicherweise dazu ermutigt sieht, solchen Ungleichheiten entgegenzutreten. Getrennte Institutionen für reiche und nicht wohlhabende Bürger schmeicheln den *grandi* und reizen den *popolo* und fördern daher die sozialen Dispositionen, die für die Stabilität einer Republik erforderlich sind: eine relativ loyale Elite und eine aufgebrachte, anti-elitäre Bürgerschaft. Die einheitliche Vorstellung von einem »souveränen Volk« und damit einhergehende wahlbasierte sowie repräsentative institutionelle Modalitäten schaffen hingegen Anreize für eine zunehmende Ignoranz der Eliten und wiegen die Bevölkerung in den Schlaf.[111]

Des Weiteren stellt sich die Frage, warum niemand daran dachte, die Reichen vollkommen aus dem politischen Prozess herauszukaufen: Im Gegensatz zur Entrechtung der *magnati*, die die frühe Florentiner Republik ohne deren Zustimmung und mit katastrophalen Folgen anordnete, sollten gegenwärtige Republiken den Reichen vielleicht politische Entrechtung im Austausch für eine Form der wirtschaftlichen Unabhängigkeit anbieten. Da es sich beim »Geld in der Politik« um eine zusehends besorgniserregende Problematik handelt, sollten wir darüber nachdenken, ob Personen, deren Jahreseinkommen beispielsweise 150 000 US-Dollar übersteigt oder die Haushalten mit einem Nettovermögen von mehr als 400 000 US-Dollar (Einkommen, Eigentum und Vermögen) angehören,[112] von allen Steuerlasten befreit werden sollten, und zwar als Entschädigung für ihren Verzicht auf das Wahlrecht, eine Kandidatur für politische Ämter oder die Finanzierung von Wahlkämpfen. Falls dies fiskalisch realisierbar ist, könnten solche Maßnahmen den *politischen* Einfluss des Kapitals bändigen, ohne zugleich das für marktwirtschaftliche Demokratien unverzichtbare Produktivitätspotenzial zu gefährden.[113]

111 Vgl. R. Douglas Arnold, »Can Inattentive Citizens Control Their Elected Representatives?«, in: Lawrence C. Dodd, Bruce I. Oppenheimer (Hg.), *Congress Reconsidered*, Washington, DC 1993, S. 401-416; sowie die jüngste Neubewertung solcher Argumente: Jane Mansbridge, »Rethinking Representation«, in: *American Political Science Review* 4 (2003), S. 515-528.

112 Die oberen zehn Prozent der reichsten Haushalte in den Vereinigten Staaten – gemessen an einer Nettovermögensgrenze von etwa 400 000 US-Dollar – kontrollieren seit fast einer Generation über siebzig Prozent des gesamten US-amerikanischen Vermögens.

113 Vgl. Przeworski, Michael Wallerstein, »Structural Dependence of the State on Capital«, in: *American Political Science Review* 1 (1988), S. 11-29.

Seit dem Spektakel um die kalifornische Gouverneurswahl von 2003, die mit der Amtsenthebung des Demokraten Gray Davis und der Wahl des Republikaners Arnold Schwarzenegger endete, scheinen öffentliche Anklagen gegen amtierende Amtsträger, die tatsächliche Sanktionen zur Folge haben, dermaßen in Verruf geraten zu sein, dass sich die Reputation solcher Verfahren davon niemals wieder erholen könnte.[114] Sogenannte Abberufungsreferenden sind es jedoch wert, weiterhin in Betracht gezogen zu werden, vorausgesetzt, sie werden auf eine Weise durchgeführt, die zur Vermeidung zweier hervorstechender Mängel des kalifornischen Modells beiträgt: Zum einen gilt es im Rahmen solcher Verfahren zu verhindern, dass wohlhabende Bürger oder Amtsträger den Rauswurf eines Amtsinhabers in der Absicht finanzieren, dessen Platz selbst einzunehmen oder mit einem Stellvertreter ihrer Interessen zu besetzen. Zum anderen sollte es nicht möglich sein, dass der Ersatzamtsträger weniger öffentliche Zustimmung finden darf als der gestürzte Amtsinhaber. Mit solchen Korrekturen erwiese sich ein öffentliches Anklage- oder Sanktionsverfahren als nicht anfälliger für Perversität oder Korruption als ein von Amtsträgern kontrolliertes Amtsenthebungsverfahren, wie ein anderer Fall jüngst bestätigte. Ob überdies institutionelle Kanäle eingerichtet werden sollten, über die die Bürger öffentliche Anklagen unmittelbar gegen Unternehmensvertreter oder wohlhabende Bürger richten könnten, falls der Verdacht besteht, dass sie die Regierung für ihre eigenen Zwecke zu kapern suchen, ist eine interessante Frage, die bereits durch Machiavellis Auseinandersetzung mit den Anklageverfahren im republikanischen Rom aufgeworfen wurde.

Als ein von solchen Fragen inspiriertes Gedankenexperiment werde ich im Folgenden eine institutionelle Reform skizzieren, die die Verfassung der Vereinigten Staaten in nähere Übereinstimmung mit den institutionellen Bestrebungen zur Kontrolle der Eliten in vormodernen Volksherrschaften bringen würde: Die Einrichtung einer Tribunatsversammlung von einundfünfzig per Losverfahren gewählten, nicht wohlhabenden Bürgern, die für eine nicht erneuerbare Amtszeit von einem Jahr mit den Befugnissen der römischen Tribunen ausgestattet wären. Dies ist ein heuristischer Vorschlag,

114 Vgl. Shaun Bowler u. a., »Symposium on the California Recall«, in: *PS. Political Science and Politics* (1) 2004, S. 7-32.

der für kritische, jedoch nicht unbedingt unmittelbar praktische Zwecke gedacht ist. Natürlich würde ich mir wünschen, dass gegenwärtige Demokratien mit tribunizischen Alternativen experimentieren, aber sie müssten nicht zwingend diese institutionelle Form annehmen.[115]

Eine gegenwärtige Tribunatsversammlung könnte wie folgt aussehen:

a) Eine Gruppe von einundfünfzig Privatpersonen, die per Losverfahren ausgewählt wurden, versammelt sich jeweils für eine nicht erneuerbare und nicht wiederholbare Amtszeit von einem Jahr.

b) Die Ausübung des Amts wird mit einem vollen Jahresgehalt vergütet und den Tribunen wird die Rückkehr in den Beruf garantiert. Sie erhalten überdies zusätzliche Anreize wie etwa eine Befreiung von Studiengebühren für ihre Kinder und/oder eine Steuerbefreiung für ein ganzes Jahr.

c) Politische und wirtschaftliche Eliten kommen für das Amt nicht in Betracht. Dies betrifft jeden, der zu irgendeinem Zeitpunkt in seinem Leben für zwei aufeinanderfolgende Amtszeiten ein bedeutendes kommunales, staatliches oder föderales Mandat innehatte. Ferner sind solche Bürger betroffen, die aufgrund des Nettovermögens des Haushalts, dem sie angehören, zu den zehn Prozent der reichsten Familien der Vereinigten Staaten zählen.

d) Für das Tribunat qualifiziert sind Bürger, die mindestens das fünfundzwanzigste Lebensjahr erreicht haben.

e) Neben dem Ausschluss sozioökonomischer und politischer Eliten kann der Pool der Bürger, aus dem die Tribunen gelost werden, wie folgt angepasst werden: Angesichts der besonderen Geschichte der Vereinigten Staaten und der nicht ausschließlich klassenspezifischen Formen struktureller Ungleichheit, die das Gemeinwesen nachhaltig prägten, sollte der Pool der Bürger so modifiziert werden, dass afroamerikanische Bürger sowie Angehörige indigener Bevölkerungsgruppen bessere Chancen auf die Ausübung eines Tri-

115 Mit anderen Worten, mein Vorschlag ist nicht für eine unmittelbare Umsetzung gedacht, wie es die progressiven Reformen sind, die von Bruce Ackerman, James Fishkin und/oder ihren Protegés empfohlen wurden. Ich habe zum Beispiel nicht die gleiche Sorgfalt darauf verwendet, die Umsetzbarkeit meines Modells zu prüfen, die damit einhergehenden Kosten zu berechnen und einzelne Details zu finalisieren, wie Ackerman und Fishkin es in *Deliberation Day* tun. Vgl. Bruce Ackerman, James S. Fishkin, *Deliberation Day*, New Haven 2004.

bunats haben, als dies einfache demografische Methoden gewährleisten könnten. Solche Anpassungsmaßnahmen dürfen jedoch nur sparsam eingesetzt werden, da in erster Linie das Zufallsprinzip des Losverfahrens über die Verteilung der Ämter unter den Bürgern bestimmen sollte. Natürlich wird der Geschlechterungleichverteilung mittels demografischer Daten und durch Randomisierung Rechnung getragen. Daher würde die Tribunatsversammlung dazu neigen, das Ungleichgewicht zwischen dem Anteil der Frauen in der Bevölkerung und dem Anteil der Frauen in führenden politischen und sozioökonomischen Positionen nicht zu reproduzieren.

f) Es ist die Aufgabe der Tribunen, die Geschäfte der Bundesregierung fünf Tage die Woche und sechs Stunden pro Tag zu prüfen und darüber zu debattieren. Die Tribunen können Wissenschaftler und politische Experten (jedoch *keine* amtierenden Amtsträger) dazu einladen, Informationen zu präsentieren, die für ihre Debatten relevant sind.

g) Die Tribunen sind befugt, nach Mehrheitsbeschluss im Lauf ihrer einjährigen Amtszeit ein Veto gegen ein vom Kongress erlassenes Gesetz, eine Durchführungsverordnung und eine Entscheidung des Obersten Gerichtshofs einzulegen. Falls gegen einen Beschluss vorgegangen wurde, darf die initiierende Institution für ein Kalenderjahr nach Ablauf der Amtszeit des Tribunats, in der das Veto eingelegt wurde, diese Maßnahme nicht erneut ergreifen. Die Tribunen müssen von dieser Befugnis keinen Gebrauch machen.

h) Die Tribunen können nach Mehrheitsbeschluss ein nationales Referendum zu jedem beliebigen Thema einberufen. Das Referendum wird ohne jegliche Werbung stattfinden, die von Parteien oder sonstigen Interessengruppen finanziert wurde. Eine landesweit im Fernsehen übertragene Debatte zwischen zwei vom Tribunat zugelassenen Befürwortern (Politikexperten, Regierungsbeamten oder Privatpersonen), die in diesem Rahmen jeweils über das Für und Wider eines Vorschlags diskutieren, wird dem Referendum vorausgehen. Wenn es von einer Mehrheit der Wähler ratifiziert wird, wird das Referendum die Form eines Bundesgesetzes annehmen. Nur ein einstimmiges Votum des Obersten Gerichtshofs kann dieses Gesetz anschließend für verfassungswidrig erklären. Die Tribunen müssen von dieser Befugnis keinen Gebrauch machen.

i) Mit einer Mehrheit von achtunddreißig zu einundfünfzig

Stimmen sind die Tribunen befugt, während ihrer Amtszeit ein Amtsenthebungsverfahren gegen einen Bundesbeamten einzuleiten. Abgesehen von der Eröffnung des Verfahrens wird das Amtsenthebungsverfahren gemäß den Vorgaben der Verfassung der Vereinigten Staaten durchgeführt. Im Falle einer Verurteilung kann der Angeklagte im Rahmen eines nationalen Referendums, für das die Bestimmungen des vorstehenden Artikels (h) gelten, gegen das Urteil Berufung einlegen. Die Tribunen müssen von dieser Befugnis keinen Gebrauch machen.

Die Idee einer Tribunatsversammlung ist im Einklang mit mehreren Strängen gegenwärtiger Demokratietheorien. Wie die von Robert Dahl und James Fishkin erarbeiteten Vorschläge[116] sucht dieses Modell die Bürgerschaft im Kleinen nachzubilden – nicht bloß, um sie zu »repräsentieren«, sondern um sie in einer mikrofunktionalen Form tatsächlich zu *präsentieren*. Dahl und Fishkin setzen sich für die Einrichtung kleiner Bürgergremien ein, deren Mitglieder nach dem Zufallsprinzip aus der Bevölkerung ausgewählt werden und deren Aufgabe es wäre, über politische Fragen sowohl miteinander als auch mit berufenen Experten zu beraten. Seinen »Minipopulus« würde Dahl dazu ermächtigen, verbindliche Entscheidungen über sein jeweiliges Fachgebiet zu treffen. Fishkin untersucht, inwieweit Debatten innerhalb der kontrollierten Umgebungen seiner »deliberativen Umfragen« – oder »Bürgerjurys«, wie sie nach der Operationalisierung genannt werden – einen besseren Informationsstand und eine Konsensorientierung unter den Teilnehmenden fördern.[117] Das Neotribunatsmodell weist auch

116 Vgl. Robert A. Dahl, *Democracy and its Critics*, New Haven 1989, S. 340; sowie James Fishkin, *Democracy and Deliberation. New Directions for Democratic Reform*, New Haven 1991.

117 Abgesehen davon, dass er die Erwartungen dämpft, die mit einer Überschätzung von Debatten in solchen Kontexten einhergeht, stellt Ian Shapiro infrage, ob deliberative Gremien dieser Art überhaupt objektive Informationen von »neutralen« oder »unparteiischen« Experten erhalten können. Vgl. Shapiro, *The State of Democratic Theory*, Princeton 2003, S. 33. Er befürchtet, dass solche Experten Informationen parteiisch vermitteln und ihre Positionen dazu nutzen werden, die jeweiligen Agenden in Einklang mit ihren eigenen Interessen zu bringen. Shapiro schlägt jedoch keinen Maßstab vor, anhand dessen sich beurteilen ließe, was objektives Wissen in einem *jeglichen* politischen Kontext sein könnte. Schließlich steht er der Art von Informationen, die aus dem gegnerischen Kontext kompetitiver Wahlen hervorgehen, ebenso kritisch

Affinitäten zu kontestatorischen Demokratietheorien auf: So plädieren Philip Pettit und Iris Marion Young ebenfalls dafür, dass gruppenspezifische Ämter und Institutionen – und in Youngs Fall auch Vetorechte – erneut in Betracht gezogen werden sollten.[118] Beide argumentieren, dass bestimmte Gruppen, die unverhältnismäßig stark unter einer konkreten Politik leiden, die Möglichkeit haben sollten, eine solche Politik formell und direkt anzufechten.

Scharfe Kritik an bestehenden deliberativen Gremien wie beispielsweise den Town Hall Meetings und Bürgerjurys spricht jedoch gegen die von Dahl und Fishkin vorgeschlagenen Modelle: So legen Untersuchungen unter anderem nahe, dass weiße männliche Experten dazu neigen, die Debatten in solchen Foren zu dominieren.[119] Das wiederbelebte Tribunatsmodell könnte gerechtere Interaktionsformen ermöglichen. Der historisch informierte Ausschluss der Reichen aus der Tribunatsversammlung und die erhöhte Wahrscheinlichkeit, dass auch strukturell benachteiligte Bürger als Tribunen amtieren können, würden das Ausmaß begrenzen, in dem weiße männliche Experten solche Verfahren monopolisieren, da weiße männliche Tribunen tendenziell einen ähnlichen sozioökonomischen Hintergrund hätten wie People of Color oder weibliche Tribunen. Die Klassenspezifität des Tribunats kann im Übrigen als eine Antwort auf die pervers unegalitären Implikationen von Vetooptionen verstanden werden, die realistische Kritiker kontestatorischen Demokraten vorwerfen.[120] Durch Vetos, so stellen sie fest, geraten Mehrheiten in Geiselhaft von Minderheiten, insbesondere wenn diese vom Status quo profitieren. Dies schützt im Grunde strukturell ermächtigte Minderheiten vor den Bemühungen weniger privilegierter Mehrheiten um Wiedergutmachung. Wird jedoch

gegenüber. Vgl. ebd., S. 30. Den Gestaltern solcher Institutionen scheint eher damit gedient zu sein, wenn sie die unvollkommenen, jedoch quasi-objektiven Standards anderer halbwegs überparteilicher Regierungsinstitutionen wie beispielsweise der US-Notenbank Fed oder des Rechnungshofs Government Accountability Office (GAO) anstreben.

118 Vgl. Pettit, »Democracy. Electoral and Contestatory«, in: Ian Shapiro, Stephen Macedo (Hg.), *Nomos XLII: Designing Democratic Institutions*, New York 2000, S. 105-146; sowie Iris Marion Young, *Justice and the Politics of Difference*, Princeton 1990.

119 Vgl. Lynn M. Sanders, »Against Deliberation«, in: *Political Theory* 3 (1997), S. 347-376.

120 Vgl. u. a. Shapiro, *The State of Democratic Theory*, S. 48.

ein Veto seitens einer Institution eingelegt, die sozioökonomische Eliten ausschließt oder bis zu einem gewissen Grad jenseits ihres Einflusses arbeiten kann, so wie es die römische Institution tat und das US-amerikanische Tribunat hoffentlich tun würde, könnte es eingesetzt werden, um reaktionäre anstelle von progressiven politischen Initiativen zu blockieren.

## Schluss

Die Behauptung, dass die Institutionen moderner Demokratien Eliten auf eine unzureichende Weise dazu anhalten, sich ihrer politischen Verantwortung zu stellen, legt nicht zwangsläufig den Schluss nahe, dass frühere Volksherrschaften diese Aufgabe besser erfüllt haben. Dies würde uns vor ein empirisches Problem stellen, das ich an dieser Stelle nicht zu lösen vermag. Nichtsdestotrotz hätten Angehörige und Analysten früherer Republiken – insbesondere Angehörige der »niederen Zünfte« und solche wie Niccolò Machiavelli – vorhersagen können, dass gegenwärtige Volksherrschaften, die auf allgemeine Wahlen fixiert sind, in dieser Hinsicht schlecht abschneiden würden. Denn auch in diesen Fällen versuchen angehende Amtsträger – in der Regel die Reichen oder diejenigen, die am besten von ihnen finanziert werden – bei Wahlen vorab die Menschen zu beeinflussen, die ihnen ihre Stimme geben könnten; und sie können dabei auf erhebliche Ressourcen zurückgreifen, um einen solchen Einfluss geltend zu machen. Nahezu hoffnungslos scheint es da, dass die folgenreichste Form der Sanktion gegen einen Amtsträger, der die Bevölkerung verraten hat, erst nachträglich verhängt werden kann: Die Konsequenz der beständigen Drohung, einen ungeeigneten Regierungsbeamten *nicht* wiederzuwählen, wird um einen beträchtlichen Zeitraum aufgeschoben, nämlich bis zum Ende der Amtszeit des Amtsinhabers.[121] Aufbauend auf Guicciardi-

121 Ich würde behaupten, dass dies einige der Gründe sind, warum Wahlen in Machiavellis Theorie der Volksherrschaft, wie sie beispielsweise in den *Discorsi* entwickelt wird, eine relativ untergeordnete Rolle spielen, während sie in Guicciardinis Denken, das in seinen Dialogen zur Florentiner Regierung zur vollen Reife gelangt, immer mehr an Bedeutung gewinnen. Aus Machiavellis Sicht ist die Wahl lediglich ein institutioneller Mechanismus unter vielen anderen, die den Republiken zur Verfügung stehen; für Guicciardini wird die Wahl hingegen

nis Ahnungen, behaupteten und glaubten moderne Verfassungsväter natürlich, dass neuartige wirtschaftliche, soziale und politische Bedingungen die Oligarchie, die aus einer enggefassten Wahlpolitik hervorging, in Richtung einer »natürlichen Aristokratie« tendieren ließen. Sie hätten vielleicht daran erinnert werden müssen, dass sich keine Oligarchie jemals für »unnatürlich« hielt. Wenn eine Volksherrschaft oder -republik nicht auf eine unverantwortliche Oligarchie zusteuern soll – natürlich oder nicht –, ist eine durch politische Institutionen gewährleistete gezielte Vorteilsgewährung für gewöhnliche Bürger notwendig. Vor diesem Hintergrund täten gegenwärtige Demokratien gut daran, Praktiken jenseits von Wahlen in Betracht zu ziehen, die frühere Republiken, ihre Parteigänger und Theoretiker oft für entscheidend hielten, wenn es um die Freiheit der Bürger ging. Sie sollten die aristokratischen Tendenzen von Wahlen zur Ernennung von Regierungsbeamten eindämmen, Versammlungen oder politische Ämter schaffen, die ausschließlich gewöhnlichen Bürgern vorbehalten sind, und die Teilhabe

zum institutionellen Mechanismus republikanischer Regierungen schlechthin. Machiavelli ist berühmt für die Behauptung, dass das römische Volk die besten Kandidaten für Magistrate auswähle. Vgl. Machiavelli, *Discorsi*, Buch I, Kap. 47. Er weist jedoch schnell darauf hin, dass das Volk selbst dann Patrizier wählt, wenn plebejische Kandidaten auf den Stimmzetteln vertreten sind, und bestätigt damit, dass Wahlen eher den *grandi* zugutekommen. Leider konzentriert sich Manin in seiner Lektüre der *Discorsi* auf die Wahl als die *einzige* Form der politischen Teilhabe des Volkes (und ignoriert damit klassenspezifische Institutionen wie das Tribunat sowie Versammlungen, die Reiche ausschließen, wie beispielsweise das *concilium* in Machiavellis Darstellung der römischen politischen Praxis). Vgl. Manin, *The Principles of Representative Government*, S. 45, Fußnote 73 sowie S. 83. Ergo reduziert er Machiavellis politisches Denken auf sein am wenigsten radikales institutionelles Konzept. Darüber hinaus wird im Zuge dieses Ansatzes Machiavellis Theorie der Volksherrschaft auf unnötige und illegitime Weise derjenigen des späten Guicciardini angeglichen. Es ist eine der großen Ironien der Studien zur politischen Ideengeschichte, dass Historiker und Politikwissenschaftler wie John Pocock auf der Grundlage ähnlicher Interpretationen dem modernen Republikanismus ein »machiavellisches Gesicht« geben. Vgl. Pocock, *The Machiavellian Moment*. Genau genommen ist die Kontinuität des florentinischen und nordatlantischen »Republikanismus« jedoch eindeutig unmachiavellisch und vielmehr guicciardinianisch: Diese Kontinuität beruht im Grunde auf allgemeinen, wahlzentrierten und daher oligarchisch verzerrten politischen Grundsätzen und Praktiken. Vgl. McCormick, »Machiavelli Against Republicanism«.

der gesamten Bürgerschaft an Anklage- und Berufungsverfahren ermöglichen, die sich mit politischen Straftaten befassen. Die Auswirkungen solcher institutionellen Innovationen wären nicht rein verfahrenstechnischer Natur. Machiavelli, der Patrizier und nicht etwa das Volk für das größte politische Übel einer Republik hielt, deutete an, dass solche Institutionen die Eliten vorsichtiger, aber durchaus auch in gewissen Grenzen zufriedener machen würden, während sie unter den gewöhnlichen Bürgern für eine mutigeres Klassenbewusstsein und eine politische Streitkultur sorgten.

# 3. Ungleichheit und Korruption in Machiavellis *Discorsi*

Wirtschaftliche Ungleichheit stellt vielleicht die größte Bedrohung für die bürgerliche Freiheit dar, die sowohl antike als auch gegenwärtige Republiken ihren Bürgern verheißen. Freiheit hängt in erster Linie von politischer Gleichheit ab: Jeder Bürger sollte sowohl die Rechtssetzung als auch die Politikgestaltung relativ gleichberechtigt beeinflussen können; zumindest sollte eine Regierung in annähernd gleichem Maße für die Belange der Bürger empfänglich und ihnen gegenüber rechenschaftspflichtig sein.[1] Doch die in den Republiken so weitverbreitete Freiheit erlaubt vor allem denjenigen Bürgern, denen es möglich ist, größere materielle Ressourcen (und längerfristig das kulturelle Kapital ihres persönlichen und familiären Ansehens) zu akkumulieren, die damit einhergehenden Vorteile auf Kosten weniger privilegierter Bürger zu genießen. Einfach ausgedrückt, untergräbt wirtschaftliche Ungleichheit unweigerlich die politische Gleichheit und damit die Freiheit selbst.[2] Diese Tatsache sollte besonders heute Besorgnis erregen, da die sozioökonomische Ungleichheit in Demokratien wie den Vereinigten Staaten und anderswo auf der ganzen Welt sprunghaft ansteigt.[3]

1 Vgl. Charles R. Beitz, *Political Equality. An Essay in Democratic Theory*, Princeton 1979; sowie Robert Alan Dahl, *Politische Gleichheit – ein Ideal?*, aus dem Amerikanischen von Gabriele Gockel, Barbara Steckhan und Thomas Wollermann, Hamburg 2006.

2 Vgl. Danielle Allen, »Liberty and Equality Aren't Mutually Exclusive«, in: *Washington Post*, 17. Oktober 2014, ⟨www.washingtonpost.com/opinions/liberty-equality-arent-mutually-exclusive/2014/10/17/d9df36ba-55fb-11e4-809b-8cc0a295c773_story.html⟩, letzter Zugriff 25. 05. 2022.

3 Vgl. Larry M. Bartels, *Unequal Democracy. The Political Economy of the New Gilded Age*, Princeton 2009; Pablo Beramendi, Christopher J. Anderson (Hg.), *Democracy, Inequality, and Representation in Comparative Perspective*, New York 2011; Jacob Hacker, Paul Pierson, *Winner-Take-All Politics. How Washington Made the Rich Richer and Turned Its Back on the Middle Class*, New York 2011; Martin Gilens, *Affluence and Influence. Economic Inequality and Political Power in America*, Princeton 2012; Thomas Piketty, *Das Kapital im 21. Jahrhundert*, aus dem Französischen von Ilse Utz und Stefan Lorenzer, München 2014; sowie Steven Fraser, *The Age of Acquiescence. The Life and Death of American Resistance to Organized Wealth and Power*, New York 2015.

Die bürgerliche Freiheit gestattet wohlhabenden Bürgern, ihr Vermögen direkt in die Politik einzubringen: Verschiedene Formen des Klientelismus und der Bestechung sind in der Politik *aller* republikanischen oder demokratischen Staaten weit verbreitet. Der am Rande der Legalität vollzogene Kauf von Einfluss oder das Angebot von Gefälligkeiten sowie unverhohlene illegale politische Korruption ermöglichen es den reichsten Bürgern eines Gemeinwesens zu jeder Zeit und an jedem Ort, übermäßigen Einfluss auf die Formulierung von Gesetzen auszuüben, die der Mehrheit zugutekommen sollen.[4] Darüber hinaus erlaubt Reichtum bestimmten Bürgern, eine größere Reputation, ein markanteres Auftreten und bessere öffentliche Redefähigkeiten zu kultivieren. Folglich neigten sowohl das Publikum in antiken Versammlungen als auch die Wähler in modernen Wahlkämpfen dazu, wohlhabenden Personen unverhältnismäßig oft ihre Gunst zu schenken.[5]

Ich beginne dieses Kapitel damit, dass ich einige Versuche skizziere, die von verschiedenen antiken Republiken unternommen wurden – insbesondere Athen, Sparta und Rom –, um der Bedrohung der Freiheit durch wirtschaftliche Ungleichheit auf verfassungsrechtlichem Wege zu begegnen. Es wird Sie als Leser wahrscheinlich nicht sonderlich schockieren zu erfahren, dass keiner dieser Versuche besonders erfolgreich darin war, die bürgerliche Freiheit vor den zersetzenden und korrumpierenden Auswirkungen wirtschaftlicher Ungleichheit zu bewahren.[6] Anschließend wende ich mich Machiavellis Analyse der römischen Republik in den *Discorsi* zu, um Hinweise darauf zu erhalten, wie antike Republiken den korrumpierenden Einfluss wirtschaftlicher Ungleichheit vielleicht besser hätten eindämmen können.[7] Dabei hoffe ich, dass Machiavellis Auseinandersetzung mit der Krise, die mit den römischen Ackergesetzen einherging, die Leser dazu anregen wird, kreativer darüber nachzudenken, wie man in seinen Worten »die freie und

4 Vgl. Dahl, *Democracy and its Critics*, New Haven 1989.

5 Vgl. Bernard Manin, *The Principles of Representative Government*, Cambridge 1997.

6 Vgl. Jeffrey A. Winters, *Oligarchy*, Cambridge 2011; sowie Gordon Arlen, »Aristotle and the Problem of Oligarchic Harm. Insights for Democracy«, in: *European Journal of Political Theory* 3 (2019), S. 393-414.

7 Vgl. Niccolò Machiavelli, *Discorsi sopra la prima deca di Tito Livio*, in: Corrado Vivanti (Hg.), *Opere I. I Primi Scritti Politici*, Turin 1997, S. 73-254; sowie ders., *Il Principe (De Principatibus)*, hg. v. Giorgio Inglese, Turin 1995.

bürgerliche Lebensweise« vor der »großen Habgier und dem Ehrgeiz der Wenigen« schützen kann.[8]

In der Regel wird die zentrale Rolle unterschätzt, die wirtschaftliche Ungleichheit im Rahmen von Machiavellis Diagnose politischer Korruption spielt. Sowohl Ideenhistoriker, die Machiavellis vermeintliche Treue zu den Traditionen des römischen oder florentinischen »Republikanismus« unterstreichen, als auch Politikwissenschaftler, die aufgrund ihres ideologischen Konservatismus dazu neigen, den demokratischen Charakter von Machiavellis politischem Denken zu vernachlässigen, abzulehnen oder gar zu verzerren, führen Machiavellis Kritik an der Korruption in der römischen Republik auf andere Faktoren als eine zunehmende Ungleichheit zurück.[9] Stattdessen heben sie folgende Hauptursachen für die bürgerliche Korruption hervor, die laut Machiavelli schließlich die Republik zerstörte: ein Rückgang der moralischen Tugend des römischen Volkes, der sich im Verfall bürgerlicher Sitten und Gebräuche oder in einer unter den römischen Bürgern zunehmenden Unterstützung von Führern wie Gaius Marius und Julius Cäsar äußerte, die ihrerseits Umverteilungsreformen im Austausch für tyrannische Autorität versprachen.

In welchem Ausmaß auch immer solche Wissenschaftler die Tatsache anerkennen mögen, dass Machiavelli wirtschaftliche Ungleichheit als ein politisches Problem erachtete, sie neigen stets zu der Ansicht, dass er dieses Leiden – auf aufrichtige republikanische oder konservative Weise – als eines ansah, dessen mögliche Heilung schlimmer sei als die tatsächliche Krankheit.[10] Wie ich im Folgenden erörtern werde, veranschaulicht Machiavelli in den *Discorsi*, dass Entwicklungen wie etwa der Verfall der Sitten, der Gebräuche und der Moral des römischen Volkes oder aber die in der Bevölkerung zunehmende »Verehrung« oder »Bevorzugung« von Demagogen, die eine wirtschaftliche Umverteilung versprachen,[11] ausschließlich auf tiefer liegende strukturelle Ursachen zurückzu-

8 Machiavelli, *Discorsi*, Buch I, Kap. 40.

9 An dieser Stelle beziehe ich mich auf Machiavelli-Interpretationen, die in der Tradition der Cambridge- sowie Straussschen Schule stehen.

10 Dies ist eine klassische römisch-republikanische Trope, die von Eric Nelson betont wurde. Vgl. Eric Nelson, *The Greek Tradition in Republican Thought*, Cambridge 2004.

11 Vgl. Machiavelli, *Discorsi*, Buch I, Kap. 5, 37.

führen sind – sozioökonomische Ursachen, die von Roms Adel und dem Senat verschuldet wurden, deren Bestrebungen, durch imperiale Expansion ein ständig wachsendes Vermögen anzuhäufen, zum Zusammenbruch der Republik führten.[12]

## 1. Wirtschaftliche Ungleichheit in antiken Republiken

Was taten antike Republiken, um die Gefahr zu minimieren, die wirtschaftliche Ungleichheit für die Freiheit darstellt? Im demokratischen Athen schloss man den folgenden informellen Waffenstillstand zwischen reichen und armen Bürgern: Der Demos würde die Reichen nicht durch demokratische institutionelle Maßnahmen »bluten lassen«, die die Armen begünstigten, solange die Reichen ihre enormen wirtschaftlichen Mittel und ihr Ansehen bei der Bevölkerung nicht dazu nutzten, die politische Gleichheit oder *isonomía* zu gefährden.[13] Wie Demosthenes bekanntermaßen ausrief: »Die Elite verfügt über großen Reichtum und niemand hält sie davon ab, ihn zu genießen; deshalb dürfen sie uns nicht davon abhalten, die Sicherheit zu genießen, die unser gemeinsamer Besitz ist – die Gesetze.«[14]

Die Gesetze der athenischen Verfassung haben arme Bürger auf drei Arten politisch ermächtigt: durch eine gesetzgebende Versammlung, die allen Bürgern offenstand, eine per Losverfahren geregelte Zuteilung exekutiver Ämter und politische Gerichte, die aus großen Gruppen zufällig ausgewählter Bürger bestanden. In der athenischen Versammlung, der *ekklēsía*, hatte jeder Bürger das Recht, Gesetze zu initiieren und über sie zu debattieren, wobei wiederum ein Mehrheitsbeschluss endgültig über die Verabschiedung

12 Zu den jüngsten Artikeln, die den von Machiavelli hergestellten Zusammenhang zwischen wirtschaftlicher Ungleichheit und gesellschaftspolitischer Korruption scharfsinnig nachzeichnen, zählen: Julie L. Rose, »›Keep the Citizens Poor‹. Machiavelli's Prescription for Republican Poverty«, in: *Political Studies* 3 (2016), S. 734-747; Amanda Moure Maher, »What Skinner Misses About Machiavelli's Freedom. Inequality, Corruption and the Institutional Origins of Civic Virtue«, in: *Journal of Politics* 4 (2016), S. 1003-1015; sowie Tejas Parasher, »Inequality and *Tumulti* in Machiavelli's Aristocratic Republics«, in: *Polity* 1 (2017), S. 42-68.

13 Vgl. Josiah Ober, *Mass and Elite in Democratic Athens. Rhetoric, Ideology and the Power of the People*, Princeton 1991.

14 Zitiert nach ebd., S. 198.

von Gesetzen entschied. Darüber hinaus konnte jeder Bürger, der willens und in der Lage war, für ein exekutives oder richterliches Amt zu kandidieren, seinen Namen zur Aufnahme in das politische Losverfahren einreichen, das über die Ernennung von Magistraten und Geschworenen bestimmte. Zu der Zeit, als diese Formen der politischen Teilhabe durch öffentliche Mittel subventioniert wurden, verteilten die Athener die direkte politische Macht unter einem größeren Anteil ihrer Bürgerschaft als jede andere Regierung in der Geschichte. Aspekte wie die Bedingungen, unter denen man zu Eigentum berechtigt war, die Sklaverei sowie die Tatsache, dass freie Frauen und Fremde politisch ausgeschlossen wurden, stellen natürlich unbestreitbare Probleme dar, die in diesem Zusammenhang berücksichtigt werden müssen.[15] Dennoch ermächtigte das antike Athen in seiner demokratischsten Form eine größere Anzahl von Armen, an der tatsächlichen Herrschaft teilzunehmen, als jede andere politische Regierungsform zuvor oder seither.

Mittels großer Bürgerjurys und Ostrakismen bewachte der athenische Demos sorgsam die Grenze zwischen sozioökonomischer und politischer Macht, das heißt zwischen wirtschaftlicher Ungleichheit und politischer Gleichheit. Ehemalige Magistrate und de facto jeder Bürger konnten von jedem anderen Bürger angeklagt und aufgrund demokratiefeindlichen Verhaltens vor den großen Bürgerjurys verurteilt werden. Falls wohlhabende oder prominente Bürger in den Verdacht gerieten, übermäßigen Einfluss in der Versammlung, in den wenigen gewählten Regierungsämtern oder in irgendeiner anderen Weise auszuüben, konnte der Demos sie überdies verbannen und für schuldig befundene Personen bis zu einem Jahrzehnt ins Exil schicken.

Das aristokratische Sparta hingegen suchte sein eigenes Ideal der bürgerlichen Freiheit zu verwirklichen, indem es wirtschaftliche Gleichheit an die Stelle von politischer Gleichheit setzte.[16] Der angebliche Gründer Spartas, Lykurg, führte von vornherein eine strenge wirtschaftliche Gleichheit ein, für die er prominente Fami-

15 Zu einer besonders tiefgreifenden Neubetrachtung der Inklusions- und Exklusionsformen in der athenischen Demokratie, mit schwerwiegenden Konsequenzen für die demokratische Staatsbürgerschaft von heute, vgl. Demetra Kasimis, *The Perpetual Immigrant and the Limits of Athenian Democracy*, Cambridge 2018.

16 Vgl. Nelson, *The Greek Tradition in Republican Thought*; sowie Paul Cartledge, *The Spartans. The World of the Warrior-Heroes of Ancient Greece*, New York 2004.

lien und Einzelpersonen mit einer recht uneingeschränkten Herrschaftsgewalt entschädigte; obgleich Lykurg ihnen ihre angestammten wirtschaftlichen Privilegien nahm, übertrug er der Aristokratie der Stadt eine politische Macht von beträchtlichem Ausmaß. Die beiden ältesten und angesehensten Familien Spartas teilten sich die gemeinsame Herrschaft in der Doppelmonarchie der Republik, während anderen prominenten Familien die Vorherrschaft über das wichtigste politische Gremium der Republik, den Senat, eingeräumt wurde. Darüber hinaus wurden die höchsten Magistrate der Republik, die Ephoren, nicht per Losverfahren, sondern durch Wahlen in Spartas Volksversammlung ernannt, die ihrerseits sehr viel weniger Gewicht hatte als die Volksversammlungen Athens oder Roms.[17]

Angeblich stellte Lykurg wirtschaftliche Gleichheit her, indem er das Land gleichmäßig unter allen Bürgern verteilte, den Außenhandel verbot und strenge Luxusgesetze erließ. Unter solchen Umständen konnten die Bürger Spartas glaubhaft behaupten, dass sie nicht von einigen wenigen Reichen, sondern von den erfahrensten und weisesten unter den Bürgern regiert wurden. Diese Schlussfolgerung sollte uns nicht so fremd erscheinen, wie es zunächst scheinen mag; schließlich zeichnet sich wahre Freiheit laut einer einflussreichen Strömung der modernen republikanischen Ideengeschichte nicht durch das allen Bürgern gegebene Recht auf Selbstverwaltung aus, sondern durch die Herrschaft der besten Bürger. Moderne Republiken und der »Republikanismus« bemühen sich jedoch nur wenig oder gar nicht darum, sicherzustellen, dass diese wenigen Besten nicht einfach nur die Reichen oder deren Klienten sind.[18]

17 Vgl. Melissa Schwartzberg, *Counting the Many. The Origins and Limits of Supermajority Rule*, Cambridge 2013. Matthew Landauer vergleicht die politischen Institutionen und Praktiken antiker griechischer Tyranneien wie Gelons Syrakus mit denjenigen von Oligarchien wie Sparta, um genau zu bestimmen, was die Athener als die wesentlichen Merkmale ihrer Demokratie erachteten. Vgl. Matthew Landauer, »Demos (a)kurios? Agenda Power and Democratic Control in Ancient Greece«, in: *European Journal of Political Theory*, 2021, ⟨journals.sagepub.com/doi/10.1177/14748851211015331⟩, letzter Zugriff 25.5.2022.

18 Einen symptomatischen Einblick liefert Maurizio Viroli, *Republicanism*, New York 2002. Gordon Arlen analysiert die anhaltende Versuchung, Vermögen mit Tugend gleichzusetzen; vgl. Gordon Arlen, »Aristotle and the Problem of Oligarchic Harm«, in: *European Journal of Political Theory* 3 (2016), S. 393-414. Zum Stellenwert, den materielle Gleichheit im Republikanismus einnimmt, vgl. Nel-

Während es sich also bei Athen um eine wirtschaftlich unegalitäre politische Demokratie und bei Sparta um eine wirtschaftlich egalitäre politische Oligarchie handelte, können wir in gewisser Weise schlussfolgern, dass es sich beim alten Rom um eine Kombination aus beidem gehandelt haben muss. Die römische Republik war politisch sowohl oligarchisch als auch demokratisch.[19] Während die römische Gesellschaft in tiefgreifender Weise wirtschaftlich unegalitär war, genossen die römischen Bürger umfangreiche, ja fast beispiellose sozioökonomische Aufstiegsmöglichkeiten. Polybios stellte die römische Verfassung bekanntlich als eine Kombination von Elementen dar, die sich aus anderen, einfacheren Regierungsformen herleiten ließen: Zur gemischten Regierungsform Roms zählten eine gezähmte monarchische Herrschaftsmacht aufseiten der obersten Magistrate, der Konsuln, eine gezügelte aristokratische Herrschaftsmacht im römischen Senat und eine deutlich eingeschränkte Volksmacht aufseiten der Volkstribunen sowie in den Bürgerversammlungen.[20]

Zieht man die politische Rolle des Reichtums in Betracht, so wird deutlich, dass die reichsten und prominentesten Familien Roms zunächst formell und dann informell das Konsulat und den Senat dominierten. Versammlungen, in denen die Stimmen zu-

son, *The Greek Tradition in Republican Thought*; Alex Gourevitch, *From Slavery to the Cooperative Commonwealth. Labor and Republican Liberty in the Nineteenth Century*, Cambridge 2014; Steven Klein, »Fictitious Freedom. A Polanyian Critique of the Republican Revival«, in: *American Journal of Political Science* 4 (2017), S. 852-863; sowie Robert Jubb, »Whose Republicanism, Which Liberty?«, Reading University, 2017, unveröffentlichtes Manuskript.

19 Ob man die römische Republik eher als eine Oligarchie oder als eine Demokratie bezeichnen solle, ist nach wie vor umstritten. Althistoriker wie Egon Flaig, Andrew Lintott, Fergus Millar, John North und Timothy Peter Wiseman behaupteten, dass Institutionen wie das Volkstribunat, politische Strafprozesse, bei denen die Gerichtsbarkeit vom Volk ausging, und Gesetzgebungsverfahren in den gleichberechtigter organisierten der römischen Versammlungen die römische Politik demokratischer machten, als man gewöhnlich annahm. Andererseits haben Karl-Joachim Hölkeskamp, Robert Morstein-Marx, Henrik Mouritsen und Kurt Raaflaub die Thesen wiederbelebt und weiterentwickelt, die bekanntermaßen auf Arnaldo Momigliano und Ronald Syme zurückgehen, dass es sich bei der Republik schlicht und einfach um eine Oligarchie gehandelt habe.

20 Vgl. Polybios: *Die Verfassung der römischen Republik. Historien, VI. Buch*, aus dem Griechischen von Karl Friedrich Eisen, Ditzingen 2012. Vgl. ferner Andrew Lintott, *The Constitution of the Roman Republic*, Oxford 1999.

gunsten wohlhabenderer Bürger gewichtet wurden, wählten jährlich die beiden römischen Konsuln. Die Konsuln, die ursprünglich ausschließlich dem Patriziat angehörten, wurden mit den höchsten administrativen und militärischen Aufgaben betraut. Der Senat, vordergründig nur ein deliberatives und beratendes Gremium, hatte dennoch erheblichen Einfluss auf die Finanz- und Außenpolitik der Republik. Die senatorische Beratung der Konsuln und die Aussicht darauf, dass ehemalige Konsuln in den Senat einziehen konnten, sorgten dafür, dass dieses Gremium, das sich aus den reichsten Bürgern der Republik zusammensetzte, exorbitanten Einfluss auf die obersten Richter der Republik ausübte. Roms bewaffnete Arme, die Plebejer, reagierten auf das politische Monopol des römischen Adels auf zweierlei Weise: Erstens, indem sie die Gründung des Tribunats einleiteten, eines Magistrats, für den die reichsten Bürger nicht infrage kamen; und zweitens, indem sie die Bedeutung von Bürgerversammlungen stärkten, die sich dem Mehrheitsprinzip viel weiter annäherten als diejenigen Versammlungen, in denen die Stimmabgabe zugunsten der Reichen gewichtet wurde.

Die zehn Volkstribunen, die jährlich ausschließlich aus plebejischen Reihen gewählt wurden, hatten den Auftrag, die Interessen des Volkes zu vertreten. Ausgestattet mit einem Vetorecht hinsichtlich der meisten Entscheidungen, die von der römischen Regierung getroffen wurden, und als Hauptakteure öffentlicher Anklagen, die aufgrund politischer Straftaten erhoben wurden, verfügten die Tribunen über Mittel, mithilfe derer sie politische Anträge blockieren und Magistrate sowie prominente Bürger bestrafen konnten, falls diese die Freiheit der Bürger verletzten oder die bürgerliche Ordnung der Republik korrumpierten. Darüber hinaus verlagerte sich im Laufe der Republikgeschichte die gesetzgebende und richterliche Gewalt von der oligarchisch strukturierten *comitia centuriata* zu Versammlungen unter dem Vorsitz von Tribunen, von denen Patrizier entweder ausgeschlossen wurden oder in deren Rahmen sie von einer Mehrheit ärmerer Bürger überstimmt werden konnten.[21]

Daher ließe sich die römische Republik in einem gesellschaftspolitischen Kontinuum irgendwo zwischen Athen und Sparta einordnen: Einige politische Institutionen ermächtigten unmittelbar

21 Vgl. Fergus Millar, *The Crowd in Rome in the Late Republic*, Ann Arbor 2002; sowie ders., *The Roman Republic in Political Thought*, Waltham 2002.

die Reichen, während andere politische Institutionen unmittelbar die Armen stärkten. Ferner erlaubte die zunehmende sozioökonomische Mobilität, für die die Karrieren namhafter »neuer Männer« beispielhaft waren, den Römern, darauf zu bestehen, dass ihre Republik nicht von einer hermetisch abgeriegelten wohlhabenden Kaste von Senatorenfamilien dominiert wurde.

Wie ich eingangs erwähnte, war keiner der Versuche dieser Republiken, die zersetzenden Auswirkungen wirtschaftlicher Ungleichheit auf die bürgerliche Freiheit zu stoppen, zu entschärfen oder zu verhindern, von Erfolg gekrönt – zumindest nicht auf lange Sicht. Obwohl die Athener den Reichen gestatteten, ihre wirtschaftlichen Vorteile voll auszuschöpfen, erwies sich das demokratische Athen dennoch als besonders anfällig für oligarchische Staatsstreiche. Die strenge politische Behandlung der Reichen durch das Volk – ob wahr oder bloß behauptet – nahmen die athenischen Oligarchen zum Anlass, die Demokratie zu stürzen – jedoch in der Regel unter dem Vorwand, dass der Demos sich auf ungeheuerliche Weise der politischen oder militärischen Misswirtschaft schuldig gemacht habe. Analysiert man diese Staatsstreiche und das, was sie über die Stabilität der athenischen Demokratie aussagen, erweist es sich als sehr schwierig, die folgenden zwei Faktoren auseinanderzuhalten: den beispiellosen Druck, der aufgrund des Peloponnesischen Krieges auf Athen lastete, und das schwelende Ressentiment der athenischen Eliten gegenüber der Demokratie, die ihre politische Macht jahrelang gravierend einschränkte.[22]

Dennoch ist die Geschichte gnädig über die Feinde und Kritiker der athenischen Demokratie hinweggegangen. In der überwiegenden Mehrheit der philosophischen und historischen Berichte wird der athenische Demos beständig verspottet, weil er zu Unrecht die Hinrichtung von etwa einem halben Dutzend Bürgern angeordnet hat: insbesondere und bekanntermaßen Sokrates und die fünf athenischen Kommandeure in der Schlacht bei den Arginusen. Werke, die in der Tradition der bedeutendsten Bücher des westlichen

22 Ich überlasse es den Experten, darüber zu debattieren. Zur klassischen Kritik der unter Druck geratenen athenischen Demokratie vgl. Thukydides, *Der Peloponnesische Krieg*, aus dem Griechischen von Michael Weißenberger, Berlin 2017. Für eine revisionistische Analyse seiner Kritik vgl. Ober, »Thucydides' Criticism of Democratic Knowledge«, in: Ralph. M. Rosen, Joseph Farrell (Hg.), *Nomodeiktes. Greek Studies in Honor of Martin Ostwald*, Ann Arbor 1993, S. 81-98.

Bildungskanons stehen, widmen sich weit weniger ausführlich den Tausenden von athenischen Demokraten, die während der beiden bedeutendsten oligarchischen Staatsstreiche der Stadt in den Jahren 411 und 404 v. Chr. mehr oder weniger in Absprache mit ausländischen Mächten von den Oligarchen ermordet wurden.[23]

Was die Spartaner betrifft, so nahm die wirtschaftliche Ungleichheit in der Republik der Lakedämonier trotz Lykurgs strenger Vermögenserwerbsverbote stark zu. Die königlichen und adligen Familien, die lediglich in den Genuss der Herrschaftsgewalt kommen sollten, häuften schon bald ein sagenhaftes Vermögen an, mit dem sie die gewöhnlichen Bürger Spartas zunehmend marginalisierten und unterdrückten. Als Reaktion darauf versuchten die reformorientierten Könige – Agis erfolglos und Kleomenes mit einigem Erfolg –, Lykurgs Gesetze wieder einzuführen. Diese königlichen Bemühungen zur Wiederherstellung der wirtschaftlichen Gleichheit führten jedoch zu einem gewaltsamen und blutigen Konflikt innerhalb der Elite der Republik, der wohl zu Spartas militärischem und politischem Niedergang beitrug. Wie jüngste wissenschaftliche Untersuchungen vermuten lassen, könnten die spartanischen Gesetze, die darauf abzielten, wirtschaftliche Gleichheit herzustellen, von Kleomenes selbst stammen und erst nachträglich dem mythischen Lykurg zugeschrieben worden sein, um eine solche Politik zu legitimieren.[24] Wie dem auch sei, die durch diese Gesetze ausgelösten Kontroversen und politischen Instabilitäten unterstreichen, wie schwierig es ist, wirtschaftliche Gleichheit auf friedliche Weise gesetzlich innerhalb von Republiken zu verankern.

In der römischen Republik verschärfte sich die ohnehin schon ausgeprägte wirtschaftliche Ungleichheit durch die Expansion des Römischen Reiches noch weiter, mit schwerwiegenden Folgen für die Freiheit der dort heimischen Bürger. Als Roms Armee immer

23 Vgl. Moses I. Finley, *Antike und moderne Demokratie*, aus dem Englischen übersetzt und herausgegeben von Edgar Pack, Ditzingen 1980; sowie Isidor F. Stone, *The Trial of Socrates*, New York 1989.

24 Vgl. Michael A. Flower, »The Invention of Tradition in Classical and Hellenistic Sparta«, in: Anton Powell, Stephen Hodkinson (Hg.), *Sparta. Beyond the Mirage*, London 2002, S. 193-219; sowie Melissa Lane, »Founding as Legislating. The Figure of the Lawgiver in Plato's *Republic*«, in: Luc Brisson, Noburu Notomi (Hg.), *Dialogues on Plato's Politeia (Republic). Selected Papers from the Ninth Symposium Platonicum*, St. Augustine 2013, S. 104-114.

längere Zeiträume fern der Stadt und schließlich der italienischen Halbinsel verbrachte, verarmten die Bürgersoldaten zusehends, während die Kommandeure immer mächtiger wurden. Ich werde Machiavellis Sicht auf diese kritische Entwicklung weiter unten ausführlicher erörtern.[25]

Aus verschiedenen Gründen konnten die verfassungsrechtlichen Regelungen von Athen, Sparta und Rom die reichsten Bürger dieser Republiken nicht daran hindern, die bürgerliche Freiheit zu korrumpieren und den freien Status ihrer Gemeinwesen auszuhöhlen. Ich werde mich nun Machiavellis Analyse der bürgerlichen Freiheit, der wirtschaftlichen Ungleichheit und der politischen Korruption im Kontext der römischen Republik zuwenden. Machiavellis Darstellung enthält faszinierende kontrafaktische Aussagen, die uns dabei helfen können, im Großen und Ganzen gewinnbringender über Fragen der Vermögensverteilung und der Freiheit in Republiken nachzudenken. Konzentrieren werde ich mich vor allem auf Machiavellis Auseinandersetzung mit den Brüdern Tiberius Sempronius Gracchus und Gaius Sempronius Gracchus – römischen Tribunen, deren Bemühungen um Wirtschaftsreformen im alten Rom das letzte Gefecht bürgerlicher Freiheit im Angesicht von oligarchischer Habgier und Korruption darstellten. Zunächst möchte ich jedoch einige allgemeine Überlegungen zur Funktion anstellen, die Machiavelli der sozioökonomischen Gleichheit in gesunden Republiken zudachte.

## 2. Machiavellis egalitäre Politik

Hasste Machiavelli die Reichen? Ich habe an anderer Stelle erörtert, dass er wohlhabenden Bürgern zutiefst misstraute, sich ernsthafte Sorgen über die negativen Auswirkungen ihrer wirtschaftlichen Vorteile auf die Republiken machte und daher empfahl, ihnen mit strengen Maßnahmen zu begegnen, um sich der politischen Ungleichheit anzunehmen.[26] Historische Aufzeichnungen belegen eindeutig, dass Machiavelli während seiner beruflichen Laufbahn

25 Zum korrumpierenden Einfluss des Römischen Reiches in einem breiteren Kontext vgl. Mary Dietz, »Between Polis and Empire. Aristotle's Politics«, in: *American Political Science Review* 2 (2012), S. 275-293.

26 Vgl. John P. McCormick, *Machiavellian Democracy*, Cambridge 2011.

als Beamter der Florentiner Republik der Jahre 1494-1512 ein standhafter, erklärter Gegner der wohlhabenden florentinischen *ottimati* war, die sich der Volksherrschaft widersetzten. Neuere historische Studien liefern weitere Anhaltspunkte für Hinweise aus früheren biografischen Darstellungen und stützen die Auffassung, der zufolge Machiavelli ein Gegner der Aristokraten war, die er nicht nur als politische, sondern auch als sozioökonomische Klasse begriff.[27] Insbesondere die Arbeiten von Jérémie Barthas, die sein zutiefst antagonistisches Verhältnis zu den florentinischen Aristokraten dokumentieren, heben die politischen Probleme hervor, vor die die *ottimati* die Volksherrschaft stellten, und weisen auf eine besonders akute Finanzkrise hin, die von ihnen verursacht und verschärft wurde.[28]

Barthas weist überzeugend nach, dass Machiavellis bekannter Plan für ein florentinisches Bürgerheer nicht allein unter militärischen Gesichtspunkten bedenkenswert erschien, sondern auch darauf abzielte, nützliche sozioökonomische Maßnahmen einzuleiten: So beabsichtigte Machiavelli mit seinem Plan, die enormen Geldbeträge einzudämmen, die im Zuge der staatlichen Finanzierung von Söldnern und deren Bewaffnung wohlhabenden Bürgern zuflossen, wodurch sich die Ungleichheit innerhalb der Stadt massiv verschärfte. Die Einrichtung eines Bürgerheers hätte der Praxis ein Ende gesetzt, dass wohlhabende Familien der Republik aus Gefälligkeit Kredite zu exorbitanten Zinssätzen gewährten. Neben allen Befürchtungen, die die Aristokraten mit Blick auf eine Miliz

27 Vgl. Robert Black, *Machiavelli*, London 2013; John M. Najemy, »›Occupare la tirannide‹. Machiavelli, the Militia, and Guicciardini's Accusation of Tyranny«, in: Jérémie Barthas (Hg.), *Della tirannia. Machiavelli con Bartolo, Quaderni di Rinascimento*, Florenz 2007, S. 75-108, hier S. 42; Robert Ridolfi, *The Life of Niccolò Machiavelli*, aus dem Italienischen von Cecil Grayson, Chicago 1963; sowie Sebastian de Grazia, *Machiavelli in Hell*, Princeton 1989.

28 Vgl. Jérémie Barthas, »Machiavelli, from the Ten to the Nine. A Hypothesis Based on the Financial History of Early Modern Florence«, in: Diogo Ramada Curto u. a. (Hg.), *From Florence to the Mediterranean and Beyond. Essays in Honour of Anthony Molho*, Florenz 2009, S. 147-166; ders., »Machiavelli, Public Debt, and the Origin of Political Economy. An Introduction«, in: Filippo Del Lucchese u. a. (Hg.), *The Radical Machiavelli. Politics, Philosophy, and Language*, Leiden 2015, S. 273-305; sowie ders., »Machiavelli, the Republic, and the Financial Crisis«, in: David Johnston u. a. (Hg.), *Machiavelli on Liberty and Conflict*, Chicago 2017, S. 257-279.

unter dem Kommando des *Gonfaloniere di Giustizia* Piero Soderini hegten, führte dies zum entschiedenen Widerstand der *ottimati* gegen den Bürgerheerplan und zu ihrer gesteigerten Verachtung für dessen Hauptbefürworter und Urheber Machiavelli. Unter Berücksichtigung solcher kontextuellen Aspekte ist es jedenfalls kaum vorstellbar, dass der äußerst persönliche und politische Antagonismus zwischen Machiavelli und den wohlhabenden florentinischen Aristokraten nicht in erheblichem Maße Eingang in Machiavellis Schriften fand.[29]

Vor diesem Hintergrund ist auch zu verstehen, warum Machiavelli im Rahmen seiner politischen Werke die egalitären Bedingungen sowohl in wohlgeordneten Republiken im Allgemeinen als auch in den seinerzeitigen schweizerischen und deutschen Stadtstaaten im Besonderen lobend hervorhebt.[30] Schließlich könne eine solche Gleichheit nur durch eine Politik realisiert und aufrechterhalten werden, die in Machiavellis Worten »die Bürger arm und die Öffentlichkeit reich macht«;[31] das heißt durch Methoden und Verfahren, die, wie er beteuert, »die Reichen mit leeren Händen abweisen«.[32] Wie Machiavelli später in den *Discorsi* wiederholt, »ist es am nützlichsten, eine freie Lebensweise so zu ordnen, dass die Bürger arm gehalten werden«.[33] Im antiken Kontext beruft sich Machiavelli wiederholt auf die bürgerliche Notwendigkeit, eine relative wirtschaftliche Gleichheit aufrechtzuerhalten, die er oftmals mit der Bedeutung einer bewaffneten Bürgerschaft verbindet: »Das Gemeinwesen muss reich und die Privatbürger arm gehalten werden und militärische Übungen müssen mit höchster Ernsthaftigkeit ausgeführt werden.«[34] Um sicherzustellen, dass in Friedenszeiten wirklich würdige Menschen wertgeschätzt werden, empfiehlt

29 Vgl. Jérémie Barthas, *L'argent n'est pas le nerf de la guerre. Essai sur une prétendue erreur de Machiavel*, Rom 2011.

30 Vgl. Machiavelli, *Discorsi*, Buch I, Kap. 55 f. Vgl. ferner Machiavellis Reihe von Überlegungen zu schweizerischen und deutschen Stadtstaaten: ders., »Rapporto Delle Cose Della Magna«, in: Mario Martelli (Hg.), *Machiavelli. Tutte Le Opere*, Florenz 1971, S. 63-68; ders., »Discorso Sopra Le Cose Della Magna E Sopra l'Imperatore«, in: ebd., S. 68; ders., »Ritratto Delle Cose Della Magna«, in: ebd., S. 68-71.

31 Machiavelli, *Discorsi*, Buch I, Kap. 37.

32 Ebd., Buch I, Kap. 26.

33 Ebd., Buch III, Kap. 25.

34 Ebd., Buch II, Kap. 19.

Machiavelli außerdem, »alle Bürger so arm zu halten, dass sie sich selbst oder andere nicht mit Reichtümern korrumpieren können [...], und die Aufrechterhaltung militärischer Ordnungen, so dass Kriegsführung immer möglich und das Vertrauen in angesehene Bürger immer notwendig ist«.[35] Machiavelli zufolge gewährleisten egalitäre und kriegerische Republiken eine nicht korrumpierbare Lebensweise, in ihnen gelangen eher militärisch tugendhafte als wirtschaftlich mächtige Bürger zu hohem Ansehen.

Das zehnte Kapitel von *Il Principe* widmet Machiavelli den sozialen Bedingungen, die für Fürstentümer erforderlich sind, um kriegerische Tugenden aufrechtzuerhalten und feindlichen Belagerungen standzuhalten. Als Vorbilder zieht er jedoch schweizerische und deutsche Stadtstaaten heran. In diesem Zusammenhang erwähnt er mehrere öffentliche Vorkehrungen, die getroffen werden sollten, um die Nahrungsversorgung und den Wohlstand der Bürger (einschließlich des sozioökonomischen Wohlergehens der »Plebejer«) unter Kriegsbedingungen sicherzustellen.[36] Zugleich betont er in den *Discorsi*, dass die schweizerischen und deutschen Stadtstaaten »sämtliche« reiche »Herren töten«,[37] mit denen sie in Kontakt kommen. Sie tun dies, um sicherzustellen, dass solche Herren – die sich aus der Sicherheit ihrer Festungen herauswagen, um das Land zu plündern und die Bauernschaft ungestraft zu enteignen – in ihrem Land niemals Fuß fassen können. Infolgedessen, schlussfolgert Machiavelli, leben diese schweizerischen und deutschen Stadtstaaten »äußerst bewaffnet«, »sehr frei« und unter »weitgehend gleichen« sozialen Bedingungen.[38] Wir sind jetzt vielleicht besser in der Lage, sowohl Machiavellis Kritik an der zunehmenden wirtschaftlichen Ungleichheit und der politischen Korruption in der römischen Republik als auch die Bemühungen der Gracchen zu untersuchen, diese Entwicklung durch die Verabschiedung von Agrarreformen umzukehren, zu untersuchen.

35 Ebd., Buch III, Kap. 16.

36 Vgl. Machiavelli, *Il Principe*, Kap. 9.

37 Machiavelli, *Discorsi*, Buch I, Kap. 55.

38 Ebd., Buch I, Kap. 55; sowie Buch II, Kap. 19. Eine wachsende und begrüßenswerte Strömung der Machiavelli-Forschung hebt die egalitären Dimensionen im politischen Denken des Florentiners hervor: Vgl. Del Lucchese, *The Political Philosophy of Niccolò Machiavelli*, Edinburgh 2015; Christopher Holman, *Machiavelli and the Politics of Democratic Innovation*, Toronto 2018; sowie Yves Winter, *Machiavelli and the Orders of Violence*, Cambridge 2018.

## 3. Eine römische Krise im florentinischen Kontext

In den *Discorsi* widerspricht Machiavelli bekanntermaßen der weitverbreiteten Einschätzung anderer Kommentatoren hinsichtlich der römischen Republik. Im Gegensatz zu seinen Vorgängern führt der Florentiner das Aufblühen von Roms Freiheit und Größe auf die »Tumulte« zurück, die aus den innerstaatlichen Konflikten resultierten, die sich häufig zwischen den wohlhabenden Adligen und den gewöhnlichen Bürgern zutrugen.[39] Machiavelli räumt jedoch auch ein, dass der Klassenkonflikt letztlich zum Verfall der freien Lebensweise Roms beigetragen habe, nachdem die Volkstribunen Tiberius Sempronius Gracchus und Gaius Sempronius Gracchus versucht hatten, umverteilende Wirtschaftsreformen einzuleiten.[40] Die von den Gracchen angestrebten Ackergesetze sahen vor, dass der Anteil an öffentlichem Land, das jeder Bürger besitzen durfte, begrenzt wurde und dass die bereits von wohlhabenden Römern beanspruchten öffentlichen Ländereien an die Plebejer umverteilt werden sollten.[41] In Buch I, Kapitel 37 der *Discorsi* hebt Machiavelli hervor, dass die Reformbestrebungen dieser unglückseligen Brüder einen entscheidenden Moment in der Geschichte der Republik markieren.

Bei verschiedenen sich bietenden Gelegenheiten beseitigte der römische Adel die beiden Brüder auf dramatische Weise. Im Jahr 133 v. Chr. ermordeten Senatoren und deren Klienten Tiberius unter freiem Himmel im öffentlichen Raum der Republik, nachdem er sich erfolgreich ihren Bemühungen widersetzt hatte, die Verabschiedung der Reformen und seine Wiederwahl als Tribun zu blockieren. Ein Jahrzehnt später entweihten sie den Leichnam seines Bruders Gaius, der nach seiner Amtszeit als Tribun Selbstmord be-

39 Maßgeblich wurde dieses Thema von Gabriele Pedullà untersucht. Vgl. Gabriele Pedullà, *Machiavelli in Tumult. The Discourses on Livy and the Origins of Conflictual Politics*, Cambridge 2018.

40 Vgl. Machiavelli, *Discorsi*, Buch I, Kap. 4.

41 Die Ackergesetze sahen im Laufe der römisch-republikanischen Geschichte verschiedene Maßnahmen vor: Der Grundstein wurde mit den *Leges Liciniae Sextiae* (367 v. Chr.) gelegt, die dafür sorgten, dass der Landbesitz eingeschränkt und den Plebejern Schuldenerlasse gewährt wurden. In den darauffolgenden Jahren wurden überdies Zinsgrenzen (357 v. Chr.) und schließlich erhebliche Einschränkungen des Wuchers (342 v. Chr.) verordnet.

gangen hatte, weil er in seinem zweiten Tribunat nicht verhindern konnte, dass die Agrar- und Justizreformen seines Bruders vonseiten der Konservativen zurückgenommen wurden. Anscheinend nahmen sich alle zukünftigen »Reformer« diese Lektionen sehr zu Herzen, da sie das Forum Romanum nur noch in Begleitung bewaffneter Legionen betraten.

Es ist erwähnenswert, dass Machiavelli sich in seiner Beschreibung des nach diesen Ereignissen eingetretenen Niedergangs Roms entweder auf die »Zeit der Gracchen« oder aber die »Skandale« und »Streitigkeiten« beruft, die infolge der gescheiterten Reformen aufkamen.[42] Machiavelli führt den Niedergang Roms weder auf die Brüder selbst noch auf den Inhalt der Gracchischen Reformvorschläge zurück. Stattdessen schließt er seine Darstellung mit einer Kritik an der »Besonnenheit«, die die Brüder bei dem Versuch an den Tag legten, eine substanzielle Agrarreform zu erlassen, und nicht etwa, indem er ihre eigentlichen »Absichten« infrage stellt, solche Reformen verabschieden zu wollen.[43] Überdies erkennt er am Ende seiner Betrachtungen die Notwendigkeit genau solcher Gesetze an, wie sie von den Plebejern gefordert und von den Gracchen vorgeschlagen und verkündet wurden.[44] Aber warum führt Machiavelli die Leser auf so offensichtlich verwirrenden Umwegen zu solchen Schlussfolgerungen?[45] Es liegt auf der Hand, dass Umverteilungsfragen für sein wohlhabendes Patrizierpublikum, wie es von den Widmungsträgern der *Discorsi* verkörpert wird, ein heikles Thema waren.[46] Daher ist es von entscheidender Bedeutung, dass wir seine mehrdeutigen Aussagen zur Reformagenda der Gracchen mit großer Sorgfalt betrachten.

Auf den ersten Blick scheint Machiavelli im Rahmen seiner Auseinandersetzung mit den Gracchen sowohl die beiden Brüder

42 Vgl. ebd., Buch I, Kap. 37; sowie Buch III, Kap. 24.

43 Vgl. ebd., Buch I, Kap. 37.

44 Vgl. ebd.

45 Zur Mehrdeutigkeit von Machiavellis Äußerungen zu den römischen Ackergesetzen vgl. Nelson, *The Greek Tradition in Republican Thought*.

46 Über die Notwendigkeit, die *Discorsi* aus der Sicht ihrer jungen aristokratischen Widmungsträger Cosimo Rucellai und Zanobi Buondelmonti zu lesen, vgl. McCormick, »Tempering and Redirecting the Grandi's Appetite to Oppress. The Dedication and Intention of Machiavelli's *Discourses*«, in: Victoria Kahn u. a. (Hg.), *Politics and the Passions (1500-1850)*, Princeton 2005, S. 7-29; sowie ders., *Machiavellian Democracy*, Kapitel 2.

als auch die römischen Plebejer zu verurteilen.[47] Offenbar einverstanden mit der Position aristokratischer Kritiker der Plebejer, die er selbst in einer Debatte zu widerlegen versucht hat, die er zuvor in den *Discorsi* inszeniert hatte,[48] wiederholt er an dieser Stelle die Behauptungen seiner vorherigen Gegner:

> [D]ie römischen Plebejer hielten die *notwendige* Sicherheit, die sie durch die Schaffung der Tribunen gegenüber den Adligen erlangten, für unzureichend; nachdem sie Letzteres erreicht hatten, begannen sie sofort, aus *Ehrgeiz* zu agitieren, in dem Wunsch, die Ehren und Ressourcen der Adligen als die Dinge zu teilen, die die Menschen am meisten schätzen.[49]

Man könnte diese Aussage dahingehend interpretieren, dass die Plebejer das Tribunat zu Recht anstrebten, weil die Notwendigkeit die Schaffung einer Magistratur gebot, die sie vor der Herrschaft des Adels schützen sollte, Machiavelli jedoch die Plebejer dafür verurteilt, dass sie nach konsularischen Ämtern und einem Anteil am Reichtum des Adels strebten, weil sie nur von Ehrgeiz und Habgier motiviert waren.[50]

Dies sind merkwürdige Aussagen, wenn man bedenkt, dass Machiavelli an anderer Stelle in den *Discorsi* ausdrücklich die Öffnung des Konsulats für die Plebejer befürwortet, weil dies der römischen Republik erlauben würde, sich allerorten – sowohl unter »den Edlen als auch den Unedlen«[51] – der Tugend zu bedienen und von einem Zustrom politischer »Jugend« – vertreten durch die Plebejer – zu profitieren.[52] Darüber hinaus erklärt er an einer früheren Stelle in den *Discorsi* nachdrücklich, dass gewöhnliche Bürger nur dann verlangen, das Vermögen wohlhabender Bürger einzuschränken oder daran teilzuhaben, wenn sie feststellen, dass Letztere auf »unangemessene Weise« von diesem Vermögen Gebrauch machen, das heißt zugunsten der politischen Unterdrückung der Plebejer.[53]

47 Vgl. Machiavelli, *Discorsi*, Buch I, Kap. 37.

48 Vgl. ebd., Buch I, Kap. 5.

49 Ebd., Buch I, Kap. 37. Hervorhebung durch John P. McCormick.

50 Vickie Sullivan vertritt eine solche Lesart des Kapitels, das den Ackergesetzen gewidmet ist: Vgl. Vickie B. Sullivan, *Machiavelli's Three Romes. Religion, Human Liberty, and Politics*, DeKalb 1996; sowie dies., *Machiavelli, Hobbes, and the Formation of a Liberal Republicanism in England*, Cambridge 2004.

51 Machiavelli, *Discorsi*, Buch I, Kap. 30.

52 Ebd., Buch I, Kap. 60.

53 Vgl. ebd., Buch I, Kap. 5.

Schließlich liefert Machiavelli sogar im Großteil von Buch I, Kapitel 37 sowie an anderer Stelle[54] Details zu den weiter unten noch ausführlicher erörterten Umständen, unter denen sich politische Ämter und Vermögen ebenfalls als notwendige Mittel erweisen, mit denen die Plebejer sowohl ihre Freiheit als auch die der Republik schützen könnten – Umstände, die von einer schwerwiegenden wirtschaftlichen Ungleichheit zwischen den *grandi* und dem *popolo* gekennzeichnet sind. Im Zuge seiner Erörterung der Ackergesetze Roms lädt Machiavelli die Leser dennoch dazu ein, ihn zumindest anfänglich so zu verstehen, als kritisiere er das römische Volk wegen dessen übermäßigem politischem Ehrgeiz und dessen unangebrachter wirtschaftlicher Gier.

In einer florentinischen politischen Kultur, die immer noch zutiefst von dem gewalttätigen, zerstörerischen Ciompi-Aufstand (1378) und dessen Folgen gezeichnet ist, behandelt Machiavelli politische Bestrebungen zur Bekämpfung von wirtschaftlicher Ungleichheit und deren politischen Auswirkungen sehr behutsam. Gewiss wurden die *Ciompi* besiegt – und die weitgehend partizipative Republik, die nach der Revolte entstand, wurde letzten Endes durch eine aristokratische Usurpation unterminiert.[55] Die angeblichen Verhaltensexzesse und Forderungen der *Ciompi* spielten dennoch eine wichtige Rolle, als es im Rahmen des Florentiner Humanismus darum ging, sowohl die Albizzi-Oligarchie als auch das Medici-Fürstentum zu legitimieren, das anschließend die Stadt regierte.[56] In ähnlicher Weise nahm im alten Rom der vermeintliche Extremismus der Gracchischen Maßnahmen und Reformvorschläge eine zentrale Rolle bei der Legitimierung von sowohl

54 Vgl. u. a. ebd., Buch III, Kap. 24.

55 Vgl. unter den Historikern Gene Brucker, »The Ciompi Revolution«, in: Nicolai Rubinstein (Hg.), *Florentine Studies. Politics and Society in Renaissance Florence*, London 1968, S. 314-356; sowie John Najemy, *Corporatism and Consensus in Florentine Electoral Politics (1280-1400)*, Chapel Hill 1982. Zur Bedeutung des Ciompi-Aufstands für Machiavellis politisches Denken vgl. Yves Winter, »Plebeian Politics. Machiavelli and the Ciompi Uprising«, in: *Political Theory* 6 (2012), S. 736-766; sowie ders., *Machiavelli and the Orders of Violence*. Ich behandle Machiavellis Auseinandersetzung mit der Revolte in Kapitel 4 dieses Bandes und auch in McCormick, »Faulty Foundings and Failed Reformers in Machiavelli's *Florentine Histories*«, in: *American Political Science Review* 1 (2017), S. 204-216.

56 Vgl. James Hankins (Hg.), *Renaissance Civic Humanism: Reappraisals and Reflections*, Cambridge 2000.

radikalen – wie im Falle Sullas – als auch gemäßigten – wie im Falle Ciceros – konservativen Agenden ein.[57]

Daher könnte Machiavellis unmittelbares florentinisches Publikum humanistisch geprägter *ottimati* dazu neigen, die Konsulats- und Ackergesetzgebungsforderungen der römischen Plebejer mit den politischen und wirtschaftlichen Forderungen in Verbindung zu bringen, die seitens niederer Zunftgenossen und der nicht durch Zünfte vertretenen Arbeiter während des Ciompi-Aufstands, anderthalb Jahrhunderte bevor Machiavelli die *Discorsi* schrieb, artikuliert wurden. Die Wollarbeiter hatten Schuldenerlasse, das Recht, sich in Zünften zu organisieren, und ihnen zugesicherte Sitze in der Signoria gefordert, dem Exekutivgremium der Republik. Machiavellis Zurückhaltung, die radikal reformistische Agenda der Gracchen oder der *Ciompi* ausdrücklich zu unterstützen, mag die Tatsache erklären, dass er in den *Discorsi* auf eine Weise schreibt, die viele Interpreten zu dem Schluss führt, die Ackergesetze – und daher auch die Plebejer und Gracchen, die sie lautstark forderten und förderten – seien die Hauptursache für die Zerstörung Roms gewesen.[58] Bei näherer Betrachtung wird jedoch offensichtlich, dass

57 Eric Nelson etabliert Cicero als den paradigmatischen römischen (im Gegensatz zum griechischen) Republikaner auf Grundlage seiner Kritik sowohl an den Ackergesetzen als auch an den Gracchen. Vgl. Nelson, *The Greek Tradition in Republican Thought*. Zum Stellenwert, den die Gracchen im römischen politischen Denken einnahmen, vgl. Daniel J. Kapust, *Republicanism, Rhetoric, and Roman Political Thought. Sallust, Livy, and Tacitus*, Cambridge 2014.

58 Leo Strauss behauptet beispielsweise, Machiavelli befürworte die Verschleppungstaktik, mittels derer der römische Senat der Verabschiedung der Ackergesetze zuvorkam: Machiavelli »lobt die Geduld und den unermüdlichen Eifer, mit denen der römische Adel den Erlass des Ackergesetzes verhinderte«. Darüber hinaus vermutet Strauss, dass Machiavelli im florentinischen Kontext die Politik der Gracchen kritisiert habe, weil er angeblich Strauss' Ansicht teile, der zufolge »das Übergewicht der Großen und Erhabenen über die Schwachen und Demütigen […] wesentlich für die Stärke der Gesellschaft« ist. Leo Strauss, *Thoughts on Machiavelli*, Glencoe 1958, S. 103, 206. Unter Berücksichtigung des gesamten Kapitels fasst jedoch John Coby Strauss' Kernaussage kurz und bündig wie folgt zusammen: Das den römischen Ackergesetzen gewidmete Kapitel »widerspricht der These, die es bestätigen soll«, nämlich dem vermeintlich maßlosen Ehrgeiz des römischen Volkes und der Tatsache, dass das Volk angeblich weder eine Umverteilung des vom Adel kontrollierten Vermögens hätte fordern noch Ämter jenseits des Volkstribunats hätte anstreben dürfen. John Patrick Coby, *Machiavelli's Romans. Liberty and Greatness in the Discourses on Livy*, Lanham 1999, S. 97. Was die Anerkennung von Machiavellis positiver Haltung zu den Ackergesetzen

Machiavelli nicht die Ackergesetze für die eigentliche Ursache der Korruption und des Zusammenbruchs der römischen Republik hält, sondern vielmehr die zutiefst und zunehmend ungerechten Umstände, auf die die Gesetze lediglich eine unvermeidliche und sogar notwendige Antwort waren.[59] Erneut bemerkt er in diesem Zusammenhang ausdrücklich: »Wohlgeordnete Republiken müssen die Öffentlichkeit reich und die Bürger arm halten.«[60] Diese Aussage signalisiert Machiavellis Vorliebe für sozioökonomische Verhältnisse, die wesentlich egalitärer sind als diejenigen, durch die sich seine paradigmatisch »perfekte« römische Republik eigentlich auszeichnete – und sicherlich egalitärer als diejenigen der problematisch unegalitären Florentiner Republik seiner eigenen Zeit.[61]

anbelangt, stellt Nathan Tarcov eine nennenswerte Ausnahme unter den Straussianern dar. Vgl. Nathan Tarcov, »Machiavelli's Modern Turn«, in: Michael Rohlf (Hg.), *The Modern Turn*, Washington, DC 2017, S. 36-53.

59 Nicht nur Straussianer fehlinterpretieren in der Regel Buch I, Kapitel 37 der *Discorsi* als eine Anklage gegen die römischen Plebejer, die Gracchen oder die Ackergesetze. So behauptet zum Beispiel John Pocock irrigerweise, dass Machiavelli ein Kritiker der Ackergesetze sei, weil Ungleichheit für ihn »weder Ungleichheit des Vermögens noch Ungleichheit der Herrschaftsgewalt [bedeutet] – es gibt keinen Grund anzunehmen, dass Machiavelli gegen beides Einspruch erhob –, sondern einen Zustand, in dem einige Individuen auf andere setzen [...], während sie eigentlich auf das Gemeinwohl und die Staatsgewalt setzen sollten«. John G. A. Pocock, *The Machiavellian Moment. Florentine Political Thought and the Atlantic Political Tradition*, Princeton 1975, S. 209. Des Weiteren ist Miguel Vatter davon überzeugt, dass Machiavelli in Buch I, Kapitel 37 der *Discorsi* zu dem Schluss komme, das römische Volk sei »geadelt« und daher korrumpiert worden, indem es danach strebte, politische Ämter und insbesondere das Vermögen mit den Adligen zu teilen. Laut Vatter erkläre Machiavelli die mit den Ackergesetzen verbundenen Ereignisse »mit der Hegemonie des Verlangens nach ›allen Dingen‹. Aber dieses Verlangen ist nicht identisch mit dem Wunsch, ›nicht beherrscht zu werden‹, der dem Volk zugeschrieben wird: Wenn das Verlangen nach Materiellem den durch Ehrgeiz verursachten Konflikt erklärt, dann erklärt das Verlangen nach Freiheit den durch Notwendigkeit verursachten Konflikt. Die Ereignisse des Bürgerkriegs lassen sich nur deshalb mit der Logik des Ehrgeizes erklären, weil das Volk ›geadelt‹ wurde. In diesem Sinne ist der Konflikt um die Ackergesetze als ein Kampf zwischen Adligen und Plebejern um Eigentum, nicht als ein Kampf um die Freiheit zu verstehen.« Miguel E. Vatter, *Between Form and Event. Machiavelli's Theory of Political Freedom*, Dordrecht 2000, S. 197.

60 Machiavelli, *Discorsi*, Buch I, Kap. 37.

61 Vgl. ebd., Buch I, Kap. 3. Viele Historiker und Politikwissenschaftler nehmen die von Machiavelli zu Beginn des dritten Buches der *Istorie Fiorentine* geäußerte Anspielung auf die »wundersame Gleichheit«, die die sozialen Verhältnisse von

## 4. Senatorische Ursprünge wirtschaftlicher und politischer Ungleichheit

Wenn Machiavelli tatsächlich kein entschiedener Kritiker der Gracchen und der Ackergesetze ist, was sollen wir dann von seiner Behauptung halten, dass »es [...] einen Fehler in diesem Gesetz gegeben haben« muss«?[62] Es scheint zunächst, als wolle der Florentiner durch seine Berufung auf diesen »Fehler« Kritik an rückwirkenden Gesetzen üben. So erklärt er: »Es ist äußerst leichtsinnig zu versuchen, innerhalb einer Republik aufkommende Unruhen durch ein Gesetz zu vereiteln, das sehr weit in die Vergangenheit zurückblickt.«[63] Diese obskure Aussage impliziert, dass rückwirkende Gesetze besonders unerträglich für diejenigen sind, auf die sie abzielen. Unter diesen Umständen kann man nicht davon ausgehen, diejenigen enteignen zu können, die über einen längeren Zeitraum ihr Eigentum verwaltet und davon profitiert haben, ohne sie zugleich zu aggressivem Verhalten zu provozieren. Und doch kann dies nicht die endgültige Antwort auf das Rätsel des »Fehlers« sein, der angeblich der Gracchischen Gesetzgebung innewohnt. Machiavelli berichtet nämlich, dass die römischen Adligen über das Verbot, *in Zukunft* noch mehr Reichtum erlangen zu dürfen, ebenso erzürnt waren wie über die gesetzliche Umverteilung des Reichtums, den

Florenz kennzeichne, für bare Münze. Nur wenige berücksichtigen die offensichtliche Diskrepanz zwischen dieser Einschätzung und den Ereignissen, die Machiavelli im weiteren Verlauf dieses Buches beschreibt: Das Buch schildert sowohl den bewaffneten Aufstand der Wollarbeiter, der darauf abzielte, die sozioökonomische Ungleichheit innerhalb der Republik zu überwinden, als auch deren Niederlage, Entwaffnung und verschärfte Unterdrückung, die nach dem Ende des Ciompi-Aufstands einsetzte. In der Tat eine »wundersame« Gleichheit. Vgl. Machiavelli, *Istorie Fiorentine*, Buch III, Kap. 1. In Kapitel 4 akzentuiere und analysiere ich solche Diskrepanzen zwischen den Worten Machiavellis und den Taten, die er in den *Istorie Fiorentine* beschreibt. An dieser Stelle sei dennoch erwähnt, dass die gesamten *Istorie Fiorentine* als ein Bericht darüber gelesen werden können, wie eine sagenhaft reiche Bankiersfamilie und deren aristokratische Kunden die politische Vorherrschaft innerhalb der Republik erlangten. Vgl. Amanda Maher, »The Power of ›Wealth, Nobility and Men‹. Inequality and Corruption in Machiavelli's Florentine Histories«, in: *European Journal of Political Theory* 4 (2017), S. 512-531.

62 Machiavelli, *Discorsi*, Buch I, Kap. 37.

63 Ebd.

die senatorische Ordnung bereits kontrollierte. Nicht nur, so Machiavelli, »musste der größte Teil des Adels, der mehr Land besaß, als nach diesem Gesetz zulässig war, dieses aufgeben, sondern die Aufteilung der von Feinden angeeigneten Felder unter den Plebejern beraubte die Adligen der Möglichkeit, noch reicher zu werden«.[64] Im Zuge dessen besteht er darauf, dass der Senat verärgert über die Aussicht war, neue Einnahmequellen zu verlieren, da die Agrarreformen darauf abzielten, neu eroberte Ländereien praktisch und nicht nur theoretisch unter den Plebejern zu verteilen.

Machiavelli beruft sich noch auf einen anderen Sinn von Timing, oder vielmehr schlechtem Timing, wenn er weiter bemerkt: »Entweder versäumten es [die Römer], das Gesetz zu einem ausreichend frühen Zeitpunkt zu erlassen, so dass es nicht ständig neu angegangen werden musste, oder sie zögerten so lange, dass ein Wiederaufgreifen des Gesetzes zum Skandal geriet.«[65] Mit anderen Worten: Die Ackergesetzgebung – obwohl früh von den Plebejern in sowohl Livius' als auch Machiavellis Darstellungen der römischen Republik gefordert – wurde weder zu einem ausreichend frühen Zeitpunkt eingeführt, noch konnte sie, infolgedessen, zu einem späteren Zeitpunkt erfolgreich bewahrt oder bekräftigt werden. Der verhängnisvolle Fehler liegt daher nicht in den Gesetzen selbst, sondern laut Machiavelli in der Tatsache begründet, dass sie erst dann erlassen wurden, als es zu spät dafür war, um zum Zeitpunkt ihrer Inkraftsetzung noch wirkungsvoll zu sein oder ohne heftigen Widerstand verabschiedet zu werden. Was erklärt seiner Meinung zufolge die Tatsache, dass die Gesetze erst sehr spät verkündet wurden? Oder besser gesagt, wer verhinderte die Verabschiedung der Gesetze, obwohl sie bereits sehr früh in der Geschichte der Republik diskutiert und vorgeschlagen worden waren?

Es gab gute Gründe für die Plebejer, von den frühesten Tagen der Republik an Ackergesetze einzufordern. Wie Livius berichtet, zwangsversteigerten Senatoren und deren Klienten zu Hause das Land plebejischer Soldaten, während diese an der Front waren. Folglich konnten die Soldaten ihre Schulden nicht mehr bezahlen, da ihnen die Erträge der Höfe fehlten, die sie nicht bewirtschaften konnten, als sie für die Republik kämpften. Die Senatorenklasse ließ diese Ländereien anschließend mit der billigen Arbeitskraft von

64 Ebd.

65 Ebd.

Sklaven bewirtschaften, so dass zunehmend verarmte und arbeitslose Bürgersoldaten in Schuldknechtschaft gerieten oder später aufhörten, Kinder zu haben, die als zukünftige Soldaten die Armee hätten stärken können.[66] Zudem fielen die fremden Gebiete, die die Bürgersoldaten in diesen siegreichen Kriegen eroberten, einschließlich der Erträge, die sie abwarfen – die eigentlich in den Besitz aller römischen Bürger übergehen sollten –, unter die »Treuhänderschaft« römischer Adliger.

Laut Machiavelli weigerte sich der römische Adel – dessen »größter Teil« tatsächlich aus den reichsten Bürgern Roms bestand – offenbar anzuerkennen, dass es im Interesse des Gemeinwohls lag, diese Beute mit dem Volk zu teilen und die wirtschaftliche Ungleichheit innerhalb der Republik in Grenzen zu halten.[67] Stattdessen verband der Adel das Gemeinwohl mit seinen eigenen wirtschaftlichen Interessen: Wie Machiavelli anmerkt, »gingen [sie] davon aus, dass sie die Öffentlichkeit verteidigten, indem sie sich energisch gegen«[68] die Ackergesetze aussprachen, die dafür Sorge tragen sollten, dass das Land unter den Plebejern verteilt wird. Viele Interpreten behaupten, dass Machiavelli annehme, der römische Adel sei in erster Linie vom Wunsch nach Ruhm oder Ehre getrieben worden und nicht etwa von dem niederen Verlangen danach, Reichtum zu erwerben oder zu bewahren.[69] Im Rahmen seiner Auseinandersetzung mit den Ackergesetzen bemerkt er jedoch, dass die

66 Vgl. Titus Livius, *Römische Geschichte*, Buch IV-VI, aus dem Lateinischen übersetzt und herausgegeben von Hans Jürgen Hillen, Düsseldorf/Zürich 1991; v. a. Buch IV, Kap. 49, 51; sowie Buch VI, Kap. 5, 35. Vgl. ferner Plutarch, *Große Griechen und Römer*, aus dem Griechischen übersetzt und herausgegeben von Konrad Ziegler und Walter Wuhrmann, 6 Bde., Zürich 1954-1965, Bd. 6.

67 Vgl. Machiavelli, *Discorsi*, Buch I, Kap. 37.

68 Ebd.

69 Strauss zum Beispiel hebt weder das Begehren des römischen Adels hervor, das Volk unterdrücken zu wollen, noch seinen Ehrgeiz, wirtschaftlichen Gewinn zu maximieren – zwei Aspekte, die Machiavelli ausdrücklich miteinander in Verbindung bringt. Stattdessen betont Strauss mit Blick auf den Adel den moralisch vermeintlich goutierbareren Wunsch nach Ruhm. Machiavelli, so Strauss, »stellt die römische Herrscherklasse bewusst ›besser‹ dar, als sie war; er verwandelt eine Gruppe, deren beste Mitglieder, völlig frei von allen vulgären Vorurteilen, ausschließlich von machiavellischer Klugheit geleitet wurden, die dem unstillbaren Verlangen eines jeden Einzelnen nach ewigem Ruhm in dieser Welt diente.« Strauss, *Thoughts on Machiavelli*, S. 134.

römischen Adligen nach langwierigen Verzögerungen »immer politische Ämter an die Plebejer abtraten, ohne dabei auf außerordentliche Skandale zurückzugreifen«.[70] Wenn es hingegen um Eigentum ging, erklärt er ausdrücklich, dass der Adel seine wirtschaftlichen Privilegien mit äußerster »Hartnäckigkeit« verteidigte – zunächst durch Verschleppungstaktiken und schließlich durch Gewalt.

Erinnern wir uns daran, dass dieses Eigentum, das die Adligen für sich reklamierten, tatsächlich im Kampf durch das Blut und den Schweiß der Plebejer für Rom gewonnen wurde – Eigentum, das theoretisch den Plebejern gehörte, das aber in der Praxis die Adligen zu ihrem eigenen Vorteil ausbeuteten. Darüber hinaus stellt die von dem Florentiner erwähnte Hartnäckigkeit eine explizite, wenn auch höflich untertriebene Anspielung auf das Gemetzel dar, das die Senatoren an den Gracchen und deren Anhängerschaft zur Verteidigung der wirtschaftlichen Ungleichheit verübten. Machiavelli deutet an, dass diese Tatsache veranschauliche, »um wie viel mehr als politische Ämter solche Männer Eigentum schätzen«[71] – und wie so oft verweist das Wort »Männer« an dieser Stelle euphemistisch auf Mitglieder des Adels.[72] Für Machiavelli ist offensichtlich, dass die Adligen viel mehr Wert auf materielle Güter legten als auf ihren Ruf und ihr Ansehen, ihre Ehre und ihre Würde.

Auf diese Weise motiviert, sich auf Kosten der Plebejer zu bereichern, begannen die Adligen, die Roms Senat angehörten, Machiavellis Darstellung zufolge die Armeen der Republik »in die Außenbezirke Italiens und darüber hinaus«[73] zu schicken, um Ländereien erwerben zu können, die arme Plebejer nicht einmal profitabel hätten bewirtschaften können, wenn sie sie besessen hätten. Laut Machiavelli funktionierte die senatorische Strategie auf folgende Weise: Da die Felder der neuen Feinde Roms »weit außer Sicht der Plebejer lagen und an Orten, an denen sie sie nicht mühelos kultivieren konnten, begehrten sie sie weniger«.[74] Diese fernen Ländereien sollten mit der Zeit zu einer unbegrenzten Einnahmequelle für die wenigen reichsten Römer werden, die es sich leisten konnten, sie zu unterhalten – eine Einnahmequelle, die unweigerlich die

70 Machiavelli, *Discorsi*, Buch I, Kap. 37.

71 Ebd.

72 Vgl. u. a. ebd., Buch I, Kap. 3.

73 Ebd., Buch I, Kap. 37.

74 Ebd.

Ungleichheit verschärfte, die zuhause bereits zwischen den Adligen und den Plebejern bestand.

Ferner führte die imperiale Politik, durch die sich die Adligen selbst bereicherten, auch dazu, dass militärische Befehlshaber außerordentlich mächtig wurden.[75] Laut Machiavelli erforderte der vom Senat vorangetriebene Erwerb von Gebieten, die immer weiter von Rom und Italien entfernt waren, eine zeitliche Ausweitung militärischer Weisungsbefugnisse: Der Senat förderte die Schaffung von Prokonsuln, die mehr als die sonst übliche einjährige Amtszeit benötigten, um die fernen Ländereien zu erobern und zu halten, die die ständig wachsende Einnahmequelle des Adels waren. Machiavelli räumt ein, dass die Plebejer die Praxis der Amtszeitverlängerung anstießen. So wählten sie Tribunen wieder, die sie am erfolgreichsten gegen die repressiven Maßnahmen des Adels verteidigten und die sich am geschicktesten den Bemühungen des Adels widersetzten, proplebejische Reformen zu behindern. Machiavelli behauptet jedoch, dass der Senat durch die Expansion eines immer profitableren Imperiums die wiederholte Wiederernennung in die Praxis umwandelte, die schließlich die »freie Lebensweise« der Republik untergrub.

Einfach ausgedrückt, legte diese Politik den Grundstein für das Phänomen, das schließlich als Cäsarismus bekannt werden sollte: Immer weniger Feldherren sammelten militärische Erfahrungen, so dass die Republik auf einen immer kleineren Kader von Befehlshabern angewiesen war. Zudem gerieten die zunehmend proletarisierten Bürgersoldaten in wirtschaftliche Abhängigkeit von ebendiesen Feldherren, mit denen sie jahrelang abseits der Stadt lebten. Diese Umstände schufen die Bedingungen für die Bürgerkriege, die die Republik letztendlich zerstörten: Kriegsherren wie Marius und Sulla, Pompeius und Caesar, Antonius und Octavian standen sich schließlich an der Spitze von Armeen gegenüber, die sich im Grunde aus persönlichen Klienten und nicht aus römischen Bürgern zusammensetzten.[76]

Tendierten daher die Plebejer solcher Republiken von sich aus beziehungsweise zwangsläufig dazu, Möchtegern-Tyrannen wie Marius und Cäsar zu verehren oder ihnen ihre Gunst zu erweisen,

75 Vgl. ebd., Buch III, Kap. 24.

76 Vgl. ebd., Buch I, Kap. 37; sowie Buch III, Kap. 24.

wie konservative Kritiker der Antike, Moderne und Gegenwart behaupten? Die allgemeine Stoßrichtung der *Discorsi* legt nahe, dass die Antwort Nein lautet. Machiavelli veranschaulicht im Zuge seines Werkes, dass das römische Volk – solange es nicht gezwungen war, zwischen politischer Freiheit und wirtschaftlichem Wohlergehen zu wählen – sich letztlich tyrannischen Akteuren widersetzte, die wirtschaftliche Umverteilung versprachen, wie etwa Manlius Capitolinus, Spurius Cassius Vecellinus und Spurius Maelius.[77] Wenn die Menschen jedoch aufgrund der sozioökonomischen Lage verzweifelten und von einer substanziellen Beteiligung an der Politik ihrer Republik ausgeschlossen waren – wie dies laut Machiavelli nach den Punischen Kriegen zunehmend auf das römische Volk zutraf[78] –, waren sie in der Tat geneigt, einem Tyrannen zu folgen, der ihnen wirtschaftliche Entlastung und politischen Schutz versprach. Machiavelli macht deutlich, dass das römische Volk durchaus bereit war, sich an der Seite des Senats und der Magistrate gegen ambitionierte Fürsprecher wirtschaftlicher Umverteilung zu positionieren, solange die Republik ein ausreichendes wirtschaftliches Wohlergehen gewährleisten konnte; es würde seine politische Freiheit nicht zugunsten wirtschaftlicher Entlastungen opfern, wie sie von Manlius Capitolinus, Spurius Cassius Vecellinus und Spurius Maelius unter relativ gerechten wirtschaftlichen Bedingungen proklamiert wurden. Die Karten wurden jedoch neu gemischt, nachdem der Senat das römische Volk gründlich verarmte und faktisch entrechtete, wodurch – wie wir weiter unten sehen werden – die Appelle von Marius und Cäsar zunehmend attraktiver wurden.

## 5. Wirtschaftliche Ungleichheit und bürgerliche Korruption

Die Ungleichheit, die der Senat durch sein Streben nach einem wachsenden Imperium verschärfte, beschädigte laut Machiavelli die staatsbürgerliche Qualität der römischen Innenpolitik auf folgende Weise: Zunehmend arme und vulnerable Bürger – selbst die »tugendhaftesten« unter ihnen – hörten auf, die Kandidaturen und

77 Vgl. ebd., Buch I, Kap. 8, 24, 58; sowie Buch III, Kap. 1, 3, 8, 28.
78 Vgl. ebd., Buch I, Kap. 18, 37.

Gesetze von immer wohlhabenderen, einflussreicheren und eigennützigeren Einzelpersonen offen zu hinterfragen, zu kritisieren und sich gegebenenfalls aktiv dagegen zur Wehr zu setzen.[79] Explizit beschreibt Machiavelli, wie die politischen Verfahren und Maßnahmen Roms nicht mit der Korruption Schritt halten konnten, die durch die Ungleichheit in zwei besonders wichtigen Bereichen verursacht wurde: der Ernennung von Magistraten und der Gesetzgebung.

Machiavelli berichtet, dass bei den Magistratswahlen anfangs nur würdige Bürger für »das Konsulat und andere hochrangige Ämter«,[80] vermutlich auch Positionen im Tribunat, kandidierten. Solange Rom nicht korrumpierbar war, strebten die Bürger laut Machiavelli danach, als würdig für hohe Ämter angesehen zu werden, und handelten demgemäß im Sinne des Gemeinwohls. Da die Bürger eine Ablehnung in Wahlkämpfen als schändlich empfanden, vermieden sie Verhaltensweisen, die ein schlechtes Licht auf ihre Kandidatur geworfen hätten. Als Rom jedoch korrupt wurde, strebten »nicht die Tugendhaften, sondern die Mächtigen«[81] zunehmend und dann ausschließlich die hohen Ämter der Republik an; Bürger, die »tugendhaft«, aber nicht »mächtig« waren, mieden den Wettbewerb um das Amt, weil sie ihre mächtigen Gegner fürchteten. (Diese Aussage legt nahe, dass Machiavelli es für möglich hält, dass ein Bürger zwar tugendhaft, jedoch nicht unbedingt mächtig oder sogar besonders mutig sein könne.)

Machiavelli hält fest, dass Rom nach den Punischen Kriegen »Afrika, Asien und den größten Teil Griechenlands«[82] eroberte und sich damit sämtlicher ernstzunehmender militärischer Bedrohungen entledigte. Diese neu gewonnene Sicherheit machte die Römer selbstgefällig und das römische Volk begann, eher »Party-Gastgeber« anstelle von Eroberern in die Reihen des Konsulats zu erheben. Machiavellis Kritik an der »Brot-und-Spiele-Mentalität« dieser Zeit weicht jedoch unmittelbar einer unheilvolleren Analyse: »gute Personen« hatten keine hohen Ämter mehr inne, weil stattdessen diejenigen in Konsulatsämter berufen wurden, die »denen, die Macht ausübten, Gefälligkeiten gewährten«.[83] Die Hauptakteure

79 Vgl. ebd., Buch I, Kap. 18.
80 Ebd.
81 Ebd.
82 Ebd.
83 Ebd.

der Korruption waren unter diesen Umständen nicht in erster Linie diejenigen, die den Vielen schmeichelten, sondern diejenigen, die die Vielen mit Gewalt einschüchterten und sich die Wenigen mit Gefälligkeiten zu Freunden machten.

An einer früheren Stelle in den *Discorsi* hebt Machiavelli hervor, wie gut die nicht korrumpierte römische Republik Konsulatswahlen durchführte: Nach der Vertreibung der Könige wurde das »Imperium«, also die oberste Befehlsgewalt, »von den Konsuln ausgeübt, die nicht durch Geburt, Doppelzüngigkeit oder Gewalt, sondern durch freie Abstimmungen zur höchsten Magistratur aufstiegen, weshalb es sich bei ihnen ausnahmslos um die vorzüglichsten Männer handelte«.[84] Das Potenzial von Roms Wahlordnungen, tugendhafte Konsuln hervorzubringen, war Machiavellis Einschätzung zufolge unbegrenzt:

> Wenn zwei tugendhafte Männer, wie Philipp von Makedonien und Alexander der Große, nacheinander die Welt gewinnen konnten, dann sollte eine Republik durch das Verfahren der Magistratswahl noch mehr erreichen können, denn sie bringt möglicherweise nicht nur zwei nacheinander hervor, sondern eine unendliche Anzahl tugendhafter Fürsten als Nachfolger des jeweils anderen. Eine tugendhafte Form der Nachfolge wird in jeder wohlgeordneten Republik zu beobachten sein.[85]

Dieses Potenzial kann jedoch nur im Rahmen relativer Egalität ausgeschöpft werden und nicht unter radikal ungleichen Bedingungen.

Die Korruption der römischen Wahlordnungen kontaminierte bald auch die Gesetzgebungsverfahren.[86] Vor der Korruption Roms

84 Ebd., Buch I, Kap. 20. Eine Ausnahme stellt der denkwürdige Fall des Tyrannen Appius Claudius Caecus dar, der tatsächlich im Rahmen einer »freien Abstimmung« gewählt wurde. Vgl. ebd., Buch I, Kap. 35.

85 Ebd., Buch I, Kap. 20. Hier kritisiert Machiavelli implizit Florenz dafür, aufgrund der fahrlässigen Methoden zur Ernennung von Magistraten eine schlecht geordnete Republik zu sein. An anderer Stelle weist er darauf hin, dass Florenz zu viel Zeit zwischen der ersten Kandidatenauswahl und der endgültigen Auslosung der Magistrate verstreichen lasse. Durch das Versäumnis, die Amtstauglichkeit immer wieder aufs Neue zu prüfen, seien neue tugendhafte Kandidaten von dem Losverfahren ausgeschlossen und stattdessen nicht länger tugendhafte Kandidaten ernannt worden. Vgl. Machiavelli, »Discursus Florentinarum Rerum Post Mortem Iunioris Laurentii Medices«, in: Corrado Vivanti (Hg.), *Opere I. I Primi Scritti Politici*, Turin 1997, S. 733-745.

86 Vgl. Machiavelli, *Discorsi*, Buch I, Kap. 18.

haben laut Machiavelli die Tribunen – und mit ihnen, wie er behauptet, sämtliche Bürger – in Versammlungen uneingeschränkt Gesetze vorgeschlagen, diskutiert und angefochten, um zu prüfen, inwieweit sie dem Gemeinwohl dienten.[87] Nachdem Rom jedoch der Korruption erlegen war, so Machiavelli, schlugen Bürger mit Gemeinsinn nicht länger Gesetze vor oder äußerten ihre Meinungen dazu; lediglich die »Mächtigen« taten dies – nicht um der »gemeinsamen Freiheit« willen, sondern um ihre eigenen Interessen zu verfolgen –, während der Rest der Bürgerschaft zu viel Angst hatte, sich ihnen zu widersetzen. »So wurde das Volk entweder getäuscht« mittels Unterhaltung oder Gefälligkeiten oder durch Einschüchterung dazu »gezwungen«, in den Versammlungen »seinen eigenen Untergang zu beschließen«.[88]

Was auch immer Machiavelli anfänglich zögern oder Mehrdeutigkeit an den Tag legen lässt, am Ende von Buch I, Kapitel 37 der *Discorsi* beschuldigt er geradewegs die Adligen, solche Umstände geschaffen und damit den Untergang der Republik verursacht zu haben: »[D]er Ehrgeiz der Adligen ist so enorm, dass er eine Stadt schnell ruiniert, wenn er nicht auf *verschiedene Arten und Weisen* bezwungen wird.«[89] Die Bestrebungen der Adligen schaden einer Republik mehr als diejenigen der Plebejer; zudem benötigen Letztere mehr als nur ein Mittel, wie beispielsweise das Tribunat, um sich der Anmaßung der Großen zu erwehren:

> Rom mag nach dreihundert Jahren des Streits um die Ackergesetze bezwungen worden sein, es wäre jedoch wahrscheinlich noch sehr viel schneller unterjocht worden, wenn die Plebejer sich nicht ständig dem Ehrgeiz der Adligen mithilfe sowohl dieser Gesetze als auch anderer Begehrlichkeiten in den Weg gestellt hätten.[90]

Dies bedeutet, dass die Plebejer über das Tribunat hinaus zu Recht versuchten, die materiellen Privilegien des Adels durch die Ackergesetze einzuschränken und Konsulatsämter einzufordern.[91]

87 Zur Bedeutung der Redefreiheit in Athen als ein Mittel, das dem Demos ermöglichte, über eine ihm vorgelegte politische Agenda zu urteilen, vgl. Landauer, »Demos (a)kurios?«.

88 Machiavelli, *Discorsi*, Buch I, Kap. 18.

89 Ebd., Buch I, Kap. 37. Hervorhebung durch John P. McCormick.

90 Ebd.

91 Vgl. ebd., Buch I, Kap. 60.

Wie das obige Zitat nahelegt, verursachte laut Machiavelli die Hartnäckigkeit der *grandi* die »Skandale«, die schließlich Rom zerstörten, und nicht die Ackergesetze der Gracchen, die zu jener Zeit im Wesentlichen eine notwendige Reaktion auf die oligarchische Gier und Unnachgiebigkeit darstellten. Machiavelli geht davon aus, dass die *grandi* die Republik viel früher ruiniert hätten, wenn sie nicht sowohl durch Maßnahmen wie die Ackergesetze als auch durch plebejische Freiheitsbestrebungen, die die Verabschiedung solcher Gesetze erforderlich machten, eingeschränkt worden wären.[92] Aufgrund dessen sollte der Aspekt der wirtschaftlichen Ungleichheit nicht als Schlüsselfaktor innerhalb von Machiavellis Analyse der staatsbürgerlichen Korruption und des republikanischen Niedergangs ausgeblendet oder heruntergespielt werden. Machiavellis Einschätzung zufolge schufen der Ehrgeiz der *grandi* und die Habgier des Senats letztendlich die Voraussetzungen für die hohe Popularität der Gracchen und den Zusammenbruch der Republik. Der Großteil des Kapitels der *Discorsi*, das den Ackergesetzen gewidmet ist, veranschaulicht in einem umfassenden Maß und auf detaillierte Weise, wie der Adel die ungerechten Verhältnisse in Rom verschärfte und wie standhaft er sich weigerte, diesen Zustand durch die Teilhabe des Volkes am Reichtum der Republik zu verbessern.

## 6. Die Besonnenheit und die Absichten der Gracchen

Was genau meint Machiavelli, wenn er sein Bedauern über die »Absichten, wenn nicht gar die Besonnenheit«[93] der Gracchen zum Ausdruck bringt? Wie ich oben dargelegt habe, liegt es ihm eindeutig fern, das Anliegen der Gracchen infrage zu stellen, also muss es ihm um ihre Methoden gehen. Machiavelli verurteilt die Gracchen nicht wegen ihrer Umverteilungspolitik; er scheint sie lediglich wegen ihres Timings bei der Wiederauflage der entsprechenden Gesetze zu kritisieren. Aber vielleicht hat er hier auch etwas ganz anderes im Sinn: Anstatt das wiederzubeleben, was er als »ein sehr altes Gesetz« bezeichnet, deutet er an, dass die Gracchen

92 Vgl. ebd., Buch I, Kap. 37.
93 Ebd.

völlig neue Gesetze hätten erlassen sollen. Um das Gemeinwesen reich und die Bürger arm zu machen, hätten sie, ähnlich Gesetzgebern oder Gründervätern wie Lykurg, ihre eigenen Gesetze verabschieden sollen – diejenigen, die ihre eigenen Namen trugen. Zur möglichst kompromissfreien Umsetzung ihrer politischen Vision wären die Gracchen aller Wahrscheinlichkeit nach gezwungen gewesen, das unnachgiebigste Hindernis für ihre Pläne, nämlich den römischen Senat, einzuschüchtern, unter Druck zu setzen oder gar auszuschalten.

Historisch betrachtet ersuchten die Gracchen die Senatoren lediglich darum, ihre Politik zu dulden: Sie baten die Adligen im Wesentlichen um Erlaubnis, Ländereien an die Plebejer verteilen zu dürfen, durch die sie sich zuvor bereichert hatten, und folgten dabei ziemlich strengen Verfahrenswegen. Daraufhin beseitigte der Senat die Brüder. Erneut besteht Machiavelli darauf, dass der Adel bereit gewesen sei, mit den Plebejern über die gemeinsame Ausübung politischer Ämter zu verhandeln; Reformen, die auf wirtschaftliche Gleichheit abzielen, erforderten jedoch strengere Maßnahmen und überzeugendere Druckmittel. Vielleicht ist also der von Machiavelli hinsichtlich der Ackergesetze erwähnte »Fehler« tatsächlich in der Besonnenheit der Gracchen zu suchen, die er ausdrücklich – wenn auch ohne besondere Erklärung – bemängelt, da sie sich in einer Angelegenheit um die gesetzmäßige Zustimmung des Adels bemühten, in der direkter Zwang erforderlich gewesen wäre. In *Il Principe* kritisiert Machiavelli die Gracchen, weil sie es versäumten, für ihre Zwecke eine Volksmiliz zu mobilisieren.[94] In den *Discorsi* führt er ihren Niedergang jedoch auf den leichtsinnigen, das heißt grundsätzlich humanen Kurs zurück, den sie zur Umsetzung ihrer innenpolitischen Agenda gegen die Adligen einschlugen.

Die beiden Vorgehensweisen schließen einander natürlich nicht aus. Machiavelli scheint anzudeuten, dass die Gracchen weder die Absicht hatten, Druck auf den Senat auszuüben, *noch* – selbst wenn sie dies bezweckt hätten – die dafür notwendige Befehlsgewalt über bewaffnete Bürger besaßen.[95] Als Tribunen standen die Gracchen zwar dem in ihren Versammlungen zusammenkommenden Volk vor; ihnen fehlte jedoch die formale, rechtliche Autorität, die in

94 Vgl. Machiavelli, *Il Principe*, Kap. 9.
95 Vgl. ebd.

den Legionen dienenden Bürger zu befehligen. Machiavelli macht bei verschiedenen Gelegenheiten deutlich, wie eine solche Befugnis effektiv ausgeübt werden könne, um einen ganzen Senat zu beseitigen, vor allem am Beispiel von Agathokles von Syrakus[96] und Klearchos von Herakleia.[97] Konsuln von Rom und Prätoren anderer italienischer Republiken – höchste Magistrate, die ein Imperium innehatten und denen die oberste Befehlsgewalt über bewaffnete Bürger zustand – hätten demzufolge weitaus mehr Erfolg gehabt, proplebejische Reformen einzuleiten als Tribunen, bei denen es sich lediglich um bürgerliche Magistrate handelte. Zumindest hätten, so deutet Machiavelli an, höchste Militärmagistrate umstrittene Reformen erfolgreicher durchsetzen können als Tribunen, die der Einhaltung etablierter Rechtskonventionen treu – vielleicht zu treu – ergeben waren, wie etwa die Gracchen.

Gehe ich recht in der Annahme, dass Machiavelli suggeriert, die Gracchen hätten zur Verwirklichung ihrer Umverteilungsagenda den Senat gewaltsam beseitigen sollen, anstatt sich von ihm gewaltsam beseitigen zu lassen, dann wird Folgendes zu einer unbequemen Tatsache für sein Verfassungsmodell: Während Machiavelli gegenüber seinen Gegnern unter den aristokratischen Literaten darauf besteht, dass das Volkstribunat Rom »vollkommener« gemacht habe,[98] konnte es das grundlegende Problem, das zum Zusammenbruch der Republik führte, nicht lösen. Die Episode der Gracchen und die sozioökonomischen Umstände rund um die Ackergesetze zeigen, dass das Tribunat ein notwendiges, aber letztlich unzureichendes institutionelles Mittel zum Schutz von Roms Freiheit war. Selbstverständlich erklärt Machiavelli, dass die römische Republik ohne die Tribunen, die laufend Agrarreformen vorantrieben und ihre weiteren institutionellen Befugnisse im Namen der Plebejer ausübten, sehr viel früher korrumpiert worden und zusammengebrochen wäre. Das Tribunat konnte jedoch das Problem der wirtschaftlichen Ungleichheit nicht endgültig lösen und somit auch den Verfall und Untergang der Republik nicht aufhalten.

Es gibt ein weiteres offensichtliches Problem mit meiner Interpretation von Machiavellis letztendlichem Urteil über die Gracchen: Wenn die Gracchen den Senat tatsächlich gewaltsam ausgeschaltet

96 Vgl. ebd., Kap. 8.
97 Vgl. Machiavelli, *Discorsi*, Buch I, Kap. 16.
98 Vgl. ebd., Buch I, Kap. 3.

hätten, was hätte sie dann von den republikzerstörenden Kriegsherren unterschieden, deren Aufstieg die erfolgreiche Verabschiedung der Ackergesetze von vornherein verhindern sollte? Wären die Gracchen nicht zum moralischen und faktischen Äquivalent der erfolgreichen Tyrannen geworden, die auf sie folgten – diejenigen, die tatsächlich die römische Freiheit zerstörten? Hätten die Gracchen den Untergang der Republik in diesem Fall nicht eher beschleunigt als verzögert? Da Machiavelli in seiner Darstellung der Gracchen deren »Absichten« betont, sollten wir untersuchen, worauf er sich bei der Erwähnung von Absichten an anderen Stellen in den *Discorsi* beruft, wenn er die Notwendigkeit erörtert, eine Republik zu reformieren, die Gefahr läuft, unwiderruflich korrupt zu werden.

In Buch I, Kapitel 18 der *Discorsi* erklärt Machiavelli:

> Man nimmt an, dass es einen guten Menschen braucht, die politische Lebensweise einer Stadt neu zu ordnen, und dass nur ein schlechter Mensch durch Gewalt zum Fürsten einer Republik wird; daher wünscht sich nur sehr selten jemand, der gut ist, durch Rückgriff auf das Schlechte Fürst zu werden, auch wenn seine Absicht gut ist.[99]

Mit anderen Worten: Es gibt reale, wenn auch sehr seltene Fälle, in denen ein guter Mensch, der eine korrupte Republik reformieren möchte, zu außergesetzlicher Gewalt greift, um dies zu tun. Die Gracchen waren laut Machiavelli von der Absicht, wenn nicht gar von Besonnenheit, geleitet, eine solche Rolle zu erfüllen. Ihre Absichten waren gut, ihre Besonnenheit jedoch unzureichend. Hätten sie in Erwägung gezogen, zur Verwirklichung ihrer guten Absichten auf »schlechte Mittel« zurückzugreifen, wäre es Machiavelli zufolge dennoch sehr unwahrscheinlich gewesen, dass sie eine Tyrannei errichtet hätten.[100]

Darüber hinaus waren die Gracchen nicht nur innerlich der Tyrannei abgeneigt, sie sahen sich auch mit äußeren Umständen

99 Ebd., Buch I, Kap. 18.

100 Wie ich an anderer Stelle veranschauliche, verwischt Machiavelli die Grenze zwischen Reformer und Tyrann auf bedenkliche Weise. Vgl. McCormick, »Subdue the Senate. Machiavelli's ›Way of Freedom‹ or Path to Tyranny?«, in: *Political Theory* 6 (2012), S. 717-738; ders., »Of Tribunes and Tyrants. Machiavelli's Legal and Extra-Legal Modes for Controlling Elites«, in: *Ratio Juris* 2 (2015), S. 252-266; ders., »Machiavelli's Greek Tyrant as Republican Reformer«, in: Del Lucchese u. a. (Hg.), *The Radical Machiavelli*, S. 337-348; sowie ders., *The People's Princes. Machiavelli, Leadership and Liberty*, im Erscheinen.

konfrontiert, die für eine Tyrannei noch nicht förderlich waren: In dem Moment, als sich den Gracchen die Gelegenheit bot, den Senat zu zerschlagen, handelte es sich beim römischen Volk noch nicht um korrumpierte Klienten, deren wirtschaftliches Wohlergehen gänzlich von der Gunst ihrer Militärpatrone abhing. Tiberius Sempronius Gracchus hätte möglicherweise genauso wie Agathokles von Syrakus den Adel seiner Republik aus dem Weg räumen, deutliche wirtschaftlich-militärische Reformen einleiten und in seinem Bett sterben können, um schließlich eine egalitärere und bürgerschaftlich lebendigere Republik zu hinterlassen.[101] Wie das zuvor erwähnte Beispiel Spartas jedoch verdeutlicht, stellen unilaterale Exekutivmaßnahmen, die darauf abzielen, innerhalb von Republiken wirtschaftliche Gleichheit herzustellen, für Machiavelli eine wiederkehrende Notwendigkeit, kein einmaliges Unterfangen dar.

Machiavelli merkt an, dass Lykurgs Gesetze, so erfolgreich sie zu Beginn auch gewesen sein mögen, durch Nachfolger wie Agis und Kleomenes auf gewaltsame Weise wieder eingesetzt werden mussten, um langfristig in Kraft zu treten.[102] Darüber hinaus waren die Resultate im Fall Sparta laut Machiavellis eigener Darstellung eher zwiespältig. Selbst wenn die Gracchen seiner Andeutung gemäß entschlossener gehandelt hätten, hätten in Zukunft andere »Gracchen« auftauchen müssen, um den dauerhaften Erfolg ihrer Reformen zu garantieren. Dies geschah weder im spartanischen noch im römischen Kontext.

Es gibt eine weitere Möglichkeit, Reformen auf den Weg zu bringen, die die Bedrohung minimieren, die von einer zunehmenden wirtschaftlichen Ungleichheit für die bürgerliche Freiheit einer Republik ausgeht. Sie stellt eine weniger explizit gewalttätige und weniger potenziell bedrohliche Vorgehensweise für die bürgerliche

101 Zu Agathokles von Syrakus als Machiavellis Musterbeispiel für einen potenziellen republikanischen Reformer vgl. McCormick, »The Enduring Ambiguity of Machiavellian Virtue. Crime, Cruelty and Christianity in *The Prince*«, in: *Social Research* 1 (2014), S. 133-164; ders., »Machiavelli's Inglorious ›Tyrants‹. On Agathocles, Scipio and Unmerited Glory«, in: *History of Political Thought* 1 (2015), S. 29-52; sowie ders., »Machiavelli's Agathocles. From Criminal Example to Princely Exemplum«, in: Michèle Lowrie, Susanne Lüdemann (Hg.), *Between Exemplarity and Singularity. Literature, Philosophy, Law*, Abingdon 2015, S. 123-139.

102 Vgl. Machiavelli, *Discorsi*, Buch I, Kap. 9.

Freiheit dar als die Option, in deren Rahmen ein vermeintlich wohlmeinender Magistrat die aristokratischen Gegner seiner proplebejischen Reformen gewaltsam beseitigt. Es handelt sich dabei jedoch um eine Möglichkeit, für die es in Machiavellis Texten noch weniger Rückhalt gibt: Die wohlhabendsten Bürger einer Republik könnten wohlweislich vermeiden, eine Politik zu verfolgen, die die Ungleichheit verschärft und damit auch das Risiko erhöht, dass sie von einem tyrannischen Verfechter der Plebejer politisch entmachtet und wirtschaftlich enteignet werden.

Anstatt gemäßigte Wirtschaftsreformer wie die Gracchen zu ermorden, wie es der römische Senat tat, sollten die wohlhabenden Bürger einer Republik vielleicht ein paar goldene Eier verschenken und eben nicht zulassen, dass ein fürstlicher Usurpator auftaucht und die Gans tötet, die sie legt. An mehreren Stellen in seinen Schriften hält Machiavelli fest, dass die Adligen von Rom und Florenz sich dem Volk gegenüber entgegenkommender hätten verhalten können, anstatt politische Ziele zu verfolgen, die den freien Status ihres Gemeinwesens und ihre eigenen Privilegien sowie ihr Ansehen darin gefährdeten. Insbesondere führt er vor, wie Octavian und die Medici ihr jeweiliges Prinzipat erlangten, indem sie unter solchen Umständen die anmaßende aristokratische Überheblichkeit ausnutzten.[103]

Obwohl er ein umsichtiges Urteilsvermögen seitens der wohlhabendsten Bürger einer Republik für möglich hält, liefert Machiavelli keine Beispiele dafür, in welchen Fällen solche Adligen tatsächlich eine kluge und versöhnliche Strategie hinsichtlich der Frage der wirtschaftlichen Ungleichheit verfolgen. Stattdessen versuchen die Oligarchen ausnahmslos, ihre wirtschaftlichen Vorteile so zu maximieren, dass sie unweigerlich sowohl die Freiheit des Volkes als auch die Bedingungen unterminieren, von denen ihr eigener Status und ihre Privilegien abhängen.

103 Vgl. ebd., Buch I, Kap. 52 f.

# 4. Machiavelli, Volkswiderstand und der merkwürdige Fall des Ciompi-Aufstands

Die *Istorie Fiorentine*[1] werden weithin als eine grundlegende Neuorientierung im Rahmen von Niccolò Machiavellis politischem Denken verstanden.[2] Eine zunehmende Anzahl von Historikern und Politikwissenschaftlern behauptet, dass Machiavelli in seiner Geschichte von Florenz gewöhnliche Bürger wesentlich kritischer beurteile und politische Eliten positiver bewerte, als er dies in *Il Principe* oder den *Discorsi* tut.[3] Ein starkes Indiz für diese angeblich konservative Wende in den *Istorie Fiorentine* scheinen Machiavellis Bemerkungen zu den Florentiner Wollarbeitern in seiner Wiedergabe des sogenannten Ciompi-Aufstands zu liefern. In den gesamten *Discorsi* lobt Machiavelli bekanntlich die Plebejer des alten Roms dafür, dass sie sich der Herrschaft des Adels ihrer Republik energisch widersetzten. Im dritten Buch der *Istorie Fiorentine* verurteilt er hingegen ausdrücklich die florentinischen Plebejer wegen ihrer tumultartigen Proteste gegen die Unterdrückung durch Eliten und ihren Versuch, die verfassungsmäßige Ordnung von Florenz während ihres Aufstands von 1378 zu verändern. Worin besteht jedoch der Unterschied zwischen den Verhaltensweisen der römischen und der florentinischen Plebejer, der zu Machiavellis vermeintlich verschiedenen Schlussfolgerungen führt? Warum waren die Beweggründe der römischen Plebejer in Machiavellis Worten »selten schädlich« für die Freiheit, aber diejenigen der florentini-

1 Vgl. Niccolò Machiavelli, *Istorie Fiorentine*, hg. v. Franco Gaeta, Milan 1962.

2 Obwohl sich ihre Ansichten darüber, wie konservativ Machiavelli letztlich wurde, im Einzelnen unterscheiden, lassen die folgenden Autoren keinen Zweifel daran, dass sich seine Orientierung in eine solche Richtung verschob: Francesco Bausi, *Machiavelli*, Rom 2005; Robert Black, *Machiavelli*, London 2013; Mark Hulliung, *Citizen Machiavelli*, Princeton 1984; Mark Jurdjevic, *A Great and Wretched City. Promise and Failure in Machiavelli's Florentine Political Thought*, Cambridge, MA 2014; sowie Mario Martelli, »Machiavelli e Firenze dalla repubblica al principate«, in: Jean-Jacques Marchand (Hg.), *Niccolò Machiavelli. Politico storico letterato*, Rom 1996, S. 15-31.

3 Vgl. Machiavelli, *Il Principe (De Principatibus)*, hg. v. Giorgio Inglese, Turin 1995; sowie ders., *Discorsi sopra la prima deca di Tito Livio*, in: Corrado Vivanti (Hg.), *Opere I. I Primi Scritti Politici*, Turin 1997, S. 73-254.

schen *Ciompi* »gravierend«, »unehrenhaft« und »schlecht« für die Republik?

Ich behaupte, dass Machiavelli letzten Endes den florentinischen nicht kritischer als den römischen Plebejern gegenübersteht. Tatsächlich bestehe ich darauf, dass er ihren Beweggründen oder »Launen« mindestens genauso zugetan ist, ihrem Unmut ebenso viel Verständnis entgegenbringt und ihr Verhalten genauso billigt – und sogar anerkennt – wie im Fall der römischen Plebejer.[4] Machiavellis offensichtliche Kritik an den *Ciompi* in den *Istorie Fiorentine*, so behaupte ich, ist vielmehr Teil eines ausgeklügelten Versuchs, seinem unmittelbaren Publikum von Medici-Prälaten und deren aristokratischen *amici* zu schmeicheln, durch die die Familie die Stadt regierte, indem sie die Mittel- und Unterschichten, einschließlich der Plebejer, unterdrückten. In den 1520er Jahren betrachteten die Medici, die Machiavelli beauftragten, die *Istorie Fiorentine* zu schreiben, die einfachen Bürger der Stadt als handfeste Gegner, während das Volk die Herrscher von Florenz als illegitime Tyrannen ansah.

Um die Gunst seiner Gönner aufrechtzuerhalten, greift Machiavelli auf mehrere rhetorische Strategien zurück, die den Anschein erwecken, als würden die florentinischen Plebejer im gesamten Buch verunglimpft: Er übersät die *Istorie Fiorentine* mit Bemerkungen, die ihre Beweggründe und ihr Verhalten diffamieren; er scheint das Anliegen der *Ciompi* mit den radikal unmoralischen Ansichten gleichzusetzen, die in der berüchtigten Rede des namenlosen *Ciompo* zum Ausdruck gebracht wurden;[5] und er lobt Michele di Lando in übertriebenem Maße dafür, dass er die Plebejer militärisch besiegte und innerhalb der Republik ihre dauerhafte Entrechtung erleichterte.[6] Kombiniert man jedoch die Hinweise, die Machiavelli in den *Istorie Fiorentine* vorlegt, mit den wesentlichen Grundsätzen, die er in *Il Principe* und den *Discorsi* ausbreitet (Grundsätze, von denen er sich in den *Istorie Fiorentine* nicht ausdrücklich distanziert), so deutet sich an, dass er diese offenkundig antiplebejischen Aussagen und Andeutungen ernsthaft untergräbt. Ungeachtet des konservativen Anscheins werde ich veranschaulichen, dass Machiavelli die *Ciompi* in den gesamten *Istorie Fiorentine*

4 Vgl. John P. McCormick, *Machiavellian Democracy*, Cambridge 2011.

5 Vgl. Machiavelli, *Istorie Fiorentine*, Buch III, Kap. 13.

6 Vgl. ebd., Buch III, Kap. 17.

unterstützt und zugleich an ihrem verheerenden bürgerlichen wie militärischen Schicksal – und damit einhergehend auch an dem seiner Stadt – verzweifelt, das aus ihrem Versagen resultierte, die Republik durch Reformen gerechter, inklusiver und vor allem kriegerischer zu gestalten.

## 1. Die wirtschaftspolitischen Ursprünge der plebejischen »Bösartigkeit« in den *Istorie Fiorentine*

Um die These zu untermauern, dass Machiavelli in den *Istorie Fiorentine* seine zuvor dargelegten Ansichten über den grundlegenden Anstand und das gute Urteilsvermögen der Plebejer revidiere, heben Historiker und Politikwissenschaftler oftmals seine zutiefst abfällige Bemerkungen über die florentinischen Plebejer hervor, die im gesamten Werk verstreut sind – Denunziationen, die im Rahmen seiner Schilderung des Aufstands der Wollarbeiter ein Crescendo zu erreichen scheinen.[7] Solche Wissenschaftler betonen häufig den krassen Gegensatz zwischen den »bösen« Absichten, die Machiavelli den *Ciompi* in den *Istorie Fiorentine* zu unterstellen scheint, und dem »anständigen« oder »guten« Charakter, den er den gewöhnlichen Bürgern in *Il Principe* sowie in den *Discorsi* zuschreibt.[8] Während ich in diesem Abschnitt das Verhalten analysiere, das die Plebejer im Verlauf der ersten Phase der Ciompi-Revolte an den Tag legten, werde ich verdeutlichen, dass man Machiavellis angeblich abwertende Beurteilungen dieser Bürger sorgfältig mit den Aussagen vergleichen sollte, die er im Hinblick auf ihre Handlungen trifft. Hier wie anderswo mangelt es Lesern häufig an der nötigen Sensibilität, wenn es um den Gegensatz zwischen Worten und Taten in Machiavellis Darstellungen geht. Machiavelli bemerkt im Laufe der *Istorie Fiorentine* tatsächlich, dass es die florentinischen Plebejer auszeichne, »im Bösen zu schwelgen«,[9] sie sich ausnahmslos auf die Seite derjenigen schlagen, die in der Stadt am »unzufriedensten« seien,[10] und im Zuge der Unruhen vom Juli 1378 ein »unanständiges« (*disonestà*) Verhalten an den Tag legten. Darüber

7 Vgl. ebd., Buch III, Kap. 10-14.

8 Vgl. Machiavelli, *Il Principe*, Kap. 9; sowie ders., *Discorsi*, Buch I, Kap. 1-5.

9 Machiavelli, *Istorie Fiorentine*, Buch II, Kap. 34.

10 Vgl. ebd., Buch III, Kap. 8.

hinaus empört er sich außerordentlich über die »unehrenhaften und schmerzlichen«[11] Forderungen, die die Plebejer während der ersten Phase der Wollarbeiterrevolte vorbrachten. Seine Beschreibungen ihrer Handlungen stehen jedoch im Widerspruch zu solch vordergründig heftigen Urteilen.

Zu Beginn des dritten Buches der *Istorie Fiorentine* versucht Machiavelli vor seiner Schilderung der Ereignisse des Ciompi-Aufstands zu erklären, warum »das niedere Volk« seit geraumer Zeit »die reichsten Bürger der Stadt und die Fürsten der Zünfte hasste« und warum die überwiegende Mehrheit der florentinischen Arbeiter der Ansicht war, sie würde unzureichend für ihre Arbeit entlohnt.[12] Machiavelli rekapituliert, wie in den vorangegangenen anderthalb Jahrhunderten Mitglieder des Florentiner Volkes, die in Handelszünften (den *popolani*) eintragen waren, der Regierung der Republik befahlen, die Unterteilung der Zünfte in sieben reichere, »ehrbarere« Zünfte und vierzehn weniger wohlhabende und daher »weniger ehrbare« Zünfte anzuerkennen.[13] Aus diesen institutionellen Entwicklungen ergaben sich zwei Konsequenzen.

Zunächst entstand in der Republik eine neue herrschende Klasse, bestehend aus dem alten Adel und den reichsten Zunftgenossen. Mitglieder des Adels, die während verschiedener Inkarnationen der sogenannten *Ordinamenti di Giustizia* – einer Serie von statutarischen Gesetzen, die zwischen 1293 und 1295 erlassen wurden – vermutlich nicht das Recht genossen, die höchsten Magistratsämter zu bekleiden, übten in ihrer Funktion als Feldherren der Guelfen immer noch erhebliche Macht aus. Diese »arroganten« Adligen, so Machiavelli, »neigten dazu, die *popolani* der bedeutenden Zünfte zu bevorzugen und die der weniger bedeutenden Zünfte sowie diejenigen, mit denen sie verbündet waren, zu verfolgen«.[14] Zu diesen Verbündeten der niederen Zünfte gehörten zu verschiedenen Zeiten prominente und anachronistisch als »Ghibellinen« bezeichnete Bürger, die oftmals von ihren Gegnern unter den Guelfen »verwarnt« (das heißt entrechtet oder verbannt) wurden, und gelegentlich Plebejer, die hinsichtlich ihres sozialen Status und ihrer politischen wie wirtschaftlichen Macht weit unter den Zunftgenossen standen.

11 Ebd., Buch III, Kap. 15.
12 Ebd., Buch III, Kap. 12.
13 Ebd.
14 Ebd.

Laut Machiavelli hatte also die Konsolidierung einer neuen herrschenden Klasse, die größtenteils aus adligen Anhängern der Guelfen und den Mitgliedern der reichsten Zünfte bestand (und die abgeschlossen wurde, nachdem der Ciompi-Aufstand endgültig unterdrückt und die aus der Asche der Revolte hervorgegangene Volksherrschaft gestürzt waren), eigentlich schon viele Jahre zuvor begonnen. Ferner gaben die kriegerischen Adligen ihre militärische Tugend durch ihr Bündnis mit den »Fürsten der Handelszünfte« auf, wie Machiavelli zu Beginn des dritten Buches andeutet;[15] überdies ließen sich Letztere, die zuvor als Verfechter der Freiheit des *popolo* in bewaffneten Kämpfen mit der herrschenden Klasse in Erscheinung traten, durch den für den Adel charakteristischen Drang nach Unterdrückung korrumpieren, wie Machiavelli hier anmerkt.

Die zweite, damit zusammenhängende Konsequenz, die sich aus den institutionellen Maßnahmen der Zunftrepublik ergab, war Machiavellis Darstellung zufolge die umfassende Unterwerfung der Arbeiterklasse der Stadt:

> Laut den Anordnungen der Zünfte wurden einigen Berufen, in denen das niedere Volk (*il popolo minuto*) und die niederen Plebejer (*la plebe infirma*) tätig waren, keine eigenen Zünfte zugestanden. Stattdessen wurden sie entsprechend ihrer Gewerbezugehörigkeit anderen Zünften unterworfen (*sottomissono*). Wenn also [das niedere Volk und die Plebejer] mit der Entlohnung, die sie für ihre Arbeit erhielten, unzufrieden waren oder sie auf andere Weise von ihren Herren unterdrückt wurden, hatten sie keinen anderen Ort, an den sie sich wenden konnten, als den Zunftmagistrat, der sie regierte. Infolgedessen ließ dieser ihnen ihrer Ansicht nach nie die Gerechtigkeit zuteilwerden, die sie verdient hätten.[16]

So sah sich die Zunftrepublik mit Umständen konfrontiert, in denen ihre reichsten Bürger mit dem arroganten, entrechteten, jedoch immer noch recht mächtigen Adel kolludierten, um Mitglieder der niederen Zünfte und andere zu unterdrücken, während die Mehrheit der florentinischen Arbeiter von den ihnen sozioökonomisch überlegenen Vorgesetzten innerhalb der gehobenen Zünfte ausgebeutet wurden, ohne Anspruch auf ein Berufungsverfahren, das sie für gerecht hielten. Zwar deutet Machiavelli an, dass die Überzeu-

15 Vgl. ebd., Buch III, Kap. 1.
16 Ebd., Buch III, Kap. 12.

gung der Plebejer, sie litten unter Ausbeutung, weitgehend subjektiv war, jedoch liefert er keinen Beweis dafür, dass diese Unterdrückung nicht stattfand.

Es ist beachtenswert, dass Machiavelli an dieser Stelle rückblickend einen Kontext dafür liefert, warum – einer seiner früheren Darstellungen zufolge – Walter VI. von Brienne zu Beginn seiner Tyrannei »die Gunst« der Plebejer für sich gewann, indem er prominente *popolani* hinrichtete, von denen einer zufällig ein Medici war.[17] Diese Hinrichtungen erfreuten die Plebejer nicht so sehr deshalb, weil, wie Machiavelli zunächst behauptet, es in ihrer »Natur« liege, »im Bösen zu schwelgen«.[18] Stattdessen deutet Machiavelli im Nachhinein an, die Plebejer hätten vielleicht guten Grund gehabt, diese wohlhabenden Zunftgenossen als ihre Unterdrücker anzusehen, und seien daher davon ausgegangen, dass durch solche Hinrichtungen in einem gewissen Maß der Gerechtigkeit Genüge getan werden würde. Darüber hinaus können wir nun besser nachvollziehen, warum die Beliebtheit von Walter von Brienne bei den Plebejern zunahm, als er sie mit Waffen und Bannern ausstattete:[19] Da die Plebejer nicht in einer eigenen Zunft organisiert, sondern lediglich anderen Zünften untergeordnet waren, hatten sie kein Recht, Waffen und Standarten in den von Zünften organisierten Milizen zu tragen, bis Walter VI. ihnen diese während seiner kurzen Amtszeit schenkte.

## 2. Die Rede des anonymen *Ciompo* und die »unanständige« Natur der Plebejer

Diese historischen Gegebenheiten bilden den Hintergrund für den Ciompi-Aufstand von 1378. Sie liefern zudem den Kontext, in dessen Rahmen Leser die berüchtigte Rede interpretieren sollten, die Machiavelli in Buch III, Kapitel 13 der *Istorie Fiorentine* dem anonymen *Ciompo* zuschreibt. Die meisten Historiker und Politikwissenschaftler nehmen an, dass Machiavelli im Zuge einer dramatischen Abkehr von seinen früheren Schriften den Plebejern *en masse* die Unanständigkeit und Unmoral unterstelle, die der na-

17 Vgl. ebd., Buch II, Kap. 33.
18 Vgl. ebd., Buch II, Kap. 34.
19 Vgl. ebd., Buch II, Kap. 36.

menlose *Ciompo* zum Ausdruck brachte – eine Unanständigkeit und Unmoral, die er zuvor allein den Eliten zuschrieb. In diesem Zusammenhang werden üblicherweise zwei bedeutende, beispiellose Aspekte der Rede hervorgehoben: Erstens die offensichtliche Doppelzüngigkeit, List und Habgier, die vom *Ciompo* befürwortet wurden und sich darin äußerten, dass er die Plebejer eindringlich dazu aufforderte, die Brandstiftungen und Raubüberfälle, die sie bereits begangen hatten, zu verschärfen und auszuweiten, um mehr Mittel für ihre eigene Herrschaft über die Stadt hinzuzugewinnen und die Vergeltung ihrer Gegner zu verunmöglichen. Zweitens die Tatsache, dass er darauf beharrte, das Volk und die Adligen seien gleicher Natur, was sich in der Behauptung manifestierte, unter den schmutzigen Lumpen und feinen Roben, die sie jeweils kleideten, glichen die Plebejer und Adligen einander in ihrem Verlangen nach Unterdrückung.

Machiavelli beginnt Buch III, Kapitel 12 der *Istorie Fiorentine*, indem er sich mit dem Gemütszustand der unteren Klassen von Florenz befasst. Die Adligen und mächtigsten Zunftgenossen der Guelfenpartei hatten während der jüngsten Episode sozialer Unruhen in der Stadt »die niedersten Plebejer« zum Brandschatzen und Plündern angestiftet.[20] Laut Machiavelli befürchteten »die Kühnsten« unter diesen, dass sie nun, nachdem der Frieden wiederhergestellt war, für ihre »Vergehen« bestraft und »wie eh und je« von denen verraten und beschuldigt werden würden, die sie dazu ermutigt hatten, solche Verbrechen zu begehen.

In diesem Zusammenhang, so Machiavelli, seien die »plebejischen Männer« (*uomini plebei*) – sowohl »die *sottoposti*«, die für die Zunft der Wollfabrikanten arbeiteten, als auch die Plebejer, die anderen Zünften unterstellt waren – »völlig entrüstet« und sehr besorgt angesichts der Brandstiftungen und Raubüberfälle gewesen, die sie auf Betreiben von unzufriedenen Bürgern in der städtischen Oberschicht begangen hatten.[21] Bei einer der nächtlichen Versammlungen, die die Plebejer abhielten, um über die »allgemeine Gefahr« zu beraten, der sie alle in diesen schwierigen Zeiten ausgesetzt waren, wandte sich »einer der kühnsten und erfahrensten unter ihnen«, den Machiavelli nicht beim Namen nennt, an seine

20 Vgl. ebd., Buch III, Kap. 12.

21 Vgl. ebd., Buch III, Kap. 13.

Kameraden. Es ist dieser anonyme *Ciompo* der *Istorie Fiorentine*, der vielen Historikern und Politikwissenschaftlern als amoralischer, politisch realistischer Erfüllungsgehilfe Machiavellis gilt – eine Figur, die Machiavellis vermeintlich gereifte Überzeugung bestätigen soll, gewöhnliche Bürger tendierten zu politischer Bösartigkeit.

In seiner Rede gibt der *Ciompo* zu verstehen, dass die Plebejer durch Gewalt, Betrug, Habgier und die von ihm befürwortete Bösartigkeit die folgenden obersten Ziele erreichen werden: »Wir werden entweder die unangefochtenen Fürsten der Stadt werden oder zumindest eine solche Kontrolle über einen großen Teil von ihr erlangen, dass uns nicht nur unsere früheren Vergehen vergeben, sondern wir auch über genügend Autorität und Macht verfügen werden, um unseren Gegnern mit völlig neuen Verletzungen zu drohen.«[22] In diesem Sinne ruft der *Ciompo* kurz vor dem Ende seiner Rede aus: »Wie oft habe ich gehört, wie ihr euch über die Arroganz eurer Herren und die Ungerechtigkeit eurer Magistrate beschwert habt! Jetzt ist es an der Zeit, euch nicht nur von ihnen zu befreien, sondern sie gänzlich eurer Macht zu unterwerfen, so dass sie einen stärkeren Anlass haben werden, sich über euch zu beklagen und euch mehr zu fürchten als ihr sie.«[23] Die nachfolgenden Handlungen des Volkes müssen unter Berücksichtigung genau dieser erklärten Ziele – der vollständigen Herrschaft über die Stadt oder der überwiegenden Macht in ihr – beurteilt werden.

Machiavelli berichtet, dass die Rede des namenlosen *Ciompo* die bereits »entflammten bösen Geister« der Plebejer weiter anfachte, die sich allesamt dazu bereit erklärten, ihr gewaltsames Vorgehen wieder aufzunehmen, sobald sich die Zahl ihrer Verbündeten erhöhte. Darüber hinaus erwähnt er zu Beginn des nächsten Kapitels, dass die Plebejer in Erwiderung auf die Rede des *Ciompo* darauf abzielten, »die Republik an sich zu reißen«.[24] Ich werde jedoch zeigen, dass die Handlungen, auf die Machiavelli in diesem und den folgenden Kapiteln eingeht, erkennen lassen, dass die Plebejer weder die vollständige Herrschaft noch einen Löwenanteil der Macht innerhalb der Stadt anstrebten.

Bei sämtlichen Versuchen, den anonymen *Ciompo* als Nachweis für Machiavellis vermeintlich neue Sicht auf gewöhnliche Bürger

22 Ebd.

23 Ebd.

24 Ebd., Buch III, Kap. 14.

heranzuziehen, gibt es daher ein unüberwindbares Problem: Letzten Endes folgten dessen Mitstreiter seinem Ratschlag nicht. Die Wollarbeiter und andere Plebejer wendeten trotz der Aufrufe des *Ciompo* keine Gewalt an, um die gesamte gesellschaftspolitische Ordnung der Stadt zu stürzen, obwohl sich ihnen die Gelegenheit und die Macht dazu bot. Somit veranschaulicht Machiavelli – ohne dies ausdrücklich zu kommentieren –, dass die Plebejer schlussendlich weder willens waren, sich auf die Unanständigkeit und Unmoral einzulassen, die der *Ciompo* von ihnen verlangte, noch das unterdrückerische Verhalten an den Tag legten, das Machiavelli in den gesamten *Istorie Fiorentine* andauernd und ohne Vorbehalte als so charakteristisch für den Adel erachtet.

Wie Machiavellis historischer Bericht verdeutlicht, schlugen die Plebejer, als sie die Stadt im Griff hatten, eine verfassungsrechtliche Regelung vor, der zufolge sie – die Mehrheit der freien, in Florenz ansässigen erwachsenen Männer – in der florentinischen Regierung von ihren Gegnern aus den gehobenen und mittleren Zünften überstimmt werden konnten. Überdies gewährten sie auch ihren unbeständigen Verbündeten aus den niederen Zünften mehr Sitze, als sie für sich selbst beanspruchten.[25] Wie wir feststellen werden, weist Machiavelli darauf hin, dass die Plebejer die Stadt am 21. Juli 1378 – in voller Übereinstimmung mit den Vorschlägen des anonymen *Ciompo* – allein hätten regieren können, wenn sie dies gewünscht hätten. Ihre institutionellen Forderungen offenbaren jedoch, was sie wirklich wollten: Die Einbeziehung in die Zunftrepublik, die sie zuvor ausgeschlossen und unterdrückt hatte, nicht deren »Usurpation«; und sie zeigten sogar die Bereitschaft, eine unverhältnismäßig untergeordnete Rolle innerhalb dieses Regierungssystems zu akzeptieren.

## 3. Die plebejische »Usurpation« in der ersten Phase des Ciompi-Aufstands

Es war den *Ciompi* und anderen Plebejern nicht vergönnt, auf einen günstigeren Zeitpunkt warten zu können, um ihren Aufstand fortzusetzen, da die Signoria unmittelbar von ihren Plänen erfuhr

25 Vgl. ebd., Buch III, Kap. 15.

und eines ihrer Mitglieder unter Folter zwang, weitere Details preiszugeben.[26] In Absprache mit Vertretern der Zünfte beschloss die Signoria, am nächsten Morgen alle sechzehn Standartenträger der Nachbarschaft an den Spitzen ihrer Milizen auf die Piazza zu rufen. Als die Plebejer auf diese Pläne von einem Handwerker aufmerksam gemacht wurden, der davon zufällig im Palazzo della Signoria hörte, versammelten sich noch am selben Abend Tausende von ihnen auf den Plätzen der bedeutendsten Kirchen in der ganzen Stadt, mit der Absicht, am nächsten Morgen zum Palazzo zu marschieren. Am nächsten Tag drang die »Menge«, so Machiavelli, in die Signoria ein, ergriff das Banner des Gonfalonieres und brannte unter seiner symbolischen Autorität die Häuser derjenigen Bürger nieder, die sie entweder auf öffentlichem oder privatem Grund beleidigt hatten. Es überrascht nicht, dass sie im Zuge dessen auch die Aufzeichnungen der Wollzunft verbrannten, die vermutlich Informationen über vergangene Straftaten und anhängige Anklagen gegen einzelne *Ciompi* enthielten.[27]

Laut Machiavelli verlangte die mittlerweile über 6000 Anhänger zählende Menge – die Plebejer und niederen Zunftgenossen – von den Zünften die Herausgabe all ihrer Standarten bis zum Ende des 21. Juli, die sie auch erhielten.[28] Unter diesen Bannern und der Standarte des Regierungschefs stellten Machiavellis Schilderung zufolge die Plebejer der Signoria Bedingungen.[29] Die Plebejer forderten folgende Zugeständnisse: dass drei neue Zünfte für Arbeiter und Angehörige niederer Klassen gegründet werden, die zuvor nicht in eigenen Zünften eingetragen waren; dass diese drei neuen Zünfte gemeinsam durch zwei Prioren in der Signoria vertreten werden; dass die Anzahl der den niederen Zünften zugeteilten Prioren von zwei auf drei wiederhergestellt wird; dass Vorkehrungen für einen öffentlichen Raum getroffen werden, an dem die neuen Zünfte ihre Versammlungen abhalten können; dass der Einsatz eines ausländischen Richters durch die Wollzunft verboten wird; dass seinerzeit angeklagte oder kürzlich verurteilte Gefangene begnadigt werden; und dass die Ehren und Rechte derjenigen Bürger wiederhergestellt werden, die von den Guelfen verwarnt worden waren. Zudem be-

26 Vgl. ebd., Buch III, Kap. 14.
27 Vgl. ebd.
28 Vgl. ebd.
29 Vgl. ebd., Buch III, Kap. 15.

standen die Plebejer auf einem ihnen zugutekommenden Straferlass für Bagatelldelikte und forderten von der städtischen Behörde, die die Staatsverschuldung – den *monte* – überwachte, eine für sie vorteilhaftere Steuerpolitik.

Machiavelli kommentiert diese von den Plebejern geforderten Zugeständnisse mit den folgenden Worten: »Diese Forderungen waren unehrenhaft und schwerwiegend für die Republik.«[30] Aber wie ungeheuerlich sind sie tatsächlich? Bei ihrer Beurteilung sollten Leser die folgenden Aspekte berücksichtigen: die vorherige, höchst ungerechte gesellschaftspolitische Ordnung der Stadt, die von Machiavelli selbst als solche beschrieben wurde; die Äußerung des namenlosen *Ciompo* darüber, was die endgültigen und höchst maßlosen Ziele der Plebejer sein sollten; und die Tatsache, dass die Plebejer in jenem Moment nahezu die absolute Kontrolle über die Stadt errungen hatten.

Im Rahmen der vorangegangenen Verfassungsstruktur von Florenz teilten sich einundzwanzig Zünfte acht Sitze in der Signoria: Machiavellis anfängliche Ausführungen[31] legen nahe, dass die sieben gehobenen Zünfte zwei Sitze innehatten, während die weiteren vierzehn Zünfte, aufgeteilt in Gruppen von mittleren und niederen Zünften, mit jeweils drei beziehungsweise zwei Sitzen vertreten waren. Machiavelli weist an dieser Stelle implizit darauf hin, dass die von diesen Regelungen völlig ausgeschlossenen Plebejer die Verabschiedung von Gesetzen forderten, die der gesamten Bürgerschaft zugutekommen sollten und nicht nur ihnen selbst als herrschender Partei. In diesem Zusammenhang lohnt es sich hervorzuheben, was die Plebejer tatsächlich forderten und was sie *nicht* forderten: Sie gestanden den gehobenen und mittleren Zünften ihre angestammten Sitze in der Signoria zu; sie erhöhten die Anzahl der Sitze für niedere Zünfte von zwei auf drei; sie forderten nicht die Abschaffung der Guelfenpartei und ließen damit die Würde und Autorität des alten Adels unangetastet; und sie forderten ein Ende der Verwarnungen und suchten auf diese Weise, denjenigen Bürgern Recht widerfahren zu lassen, für die man die fragwürdige Bezeichnung »Ghibellinen« gebrauchte. Freilich forderten sie auch einen Straferlass für ihre eigenen Verbrechen und eine Neuregelung der Staatsverschuldung, der zufolge die reichsten Zunftmitglieder und

30 Ebd.

31 Vgl. ebd., Buch II, Kap. 42.

nicht die einfachen Zunftgenossen die finanzielle Last der Staatsschulden tragen sollten.

Entscheidend ist jedoch, dass die Plebejer durch ihre Forderung nach nur zwei Sitzen in der Signoria signalisierten, dass sie nicht die Absicht hatten, den gehobenen, mittleren und niederen Zünften die politische Vormachtstellung streitig zu machen, obwohl ihre eigenen Mitglieder denjenigen aller drei anderen Zunftgruppen zahlenmäßig überlegen waren. Kurz gesagt: Ungeachtet der Tatsache, dass die Plebejer durchaus in der Lage gewesen wären, der Stadt ihren Willen aufzuzwingen, und trotz des Aufrufs des namenlosen *Ciompo*, sich die Republik ganz zu eigen zu machen (oder sich zumindest zu erlauben, sie zu beherrschen), forderten sie lediglich eine dezidiert untergeordnete Rolle innerhalb der Regierung. Entgegen seiner vorangegangen ausschweifenden Kritik an den Plebejern veranschaulicht Machiavelli somit durch seine Darstellung ihrer Handlungen und Forderungen, dass sie weder das »Übel« für die ganze Republik noch ihre gesamte »Usurpation« anstrebten, indem sie sich zu den unangefochtenen »Fürsten der Stadt« ernannt hätten. Vielmehr zielten sie auf ein politisches Ergebnis ab, das für alle Bürger der Stadt annehmbar sein sollte, einschließlich ihrer selbst und ihrer standhaftesten Gegner.

## 4. Widerspenstiges Verhalten: Unvereinbar mit bürgerlicher Freiheit?

Machiavelli fasst die Reaktion der florentinischen Stadtregierung auf die Forderungen der Plebejer wie folgt zusammen: »[A]us Furcht vor Schlimmerem stimmten die Signoria, die Kollegialgremien und der Volksrat ihnen zu.«[32] Für die endgültige Verabschiedung der vorgeschlagenen Reformen war jedoch auch die Zustimmung des Gemeinderates erforderlich. Gemäß den Statuten der Stadt konnten sowohl der Volks- als auch der Gemeinderat nicht am selben Tag zusammentreten, so dass die Abstimmung um vierundzwanzig Stunden verschoben wurde. Die Plebejer hätten unter diesen außergewöhnlichen Umständen die Aufhebung der gesetzlichen Konventionen und damit die unverzügliche Einleitung der

32 Ebd., Buch III, Kap. 15.

Schlussabstimmung einfordern können, aber das taten sie nicht. Machiavelli schließt seinen Bericht über die Ereignisse des Tages mit den Worten: »Da es für den Moment so aussah, als seien sowohl die Zünfte als auch die Plebejer zufrieden, versprachen Letztere, dass alle Tumulte aufhören würden, sobald die neuen Gesetze verabschiedet seien.«[33] Am nächsten Tag sorgten jedoch die Empörung der Bevölkerung und die Feigheit der Eliten dafür, dass die damalige Ruhe nicht aufrechterhalten wurde.

Während der Gemeinderat am nächsten Morgen beriet, so Machiavelli, »[kehrte] die ungeduldige und gereizte Menge unter den Standarten der Stadt auf die Piazza zurück [...], mit so lauten und einschüchternden Rufen, dass sie den gesamten Rat und die Signoria erschreckten«.[34] Wie sehr missbilligt Machiavelli, der im politischen Kontext durchaus ein Faible für drastische Maßnahmen hatte, wirklich ein so lautes, einschüchterndes und beängstigendes Geschrei und eine solche öffentliche Demonstration von Volkssolidarität? Unter Berufung auf das Verhalten der römischen Plebejer spielt er in den *Discorsi* das Ausmaß herunter, in dem die Eliten einer Republik durch solche Unruhen beunruhigt sein sollten.[35] Er erklärt in diesem Zusammenhang, dass Krawalle und Proteste auf der Straße ausschließlich für diejenigen »beängstigend« sein sollten, die »nur in Büchern darüber gelesen haben«.[36] Es stellt sich heraus, dass es nicht die florentinischen Plebejer sind, die sich an diesem Punkt der *Istorie Fiorentine* anders verhalten als ihre römischen Pendants, sondern – wie Machiavelli im Folgenden darlegt – die florentinischen Eliten.

Machiavelli schreibt, dass infolge dieser Aufregung und dieses Tumults »einer der Prioren, mehr von Angst als von privatem Interesse getrieben, unter dem Vorwand, die Tür sichern zu wollen, nach unten rannte und in sein Haus floh. Als er sich nach draußen schlich, erwies er sich als unfähig, seine Identität vor der Menge zu verbergen.«[37] Die vermeintlich bösartigen Plebejer, die auf der Piazza schrien, fügten ihm keinen Schaden zu. Aber der Anblick eines Magistrats, der den Palast aus unerfindlichen Gründen ver-

33 Ebd.
34 Ebd.
35 Vgl. Machiavelli, *Discorsi*, Buch I, Kap. 4.
36 Ebd.
37 Machiavelli, *Istorie Fiorentine*, Buch III, Kap. 15.

ließ, erregte den Verdacht der Plebejer und veranlasste daher »die Menge zu fordern, dass, falls nicht alle anderen Signori auch den Palast räumen, sie ihre Kinder abschlachten und ihre Häuser dem Erdboden gleichmachen würden«.[38] Hier, wie auch später in der Revolte, erweckte die Unsicherheit über die Beweggründe der Magistrate (zu einem späteren Zeitpunkt insbesondere die von Michele di Lando) Argwohn unter den Plebejern, die infolgedessen auf Einschüchterung (jedoch nicht auf Körperverletzung) setzten, um sicherzustellen, dass die ihnen versprochenen Zugeständnisse tatsächlich eingelöst wurden.

Jedenfalls verabschiedete der Gemeinderat am folgenden Tag die neuen Gesetze, ohne dass sich die Plebejer – zumindest gemessen an altrömischen Verhältnissen – außergewöhnlich rücksichtlos verhielten. Sie drohten zwar den führenden Bürgern der Stadt, ließen ihren Worten jedoch keine Taten folgen, obwohl sie mehr als reichlich Gelegenheit dazu hatten. So endete die erste Phase des Ciompi-Aufstands mit sehr moderaten Reformen, die auf Betreiben der Plebejer eingeleitet wurden, und ohne dass sie den führenden Bürgern der Stadt körperlichen Schaden zufügten.

Auf der Grundlage des Vorstehenden können wir zu dem Schluss kommen, dass die florentinischen Plebejer Machiavellis Maßstäben zufolge nicht von »gleicher Natur« wie die Adligen waren. Sie wollten weder unterdrücken noch sich aktiv an einer Unterdrückung beteiligen, wenn sie die Gelegenheit dazu hatten. Vielmehr legen die plebejischen Reformvorschläge nahe, dass die *Ciompi* lediglich die Aufnahme in die Zunftordnung und ein institutionelles Mitspracherecht anstrebten, um sicherzustellen, dass *sie* nicht länger von den Adligen und den »Fürsten der Zünfte« unterdrückt werden, wie dies zuvor der Fall war und von Machiavelli eindeutig veranschaulicht wurde. Seine Beschreibungen des plebejischen Verhaltens unterminieren ausdrücklich die Behauptung, er glaube tatsächlich, was er über sie zu sagen habe, entweder in seinen eigenen Worten oder anhand derer, die er dem namenlosen *Ciompo* zuschreibt. Es liegt mehr als nur ein wenig retrospektive Ironie darin, wenn Machiavelli im Zuge seiner rhetorischen Denunziationen von dem Verhalten der »bösartigen« Plebejer spricht oder ihre Forderungen als »unanständig«, »gravierend« und »unehrenhaft« bezeichnet.

38 Ebd.

## 5. Michele di Lando: Fürst der florentinischen Plebejer?

Die zweite Phase des Ciompi-Aufstands war geprägt von der Figur des Michele di Lando. Der barfüßige, in Lumpen gekleidete Wollarbeiter führte den plebejischen Mob an, der die Signoria während der Revolte einnahm, wurde der erste *Gonfaloniere di Giustizia* der jungen Volksrepublik und unterdrückte, kaum einen Monat nachdem sie ihn zu ihrem Vorkämpfer ernannt hatten, die Wollarbeiter militärisch. Nur sehr wenige, wenn überhaupt irgendwer, werden in den *Istorie Fiorentine* überschwänglicher gepriesen als Michele di Lando – ein verschwenderisches Lob, das die meisten Interpreten für bare Münze nehmen.[39] Diese Einschätzung erweist sich jedoch als fragwürdig, wenn man Machiavellis Urteil über Michele di Landos vermeintliche »Tugend«, »Tatkraft« und »Besonnenheit« sowie dessen bescheidenen Ehrgeiz und insbesondere »Güte« vor dem Hintergrund seiner Verordnungen für neue Fürsten betrachtet, die er in *Il Principe* und den *Discorsi* ausbreitet. Michele di Landos anfängliches Verhalten entsprach weitgehend den Ratschlägen, die Machiavelli Republikgründern und Reformern im Rahmen seiner früheren Werke erteilte. Allerdings veranschaulicht Machiavelli letztlich, ohne genauer darauf einzugehen, dass Michele di Lando eklatant gegen zentrale Grundsätze seiner wesentlichsten politischen Lehren verstößt, insbesondere im Hinblick auf den Umgang mit bewaffneten Plebejern während ziviler Konflikte. Entscheidend ist, dass Machiavellis subtile, jedoch vernichtende Kritik an Michele di Landos Verhalten eine implizite, aber deutliche Befürwortung der Beweggründe und Maßnahmen der florentinischen Plebejer darstellt, die er vordergründig zu ver-

39 Vgl. Sverre Bagge, »Actors and Structure in Machiavelli's *Istorie Fiorentine*«, in: *Quaderni d'Italianistica* 2 (2007), S. 45-87; Ana Maria Cabrini, »La storia da non imitare. Il versante negativo dell'esemplarità nelle *Istorie Fiorentine*«, in: Francesco Adorno, Giorgio Barberi Squarotti (Hg.), *Cultura e scrittura di Machiavelli*, Rom 1997, S. 197-220; Salvatore di Maria, »Machiavelli's Ironic View of History. The *Istorie Fiorentine*«, in: *Renaissance Quarterly* 2 (1992), S. 248-270; Felix Gilbert, »Machiavelli's *Istorie Fiorentine*. An Essay in Interpretation«, in: *History. Choice and Commitment*, Cambridge 1977, S. 135-153; Martine Leibovici, »From Fight to Debate. Machiavelli and the Revolt of the Ciompi«, in: *Philosophy and Social Criticism* 6 (2002), S. 647-660; sowie Mark Phillips, »Barefoot Boy Makes Good. A Study of Machiavelli's Historiography«, in: *Speculum* 3 (1984), S. 585-605.

urteilen scheint, weil sie in der zweiten Phase der Revolte angeblich zu viel verlangten.

Nachdem die Prioren den Palazzo verlassen hatten, führte Michele di Lando die aufständischen *Ciompi* in das Gebäude und die Treppe hinauf zur Schwelle der Kammer der Signoria. »Barfuß und kaum bekleidet« hielt er dort das Banner des *Gonfaloniere di Giustizia*, das Emblem des höchsten Magistrats der Republik, in seinen Händen.[40] Anschließend wandte er sich laut Machiavelli mit den folgenden Worten an seine Landsleute: »Seht her, der Palast gehört euch und die Stadt ist in euren Händen. Was schlagt ihr jetzt vor?«[41] Machiavelli zufolge antwortete »die Menge«, dass Michele di Lando die Amtsbefugnis als »ihr Gonfaloniere und Herr« übernehmen und sie und die Stadt regieren solle, »wie er es für richtig hielt«.[42]

Machiavelli berichtet weiter, wie Michele di Lando in seiner ersten Amtshandlung als Gonfaloniere die Verhaftung des Leiters des damals als Gefängnis genutzten Palazzo del Bargello anordnete.[43] Der Gefängnisdirektor hatte vermutlich zahlreiche *Ciompi* inhaftieren lassen, nachdem es in den ersten Tagen des Wollarbeiteraufstandes zu Brandschatzungen und Plünderungen kam, weswegen die Plebejer zweifellos über dessen anstehende Bestrafung erfreut gewesen sein dürften. Machiavelli nimmt jedoch zur Kenntnis, dass Michele di Lando auch eine klare Botschaft aussandte, als er einen Galgen auf der Piazza aufrichten ließ. So stellte er unmissverständlich klar, dass er keinen weiteren Ungehorsam dulden würde, obwohl er der Menge erlaubte, den Gefängnisdirektor in Stücke zu reißen, sobald sie ihn gefunden und auf die Piazza gezerrt hatten. Gemessen an den Maßstäben, die Machiavelli für Republikgründer setzte, war dies ein gelungener Auftakt für Michele di Lando. Denn laut Machiavelli soll ein neuer Fürst sich auf die gewöhnlichen Bürger berufen und deren rachsüchtige Geister durch eine spektakuläre Hinrichtung der ehemaligen Peiniger austreiben, so wie es in anderen Zusammenhängen auch Lucius Iunius Brutus und Cesare Borgia taten.[44] Michele di Lando gelang es, die Aufmerksamkeit der ehemals unterdrückten Wollarbeiter vorerst auf

40 Vgl. Machiavelli, *Istorie Fiorentine*, Buch III, Kap. 16.

41 Ebd.

42 Ebd.

43 Vgl. ebd.

44 Vgl. Machiavelli, *Il Principe*, Kap. 7, 9; sowie ders., *Discorsi*, Buch III, Kap. 1.

ein einziges Racheobjekt zu lenken, wodurch er sich Zeit erkaufte, die er zur Absicherung seiner Herrschaft benötigte.

Machiavelli zufolge feuerte Michele di Lando im Rahmen seiner ersten Reformen sämtliche Oberhäupter der Zünfte und setzte anschließend neue ein. Überdies entließ er alle Mitglieder der Signoria, der Kollegialgremien sowie der *Otto di Guardia e Balìa* aus den Magistratsämtern und verbrannte die Losbeutel, aus denen die Namen der Kandidaten für politische Ämter gezogen wurden.[45] Daraufhin schuf Michele di Lando eine neue Signoria, bestehend aus vier Prioren der niederen Plebejer (*plebe minuta*) und je zwei Prioren aus den Reihen der gehobenen und niederen Zünfte.[46] Außerdem teilte er das Staatswesen in drei Teile: einen für die neuen plebejischen Zünfte, einen für die niederen Zünfte und einen für die gehobenen Zünfte. Die neue Signoria und neue Losbeutel mit Namen geeigneter Kandidaten für politische Ämter stellten innerhalb der Florentiner Regierung die allererste politische Repräsentation der *Ciompi* dar, die nun endlich das Recht hatten, sich in ihren eigenen Zünften zu organisieren.

Bemerkenswerterweise wurde durch diese neue Regelung die Anzahl der Sitze in der Signoria verdoppelt, die die Plebejer selbst im Zuge ihres Aufstands gefordert hatten: Wie Machiavelli zuvor erwähnte, hatten die Wollarbeiter nur zwei eigene Prioren zur Vertretung ihrer Interessen gefordert,[47] was ihnen – einer Mehrheit der neu konstituierten Bürgerschaft – lediglich eine Minderheit von Sitzen im Magistrat beschert hätte. Stattdessen gewährte ihnen Michele di Lando *vier* Sitze, was es ihnen wesentlich einfacher machte, eine Stimmenmehrheit in der Signoria zu erreichen. Somit erließ er zweifelsohne Gesetze, die den florentinischen Plebejern formell immense Macht verliehen. Handelte er nach machiavellischen Maßstäben jedoch mutig genug, um diese neuen Gesetze – ähnlich Moses, Romulus und Brutus – mit Leben zu füllen und ihnen eine inhaltsgemäße Wirkung und Langlebigkeit zu verleihen?

Tatsächlich leitete Michele di Lando im Folgenden mehrere Schritte ein, die sein Ansehen bei den *Ciompi* unmittelbar beeinträchtigten und durch die schließlich seine eigene Autorität gegen-

45 Vgl. Machiavelli, *Istorie Fiorentine*, Buch III, Kap. 16.
46 Vgl. ebd.
47 Vgl. ebd., Buch III, Kap. 15.

über den Elitebürgern der Stadt, den »Volksadligen« der gehobenen Zünfte, untergraben wurde. So berichtet Machiavelli, dass er Salvestro de' Medici eine Beteiligung an den überaus üppigen Einnahmen der Geschäfte entlang der Ponte Vecchio gewährte und er sich selbst das Rektorat (*la podesteria*) der unterworfenen Stadt Empoli zuwies.[48] Ferner gewährte er laut Machiavelli zahlreichen anderen prominenten Bürgern »viele andere Vorteile [...], damit sie ihn in Zukunft vor Neid schützen könnten«.[49]

Indem Michele di Lando versuchte, es sowohl den Plebejern als auch den sogenannten Volksadligen recht zu machen, schlug er einen Mittelweg ein, der sowohl im Allgemeinen als auch im Besonderen gegen entscheidende machiavellische Maximen für den Erfolg eines Fürsten verstößt. So besteht Machiavelli darauf, dass ein erfolgreicher neuer Fürst – ob nun Cesare Borgia, Agathokles von Syrakus, Nabis oder Kleomenes – seine Autorität auf der Grundlage der Unterstützung der Bevölkerung und nicht der Aristokratie etablieren müsse: Aufgrund der gegensätzlichen Beweggründe dieser gegnerischen Klassen kann er sich nicht sowohl auf das Volk als auch auf die Adligen stützen. Darüber hinaus kann er seinen Staat nicht hauptsächlich mit der Unterstützung der Adligen gründen, weil Letztere einen solchen Fürsten unweigerlich absetzen werden, sobald er es wiederholt versäumt, ihrem unstillbaren Verlangen nach Unterdrückung nachzukommen.[50]

Und dann ist da noch das Thema »Neid« und wie ein neuer Fürst damit umgehen solle – eine Problematik, die Machiavelli im Rahmen seiner Darstellung von Michele di Landos Umgang mit Volksadligen wie Salvestro de' Medici und anderen prominenten Bürgern aufwirft. In *Il Principe* und den *Discorsi* ist Machiavelli in dieser Hinsicht unnachgiebig: So solle sich ein neuer Fürst in erster Linie über den Neid der Adligen beziehungsweise der »Söhne des Brutus« Sorgen machen – einen Neid, dem Brutus erfolgreich begegnete, der Dominikanerbruder Girolamo Savonarola und Piero Soderini jedoch auf spektakuläre Weise nicht.[51] Tatsächlich scheint Michele di Lando hier fast genau der Vorgehensweise zu folgen, die Machiavelli in den *Discorsi* an Savonarola kritisierte, vor allem aber

48 Vgl. ebd.

49 Ebd.

50 Vgl. Machiavelli, *Il Principe*, Kap. 9.

51 Vgl. ebd., Kap. 6; sowie Machiavelli, *Discorsi*, Buch III, Kap. 30.

Soderini, Michele di Landos späteren Erben im Amt des *Gonfaloniere di Giustizia*.

Machiavelli zeichnet Soderinis gescheiterten Versuch nach, dem gegen ihn gerichteten Neid der »Söhne des Brutus« entgegenzutreten, die wiederum die Volksherrschaft verachteten, der Soderini ähnlich wie Michele di Lando als Gonfaloniere vorstand. Im Zuge dessen merkt Machiavelli an, dass Soderini davon ausging, »Geduld und *Geschenke*« trügen zur Überwindung eines solchen Neids bei, er jedoch »nicht verstand, dass eine solche Bosheit nicht [...] durch *Geschenke* jeglicher Art besänftigt werden kann«.[52] Soderini glaubte, dass »Geduld, *Güte* und die Verteilung von *Vorteilen* Neid beseitigen würden«.[53]

Soderini begriff laut Machiavelli eine entscheidende grausame Tatsache nicht: »Um diesen Neid zu überwinden, ist das einzige Heilmittel der Tod derer, die von ihm verzehrt werden.«[54] Kurz gesagt, erklärt Machiavelli unmissverständlich, dass der Neid der Adligen nicht durch Güte besänftigt werden könne – eine Vorgehensweise, die er Michele di Lando am häufigsten zuschreibt. Darüber hinaus betont er, dass das einzige »Geschenk«, das die Söhne des Brutus letztendlich befriedigen könne, der »Tod« sei und nicht etwa Immobilien, die Michele di Lando Leuten wie Salvestro de' Medici und anderen reichen *popolani* schenkte, ganz gleich wie lukrativ sie auch immer sein mögen. Damit ist impliziert, dass Michele di Lando ein Narr war, wenn er anders dachte.

Michele di Lando befolgte intuitiv einige von Machiavellis Ratschlägen, jedoch eindeutig nicht alle: Im Falle des Gefängnisdirektors des Palazzo del Bargello gelang es ihm erfolgreich, einen Einzelnen zum Sündenbock zu machen, um den Unmut des Volkes umzuleiten. Er selbst versäumte es jedoch, den Gesetzen und Ordnungen Leben einzuhauchen, durch die das Volk, einschließlich der Plebejer, zur Herrschaft ermächtigt wurde. Brutus sicherte das Fortbestehen der jungen römischen Republik, indem er den Strafprozess und die Hinrichtung seiner Söhne und ihrer aristokratischen Mitverschwörer beaufsichtigte, die sich gegen die neue Regierungsform wandten; Cesare Borgia hingegen sicherte sein neues Fürstentum und die ihm zugrundeliegenden repräsentativen Institutionen,

52 Ebd., Buch III, Kap. 3. Hervorhebung durch John P. McCormick.

53 Ebd., Buch III, Kap. 30. Hervorhebung durch John P. McCormick.

54 Ebd.

die dem Volk zugutekamen, indem er die korrupten Signori eliminierte, die zuvor die Romagna schlecht regiert hatten.[55] Michele di Lando traf jedoch keine Vorkehrungen zum Schutz seiner neuen Gesetze und Ordnungen. Ebenso entscheidend ist, dass er nicht dem Beispiel von Romulus folgte, der Rom gründete, indem er das ganze Volk auf sein Geheiß bewaffnen ließ.[56] So unternahm Michele di Lando keine Anstrengungen, um die bewaffneten Plebejer, die Mehrheit der arbeitsfähigen freien Männer von Florenz, in eine vereinte zivil-militärische Ordnung zu integrieren.

Man könnte annehmen, dass Michele di Lando es verstand, die Unterstützung des Volkes zu gewinnen, jedoch nicht, wie man sie aufrechterhält. Die Vermutung erhärtet sich angesichts seines unbedachten Mittelwegs: So suchte er die Plebejer zufrieden zu stellen, indem er ihnen eine beispiellose formale, politische Macht innerhalb der Regierung gewährte – ein Schritt, der zweifelsohne die Gemüter der Volksadeligen erhitzt haben dürfte. Um sie zu besänftigen, gestand Michele di Lando ihnen eine erhebliche wirtschaftliche Macht innerhalb der Stadt zu, was natürlich sein Verhältnis zu den Plebejern massiv beeinträchtigte. Darüber hinaus handelte er nach machiavellischen Maßstäben sehr halbherzig hinsichtlich der Söhne des Brutus, das heißt mit Blick auf rivalisierende Eliten und/oder Gegner der neuen Ordnung: Während er einige von ihnen aus politischen Ämtern sowie ihren früheren Positionen innerhalb der Zünfte entließ, versuchte er die zukünftige Unterstützung anderer durch Geschenke zu gewinnen. Indem er die Gegner des Volkes und seine eigenen Rivalen am Leben ließ, billigte Michele di Lando nicht nur, dass sie den gerade erst befreiten Plebejern weiterhin schaden konnten; er versetzte sie auch in die Lage, ihre immer noch beträchtliche Macht zu nutzen, um schließlich seine eigene Autorität als Gonfaloniere zu untergraben.

Abgesehen davon, dass Michele di Lando törichterweise davon ausgegangen sein mag, er könne mit seiner Freigebigkeit und seinen Schenkungen gefährliche Gegner unter den florentinischen Eliten besänftigen, stellt sich die Frage, warum er sich selbst eine so herausragende und einträgliche Amtsbefugnis über eine fremde Stadt wie Empoli verlieh. Welche Botschaft sandte dies an seine

55 Vgl. Machiavelli, *Discorsi*, Buch I, Kap. 16; II, Kap. 30; sowie ders., *Il Principe*, Kap. 7.

56 Vgl. ebd., Kap. 6, 20; sowie Machiavelli, *Discorsi*, Kap. 9 f.

plebejischen Anhänger? Sie mögen sich gefragt haben, ob Michele di Lando gedachte, die *Ciompi* weiterhin zugunsten der reichsten Zunftgenossen zu hintergehen, um anschließend einen luxuriösen Ruhestand in Empoli genießen zu können, oder – was noch alarmierender gewesen wäre – ob er beabsichtigte, in dieser fremden Stadt militärische Truppen zu rekrutieren, mit denen er schließlich die Plebejer tyrannisieren würde. Machiavelli erwähnt zuvor, wie der tyrannische Walter VI. von Brienne französische Streitkräfte zusammen mit bewaffneten Plebejern einsetzte, um die Zunftgemeinschaft von Florenz zu unterdrücken.[57] Beabsichtigte Michele di Lando stattdessen, die reichsten *popolani* der Zünfte gemeinsam mit Streitkräften aus Empoli zu mobilisieren, um die Plebejer zu unterdrücken?

## 6. Michele di Lando: Marionette des »Volksadels«?

Kaum überraschend vermerkt Machiavelli, dass die Plebejer unmittelbar befürchteten, Michele di Landos »übermäßige Parteinahme« für die gehobenen Zunftgenossen würde ihren eigenen Status innerhalb der neuen Republik gefährden. Sie begannen zu bezweifeln, dass sie in der Regierung tatsächlich eine Rolle einnehmen könnten, die ausreichen würde, »um sich selbst zu bewahren und zu schützen«.[58] Wir erinnern uns daran, dass Machiavelli vor seiner Schilderung des Ciompi-Aufstands erläuterte, inwieweit das Ausmaß der Unterdrückung und Ausbeutung der Plebejer durch die *popolani* der gehobenen Zünfte – die vom alten Adel der Stadt fortlaufend kooptiert und korrumpiert worden waren – ausschlaggebend für den Aufstand der Wollarbeiter war.[59] Die Plebejer hatten daher guten Grund zur Besorgnis darüber, dass Michele di Lando versuchte, die Gunst des Volksadels zu gewinnen, und außerhalb der Stadt nach Macht griff. Machiavelli scheint sich in diesem Zusammenhang auf die Seite Michele di Landos zu stellen und verurteilt offen, wie so oft in den *Istorie Fiorentine*, die angeblich maßlosen Forderungen sowie das Verhalten der Plebejer: »angetrieben von ihrer gewohnten Dreistigkeit«, so Machiavelli, griffen die

57 Vgl. Machiavelli, *Istorie Fiorentine*, Buch I, Kap. 36.
58 Ebd., Buch II, Kap. 17.
59 Vgl. ebd., Buch II, Kap. 12.

*Ciompi* zu den Waffen, marschierten lärmend auf den Palazzo zu und forderten, dass die Signoria weitere Maßnahmen »zu ihrer Sicherheit und ihrem Wohlergehen« ergreifen solle.[60]

Verstört von der »Arroganz« der Plebejer, bestand Michele di Lando laut Machiavelli darauf, dass sie ihre Waffen niederlegten, damit die Signoria sich ihrer Anliegen »mit Würde und nicht durch Zwang«[61] annehmen könne. In Erwiderung darauf verließen die beleidigten Plebejer den Palast und zogen sich nach Santa Maria Novella zurück, wo sie acht aus ihren Reihen zu Oberhäuptern ernannten, einschließlich ministerieller Insignien und weiteren Kennzeichen, die ihnen »Ansehen und Respekt« verleihen sollten. In dieser Episode werden auf subtile Weise die beiden Sezessionen der römischen Plebejer nachgestellt, die von Machiavelli in den *Discorsi* gepriesen wurden:[62] Auslagerungen, die zu einer Institution von »hohem Ansehen und gutem Ruf« führten, dem Volkstribunat, von dem Machiavelli behauptet, dass es die römische Verfassung »vollkommener« machte. Wie ihre römischen Vorfahren zogen sich die florentinischen Plebejer in diesem Fall vom öffentlichen Sitz der Macht zurück und machten sich daran, ihre eigene Institution mit Vetorecht gegenüber der Regierung zu gründen: »Sie beschlossen, dass acht aus ihren eigenen Zünften gewählte Mitglieder immer gemeinsam mit den Prioren im Palast residieren sollten und dass sämtliche Entscheidungen der Signoria ihrer Zustimmung bedürfen.«[63] Im Hinblick auf die römischen Plebejer, die sich darüber beklagten, dass die senatorische und konsularische Gewalt voreingenommen und eigennützig sei, befürwortet Machiavelli deren Bemühungen, einen eigenen Magistrat, das Volkstribunat, mit Vetorecht gegen Senatoren und Konsuln zu schaffen. Glaubt Machiavelli also wirklich, dass das Florentiner Volk eine übermäßige Arroganz und Dreistigkeit an den Tag legte, als es eine ähnliche Vorgehensweise verfolgte? Wenn solche institutionellen Innovationen gut genug waren, um das alte Rom vollkommener zu machen, warum sind sie dann nicht gut genug für Florenz?

Die Plebejer versuchten laut Machiavelli diese Reformen rechtswirksam zu machen, indem sie zwei Delegierte zur Signoria ent-

60 Vgl. ebd., Buch II, Kap. 17.

61 Ebd.

62 Vgl. Machiavelli, *Discorsi*, Buch I, Kap. 3 f., 40, 44.

63 Machiavelli, *Istorie Fiorentine*, Buch III, Kap. 17.

sandten, die darauf bestanden, dass die Maßnahmen vom Volksrat und vom Gemeinderat ratifiziert werden sollten, und drohten, erforderlichenfalls Gewalt anzuwenden, um dieses Ergebnis sicherzustellen.[64] In scheinbar abfälligen Worten erklärt Machiavelli, dass die Plebejer mit »großer Dreistigkeit« handelten, indem sie auf eine solche Weise an die Prioren herantraten, und mit »noch größerer Vermessenheit«, als sie Michele di Lando für »die Undankbarkeit und Respektlosigkeit« beschimpften, die er ihnen als Gegenleistung für »die Würde und Ehre« zuteilwerden ließ, die sie ihm verliehen hatten. Wiederum stellt sich die Frage, wie dreist und anmaßend dieses Verhalten wirklich ist. Schließlich hatten die Plebejer zu diesem Zeitpunkt lediglich Abgesandte geschickt, um sich an die Signoria zu wenden; sie griffen sie nicht mit militärischer Gewalt an. Außerdem erwarteten sie von Michele di Lando, dass er die Anliegen der *Ciompi* vertreten und deren Gegner unter den *popolani* bezwingen würde, anstatt sich selbst zu bereichern und Letztere noch reicher zu machen.

In diesem Moment hätte Michele di Lando seine Verpflichtung gegenüber den *Ciompi* bekräftigen können. Er hätte die Ängste der Plebejer vor der Macht und dem Einfluss der Volksadligen zerstreuen können, wenn er den plebejischen Reformvorschlag angenommen und ihnen ein tribunizisches Vetorecht über die Entscheidungen der Signoria eingeräumt hätte. Stattdessen berichtet Machiavelli, dass Michele di Lando die »Arroganz« der plebejischen Delegierten nicht länger ertragen konnte, als »ihre Vorwürfe zu Drohungen wurden«.[65] So griff er schließlich auf körperliche Gewalt zurück, schlug die plebejischen Delegierten mit seinem Schwert und befahl, sie verhaften und einsperren zu lassen. In der darauffolgenden bewaffneten Auseinandersetzung attackierte Michele di Lando auf seinem Pferd, gefolgt von zahlreichen bewaffneten Männern, die Plebejer, vertrieb viele von ihnen aus der Stadt und »zwang die übrigen, ihre Waffen abzugeben und nach Verstecken zu suchen«.[66]

Wir sollten an dieser Stelle innehalten, um Michele di Landos Beweggründe und Maßnahmen genauer zu untersuchen. Machiavelli weist darauf hin, dass es ihm in erster Linie um seinen eigenen Ruhm, um die Würde seines Amtes und um die Ehre des Palastes

64 Vgl. ebd.
65 Ebd.
66 Ebd.

ging.[67] Zur Verteidigung dessen erwies er den Adligen der Stadt Gefälligkeiten mit dem Ziel, ihre Unterstützung zu gewinnen, und setzte Gewalt ein, um die Plebejer auseinanderzutreiben und zu entwaffnen. Diese Vorgehensweise widerspricht den in *Il Principe* aufgestellten Hauptlehren, denen zufolge ein neuer Fürst wie Cesare Borgia, Agathokles von Syrakus oder Nabis folgende Schritte befolgen sollten, um die Langlebigkeit und den Erfolg ihrer Maßnahmen zu gewährleisten: Erstens sollte eine neue Regierung in erster Linie für das Volk gegründet werden, dessen Sicherheitsinteressen erfüllt werden können, und nicht in Abhängigkeit vom Adel, dessen Neid und Verlangen nach Unterdrückung den Bedürfnissen des Volkes nicht gerecht werden können.[68] Zweitens sollten so viele Bürger wie möglich bewaffnet werden, anstatt die Bevölkerung zu entwaffnen, wie römische Kaiser, französische Monarchen und später Medici-Fürsten dies zum Nachteil ihrer Staaten taten.[69]

Michele di Landos Maßnahmen entfernten die Republik Florenz immer weiter von Machiavellis bevorzugtem, römisch-republikanischem Modell, in dessen Rahmen die gesamte Bevölkerung zivil-militärisch bewaffnet und der Einsatz von Söldnern wie die Pest gemieden wird. Dies hatte langfristige zivilgesellschaftliche und militärische Konsequenzen. Nach dem militärischen Sieg über die Plebejer lösten die Volksadligen die neuen plebejischen Zünfte auf. Die überwiegende Mehrheit der Plebejer, der Michele di Lando zum ersten Mal in der Geschichte der Republik zu ihrem Recht verhalf, wurde wieder einmal – und ab diesem Zeitpunkt dauerhaft – von der florentinischen Regierung ausgeschlossen. Darüber hinaus war für Florenz die Gelegenheit, sich einer größeren Anzahl von leistungsfähigen, freien bewaffneten Männern – einschließlich Plebejern und *popolani* – als jede andere Stadt in Europa rühmen zu können, für immer verloren.

Nach Michele di Landos Unterdrückung der *Ciompi* und deren Entrechtung durch die Volksadligen vermisst Machiavelli die politische Landschaft von Florenz erneut und nennt die Männer, die zu jener Zeit »beinahe« als »Fürsten der Stadt« galten; auf der damit einhergehenden Liste ist Michele di Landos Name nirgendwo zu

67 Vgl. ebd.

68 Vgl. Machiavelli, *Il Principe*, Kap. 6, 9.

69 Vgl. ebd., Kap. 13, 19 f.

finden.[70] Damit wird angedeutet, dass Michele di Lando in der Bedeutungslosigkeit versank, nachdem seine Amtszeit als Gonfaloniere beendet war und er seine Machtbasis unter den verstreuten und entwaffneten Plebejern verloren hatte. Was auch immer seine Beweggründe gewesen sein mögen, Machiavelli zufolge leitete die Entmachtung der Plebejer auch Michele di Landos eigene Entmachtung ein. Er taucht in Machiavellis Bericht erst zum Zeitpunkt seines Exils wieder auf, wenn dieser einige Kapitel später von der Machtübernahme der »gefährlichen und anstößigen« Albizzi erzählt,[71] deren Oligarchie der Florentiner Volksherrschaft ein jähes Ende setzen sollte mit langanhaltenden Folgen für künftige Generationen.

Machiavelli schreibt von den »vielen Hinrichtungen und Verbannungen«, die nach der Niederlage der *Ciompi* folgten – Maßnahmen, die von den sowohl innerhalb als auch außerhalb der Stadt lebenden »vielen Unzufriedenen« initiiert wurden und gleichzeitig gegen sie gerichtet waren.[72] Darüber hinaus berichtet Machiavelli, wie die Republik dem Condottiere John Hawkwood einen exorbitanten Geldbetrag dafür zahlte, dass er bei der Verfolgung der außenpolitischen Agenda der Stadt im Grunde genommen *nichts* erreichte.[73] Anspruchsvolle Leser von *Il Principe* und den *Discorsi* könnten an dieser Stelle der *Istorie Fiorentine* geneigt sein, folgende Fragen zu stellen: Welchen Nutzen hätte Michele di Lando der Republik gebracht, wenn er – wie Moses oder Brutus – die Stadt während seiner Amtszeit als Gonfaloniere und Herrscher von ihren vielen »Unzufriedenen«, nämlich den vielen Adligen sowohl der volksnahen als auch der konservativen Parteien, befreit hätte? Und wäre es seitens der Republik tatsächlich nötig gewesen, auf einen Söldner wie Hawkwood zurückzugreifen, wenn Michele di Lando Romulus nachgeahmt und die bewaffneten Plebejer vollständig in eine vereinte zivil-militärische Streitmacht integriert hätte, anstatt sie zu demütigen und zu entwaffnen? Machiavelli wirft solche Fragen jedoch nicht explizit auf.

Als er von Michele di Landos Exil berichtet, beklagt er die Tatsache, dass dieser trotz »all der Güter«, die er »seinem Vaterland« zur

70 Machiavelli, *Istorie Fiorentine*, Buch III, Kap. 18.

71 Vgl. ebd., Buch III, Kap. 20-22.

72 Vgl. ebd., Buch III, Kap. 18.

73 Vgl. ebd., Buch III, Kap. 18 f.

Verfügung gestellt habe, mit bedauerlicher »Undankbarkeit« behandelt worden sei.[74] Die von Machiavelli genannten empirischen Fakten und historischen Details, anhand derer auf die Lehren aus *Il Principe* und den *Discorsi* querverwiesen wird, deuten allerdings darauf hin, dass Michele di Lando überhaupt keine Güter zur Verfügung stellte. Man könnte ihm sogar vorwerfen, dazu beigetragen zu haben, dass sich die Zustände in der Republik nachweislich verschlechterten. Wie Machiavelli nachfolgend andeutet, erlag die bürgerliche Kultur von Florenz unter der Oligarchie der Albizzi und dem anschließenden Prinzipat der Medici einer beispiellosen Korruption; und die anstelle eines breit aufgestellten Bürgerheers bestehende Abhängigkeit der Republik von Söldnerwaffen machte sie hoffnungslos anfällig für eine wahre Prozession ausländischer Invasoren.

## Schluss

Falls Machiavellis Einschätzung zufolge die florentinischen Plebejer dafür verantwortlich gemacht werden können, dass sie in ihrem turbulenten Streben nach Freiheit zu mehr Gewalt griffen als ihre römischen Pendants, dann ist dies meines Erachtens auf die mangelhaften Regierungsinstitutionen zurückzuführen, die ihnen kaum politische Teilhabe ermöglichten und weniger auf ihre Bedürfnisse eingingen. Genau genommen scheint das in den *Istorie Fiorentine* dargestellte Verhalten der unteren Klassen Machiavellis früheren Beschreibungen der Plebejer nicht zu widersprechen, sondern sie vielmehr zu bestätigen. In *Il Principe* und den *Discorsi* veranschaulicht Machiavelli, dass die gewöhnlichen Bürger antiker Republiken auf gesellschaftliche Umstände, die von einer ungeheuren Unterdrückung geprägt waren, durchaus mit Gewalt reagierten. In den Fällen, in denen sie jedoch Zugriff auf geeignete institutionelle sowie organisatorische Mittel hatten, waren sie – wie Machiavelli wiederholt betont – viel eher geneigt, sich moderat zu verhalten.[75]

Die florentinischen Plebejer der *Istorie Fiorentine* forderten lediglich vergleichbar zivile Vereinbarungen, die ihnen ermöglicht

74 Vgl. ebd., Buch III, Kap. 22.

75 Vgl. Machiavelli, *Il Principe*, Kap. 9; sowie ders., *Discorsi*, Buch I, Kap. 4, 40.

hätten, politisch-wirtschaftliche Missstände zum Ausdruck zu bringen und künftige Zugeständnisse zu erzielen, ohne im Zuge dessen auf die Unruhen, Brandschatzungen und Plünderungen zurückzugreifen zu müssen, zu denen sie in Ermangelung solcher Institutionen gezwungen waren. Machiavelli zufolge wurden ihnen entsprechende Maßnahmen seitens der florentinischen »Söhne des Brutus« – der sogenannten Volksadligen – und des trügerischen Erlösers der Republik, Michele di Lando, verwehrt – sehr zum Schaden der gesamten Stadt.

## 5. Rousseaus Rom und die Ablehnung des demokratischen Republikanismus

Jean-Jacques Rousseaus Schriften inspirieren seit Jahrhunderten Demokratietheoretiker und Aktivisten. An entscheidenden, wenn auch vernachlässigten Stellen seines politischen Hauptwerks *Vom Gesellschaftsvertrag*[1] schlägt Rousseau jedoch ausdrücklich Institutionen vor, die die politische Teilhabe gewöhnlicher Bürger verhindern und die den Eliten innerhalb von Republiken und Volksherrschaften Vorrechte einräumen, anstatt diese einzuschränken. In diesem Kapitel werde ich darlegen, dass Rousseau in weiten Teilen seines *Gesellschaftsvertrags*, die der römischen Republik gewidmet sind, Institutionen propagiert, die es der Bevölkerung unmöglich machen, als freie und gleichberechtigte Bürger einer Republik mitbestimmen zu können, um die Reichen davon abzuhalten, die Gesellschaft zu dominieren, und Magistrate daran zu hindern, den ihnen eingeräumten politischen Ermessensspielraum zu missbrauchen. Wie Niccolò Machiavelli vor ihm entwickelt Rousseau seine Theorie der Freiheit, Gleichheit und wohlgeordneten Regierung im Rahmen einer ausführlichen Auseinandersetzung mit den politischen Institutionen und Praktiken des republikanischen Roms. Doch während der Genfer Bürger bekanntermaßen für die republikanische Redlichkeit des Autors von *Il Principe* eintritt,[2] lehnt er bestimmte demokratische Aspekte des römischen Republikanismus ab, die der Florentiner Staatssekretär in den *Discorsi* rekonstruiert.[3]

Im Folgenden werde ich erörtern, dass Rousseaus Analyse und Aneignung der römischen Republik gezielt Machiavellis Bemühungen unterminieren, Institutionen wiederherzustellen und zu fördern, die sowohl die Beteiligung armer Bürger an Volksherrschaf-

1 Vgl. Jean-Jacques Rousseau, *Vom Gesellschaftsvertrag oder Grundsätze des Staatsrechts*, aus dem Französischen von Hans Brockard und Eva Pietzcker, Ditzingen 2011.

2 Vgl. ebd., Buch III, Kap. 6, S. 81.

3 Vgl. Niccolò Machiavelli, *Discorsi sopra la prima deca di Tito Livio*, in: Corrado Vivanti (Hg.), *Opere I. I Primi Scritti Politici*, Turin 1997, S. 73-254. Vgl. ferner ders., *Il Principe (De Principatibus)*, hg. v. Giorgio Inglese, Turin 1995; sowie ders., *Istorie Fiorentine*, hg. v. Franco Gaeta, Milan 1962.

ten stärken als auch deren Bemühungen erleichtern, wirtschaftliche und politische Eliten zu kontrollieren. Rousseaus radikale Revision von Machiavellis Aneignung der antiken römischen Republik diente meiner Ansicht nach historisch dazu, die Möglichkeit einer alternativen, partizipatorischen und anti-elitären Strömung des modernen Republikanismus auszuschließen, die der demokratischen Theorie und Praxis in den folgenden Jahrhunderten besser gedient hätte. Da er sich in erster Linie soziologisch anonymer Grundsätze wie Allgemeinheit und Volkssouveränität bedient und die Rechenschaftspflicht der Eliten allein durch Wahlen herzustellen sucht, erlauben Rousseaus institutionelle Analysen und Vorschläge wohlhabenderen Bürgern und Magistraten nicht nur, die Politik der Volksherrschaften auf heimliche und unanfechtbare Weise zu dominieren, sie ermutigen sie auch dazu.[4]

Der in diesem Kapitel dargestellte Kontrast zwischen Machiavellis und Rousseaus jeweiligen Aneignungen der römischen Republik lässt sich wie folgt skizzieren: Machiavelli demokratisiert Roms Versammlungen, indem er andeutet, dass sie nach dem Prinzip der Mehrheitsregel funktionierten, und darauf besteht, dass sie plebejischen Bürgern das gleiche Stimmrecht wie Patriziern in Versammlungen einräumten, an denen beide gleichermaßen teilnahmen. Darüber hinaus befürwortet er den Ausschluss wohlhabender Bürger aus bestimmten Versammlungen, um den Einfluss der Bevölkerung auf die Gesetze und die Politik einer Republik zu stärken und den Einfluss der wirtschaftlichen und politischen Eliten einzuschränken. Umgekehrt akzentuiert Rousseau die timokratische Abstimmungsstruktur einer der wichtigsten Versammlungen der Republik, der *comitia centuriata* – eine Regelung, durch die wohlhabende Bürger die ärmeren im Grunde entrechteten.

Ferner hebt Machiavelli die Volkstribunen als die innerstaatliche Institution hervor, die vor allen anderen die Freiheit Roms bewahrte. Bei Machiavellis Tribunat handelt es sich um einen permanenten Magistrat, der allein plebejischen Bürgern vorbehalten war und ihnen ermöglichte, die Macht und die Privilegien der senatorischen Klasse Roms anzufechten. Rousseau macht seinerseits das römische

4 Ich schließe mich der von Jean Starobinski begründeten Lesart an, der die oligarchischen Dimensionen von Rousseaus politischem Denken sorgfältig umreißt. Vgl. Jean Starobinski, *Rousseau. Eine Welt von Widerständen*, aus dem Französischen von Ulrich Raulff, München 1988.

Tribunat für den Niedergang der Republik und den Aufstieg der Kaiser verantwortlich. In seiner eigenen Rekonstruktion des Magistrats degradiert er ihn zu einer vorübergehenden Institution, deren Nutzen für gewöhnliche Bürger er neutralisiert. Schließlich betont Machiavelli das Ausmaß, in dem der Klientelismus – verstärkt durch eine wachsende sozioökonomische Ungleichheit – zum Zusammenbruch der antiken römischen Republik und zur beinahe unwiderruflichen Korruption der mittelalterlichen Florentiner Republik beitrug. Im krassen Gegensatz dazu lobt Rousseau ausdrücklich die Patron-Klient-Beziehungen im alten Rom, durch die wohlhabende und weise Patrizierbürger das Wahlverhalten ärmerer, abhängiger plebejischer Bürger auf eine Weise beeinflussten, ja manipulierten, die nach Rousseaus Einschätzung »das Gemeinwohl« förderte. Auf der Grundlage seiner Befürwortung dieser römischen Institutionen und Bräuche wage ich die folgende Schlussfolgerung: Obgleich der Genfer seit zweieinhalb Jahrhunderten vorwiegend wegen seines Egalitarismus gepriesen wird, stellt sich heraus, dass Rousseau den Armen sehr viel mehr misstraut, als er die Ungleichheit verachtet.

Während Machiavelli auf plebejischen und nicht allein wahlbasierten Methoden zur Ernennung von Magistraten oder deren Sanktionierung besteht, um zu verhindern, dass eine Republik zu einer bloßen Oligarchie degeneriert, befürwortet Rousseau eine formal egalitäre, jedoch substanziell ungerechte Aristokratie, in der sich die Eliten dem Volk gegenüber lediglich im Zuge von Wahlverfahren verantworten müssen, die wiederum zugunsten der reichsten Bürger durchgeführt werden. Im Mittelpunkt von Machiavellis demokratischem Republikanismus steht der unermüdliche Versuch, den oben beschriebenen Zustand zu unterminieren und zu entschärfen; im Kern von Rousseaus aristokratischem Republikanismus liegt der subtile, ausgefeilte Versuch, genau diesen Zustand zu billigen und zu erhalten. Ich behaupte, dass eine substanzielle, zeitgenössische Demokratietheorie Reformen voraussetzt, die von Machiavellis klassenspezifischem, auf das alte Rom zurückgehendem Modell der Volksherrschaft inspiriert sind und nicht von Rousseaus heute überaus einflussreichem Modell der formalen politischen Homogenität. Umstände, unter denen in gegenwärtigen Demokratien die Vermögensungleichheit zunimmt und die politische Verantwortungslosigkeit grassiert, verlangen nach institutionellen Mitteln, durch die wirtschaftliche und politische Eliten aktiv angefochten werden können, anstatt ihnen zu erlauben, die strukturelle Verankerung ihrer Privilegien und Vorrechte zu verbergen und aufrechtzuerhalten.[5]

Kommentatoren des *Gesellschaftsvertrags* neigen in der Regel dazu, das Ausmaß, in dem Rousseau beabsichtigte, seine allgemeine Theorie der republikanischen Souveränität und Regierung durch das spezifische Beispiel Roms im vierten Buch dieses unbestreitbar glänzenden Werkes vermitteln zu wollen, grob zu unterschätzen oder völlig zu ignorieren.[6] Dies ist in mindestens zweierlei Hinsicht zutiefst bedauerlich: Erstens tun Historiker und Politikwissenschaftler, die Rousseaus Konzeptionen des Gemeinwillens oder der Volkssouveränität dem ideengeschichtlichen Ursprung moderner Demokratien zurechnen oder die sich Rousseaus institutionelle Vorschläge im Dienst soliderer Demokratiemodelle aneignen, dies auf völlig uninformierte Weise. Zweitens könnten viele der philosophischen Rätsel und Kontroversen über Rousseaus politische Grundsätze (wie etwa Legitimität, Mehrheitsregel und Autonomie), die die Sekundärliteratur durchziehen, geklärt oder vielleicht sogar beigelegt werden, wenn man endlich das vierte Buch des *Gesellschaftsvertrags* zu Rate ziehen würde, in dessen Rahmen Rousseau versucht, seine abstrakte Theorie zu konkretisieren.

In den Fällen, in denen sich Wissenschaftler mit den zahlreichen Kapiteln befassen, die dem antiken Rom im vierten Buch des *Gesell-*

5 Vgl. Thomas Piketty, *Das Kapital im 21. Jahrhundert*, aus dem Französischen von Ilse Utz und Stefan Lorenzer, München 2014; Steven Fraser, *The Age of Acquiescence. The Life and Death of American Resistance to Organized Wealth and Power*, New York 2015; R. Douglas Arnold, »Can Inattentive Citizens Control Their Elected Representatives?«, in: Lawrence C. Dodd, Bruce I. Oppenheimer (Hg.), *Congress Reconsidered*, Washington, DC 1993, 401-416; Adam Przeworski u. a. (Hg.), *Democracy, Accountability, and Representation*, Cambridge 1999; sowie Jane Mansbridge, »Rethinking Representation«, in: *American Political Science Review* 4 (2003), S. 515-528. Jede Theorie der Volksherrschaft, die den republikanischen Grundsatz der »Nichtbeherrschung« ernst nimmt, erfordert solide institutionelle Mittel, die die Rechenschaftspflicht der Eliten gegenüber der Bevölkerung sicherstellen. Zu diesem Grundsatz, wenn nicht gar dem institutionellen Apparat zu seiner Verwirklichung vgl. Philip Pettit, *Republicanism. A Theory of Freedom and Government*, Oxford 1999; sowie ders., *On the People's Terms. A Republican Theory and Model of Democracy*, Cambridge 2013. Vgl. ferner Kapitel 1 in diesem Band.

6 Zum weitverbreiteten Mangel an Literatur zu diesem Thema vgl. David Lay Williams, *Rousseau's Social Contract. An Introduction*, Cambridge 2014, S. 171.

*schaftsvertrags* gewidmet sind, behandeln sie Rousseaus institutionelle Analyse gewöhnlich als eine reine Beschreibung, jedoch nicht als eine Darstellung mit Vorschriftcharakter. Damit wird suggeriert, dass Rousseau lediglich darüber reflektiere, wie die Politik im alten Rom organisiert war, jedoch nicht zwangsläufig empfehle, die römische Republik als ein Modell nachzuahmen. Und doch handelt es sich beim vierten Buch, das fast ausschließlich den politischen Institutionen und Praktiken Roms gewidmet ist, um das längste Buch des *Gesellschaftsvertrags*. Kapitel 4 jenes vierten Buches, in dem Rousseau die timokratische Ordnung von Roms *comitia centuriata* erörtert und befürwortet, ist ebenfalls länger als jedes andere Kapitel des gesamten *Gesellschaftsvertrags*. Ich bezweifle ernsthaft, dass Rousseau die römischen Institutionen bis ins kleinste Detail erörtert und seiner akribischen Beschreibung ihrer Funktionsweise so viel Platz, Zeit und Energie eingeräumt hätte, wenn es nicht seine Absicht gewesen wäre, die von ihm rekonstruierte römische Republik in einem tiefgreifenden Sinne als praktikables politisches Beispiel vorzuführen. Wie ich noch zeigen werde, deutet Rousseau dies selbst gelegentlich an oder besteht sogar darauf.[7]

7 Auch wenn sie nichts an den im Wesentlichen egalitären oder demokratischen Interpretationen von Rousseaus Schriften ändern, die von solchen Wissenschaftlern vorgebracht werden, stellen die nachfolgenden Beispiele innerhalb der Sekundärliteratur wichtige Ausnahmen hinsichtlich des vierten Buches des *Gesellschaftsvertrags* dar: Ethan Putterman, *Rousseau, Law and the Sovereignty of the People*, Cambridge 2010; Williams, *Rousseau's Social Contract*; Chiara Destri, »Rousseau's (Not So) Oligarchic Republicanism«, in: *Critical Review of International Social and Political Philosophy* 2 (2016), S. 206-216; sowie Geneviève Rousselière, »On the Possibility of a Modern Republic. Rousseau and the Puzzle of the Roman Republic«, in: Williams, Matthew W. Maguire (Hg.), *Cambridge Companion to Rousseau's Social Contract*, Cambridge, im Erscheinen. Die überwiegende Anzahl von Historikern und Politikwissenschaftlern beschäftigt sich nur deshalb mit dem vierten Buch des *Gesellschaftsvertrags*, um Rousseaus allgemeine Überlegungen zur Souveränität zu untersuchen, die er in den ersten drei Kapiteln des Buches darlegt, oder um sein in Kapitel 8 ausgearbeitetes Konzept zur bürgerlichen Religion zu analysieren. Mit Blick auf die umfangreiche Sekundärliteratur wäre es nur leicht übertrieben zu behaupten, dass die Kapitel 4 bis 7 des vierten Buches genauso gut nicht existieren könnten.

## 1. Rousseau und die Demokratie

Die zentrale Frage dieses Kapitels ist nicht, ob Rousseau ein guter Demokrat ist, sondern vielmehr ob Rousseaus politisches Denken – ausgehend von seiner Interpretation der römischen Republik – einer demokratischen Theorie und Praxis gerecht wird.[8] Im *Gesellschaftsvertrag* behauptet Rousseau nie, ein Demokrat zu sein. Vielmehr kritisiert er Regierungsformen scharf, die als »Demokratien« bezeichnet werden, und ist zutiefst skeptisch, ob Demokratien überhaupt praktikabel sind. Rousseau besteht bekanntlich darauf, dass »es niemals eine echte Demokratie gegeben [hat] und es [...] sie niemals geben [wird]«,[9] weil sich das Volk nicht unaufhörlich versammeln könne, um über sämtliche Angelegenheiten zu entscheiden, die für eine gute Regierung fortwährend erforderlich seien. Rousseau zufolge untergräbt die administrative Notwendigkeit immer die Herrschaft der Vielen, weil eine Regierung kleinere Gremien benötigt, die unaufhaltsam immer mehr Macht für sich ansammeln.[10] Falls man sich tatsächlich jemals einer Demokratie

8 Zu den beeindruckenden Versuchen, Rousseaus politisches Denken auf die zeitgenössische Demokratietheorie anzuwenden, zählen unter anderem Benjamin Barber, *Starke Demokratie. Über Teilhabe am Politischen*, aus dem Amerikanischen von Christiane Goldmann und Christa Erbacher von Grumbkow, Berlin 1994; James Miller, *Rousseau. Dreamer of Democracy*, New Haven 1984; Joshua Cohen, *Rousseau. A Free Community of Equals*, Oxford 2010; Céline Spector, *Au Prisme de Rousseau. Usages Politiques Contemporains*, Oxford 2011; Melissa Schwartzberg, *Counting the Many. The Origins and Limits of Supermajority Rule*, Cambridge 2013; sowie Eoin Daly, *Rousseau's Constitutionalism. Austerity and Republican Freedom*, London 2017. Vgl. ferner den folgenden Austausch: Putterman, »Rousseau on Agenda-Setting and Majority Will«, in: *American Political Science Review* 3 (2003), S. 459-469; John T. Scott, »Rousseau's Anti-Agenda-Setting Agenda and Contemporary Democratic Theory«, in: *American Political Science Review* 1 (2005), S. 137-144; sowie Putterman, »Rousseau on the People as Legislative Gatekeepers, Not Framers«, in: *American Political Science Review* 1 (2005), S. 145-151. Leider werden in keinem dieser ansonsten sehr durchdachten Versuche auch nur annähernd die gegenmajoritären institutionellen Maßnahmen berücksichtigt, die Rousseau mit Blick auf große Republiken in den Kapiteln seines *Gesellschaftsvertrags* darlegt, die sich mit der römischen Republik befassen.

9 Rousseau, *Vom Gesellschaftsvertrag*, Buch III, Kap. 4, S. 75.

10 Vgl. ebd. Rousseau behauptet: »Ich glaube in der Tat den Grundsatz aufstellen zu können, dass, wenn die Funktionen der Regierung unter verschiedene Regie-

annähern wollte, wären dafür laut Rousseau seltene Umstände erforderlich: ein kleines Gemeinwesen, in dem sich sämtliche Bürger einander persönlich kennenlernen und ohne Mühe versammeln können, wenn es um bürgerliche Angelegenheiten geht.[11] Aber selbst unter solchen Bedingungen zögert er, die Demokratie zu befürworten, da solche »Volksregierung[en]« anfälliger für »inner[e] Unruhen« seien als alle anderen Regierungsformen.[12]

Rousseau ist freilich kein Demokrat. Er ist ein »Republikaner«, auch wenn dies ebenfalls keine unproblematische Zuschreibung ist. Schließlich wird im Zuge seiner allgemeinsten Definition dessen, was eine Republik ausmacht, keine bestimmte Regierungsform oder Institution umrissen. So behauptet er, dass jede Regierungsform – selbst eine Monarchie – eine Republik sei, solange sie sich an das Prinzip der Rechtsstaatlichkeit halte und im Sinne des öffentlichen Interesses regiere, also »gesetzmäßig«[13] sei. Aber so wie Machiavelli eine sehr breite, allgemeine Definition der Arten von Staatsformen aufstellt, die als Republiken gelten könnten,[14] hinsichtlich derer er spezifischere sozio-institutionelle Präferenzen an-

rungsstellen aufgeteilt werden, die zahlenmäßig schwächsten früher oder später das größte Ansehen erwerben, und sei es nur auf Grund der leichteren Besorgung ihrer Angelegenheiten, welche ihnen natürlicherweise dazu verhilft.« Ebd. Machiavelli schlägt etwas ganz Ähnliches vor, jedoch auf eine weitaus differenziertere Weise: Als er erklärt, dass »die Wenigen sich immer nach Art der Wenigen verhalten«, argumentiert er, dass kleine politische Gremien viel eher als große Gremien (vorzugsweise solche, die die gesamte Bürgerschaft umfassen) dazu neigen, voreingenommen zu handeln, wenn sie Urteile über prominente Bürger fällen, die der Freiheitsgefährdung angeklagt sind. Machiavelli, *Discorsi*, Buch I, Kap. 7. Vgl. ferner ebd., Buch I, Kap. 49. Schließlich teilen in den meisten Fällen die wohlhabenden und prominenten Bürger, die solchen Gremien angehören, die politischen Vorlieben der Angeklagten. Im Gegensatz zu Rousseau zieht Machiavelli jedoch auch in Erwägung, dass Mitglieder kleinerer Strafgerichte anfälliger für Einschüchterungen sein mögen, weshalb solche Gremien tatsächlich für schwächer befunden werden können als große Gremien.

11 Vgl. Rousseau, *Vom Gesellschaftsvertrag*, Buch III, Kap. 4, S. 75.

12 Ebd., S. 76.

13 Ebd., Buch II, Kap. 6, S. 43.

14 In *Il Principe* behauptet Machiavelli, dass eine Republik jede Staatsform sei, in der mehr als eine Person regiere, im Gegensatz zu einem Fürstentum, in dem nur eine Person regiere. Vgl. Machiavelli, *Il Principe*, Kap. 1. Um diese Erkenntnis auf eine Formel zu bringen, an der Rousseau sicherlich Gefallen gefunden hätte: in einem Fürstentum gilt: Herrschaft = 1; in einer Republik gilt: Herrschaft = 1 + n.

deutet, so legt auch Rousseau Kriterien für die institutionelle Form dessen fest, was wir als eine Republik bezeichnen würden. Für beide Autoren gilt: Je mehr eine Republik oder zumindest eine große Republik dem Modell des alten Roms entspricht, desto mehr nähert sich diese Entität der besten Form einer Republik an. Bevor ich mich jedoch Rousseaus und Machiavellis jeweiligen Rekonstruktionen der römischen Republik zuwende, werde ich einige Aspekte von Rousseaus Theorie der Allgemeinheit erörtern, um zu erklären, warum gewisse unegalitäre Merkmale der römischen Politik, die von ihm lobend hervorgehoben werden, nicht unbedingt gegen das Gleichheitsprinzip verstoßen, das von diesem berühmtesten aller egalitären Theoretiker vertreten wird.[15]

15 Vgl. Rousseau, *Abhandlung über den Ursprung und die Grundlagen der Ungleichheit unter den Menschen*, aus dem Französischen von Philipp Rippel, Ditzingen, 1998. Vgl. ferner ders., »Briefe vom Berge«, in: Henning Ritter (Hg.): *Schriften*, 2 Bde., München 1978, Bd. 2, S. 7-253. Zu den bedeutendsten Auseinandersetzungen mit Rousseaus Egalitarismus zählen Judith N. Shklar, *Men and Citizens. A Study of Rousseau's Social Theory*, Cambridge 1965; Alberto Burgio, *Eguaglianza, Interesse, Unanimità. La politica di Rousseau*, Neapel 1989; Karma Nabulsi, *Traditions of War. Occupation, Resistance and the Law*, Oxford 2000; Timothy O'Hagan (Hg.), *Jean-Jacques Rousseau. International Library of Essays in the History of Social and Political Thought*, Abingdon 2007; Frederick Neuhouser, *Rousseau's Theodicy of Self-Love. Evil, Rationality, and the Drive for Recognition*, Oxford 2008; Robert Wokler, *Rousseau, the Age of Enlightenment, and their Legacies*, Princeton 2012; Neuhouser, »Rousseau's Critique of Economic Inequality«, in: *Philosophy & Public Affairs* 3 (2013), S. 193-225; Mark Hulliung (Hg.), *Rousseau and the Dilemmas of Modernity*, Abingdon 2015; Avi Lifschitz (Hg.), *Engaging with Rousseau. Reaction and Interpretation from the Eighteenth Century to the Present*, Cambridge 2016; Spector, *Rousseau et la critique de l'économie politique*, Bordeaux 2017; Helena Rosenblatt, Paul Schweigert (Hg.), *Thinking with Rousseau. From Machiavelli to Schmitt*, Cambridge 2017; James Lindley Wilson, *Democratic Equality*, Princeton 2019; sowie Williams, »Forestalling ›the ever-widening inequality of fortunes‹. Jean-Jacques Rousseau on Economic Inequality and the General Will«, in: ders. (Hg.), *The Greatest of All Plagues. Economic Inequality in Western Political Thought*, Princeton, im Erscheinen.

## 2. Allgemeinheit, Aristokratie und Wahlen

Ich werde hier nicht auf die Einzelheiten von Rousseaus Theorie des Gemeinwillens eingehen.[16] Stattdessen werde ich kurz einige von Rousseaus Kriterien beschreiben, anhand derer er zu bestimmen sucht, ob und inwieweit institutionelle Vorkehrungen die Äußerung des Gemeinwillens erleichtern können. Zunächst einmal duldet der Gemeinwille keinen Ausschluss von Bürgern: Niemand darf von der Teilnahme an der Versammlung des Souveräns ausgeschlossen werden, niemandes Stimmen dürfen jemals verworfen werden und kein Bürger darf aufgrund von Partikularinteressen als ungeeignet für ein bestimmtes Privileg oder ein Magistratsamt befunden werden.[17] Entgegen einigen Interpretationen besteht Rousseau nicht auf Einstimmigkeit als Ausdruck des Gemeinwillens. Eine Stimmenmehrheit ist ausreichend, solange alle Bürger an der Abstimmung teilnehmen,[18] jedoch nicht unbedingt zu gleichen Bedingungen, wie wir sehen werden. Rousseaus Abneigung gegenüber öffentlichen Debatten im Vorfeld einer Abstimmung – seine kommunikationslose Form der Beratung – ist berüchtigt[19] und verträgt sich recht gut mit der Abstimmungsqualität, nicht der deliberativen Qualität von Roms gesetzgebenden und wählenden Versammlungen.[20]

Letztlich garantieren formale Bedingungen als solche jedoch keine Verwirklichung des Gemeinwillens. Eine spezifische Eigenschaft,

16 Vgl. dazu Patrick Riley, »Rousseau's General Will«, in: ders. (Hg.), *The Cambridge Companion to Rousseau*, Cambridge 2001, S. 124-153; Tracy B. Strong, *Jean-Jacques Rousseau. The Politics of the Ordinary*, Lanham 2002; Gabriella Silvestrini, *Diritto naturale e volontà generale. Il contrattualismo repubblicano di Jean-Jacques Rousseau*, Turin 2010; Putterman, *Rousseau, Law and the Sovereignty of the People*; Williams, *Rousseau's Social Contract*; James Farr, Williams (Hg.), *The General Will. The Evolution of a Concept*, Cambridge 2015 (darin vor allem die im dritten Teil versammelten Aufsätze von David Lay Williams, Richard Boyd, Sankar Muthu und Tracy B. Strong sowie den Beitrag von Christopher Brooke); sowie Joel Colón-Ríos, »Rousseau, Theorist of Constituent Power«, in: *Oxford Journal of Legal Studies* 4 (2016), S. 885-908.

17 Vgl. Rousseau, *Vom Gesellschaftsvertrag*, Buch II, Kap. 2, Fußnote, S. 29.

18 Vgl. ebd.

19 Vgl. ebd., Buch II, Kap. 3, S. 32.

20 Vgl. Lily Ross Taylor, *Roman Voting Assemblies. From the Hannibalic War to the Dictatorship of Caesar (Thomas Spencer Jerome Lectures)*, Ann Arbor 1990.

die dem Willen innewohnt, ist für Rousseau, wie auch immer sie formuliert ist, der entscheidende Faktor, der »den Willen allgemein macht«.[21] So verallgemeinert beispielsweise die Bedingung, dass eine bestimmte Anzahl von Bürgern an der Willensbildung beteiligt sein solle, den Willen nicht. Zudem ist Rousseaus Angst vor den Gefahren einer Mehrheitsregel wohlbekannt.[22] Vielmehr, so Rousseau, ist das die Bürger »einigende Gemeininteresse«[23] das, was den Willen verallgemeinert. Erst wenn die Leser auf Rousseaus subtile Befürwortung von Roms timokratisch organisierter Versammlung – der *comitia centuriata* – stoßen, können sie erahnen, wie sich dieser Grundsatz in der Praxis realisieren ließe. Wenn ein bestimmter Teil des Souveräns in der Lage ist, das Gemeininteresse aller im Rousseauschen Sinne besser zu erfassen, dann kann die Republik die Stimmen derjenigen herabstufen, die sich über das Gemeininteresse weniger im Klaren sind, solange sie sie nicht vollständig von der Versammlung ausschließt, in der die Stimmen gezählt werden. Rousseau hält im gesamten *Gesellschaftsvertrag* unerschütterlich daran fest, dass das »ganze Volk«[24] in die Gesetzgebung einbezogen werden muss. Es stellt sich jedoch heraus, dass eine Republik durch die Bevorzugung derjenigen Bürger im Gesetzgebungsprozess, die sich am ehesten über das Gemeinwohl im Klaren sind, die vollkommene Verwirklichung des Gemeinwillens, der vom Gemeinwohl nicht zu unterscheiden ist, besser gewährleisten kann. Im alten Rom wurde dies, wie Rousseau im vierten Buch des *Gesellschaftsvertrags* erklärt, durch eine Gewichtung der Stimmen nach Vermögen in der wichtigsten Versammlung der Republik erreicht.

Wie wir im nächsten Abschnitt feststellen werden, erlaubt diese Logik Rousseau, Roms *comitia centuriata* wegen der Erfüllung genau derjenigen Aufgaben zu loben, die er an der athenischen Versammlung, die *ekklēsía*, bemängelt. So kritisiert er die athenische Versammlung, weil sie nicht im Sinne des Gemeinwillens handelte, als sie bestimmte Bürger ehrte oder ächtete – selbst wenn solche Maßnahmen mit überwältigender Mehrheit verabschiedet

21 Rousseau, *Vom Gesellschaftsvertrag*, Buch II, Kap. 4, S. 36.

22 Vgl. ebd., Buch II, Kap. 11; sowie Buch IV, Kap. 1, 4.

23 Ebd., Buch II, Kap. 4, S. 36.

24 Ebd., Buch II, Kap. 6, S. 41.

wurden.[25] Rousseau misstraut der Fähigkeit eines demokratischen Volkes, sowohl im Allgemeinen als Souverän wie auch im Besonderen als Regierung zu agieren. Seiner Idee zufolge, Souveränität und Regierung voneinander zu trennen, hätte zwar der sich versammelnde athenische Demos auf angemessene Weise Gesetze verabschieden können, jedoch keine bestimmten Urteile fällen sollen, wie beispielsweise anlässlich der Verleihung von Ehrungen oder politischer Strafprozesse. Doch warum wirft er der römischen *comitia centuriata* nicht vor, dass sie sowohl als Souverän wie auch als Regierung agierte, indem sie einerseits Gesetze erließ und andererseits Rechtsfälle verhandelte oder private und öffentliche Angelegenheiten erledigte?[26] Ich behaupte, dass Rousseau die ungerecht strukturierte römische Versammlung dem gerecht strukturierten athenischen Pendant vorzieht, da seiner Einschätzung nach nur Erstere erfolgreich sowohl als Souverän wie auch als Magistrat fungieren kann, Letztere jedoch mit größter anzunehmender Sicherheit nicht.[27]

Wenn dem so ist, dann hat die Gleichheit für Rousseau zwei Dimensionen: eine streng formale und eine höchst, beinahe illusorische substanzielle. Die formale Gleichheit wird durch eine allgemeine Inklusion erfüllt, während die substanzielle Gleichheit durch ungerechte Verfahren verwirklicht werden kann, die das Wohl aller garantieren sollen. Die *comitia centuriata* veranschaulicht für Rousseau offenbar am besten diese beiden Dimensionen: Sämtliche römischen Bürger sind an der Versammlung beteiligt, jedoch haben die reichsten unter ihnen mehr Stimmen. In einem solchen Fall wird der Gemeinwille – entweder durch einen größe-

25 Vgl. ebd., Buch II, Kap. 4, S. 35.

26 Vgl. ebd., Buch III, Kap. 12, S. 101; sowie Buch IV, Kap. 4, S. 135 f.

27 Bekanntermaßen bemerkt Rousseau: »Wenn es ein Volk von Göttern gäbe, würde es sich demokratisch regieren. Eine so vollkommene Regierung passt für Menschen nicht.« Ebd., Buch III, Kap. 4, S. 76. Zur Erläuterung dieser Aussage bemerkt Bernard Manin, dass für Rousseau die Fähigkeit, in einem Fall allgemein und im nächsten konkret zu handeln, »über das menschliche Vermögen hinausgeht«. Bernard Manin, *The Principles of Representative Government*, Cambridge 1997, S. 75. Wie wir sehen werden, ermöglichen die Unterschiede zwischen den auf athenische beziehungsweise römische Weise versammelten Menschen Rousseau, diese seltene, ja göttliche Fähigkeit, sowohl allgemeine als auch besondere Aufgaben erfüllen zu können, allein dem in der *comitia centuriata* versammelten römischen »Volk« zuzuschreiben.

ren Patriotismus oder eine stärker ausgeprägte Besonnenheit – von denen vorausgeahnt, die einen besseren Zugang zu ihm haben; er wird nicht durch die strikte Einhaltung egalitärer Verfahren wie der Mehrheitsregel und einer Stimme je Bürger gesichert, wie es in der athenischen Versammlung der Fall war. Diese Vorstellung von einer tiefgreifenderen substanziellen Gleichheit, die nur durch ungerechte institutionelle Vorkehrungen erreicht wird, liefert die Begründung dafür, warum Rousseau die Aristokratie – wennauch die Wahlaristokratie – in den hier untersuchten Passagen des *Gesellschaftsvertrags* für die beste Regierungsform hält. Laut Rousseau gewährt die Wahlaristokratie den Weisen den Vorrang, die dann wiederum im Sinne des Gemeinwohls regieren: »es ist die beste und natürlichste Ordnung, dass die Weisesten die Menge regieren, wenn man sichergeht, dass sie sie zu deren Wohl und nicht zu ihrem eigenen regieren werden«.[28]

Rousseaus Argument zugunsten von Wahlverfahren scheint auf den ersten Blick auf einem aufrichtigen Glauben an die Fähigkeit der Menge zu beruhen, Magistrate zu wählen, die dem Gemeinwohl dienen. In den Passagen, in denen es um Wahlen im Allgemeinen geht – das heißt vor seiner spezifischen Erörterung der römischen *comitia centuriata* im darauffolgenden Buch –, wirft Rousseau nie die Möglichkeit auf, die Stimmabgabe so zu gestalten, dass reiche Bürger ein größeres Mitspracherecht bei der Wahl der Magistrate haben. Die Wahlergebnisse scheinen vollständig in den Händen der Menge zu liegen, die die Magistrate vermutlich auf der Grundlage eines einfachen Mehrheitsprinzips ernennt. In diesem Zusammenhang erklärt Rousseau, die Wahl sei »ein Mittel, bei dem Redlichkeit, Aufgeklärtheit, Erfahrung und alle anderen Gründe der vorzugsweisen Schätzung und des öffentlichen Ansehens ebenso viele weitere Bürgen dafür sind, dass man weise regiert wird«.[29]

Rousseaus ausdrückliche Bevorzugung der Wahlaristokratie – oder der »Aristokratie im eigentlichen Sinn«[30] – gegenüber der

28 Rousseau, *Vom Gesellschaftsvertrag*, Buch III, Kap. 5, S. 76. Rousseau liefert auch eine außenpolitische Begründung dafür, dass er die Wahlaristokratie der Versammlungsdemokratie vorzieht: »[D]ie Glaubwürdigkeit des Staates wird im Ausland durch ehrwürdige Senatoren besser gestützt als durch eine unbekannte oder verachtete Menge.« Ebd.

29 Ebd., S. 75f.

30 Ebd., S. 75.

Erbaristokratie legt nahe, dass Wähler *durch* den Wahlvorgang Einzelne zu Aristokraten *machen*. Im Gegensatz zu Erbaristokratien, in denen aristokratische Titel vor dem politischen Prozess von Geburt an verliehen werden, öffnet die Wahlaristokratie die Reihen der Magistrate mutmaßlich für jedermann. Aus diesem Grund könnte man annehmen, dass Wahlen Aristokraten schaffen und nicht nur diejenigen im Amt bestätigen, die bereits ernannt worden sind. Ganz so einfach liegen die Dinge jedoch nicht. Rousseau äußert sich nicht eindeutig zur vermeintlichen Chancengleichheit der Wahlaristokratie, bis er schließlich einräumt, dass Wahlen *durchaus* den Prozess zur Ernennung von Magistraten und damit sein eigenes republikanisches Modell zugunsten der reichsten Bürger verzerren – unabhängig davon, ob die Abstimmungsverfahren wie in Rom zu ihren Gunsten geregelt sind oder nicht.

Zunächst scheint Rousseau die wirtschaftliche Ungleichheit in seiner aristokratischen Republik lediglich zu tolerieren. Eine solche Staatsform setze »Mäßigung bei den Reichen und Bescheidung bei den Armen«[31] voraus. Er macht jedoch unmittelbar deutlich, dass die Wahlaristokratie, die eigentliche Aristokratie, auf erheblicher Ungleichheit beruht: »es scheint, dass strenge Gleichheit hier fehl am Platz wäre; sie wurde nicht einmal in Sparta eingehalten.«[32] Vermutlich würde eine »strenge« Gleichberechtigung der Bürger es den Wählern erschweren oder sogar unmöglich machen, zu ermitteln, wer in der Bürgerschaft der Beste ist und daher ins Amt gehoben werden sollte. Rousseau kommt kein einziges Mal auf die Idee, dass in einer solchen Staatsform sämtliche Bürger mehr oder weniger gleich tugendhaft, kompetent oder sozial gesinnt sein könnten. Stattdessen impliziert seine Aussage, dass Reichtum – das Merkmal, das seit Menschengedenken bei Wahlkämpfen am meisten belohnt wird – als herausragendes Kennzeichen politischer Eignung gelten kann.[33] Damit Wahlen einwandfrei funktionieren können, müssen unter den Bürgern einige Unterschiede herrschen, und ohne ernsthafte institutionelle Anpassungen kann Reichtum unter solchen Umständen allzu leicht mit Tugend in Verbindung gebracht oder gar mit Tugend verwechselt werden.

31 Ebd., S. 79.

32 Ebd.

33 Vgl. Manin, *The Principles of Representative Government.*

Schließlich ermöglicht Reichtum den Bürgern aus den »besten« Familien, ihren Ruf, ihr Auftreten und ihre öffentliche Redefähigkeit so zu verbessern, dass die Wähler ihnen fast zwangsläufig ihre Stimme geben. Wie bereits erwähnt, entschärfte das demokratische Athen die oligarchischen Tendenzen von Wahlen, indem es die meisten Magistratsämter per Losverfahren unter der gesamten Bürgerschaft verteilte, während die italienischen Republiken den Mitgliedern mittlerer und niederer Zünfte Positionen in Exekutivräten und Ausschüssen garantierten.[34] Darüber hinaus hat Rousseaus Unvermögen oder Unwille, Tugend von Reichtum im Kontext der Wahlpolitik zu unterscheiden, unerfreuliche Auswirkungen auf seine im Folgenden zu untersuchende Befürwortung der hierarchischen Patron-Klient-Beziehungen der römischen Republik: Geld ermöglicht es wohlhabenden Bürgern, nicht-wohlhabende Kandidaten zu finanzieren, aufzubauen oder zu bestechen, damit sie ihre eigenen Interessen auf Kosten der breiteren Bürgerschaft durchsetzen können.

Möglicherweise aus Unbehagen angesichts der unegalitären Implikationen seines Arguments für uneingeschränkte Wahlen sucht Rousseau den Anschein zu wahren, dass er keinen Zusammenhang zwischen Reichtum und Tugend vermute, und schreibt diese Verknüpfung stattdessen einem anderen Autor zu. Er besteht darauf, dass nicht er selbst, sondern Aristoteles eine »gewisse Ungleichheit des Vermögens« befürworte, »damit die Reichen immer vorgezogen würden«.[35] Rousseau seinerseits befürwortet lediglich die materielle Ungleichheit, damit diejenigen, »die [öffentlichen Angelegenheiten] am ehesten ihre ganze Zeit widmen können«,[36] die Magistrate übernehmen können. Solange jedoch die öffentlichen Bestimmungen es nicht allen Bürgern ermöglichen, politische Ämter zu bekleiden – ein Recht, dass viele Demokratien und demokratische Republiken ihren ärmeren Bürgern gewährten –, werden Reichtum und freie Zeit unwiderruflich miteinander verbunden bleiben. Unabhängig davon, ob Rousseaus Absicht darin besteht, sicherzustellen, dass entweder Wohlhabende oder aber diejenigen, die über genügend freie Zeit verfügen, regieren sollten, bleibt das Ergebnis dasselbe: in jedem Fall werden am Ende die Reichen regieren.

34 Vgl. Kapitel 2 in diesem Band.
35 Rousseau, *Vom Gesellschaftsvertrag*, Buch III, Kap. 5, S. 79.
36 Ebd.

Rousseau räumt ein, dass die Magistrate in seiner aristokratischen Republik hauptsächlich aus den Reihen der Reichen stammen, besteht jedoch darauf, dass dies nicht der Grund dafür sei, warum sie regieren.[37] Vielmehr monopolisierten sie politische Ämter, weil es sich bei ihnen um die verdienstvollsten Bürger handele. Leider ist Rousseaus Argument an dieser Stelle ebenso unwiderlegbar wie potenziell ideologisch. So bietet er seinen Lesern keine Möglichkeit, Kandidaten oder Magistrate, die lediglich wohlhabend sind, von denen zu unterscheiden, die wirklich tugendhaft sind.[38]

Worin besteht also letzten Endes der Unterschied zwischen einer Erbaristokratie und einer Wahlaristokratie? Beide ermöglichen üblicherweise eine Herrschaft der Reichen. Laut Rousseau sorgt jedoch die Wahlaristokratie gelegentlich dafür, dass ein symbolischer nicht wohlhabender Bürger ein Amt antritt.[39] Wie und warum? Rousseau behauptet, durch eine solche Form der Symbolpolitik werde »dem Volk manchmal deutlich [...], dass es unter den Verdiensten der Menschen wichtigere Vorzugsgründe gibt als Reichtum«.[40] Wer verdeutlicht jedoch wem etwas, wenn es die Wählerschaft selbst ist, die einen nicht wohlhabenden Bürger ins Amt bringt? Warum muss dem Volk etwas verdeutlicht werden, das es bereits unternommen hat? Vielleicht meint Rousseau, dass das Volk aus seinen eigenen Wahlentscheidungen lernen könne oder dass sich für eine nachfolgende Wählerschaft Erkenntnisse aus vorangegangenen Wahlentscheidungen gewinnen ließen. Dennoch ist die Vorstellung, dass Wahlen dem Volk etwas deutlich machen können, wenn es doch das Volk selbst ist, das wählt, recht merkwürdig.[41] Die Aussage ergibt mit Blick auf Rousseaus Überlegungen zu den römischen Versammlungen mehr Sinn: Wenn die Wahl der Magistrate fest in den Händen der Wenigen liegt, dann können sie beschließen, hin und wieder einen gewöhnlichen Bürger zu wählen, damit »dem Volk manchmal deutlich wird«,[42] dass es sich bei einer Republik

37 Vgl. ebd.

38 Vgl. Gordon Arlen, »Aristotle and the Problem of Oligarchic Harm. Insights for Democracy«, in: *European Journal of Political Theory* 3 (2019), S. 393-414.

39 Vgl. Rousseau, *Vom Gesellschaftsvertrag*, Buch III, Kap. 5, S. 79.

40 Ebd.

41 Zu einer diesbezüglich wohlwollenderen Interpretation Rousseaus vgl. Dana Villa, *Teachers of the People. Political Education in Rousseau, Hegel, Tocqueville, and Mill*, Chicago 2017.

42 Rousseau, *Vom Gesellschaftsvertrag*, Buch III, Kap. 5, S. 79.

wie Rousseaus Rom um eine meritokratische Aristokratie und nicht nur eine plutokratische Oligarchie handelt.

## 3. Rousseau und die römischen Versammlungen

Rousseau erklärt, dass das konkrete Beispiel des antiken Roms der Schlüssel zum richtigen Verständnis seiner abstrakten Theorie des Staatsrechts sei und dass die Abstimmungsmodalitäten der römischen Versammlungen, insbesondere diejenigen der *comitia centuriata*, den »urteilsfähigen Leser«[43] dazu anleiten werden, wie eine große Republik zu ordnen sei. Ich werde Rousseau hier ausführlich zitieren, da die meisten Historiker und Politikwissenschaftler der Rolle, die das alte Rom im *Gesellschaftsvertrag* spielt, nicht genügend Aufmerksamkeit geschenkt haben, vor allem im Hinblick auf die ungerechte Organisation des Abstimmungsverfahrens in der wichtigsten Versammlung der Republik. Die folgende Passage, in der Rousseau beginnt, über den Stellenwert von Volksversammlungen im Rahmen seiner politischen Theorie nachzudenken, rückt diejenigen Interpretationen, in denen die der römischen Republik gewidmeten Kapitel vernachlässigt werden, in ein zweifelhaftes Licht:

> Mir bliebe nur noch, von der Art und Weise der Stimmabgabe und Stimmensammlung in der Volksversammlung zu sprechen; aber vielleicht erklärt ein geschichtlicher Rückblick auf die politischen Einrichtungen Roms in dieser Hinsicht alle Grundsätze, die ich aufstellen könnte, *deutlicher*. Es ist eines *urteilsfähigen Lesers* nicht unwürdig, ein wenig im Einzelnen zu sehen, wie *die öffentlichen und die besonderen Angelegenheiten* in einem Rat von *zweihunderttausend Menschen* abgewickelt wurden.[44]

Ich werde im Laufe dieses Kapitels häufig auf diese Passage zurückkommen, um daran zu erinnern, dass Rousseau sich aus präskriptiven und nicht allein deskriptiven Gründen auf Rom bezieht und dass er seine Leser dazu auffordert, seiner Darstellung römischer Institutionen besondere Aufmerksamkeit zu schenken. Insbesondere hebt Rousseau die Wahlverfahren Roms hervor, die, wie wir

43 Ebd., Buch IV, Kap. 3, S. 123.

44 Ebd. Hervorhebung durch John P. McCormick.

sehen werden, höchst ungerecht waren, da die in ihrem Rahmen durchgeführten Abstimmungen deutlich zugunsten wohlhabender Bürger gewichtet wurden.

Darüber hinaus weist Rousseau die Leser an, hinsichtlich römischer Institutionen wie der *comitia centuriata* auf sämtliche Einzelheiten zu achten, denn wie ich weiter unten zeigen werde, lässt er diese Einzelheiten oft für sich selbst sprechen, anstatt ausführlich auf ihre Auswirkungen auf die Machtverhältnisse innerhalb einer Republik einzugehen. Der Verweis auf die Abwicklung von sowohl öffentlichen als auch besonderen Angelegenheiten im Rahmen großer Versammlungen stützt eine Behauptung, die ich bereits vorgebracht habe, aber in diesem Abschnitt weiter untermauern werde: Wie seine scharfe Kritik an der athenischen *ekklēsía* verdeutlicht, missbilligt Rousseau im theoretischen Rahmen Volksversammlungen, die die Aufgaben sowohl des Souveräns als auch der Regierung erfüllen. Dennoch billigt er die Ausübung sowohl öffentlicher als auch besonderer Funktionen durch die römische *comitia centuriata*, wenn sie einerseits Gesetze erlässt und andererseits Magistrate wählt und Rechtsfälle verhandelt.[45] Obwohl Rousseau dies an keiner Stelle ausdrücklich ausspricht, ist anzunehmen, dass er von seinem »urteilsfähigen Leser« erwartet, zu dem Schluss zu kommen, die Auflösung dieser offensichtlichen Widersprüchlichkeit sei auf die eigentümliche Abstimmungsstruktur der römischen Versammlung zurückzuführen, in der die reichsten Bürger die meisten Stimmen in Gegenwart ärmerer Bürger abgaben, die möglicherweise nicht einmal die Möglichkeit hatten, überhaupt zu wählen.

Schließlich versucht sich Rousseau für die Realisierbarkeit großer Republiken einzusetzen, worauf sein Hinweis auf das enorme Ausmaß der *comitia centuriata* im Rahmen der oben zitierten Passage deutet. Wie er an anderer Stelle anmerkt, veranschauliche Rom, dass »[d]ie Grenzen des Möglichen«[46] in der republikanischen Politik nicht so eng seien, wie viele geneigt sind zu glauben. Am Beispiel Roms führt er vor, »[was] aufgrund dessen, was geschehen ist, [...] geschehen kann«.[47] Eine Demokratie mag ein kleines Gemeinwesen voraussetzen, in dem sich sämtliche Bürger persönlich kennen. Rom, eine Stadt mit »vierhunderttausend waffentragende[n]

45 Vgl. ebd., Buch IV, Kap. 4, S. 136.
46 Ebd., Buch III, Kap. 12, S. 101.
47 Ebd.

Bürgern«,[48] diene hingegen als Inspiration für all diejenigen, die sich eine territorial weit ausgedehnte Republik vorstellen.[49] Indem er getreulich an den souveränen (allgemeinen), elektoralen und timokratischen Grundsätzen der römischen Republik festhält und die allein für Plebejer bestimmten kontestatorischen Elemente über Bord wirft, die Machiavelli lobend in seinen *Discorsi* hervorhebt, eröffnet der *Gesellschaftsvertrag* die Möglichkeit von Republiken, deren Erfolg aus Rousseaus Sicht sogar den von Rom übertreffen könne.

Rousseaus Rom ist vordergründig die Republik des römischen *populus*, aller Menschen, Plebejer und Patrizier gleichermaßen, also das Rom, das sich in erster Linie mit der *res publica*, der »öffentlichen Sache«, der Angelegenheit eines jeden Bürgers befasst. Das Rousseausche Rom ist nicht die Republik, auf die die emblematische Abkürzung »S.P.Q.R.« (*Senatus Populusque Romanus*) verweist, mit anderen Worten eine Republik, die sowohl aus einem ausgeprägten senatorischen Rom als auch aus einem ausgeprägten plebejischen Gemeinwesen besteht – die Republik, die Machiavelli wegen ihrer Klassenkonflikte oder »Tumulte« lobt.[50] Rousseaus Bewunderung für die einheitliche, politisch homogene, souveräne Republik wird durch Aussagen wie die folgenden deutlich: »[K]aum eine Woche [verging], in der das Volk von Rom nicht versammelt wurde […]. Es übte nicht nur seine Souveränitätsrechte aus, sondern auch zum Teil die der Regierung.«[51] Entgegen seinen Ausführungen zur Demokratie zeigt sich Rousseau deutlich unkritisch, wenn er auf die Tatsache hinweist, dass das als Souverän versammelte römische Volk nicht nur Gesetze verabschiedete, sondern auch »gewisse Angelegenheiten [behandelte]« und »gewisse Fälle entschied«; in der Tat »[war] dies ganze Volk […] auf dem

48 Ebd.

49 Zu den weiteren wichtigen Faktoren, von denen die Möglichkeit einer Volksregierung in Griechenland und Italien abhing, zählten Rousseau zufolge der Stellenwert, den die Sklaverei in Athen und Italien einnahm, sowie die jeweiligen klimatischen Bedingungen. So konnte sich beispielsweise das römische Volk nicht ständig versammeln, weil die dortigen Sklaven nicht im selben Maß für die Produktion materieller Güter verantwortlich waren wie in Griechenland. Und anders als in Hellas waren die Jahreszeiten in Italien stark von gemäßigten bis hin zu extremen Wetterlagen geprägt. Vgl. ebd., Buch III, Kap. 15, S. 107 f.

50 Vgl. Machiavelli, *Discorsi*, Buch I, Kap. 4 f.

51 Rousseau, *Vom Gesellschaftsvertrag*, Buch III, Kap. 12, S. 101.

Forum beinahe genauso oft Obrigkeit wie Bürger«.[52] Erneut wirft diese Beschreibung die folgende Frage auf: Warum kritisiert Rousseau an anderer Stelle den kleineren athenischen Demos dafür, dass er in Versammlungen zusammenkommt, um über allgemeine und besondere Angelegenheiten zu entscheiden, während er das größere versammelte römische Volk dafür lobt, dass es hier genau dasselbe tut? Er untermauert das Argument, dass das römische Volk in seiner besten Form souverän gewesen sei und dass Roms Volksversammlungen den Gemeinwillen zum Ausdruck gebracht hätten, indem er darauf beharrt, dass römische Magistrate keine Stellvertreter gewesen seien.[53] Nur die Versammlungen brachten das Gemeinwohl zum Ausdruck; weder personifizierten noch verkörperten die Magistrate den Gemeinwillen des souveränen Volkes. Wenn sich die *comitiae* versammelten, waren Rousseau zufolge die obersten Magistrate, die Konsuln, bloße Vorsitzende oder Einberufer der Versammlungen und die Volkstribunen lediglich Redner, während der Senat »gar nichts«[54] war. Für Rousseau sind die Volksmagistrate nicht die Vertreter des Volkes, sondern deren Beauftragte:

> In den alten Republiken [...] hatte das Volk niemals Vertreter; man kannte das Wort gar nicht. Es ist sehr eigenartig, dass man in Rom, wo die Tribunen so geheiligt waren, nicht auf den Gedanken kam, sie könnten sich der Funktionen des Volkes bemächtigen, und dass sie inmitten einer so großen Menge nie versucht haben, auch nur eine einzige Abstimmung aus eigener Machtvollkommenheit zu umgehen.[55]

Mit scheinbar kräftiger athenischer Stimme behauptet Rousseau, dass »Volksversammlungen« wie diejenigen Roms immer »der Schrecken der Oberhäupter«, die Geißel der Tyrannen und eine Abschreckung für Magistrate gewesen seien, die vorgegeben hätten, für das souveräne Volk zu sprechen.[56] Römische Versammlungen

52 Ebd.

53 Vgl. ebd., Buch III, Kap. 14, S. 104. Zu den vollständigen Auswirkungen von Rousseaus Repräsentationsfeindlichkeit vgl. Richard Fralin, *Rousseau and Representation. A Study of the Development of his Concept of Political Institutions*, New York 1978; sowie Nadia Urbinati, *Representative Democracy. Principles and Genealogy*, Chicago 2006.

54 Rousseau, *Vom Gesellschaftsvertrag*, Buch III, Kap. 14, S. 104.

55 Ebd., Buch III, Kap. 15, S. 106 f.

56 Ebd., Buch III, Kap. 14, S. 104.

waren jedoch etwas anderes als demokratische Versammlungen.[57] Sie waren ganz anders organisiert als die athenischen Versammlungen, in denen die Mehrheitsregel galt und jeder Bürger eine Stimme hatte. Bezeichnenderweise beginnt Rousseau, der altbekannte Verfechter formaler politischer Gleichheit und Allgemeinheit, seine Erörterung der Versammlungen mit einem Lob für die im frühen Rom angeordnete soziopolitische Hierarchisierung.

Rousseau ist weitaus unverblümter als Machiavelli angesichts der lückenhaften Informationen, die über das Rom unter den Königen und die frühe römische Republik vorliegen. Er räumt ein, dass die meisten Berichte »aus den ersten Zeiten Roms« kaum mehr als »Legenden« seien.[58] Dennoch hebt er anschließend Servius Tullius hervor, den König, der angeblich die Gesellschaftsordnung Roms reformierte und ihren künftigen Erfolg sicherstellte. Rousseau lobt Servius Tullius, weil er die gesellschaftliche Stellung der Patrizier schützte: Als Reaktion auf einen Zustrom von Fremden, der die von den führenden Familien gebildeten Tribus zahlenmäßig zu übersteigen drohte, reformierte er die Zusammensetzung der Tribus Roms, indem er an die Stelle einer ethnischen Aufteilung eine Einteilung nach Wohnorten setzte.[59] Servius Tullius schuf zwischen den niederen und gehobenen Klassen sechs Klassen von Reiter-Centurien und gab den von Patriziern dominierten ländlichen Tribus den Vorrang vor den städtischen, die sich aus Plebejern, Proletariern und Freigelassenen zusammensetzten.[60]

Ohne dies näher zu erläutern, verbindet Rousseau diese Reformen mit dem Erfolg der Republik, hohe politische Ämter vor einer Kontamination durch Fremde oder eine Infiltration durch Angehörige der Unterschicht zu schützen. So feiert er beispielsweise die Tatsache, dass Freigelassene aufgrund dieser Maßnahmen niemals ein Magistratsamt erlangen konnten.[61] Allerdings wirft er den Pa-

57 Zu weiteren Einzelheiten zu den politischen Institutionen des alten Roms vgl. Claude Nicolet, *The World of the Citizen in Republican Rome*, aus dem Französischen von Paul Stephen Falla, Berkeley 1980; sowie Andrew Lintott, *The Constitution of the Roman Republic*, Oxford 1999.

58 Rousseau, *Vom Gesellschaftsvertrag*, Buch IV, Kap. 4, S. 123 f.

59 Vgl. ebd., S. 125.

60 Vgl. ebd., S. 125 f.

61 Vgl. ebd., S. 126. Man sollte an dieser Stelle wohlwollend anmerken, dass Rousseaus diesbezügliche Äußerung möglicherweise nicht so sehr einen offenen

triziern (»den Großen und Mächtigen«)[62] vor, diese Spaltungen zu ihrem eigenen Vorteil durch das Amt der Censoren missbraucht zu haben, die dafür zuständig waren, die Plätze zu verwalten, die die einzelnen Bürger innerhalb der sozialen Hierarchie einnahmen. Diese Exzesse provozierten das »Gesinde[l]«[63] der städtischen Tribus dazu, anschließend ihre Stimmen zu verkaufen. Aber diese Einsicht veranlasst Rousseau nicht zu der Frage, ob nicht bereits die bloße Vorstellung, dass einige bessere, wohlhabendere, prominentere Bürger mehr Mitspracherecht bei der Bestimmung des Gemeinwohls haben sollten, zwangsläufig zu einer solchen Korruption einlädt, und zwar völlig unabhängig von den Missbräuchen, die im Zusammenhang mit den Censoren auftraten.

Klammert man diese wohnort- und klassenbedingten Spaltungen aus, die nur indirekte politische Auswirkungen hatten, behält sich Rousseau sein größtes Lob für Servius Tullius' zweiten Versuch der gesellschaftlichen Neuordnung vor: die nach Vermögen gewichtete Aufteilung der römischen Bürgerschaft in Stimmklassen innerhalb der *comitia centuriata* beziehungsweise den »Comitien nach Centurien«.[64] Die damit einhergehenden Abstufungen minderten das politische Gewicht der Stimmen ärmerer Bürger erheblich:

> Servius [...] teilte das ganze römische Volk in sechs Klassen auf, die er nicht nach dem Ort oder nach Köpfen unterschied, sondern nach dem Vermögen, derart, dass die ersten Klassen die Reichen, die letzten die Armen und die mittleren diejenigen enthielten, die ein bescheidenes Vermögen hatten. Diese sechs Klassen waren in 193 andere Körperschaften unterteilt, Centu-

Klassenelitismus widerspiegelt als vielmehr eine stark ausgeprägte Angst vor politischer Korruption: Rousseau mag sich hier nicht so sehr über die Aussicht entrüsten, dass ehemalige Sklaven per se ein politisches Amt bekleiden könnten, sondern sich bloß sorgenvoll der Tatsache bewusst zu sein, dass solche Männer in Rom bekanntermaßen von ihren ehemaligen Herren abhängig waren, die ihre Patrone blieben. Wie wir noch sehen werden, stört sich Rousseau nicht daran, dass wohlhabende Adlige armen Plebejern als Patronen dienten – er empfiehlt diese Praxis sogar. Er kann allerdings nicht die Vorstellung ertragen, dass Magistrate einem wohlhabenden Patron als Klienten dienen sollten. Persönliche Abhängigkeiten scheinen seiner Einschätzung nach mit der Ausübung der römischen Staatsbürgerschaft vereinbar, nicht jedoch mit der Ausübung des römischen Imperiums, der Amtsgewalt eines Magistrats.

62 Ebd., S. 127.

63 Ebd.

64 Ebd., S. 130.

rien genannt, und diese Körperschaften waren so aufgeteilt, dass die erste Klasse allein mehr als die Hälfte davon umfasste und die letzte davon nur eine einzige bildete. So kam es, dass die nach Köpfen am wenigsten zahlreiche Klasse die meisten Centurien umfasste und dass die gesamte letzte Klasse nur als eine Unterteilung gezählt wurde, wiewohl sie allein mehr als die Hälfte der Bewohner Roms enthielt.[65]

Infolge dieser Regelung, in deren Rahmen die Stimmen nach Besitzverhältnissen gewichtet wurden, konnten die reichsten Bürger Gesetze erlassen, Konsuln wählen oder Strafprozesse entscheiden, bevor die Armen überhaupt Gelegenheit hatten, ihre Stimme abzugeben:

In der Tat umfasste von den 193 Centurien, die die sechs Klassen des ganzen römischen Volkes bildeten, die erste Klasse achtundneunzig, und da die Stimmen nur nach Centurien zählten, übertraf diese eine Klasse alle anderen an Zahl der Stimmen. Wenn alle diese Centurien übereinstimmten, setzte man die Stimmenauszählung gar nicht mehr fort; was die kleinste Anzahl entschieden hatte, ging als eine Entscheidung der Mehrheit durch, und man kann sagen, dass die Staatsangelegenheiten in den Comitien nach Centurien eher nach der Mehrzahl der Goldstücke als nach der der Stimmen geregelt wurden.[66]

Man beachte, dass Rousseau den im letzten Satz dieser Passage beschriebenen Sachverhalt nicht beklagt. Ich schlage vor, diese Passage vor dem Hintergrund zweier früherer Diskussionen zu lesen: Den von Rousseau weitgehend positiv hervorgehobenen Zusammenhang zwischen Wahlen und einer Herrschaft der Reichen sowie seine beträchtlichen Zweifel an der Fähigkeit von Volksversammlungen, über das Gemeinwohl entscheiden oder den Gemeinwillen verwirklichen zu können. Da die *comitia centuriata* die Konsuln wählte und ursprünglich die wichtigsten Gesetze verabschiedete, weist Rousseau seinen »urteilsfähigen Leser« am Beispiel dieser Versammlung an, wie man sowohl die besten Magistrate ernennen als auch Gesetze verabschieden sollte, die den Gemeinwillen widerspiegeln – das heißt, wie man eine Versammlung einrichtet, die es den reichsten Bürgern erlaubt, durch vielleicht nicht ganz so transparente Mittel beide Funktionen selbst auszuüben. Den vor-

65 Ebd., S. 128.
66 Ebd., S. 132.

letzten Teilsatz der oben zitierten Passage halte ich für den Kern von Rousseaus Republikanismus für große Gemeinwesen und in der Tat für die treibende Kraft moderner Massendemokratien. Es lohnt sich, ihn zu wiederholen: »was die kleinste Anzahl entschieden hatte, ging als eine Entscheidung der Mehrheit durch«,[67] wobei das »Durchgehen« sowohl eine formale Inszenierung als auch einen falschen Schein impliziert.

Im Rahmen seiner Erörterung der eher plebejischen Versammlungen Roms scheint Rousseau zwei weitere Versammlungen zu verschmelzen, die gewöhnlich als getrennt verstanden werden, das *concilium plebis* und die *comitia tributa*: »Die Comitien nach Tribus waren eigentlich der Rat des römischen Volkes. Sie wurden nur durch die Tribunen einberufen [...].«[68] Rousseau behauptet, dass die Tribunen nicht nur dieser *comitia* vorstanden, sondern sie auch gegründet hatten.[69] Bei der *comitia tributa* handelte es sich jedoch um eine formelle, rechtmäßige Versammlung, weshalb es unwahrscheinlich ist, dass die Tribunen, die anfänglich als inoffizielle, informelle Magistrate galten, über ausreichend Autorität verfügten, um sie in der noch jungen Republik zu gründen. Im Gegensatz dazu hatte das *concilium* in den Anfangstagen der Republik den gleichen »illegitimen« Status wie die Tribunen. So war es wahrscheinlich das *concilium plebis* und nicht die *comitia tributa*, wie Rousseau behauptet, wo »die Tribunen gewählt [...] und [...] ihre Volksabstimmungen durch[gebracht]«[70] wurden. Das *concilium* schloss vermutlich Patrizier aus und könnte tatsächlich von den Tribunen gegründet worden sein. Die *comitia tributa* hingegen mag Patrizier eingeschlossen haben, aber da sie eher nach Tribus als nach Centurien unterteilt war, hätten Plebejer und ärmere Bürger aufgrund ihrer zahlenmäßigen Überlegenheit ihre gesellschaftlich höher gestellten Mitbürger jederzeit überstimmen können.[71] Rousseau scheint das *concilium plebis* heraufzubeschwören, wenn er hinsichtlich der *comitia tributa* Folgendes festhält:

67 Ebd.
68 Ebd., S. 133.
69 Vgl. ebd.
70 Ebd.
71 Vgl. Fergus Millar, *The Roman Republic in Political Thought*, Waltham 2002.

Der Senat hatte dort nicht nur keinerlei Rang, er hatte nicht einmal das Recht, dabeizusein, und die Senatoren, gezwungen, Gesetzen zu gehorchen, über die sie nicht hatten abstimmen können, waren in dieser Hinsicht weniger frei als die letzten Bürger. Diese Ungerechtigkeit beruhte auf einem völlig falschen Verständnis und hätte allein genügt, die Erlasse einer Körperschaft ungültig zu machen, zu der nicht alle ihre Glieder zugelassen waren.[72]

Entscheidender als Rousseaus Verwechselung dieser beiden plebejisch dominierten Versammlungen (die angesichts der verfügbaren historischen Belege verständlich ist) ist jedoch seine Reaktion auf die Tatsache, dass mindestens eine von ihnen Patrizier formal ausschloss. Er kann seine Empörung über den Gedanken nicht zurückhalten, dass die prominentesten Bürger nicht berechtigt waren, an dieser plebejischen Versammlung teilzunehmen und dennoch ihrer Gesetzgebung unterworfen waren.

Es ist bemerkenswert, wie Rousseau den Versammlungen, die zur »Volksherrschaft« tendierten, das Lob verweigert, mit dem er die *comitia centuriata* überhäuft, weil den Ersteren »der Senat und die Patrizier« fehlten:[73] Er erklärt, »dass sich die volle Majestät des römischen Volkes« in der *comitia centuriata* wiederfand, weil niemand von ihr ausgeschlossen war, obwohl sie – wie er untertreibt – hinsichtlich ihres Abstimmungsverfahrens »für die Aristokratie am vorteilhaftesten waren«.[74] Im Rahmen konventioneller Interpretationen könnte man Rousseaus Entrüstung auf sein vielgepriesenes Bekenntnis zum Egalitarismus und seine Vorliebe für allgemein geltende Grundsätze zurückführen: Niemand sollte Gesetzen unterworfen werden, an deren Formulierung er nicht beteiligt war. Allerdings lässt sich anhand der von mir hier entwickelten Analyse auch ein gewisser Klassenelitismus feststellen: Wie konnten es die Plebejer wagen, Patrizier, die besten Bürger, von einem politischen Gremium von solcher Bedeutung auszuschließen?

Wie wir festgestellt haben, bringt Rousseau keine derartigen Beschwerden vor, wenn es um den faktischen Ausschluss der ärmsten Bürger vom Wahlrecht und der Gesetzgebung in der *comitia centuriata* geht. Es beunruhigt ihn offensichtlich nicht, dass sie

72 Rousseau, *Vom Gesellschaftsvertrag*, Buch IV, Kap. 4, S. 133.

73 Ebd., S. 134.

74 Ebd.

»in dieser Hinsicht weniger frei« waren.[75] Zumindest, so könnte er protestieren, nahmen arme Bürger an solchen Versammlungen teil und genossen de jure das Recht, dort abzustimmen – tatsächlich hatten ihre Stimmen einen wirklichen Einfluss, wenn nämlich die wohlhabenderen Klassen der Bürger so uneins waren, dass die Abstimmung auf die Klassen mit den niedrigsten Stimmenanteilen überging. Mit anderen Worten: Wenn sich die reichsten Bürger auf Kandidaten oder eine bestimmte Politik einigen, hat es so sein sollen. Wenn dies nicht der Fall ist, kann es den unteren Klassen gestattet werden, sich an der Entscheidungsfindung zu beteiligen. Aus plebejischer Sicht – die in vielerlei Hinsicht von Machiavelli übernommen wurde – betrachtet Rousseau die Dinge jedoch verkehrt herum: Die Patrizier und die Reichen besitzen so viele Privilegien und üben so viel Macht innerhalb einer Republik aus – die Freiheit begünstigt schließlich Wölfe gegenüber Schafen –, dass es legitimer und gerechter wäre, sie vollständig von bestimmten Versammlungen oder politischen Ämtern auszuschließen, damit gewöhnliche Bürger einen direkten Einfluss auf die Gesetzgebung und Politikgestaltung geltend machen könnten. Es ist geradezu lächerlich, dass Rousseau erklärt, die senatorische Klasse sei in irgendeiner Weise »weniger frei« als gewöhnliche Bürger, und er dann damit fortfährt, Institutionen zu empfehlen, die Plebejer und Arme formell in alle Versammlungen einbeziehen, während er gleichzeitig ihre Machtnachteile innerhalb dieser Versammlungen verschärft, indem er die Reichen dazu ermächtigt, sie zu überstimmen.

Daher beunruhigt in diesem Fall weder die Ungleichheit noch gar die Ausgrenzung Rousseau so sehr. Es ist vielmehr plausibel, dass der Verstoß der plebejischen Versammlung gegen das Rousseausche Prinzip einer gezielten Vorteilsgewährung zugunsten von Aristokraten – gewichtete Stimmen für die Reichen – seinen Zorn am meisten provoziert. Diese Passage erinnert uns daran, dass Rousseaus Volkssouveränität eine Souveränität der Inklusion ist, jedoch keine der Gleichheit. Die politische Ganzheitlichkeit von Rousseaus Modellbürgerschaft impliziert auf keinerlei sinnvolle Weise die Gleichheit jedes einzelnen Bürgers.[76] Und hier sehen

75 Ebd., S. 133.

76 Nancy Rosenblum verortet Rousseaus »republikanischen Holismus« im Kontext verschiedener Strömungen des parteifeindlichen, antipluralistischen und damit antipolitischen Denkens. Vgl. Nancy L. Rosenblum, *On the Side of the Angels.*

wir am deutlichsten, wie sehr Rousseau majoritäre Verfahren nach dem Vorbild Athens verachtet, in deren Rahmen das Prinzip »ein Mensch – eine Stimme« gilt:

Selbst wenn alle Patrizier an den Comitien [nach Tribus] teilgenommen hätten gemäß ihrem Recht, das sie als Bürger hatten, hätten sie als schlichte Einzelne keinen Einfluss ausgeübt bei einer Abstimmungsform, die nach Köpfen zählte und wo der geringste Proletarier genauso viel vermochte wie der Erste im Senat.[77]

Rousseaus Prinzip der republikanischen Staatsbürgerschaft ist einfach: Jeder Bürger muss für jede Versammlung oder jedes politische Amt infrage kommen, muss sich für jedes Privileg oder jede Form der Immunität qualifizieren können, aber einige Personen haben das Recht, entschieden mehr von diesen Bedingungen zu profitieren als andere. Einige Bürger müssen als mehr als »schlichte Einzelne« gelten. Substanzielle Gleichheit und eine Mehrheitsregel sind nicht erforderlich und die egalitäre Praxis des bloßen Zählens »nach Köpfen« sollte sogar vermieden werden. Natürlich versucht Rousseau das Ausmaß der Ungerechtigkeit herunterzuspielen, das die von ihm bevorzugten Abstimmungsverfahren in der *comitia centuriata* kennzeichnet, indem er von allen römischen Versammlungen zugleich spricht: »[D]a es keinen Bürger gab, der nicht in einer Curie, Centurie oder Tribus eingeschrieben war, folgt daraus, dass kein Bürger vom Stimmrecht ausgeschlossen und dass das römische Volk de jure und de facto wahrhaft souverän war.«[78] Allerdings waren nicht alle Bürger in gleicher Weise »wahrhaft souverän« innerhalb der bedeutendsten Versammlung, der *comitia centuriata*, in deren Rahmen die höchsten Magistrate gewählt und die wichtigsten Gesetze verabschiedet wurden.

An dieser Stelle mag man Rousseau getrost vorwerfen, vollstän-

*An Appreciation of Parties and Partisanship*, Princeton 2008. Ich würde diese Lesart um das Argument ergänzen, dass Rousseaus Holismus tatsächlich die am systematischsten entwickelte Variante eines aristokratischen Republikanismus ist, in dessen Rahmen das »Gemeinwohl«, politische Allgemeingültigkeit und soziale Homogenität betont werden, während er eigentlich darauf abzielt, eine bestimmte, materiell begünstigte Gruppe der Bürger in eine politische Vorrangstellung zu erheben.

77 Rousseau, *Vom Gesellschaftsvertrag*, Buch IV, Kap. 4, S. 133.

78 Ebd., S. 130.

dig der Perversion erlegen zu sein. Er scheint die römische Praxis der gewichteten Stimmabgabe zugunsten der Reichen zu rechtfertigen, indem er andeutet, dass sie eigentlich unnötig gewesen sei: Selbst wenn das Privileg der Patrizier nicht formell in den Verfahren der *comitia centuriata* verankert worden wäre, hätte die soziale Praxis des Klientelismus laut Rousseau ohnehin die gleichen politischen Ergebnisse garantiert. Die sozioökonomische Abhängigkeit der Plebejer von den Patriziern beziehungsweise der Armen von den Reichen ermöglichte es den Reichen, das politische Verhalten der Armen in Richtung des Gemeinwohls zu lenken. Kredite, Arbeitsplätze und günstige Eheschließungen, die armen Klienten von reichen Patronen gewährt wurden, stellten sicher, dass man bei der Stimmabgabe niemals zu weit von den Interessen der Patrizier und damit – Rousseaus Ansicht nach – vom allgemeinen Interesse der Republik abweichen würde. Rousseau, der große Ankläger von Knechtschaft und Abhängigkeit, ein Philosoph, der die parlamentarische Repräsentation mit der Sklaverei vergleicht,[79] hält das hierarchische und manipulative System des römischen Klientelismus für »bewundernswert« und »human«.[80]

Diese Behauptungen deuten erneut darauf hin, dass Rousseau den Armen sehr viel mehr misstraut, als er die Armut verabscheut: Das mangelhafte politische Urteilsvermögen der Armen ist seinen Ausführungen zufolge potenziell schädlicher für das Gemeinwohl als die ungerechten sozioökonomischen Bedingungen, die ihr Urteilsvermögen – entweder durch Beeinträchtigung oder Zwang – überhaupt erst beeinflussen. Machiavelli hatte selbstverständlich nichts Gutes über Klientelismus – »private Formen der Begünstigung verschiedener Privatpersonen«[81] – zu sagen, weder in antiken noch in modernen Kontexten. Er verurteilte die folgenden privaten Formen der Begünstigung als die bösartigsten Gepflogenheiten, die Republiken je heimsuchen könnten: »Kreditvergabe, Eheschließungen, Bereitstellung einer Verteidigung vor Magistraten und die Gewährung von ähnlichen privaten Gefälligkeiten, die den Patronen Anhänger bescherten und Klienten dazu ermutigen, die Öffentlichkeit zu korrumpieren und Gesetze aufzuheben.«[82] Wie ich

79 Vgl. ebd., Buch III, Kap. 15, S. 108.

80 Vgl. ebd., Buch IV, Kap. 4, S. 131.

81 Machiavelli, *Discorsi*, Buch III, Kap. 28.

82 Vgl. ebd.; sowie Machiavelli, *Istorie Fiorentine*, Buch VII, Kap. 1.

bereits erwähnt habe, dokumentiert Machiavelli die säkularen Tendenzen, die sowohl in der römischen als auch in der florentinischen Republik auftraten und im Zuge derer Eliten die sozioökonomische Ungleichheit ausnutzten, um ärmere Bürger dazu zu verleiten oder zu nötigen, Patron-Klient-Beziehungen einzugehen, was in den jeweiligen Republiken schließlich zum Aufstieg der römischen Kaiser und zum Medici-Prinzipat führte.[83]

Rousseau räumt ein, dass sich das römische Patriziat in einer Weise verhielt, die dem bürgerlichen Geist der Republik zuwiderlief, als der gesellschaftliche Status noch vererbt anstatt durch Wahlen verliehen wurde.[84] Aber selbst mit Blick auf das erbliche Patriziat hebt er dessen Verdienst lobend hervor, sich selbst durch das ehrenhafte und »schöne Beispiel«[85] der Patronage erhalten zu haben. Rousseaus Einschätzung zufolge »[erwuchs] nie Missbrauch«[86] aus den Patron-Klient-Beziehungen, es sei denn, man erachtet Stimmenkauf als missbräuchlich. Tatsächlich scheint diese Behauptung im Widerspruch zu seiner Kritik am Stimmenverkauf seitens ärmerer Bürger zu stehen, die er sowohl an früherer als auch an späterer Stelle im Text äußert.[87] Auf der Grundlage der Präferenzen, die Rousseau im Laufe dieser Kapitel zu erkennen gibt, lässt sich diese Widersprüchlichkeit auf folgende Weise auflösen: Vermutlich ist der Stimmenkauf, den die Patrizier zu Zeiten der frühen Republik in die Wege leiteten, für Rousseau akzeptabel, weil er zum Ausdruck des Gemeinwillens in der *comitia centuriata* beitrug und damit zur Verwirklichung des Gemeinwohls führte. Anhand von Rousseaus Grundsätzen erscheint jedoch die Tatsache untragbar, dass sich populistische Politiker wie die Gracchen oder Gaius Marius (mehr zu ihm weiter unten) in der späteren Republik derselben

83 Zur einer detaillierten Darstellung zur Verbreitung des Klientelismus im römischen und florentinischen Republikanismus sowie von Machiavellis scharfer Kritik daran vgl. Amanda Moure Maher, *The Corrupt Republic. The Contemporary Relevance of Machiavelli's Critique of Wealth Inequality and Social Dependence*, Dissertation, Politikwissenschaft, University of Chicago 2017. Zur Problematik der Philanthropie als einer Form der Patron-Klient-Beziehung in gegenwärtigen Demokratien sollten Leser die Forschungsarbeiten von Chiara Cordelli, Ryan Pevnick, Rob Reich und Emma Saunders-Hastings heranziehen.

84 Vgl. Rousseau, *Vom Gesellschaftsvertrag*, Buch IV, Kap. 4, S. 131.

85 Ebd.

86 Ebd.

87 Vgl. ebd., S. 127, 134 f.

Vorgehensweise zugunsten der Plebejer und (zweifelsohne) ihrer selbst bedienten, weil diese Praxis in solchen Kontexten drohte, wohlhabende Bürger zu enteignen, anstatt deren Vormachtstellung zu fördern, was aus Sicht des Genfers eher mit dem Gemeinwohl vereinbar gewesen wäre. Er selbst geht jedoch an dieser Stelle nicht näher darauf ein.

Doch gerade als Rousseau andeutet, dass die »absolute Macht«[88] der Patrizier innerhalb der *comitia centuriata* – ob verfahrenstechnisch ermöglicht durch gewichtete Stimmabgabe oder soziokulturell gewährleistet durch Klientelismus – unvermeidlich und unaufhaltsam war, macht er einen Rückzieher. So sinniert er: »Die Einteilung in Centurien war für die Aristokratie so günstig, dass man zunächst nicht sieht, warum der Senat nicht immer die Oberhand behielt in den Comitien, die diesen Namen trugen und durch die Consuln, die Censoren und die anderen curialen Obrigkeiten gewählt wurden.«[89] Zunächst weist er auf den Einfluss der Tribunen hin, auf die ich im nächsten Abschnitt (4) eingehen werde, und auf die Möglichkeit, dass wohlhabende Plebejer, die in die Reihen der höchsten Stimmklassen einzogen, die gesellschaftliche Befangenheit der Patrizier ausgeglichen haben könnten.[90]

Anschließend entscheidet sich Rousseau für eine Verfahrenskonvention, die angeblich Centurien davon abhielt, bloß im sozioökonomischen Interesse ihrer eigenen Klasse zu wählen: die zufällige Nominierung der prärogativen Centurie.[91] Die per Losverfahren entschiedene Wahl dieser besonderen Centurie, die als Erste ihre Stimme abgeben durfte, schuf einen religiös legitimierten Präzedenzfall, dem die nachgeordneten Centurien bei ihrer eigenen Stimmabgabe folgen sollten. Mit anderen Worten: Wenn einer armen plebejischen Centurie zufällig das Prärogativ zuerkannt und sie daher mit der Abgabe der ersten Stimme betraut wurde, empfand man jede Abweichung von dieser Stimme durch nachgeordnete Centurien als gottlos, unabhängig von deren klassenspezifischen Neigungen. Rousseau bekennt hierzu: »So nahm man, gemäß dem Grundsatz der Demokratie, dem Rang seine exemplarische Rolle

88 Ebd., S. 132.
89 Ebd.
90 Ebd., S. 132 f.
91 Vgl. ebd.

und teilte sie dem Los zu.«[92] Das Losverfahren – die Alternative zur Wahl als Ernennungsmethode, mittels derer der widerspenstige Athener Demos die oligarchische Vorherrschaft in den meisten Magistraten untergrub[93] – tritt hier mit religiösen Implikationen auf, wodurch die römischen Wahlpraktiken anscheinend demokratisiert werden sollten. Wie Rousseau jedoch bereits erklärte, verfügten die wohlhabenderen Klassen über eine unverhältnismäßig große Anzahl von Centurien:[94] Auf die reichste Stimmklasse, die die wenigsten Bürger umfasste, entfiel die Mehrheit der insgesamt einhundertdreiundneunzig Centurien – achtundneunzig, um genau zu sein –, während der untersten Stimmklasse, zu der die Mehrheit der römischen Bürger zählte, lediglich eine einzige Centurie zugeteilt wurde. Vor diesem Hintergrund bot selbst die zufällige Auswahl einer das Stimmabgabeverfahren einleitenden prärogativen Centurie der von den Reichen oder Patriziern dominierten Stimmklasse immer noch die Gelegenheit, bei jeder Abstimmung mit überwiegender Wahrscheinlichkeit die Tagesordnung bestimmen zu können.[95] Wenn Rousseaus »urteilsfähige Leser« selbst nachrechnen würden, kämen sie schnell zu dem Ergebnis, dass die reichste Stimmklasse aufgrund der ungerechten Verteilung der Centurien die erste Stimme mit einer Wahrscheinlichkeit von 51 Prozent abgeben konnte, während es der ärmsten Klasse lediglich möglich war, die aus dem Abstimmungsverfahren resultierende Tagesordnung mit einer Wahrscheinlichkeit von 0,5 Prozent zu bestimmen.[96] Dies ist der »Grundsatz der Demokratie«, den Rousseau für erstrebens-

92 Ebd., S. 133. Rousseau behauptet, das Losverfahren werde in einer Demokratie verwendet, weil das Magistrat eine Bürde sei (vermutlich, weil sogar die Armen politische Ämter antreten müssen), nicht unbedingt aus antioligarchischen Beweggründen. Vgl. ebd., Buch IV, Kap. 3, S. 121 f.

93 Vgl. Mogens Herman Hansen, *Die athenische Demokratie im Zeitalter des Demosthenes. Struktur, Prinzipien und Selbstverständnis*, Berlin 1995.

94 Vgl. Rousseau, *Vom Gesellschaftsvertrag*, Buch IV, Kap. 4, S. 127 f.

95 Tatsächlich war das Losverfahren, das darüber bestimmte, welcher Centurie das Vorrecht eingeräumt würde, zuerst ihre Stimme abzugeben, auf die wohlhabenderen Klassen beschränkt. Vgl. Nicolet, *The World of the Citizen in Republican Rome*, S. 257; sowie Taylor, *Roman Voting Assemblies*.

96 In seiner Erörterung von Rousseaus Bericht über das Losverfahren, durch das die Römer die »prärogative Centurie« bestimmten, übersieht David Lay Williams die enormen statistischen Vorteile, die die wohlhabenderen Stimmklassen genossen. Vgl. Williams, *Rousseau's Social Contract*, S. 174.

wert hält. Die Athener wandten ein wirkliches Losverfahren an, um oligarchischen Tendenzen entgegenzuwirken; Rousseau hingegen befürwortet ein Scheinlosverfahren zur Verschleierung der Oligarchie.

Selbst wenn die Leser anhand dieser Passage geneigt sein könnten zu glauben, dass Rousseau hier seiner Vorliebe für eine große Republik abschwört, in der die Wenigen Entscheidungen treffen, für die nur scheinbar die Vielen votierten, sollten sie die folgende Bemerkung berücksichtigen:

> [W]as unglaublich ist – inmitten derartiger Missstände hörte dieses riesige Volk dank seiner althergebrachten Regelungen nicht auf, Obrigkeiten zu wählen, Gesetze zu verabschieden, über Fälle zu beschließen, private und öffentliche Angelegenheiten zu erledigen – fast mit derselben Leichtigkeit, mit der es der Senat selbst hätte tun können.[97]

Man könnte diese Aussage als einen Kommentar zur Effizienz der *comitia centuriata* interpretieren, ein Staunen über deren Vermögen, Angelegenheiten so zügig entscheiden zu können, wie ein kleinerer Rat in der Größenordnung des römischen Senats es täte. Die Bemerkung taucht jedoch inmitten einer Passage auf, in der es in erster Linie um die *Qualität* der Entscheidungen dieser Versammlung geht, das heißt darum, wie die »althergebrachten Regelungen« der Republik die in der *comitia centuriata* versammelten Menschen dazu ermutigten, bis zu den letzten Tagen, als der »Ehrgeiz« alle verfahrensrechtlichen Vorkehrungen gegen Korruption »beiseite [schob]«, gute Urteile zu fällen.[98] Was Rousseau im Kontext dieser Passage – und angesichts der »althergebrachten Regelungen«, die der Versammlung sowohl einen volksnahen Anschein als auch eine timokratische Struktur verliehen – für den vorbildlichsten Aspekt der *comitia centuriata* hält, ist deren Leistung, dieselben Ergebnisse zu erzielen, die der Senat ansonsten einseitig verordnet hätte. Aus Rousseaus Sicht ist vermutlich der öffentlichen Ordnung sowie dem Anschein von Rechtmäßigkeit mit einer die Republik regierenden allgemein inklusiven, jedoch intern hierarchisch gegliederten Versammlung besser gedient als mit einem unverhohlen oligarchischen und ausgrenzenden Rat. So bescherte die *comitia centuriata* der römischen Republik die Vorteile einer aristokratischen Herrschaft –

97 Rousseau, *Vom Gesellschaftsvertrag*, Buch IV, Kap. 4, S. 136.
98 Ebd.

im Sinne von sowohl Souveränität als auch Regierung – mittels der ebenso vorteilhaften Fassade einer Volksregierung.

Vor diesem Hintergrund kommt den Senatoren von Rousseaus Rom eine Doppelrolle zu: Wenn sie im Sitzungsgebäude des Senats sitzen, dienen sie dort als sichtbare Mitglieder eines Ältestenrates mit bloß beratenden Befugnissen. Wenn sie jedoch in einer hierarchisch gegliederten Volksversammlung abstimmen, innerhalb derer die Stimmen zugunsten der Reichen gewichtet werden, fungieren sie als die unsichtbaren Hauptakteure im Rahmen von Amtsernennungs- und Gesetzgebungsverfahren sowie Strafprozessen. Wie wir im nächsten Abschnitt feststellen werden, behauptet Machiavelli allerdings Folgendes: Falls eine Republik einen Senat haben und die immense ihm innewohnende aristokratische Macht tolerieren soll, dann bedarf es auch proto- und nicht allein pseudodemokratischer Volksversammlungen, damit diese Macht ausgeglichen, ihr entgegengewirkt oder sie sogar überwunden werden kann.

Lassen Sie mich jedoch zunächst eine letzte Überlegung zu Rousseaus Befürwortung von Volksversammlungen nach dem Vorbild von Roms timokratisch strukturierter *comitia centuriata* anstellen: Glaubt Rousseau, die römischen Plebejer seien zu der Annahme verleitet worden, dass sie an der *comitia centuriata* als völlig freie und gleichberechtigte Bürger teilnahmen, obwohl offensichtlich ist, dass sie die meiste Zeit über, die sie in einer solchen Versammlung verbrachten, nicht die Gelegenheit hatten, ihre Stimmen abzugeben? Die Antwort ist wahrscheinlich nein; Plebejer sind arm, aber sie sind nicht unbedingt unwissend. In diesem Zusammenhang möchte ich die Gelegenheit nutzen, um auf eine Bedingung hinzuweisen, aufgrund derer sich die Dominanz der Reichen in der *comitia centuriata* gemäß Rousseaus Darstellung möglicherweise entschärfen ließe: nämlich die Tatsache, dass wohlhabende Bürger ihre Stimme vor den Augen der versammelten Menge armer Bürger abgaben. Es ist durchaus möglich, dass Rousseau davon ausgeht, diese Rahmenbedingung hätte eine konditionierende oder disziplinierende Wirkung auf das Abstimmungsverhalten der Reichen gehabt. Wenn die reichsten Bürger ihre gewichteten Stimmen beständig auf eine Weise abgäben, die die Interessen der zahlreichen gewöhnlichen Bürger offenkundig ignoriert oder erheblich verletzt, könnte man davon ausgehen, dass diese ab einem gewissen Punkt gewaltsame Aufstände an Ort und Stelle initiieren würden.

Rousseau gibt zu, dass ärmere Bürger in der *comitia centuriata* selten die Gelegenheit hatten, ihre (weniger folgenreichen) Stimmen abzugeben, es sei denn, die Auszählung der auf die wohlhabendsten Klassen verteilten Stimmen führte zu keinem eindeutigen Wahlergebnis. Darüber hinaus konnten die ärmsten und zur untersten Volkszählungsgruppe gehörigen Bürger, also die Mehrheit der Römer, nur in den seltensten Fällen als Erste ihre Stimme abgeben, um ihren Einfluss geltend zu machen, das heißt, nur wenn ihre Centurie trotz der verschwindend geringen Chancen zufällig zur sogenannten prärogativen Centurie gewählt wurde. Angesichts der vollständigen Einbeziehung aller Bürger in die von Rousseau dargestellte Versammlung könnten die wohlhabendsten Bürger jedoch informell dazu ermutigt werden, die Interessen der unterprivilegierten Bürger zu berücksichtigen, in deren physischer Anwesenheit sie abstimmen.[99] Rousseaus Rekonstruktion der *comitia centuriata* lässt die Möglichkeit offen, dass von wohlhabenden Bürgern getroffene legislative Entscheidungen durchaus den Gemeinwillen und nicht nur die Partikularinteressen einiger weniger Privilegierter widerspiegeln können – gesetzt den Fall, dass es sich bei den reichsten Bürgern einer Republik tatsächlich auch um die weisesten, besonnensten und sozial gesinntesten Bürger handelt.

Als Folge solcher Modalitäten – und in eklatanter Verletzung der von Rousseau anfänglich artikulierten Bedingungen für die Bildung des Gemeinwillens – könnten die reichen Bürger in seiner Variante der *comitia centuriata* als die Hauptautoren der in der Versammlung verabschiedeten Gesetze bezeichnet werden, während den ärmeren Bürgern überwiegend die Rolle des bloßen Rechtsobjekts zukäme.[100] Man kann an dieser Stelle nur darüber spekulieren, warum Rousseau die universell egalitären Maßstäbe, die er

99 Zu den demokratischen Potenzialen gesellschaftspolitischer Maßnahmen, die es gewöhnlichen und nicht regierenden Bürgern erlauben, Regierungseliten zu überwachen, vgl. Jeffrey Green, *The Eyes of the People. Democracy in an Age of Spectatorship*, Oxford 2011.

100 In diesem Sinne lässt sich gemäß der von Philip Pettit formulierten Definition von Herrschaft schlussfolgern, dass Rousseaus Befürwortung der römischen *comitia centuriata* die Beherrschung der Vielen durch die Wenigen erleichtert (auch wenn Pettit in erster Linie die Herrschaft der Vielen Sorge bereitet). Vgl. Pettit, *Republicanism*; sowie ders. *On the People's Terms*. Vgl. ferner John P. McCormick, *Machiavellian Democracy*, Cambridge 2011, Kap. 6.

für seine ideale souveräne Versammlung in den ersten, hochtheoretischen Kapiteln des *Gesellschaftsvertrags* festlegt, erheblich lockert, sobald er im vierten Buch versucht, solche Grundsätze konkret auf große Republiken anzuwenden. Vielleicht hegt er Zweifel daran, dass ein Gesetzgeber, wie er ihn in Buch II, Kapitel 7 lobend hervorhebt, jemals einem Volk in so großen Gemeinwesen wie Rom (oder den meisten modernen Nationen) die nötige Geschlossenheit aufzwingen könnte, und sucht daher nach anderen Mitteln, um sicherzustellen, dass sich das Urteilsvermögen des Volkes in solchen Republiken als förderlich für das Gemeinwohl erweisen wird.

## 4. Machiavelli über römische Versammlungen und das Volkstribunat

Rousseaus Ansatz möchte ich an dieser Stelle zwei zentrale Aspekte von Machiavellis Auseinandersetzung mit den römischen Volksversammlungen gegenüberstellen, die dieser in den *Discorsi* festhält. In Machiavellis Erzählung sind die römischen Volksversammlungen der athenischen Versammlung ähnlicher als der historisch beglaubigten *comitia centuriata*, da er vorschlägt, dass (1) in ihnen eine durch gleichmäßige Stimmverteilung (ein Bürger – eine Stimme) erreichte Mehrheitsregel galt und sie (2) öffentliche Debatten erlaubten und nicht ausschließlich auf die Stimmabgabe beschränkt waren. Entscheidend ist, dass aus Machiavellis Sicht eine Republik, also eine »gemischte Regierungsform«, *richtig* gemischt sein muss; das heißt, sie muss über Institutionen verfügen, die sowohl von wohlhabenden als auch ärmeren Bürgern monopolisiert werden können. Den Reichen darf nicht erlaubt werden, sie alle zu dominieren, weder offen noch verdeckt, wenn sämtliche Bürger die Freiheit ausüben und genießen sollen, die eine republikanische Lebensweise verspricht.

Machiavelli scheint einen Unterschied zwischen der *comitia centuriata* und dem *concilium plebis* zur Kenntnis zu nehmen. Er bezeichnet Erstere als *comizi consolari*[101] oder einfach als *comizi*[102] und beschreibt sie als diejenige Versammlung, in der Magistrate mit

101 Vgl. Machiavelli, *Discorsi*, Buch I, Kap. 14.
102 Vgl. ebd., Buch II, Kap. 28.

konsularischen Befugnissen gewählt wurden. Indessen scheint er sich explizit auf das *concilium* zu beziehen, wenn er den *publico consiglio* dem Senat gegenüberstellt.[103] Darüber hinaus bezieht er sich wahrscheinlich namenlos auf das *concilium*, wenn er die Versammlung erwähnt, in deren Rahmen die Tribunen Gesetze vorschlugen, über die das Volk anschließend beriet und abstimmte.[104] Warum gehe ich davon aus, dass Machiavelli sich der historischen Realität der zugunsten der Reichen gewichteten Stimmabgabe in der *comitia centuriata* entweder nicht bewusst ist oder sie ausdrücklich als einen Aspekt seiner rekonstruierten Variante dieser Versammlung ablehnt? Aus folgendem Grund: Im Laufe seiner Beschreibung des anhaltenden Konflikts zwischen dem *popolo* und den *grandi* in Rom berichtet Machiavelli von einem Szenario, das nur dann Sinn ergibt, wenn es den unteren Klassen, also den gewöhnlichen Bürgern als solchen, möglich war, in dieser Versammlung Entscheidungen nach dem Mehrheitsprinzip zu fällen.

Als Beispiel für die Macht dessen, was Bernard Manin den »aristokratischen Effekt« von Wahlen nennt, veranschaulicht Machiavelli, wie die römischen Plebejer – nachdem sie unermüdlich forderten, zum Konsulat zugelassen zu werden – weiterhin Patrizier in Magistratsämter wählten, als sie selbst bereits für das Amt infrage kamen.[105] Wenn es nicht in der Macht der Plebejer gelegen hätte, einen Kandidaten aus ihren eigenen Reihen in das Amt zu wählen – sofern sie dies nicht allein durch ihre zahlenmäßige Überlegenheit und fernab obstruktiver Bestimmungen vermochten, die das Stimmgewicht zugunsten von Patriziern oder Reichen aufblähten –, würde das Beispiel überhaupt keinen Sinn ergeben. (Eine der Lehren, die aus dieser Episode zu ziehen ist, besteht darin, inner-

103 Vgl. ebd., Buch III, Kap. 30.

104 Vgl. ebd., Buch I, Kap. 18. Während ich mit ihm darin übereinstimme, dass Machiavelli hinsichtlich seiner Erörterung der römischen Versammlungen durchaus präziser sein könnte, geht Fergus Millar im Rahmen seiner Kritik an den Schwächen der in den *Discorsi* beschriebenen Institutionen zu weit – insbesondere in Anbetracht seiner quasi-demokratischen Lesart von Rousseaus Auseinandersetzung mit den römischen Versammlungen. Vgl. Millar, *The Roman Republic in Political Thought*. Zu Machiavellis Gebrauch der römischen Geschichte, Klassenbeziehungen und politischen Institutionen vgl. John Patrick Coby, *Machiavelli's Romans. Liberty and Greatness in the Discourses on Livy*, Lanham 1999.

105 Vgl. Machiavelli, *Discorsi*, Buch I, Kap. 48; sowie ebd., Buch I, Kap. 47.

halb von Republiken die Notwendigkeit eines spezifisch plebejischen Magistrats, wie etwa das Tribunat, zu untermauern. Die allgemeine Berechtigung zur Ausübung eines politischen Amtes wird selbst unter den Bedingungen des denkbar breitesten Wahlrechts in den meisten Fällen zur Wahl wohlhabender und prominenter Bürger führen – und zwar unabhängig davon, ob die Stimmen zugunsten der von Rousseau favorisierten reichen Wähler gewichtet werden oder nicht.[106] Ich werde diese Argumentation im Rahmen meiner Anmerkungen zu den Tribunen weiter unten fortsetzen.) Machiavelli legt überdies großen Wert darauf, das römische Volk – das heißt den Teil der Bevölkerung, der sich unter Ausschluss der *grandi* oder Patrizier als Plebejer identifizieren lässt – dafür zu loben, dass es während der gesamten Lebensdauer der Republik durch »freie Abstimmungen«[107] fortlaufend die besten Kandidaten in politische Ämter wählte. Dieses Lob wäre fehl am Platz, wenn das Wahlsystem in Machiavellis Modell zugelassen hätte, dass die *grandi* letzten Endes immer wählen konnten, wen sie wollten, da bei der Stimmauszählung selten oder nie die Stimmen aus den Reihen der gewöhnlichen Bürger berücksichtigt worden wären.[108]

Machiavellis Variante der römischen Versammlungen ist jedoch nicht eindeutig. So ist unklar, ob sein *concilium* – das heißt seine von Plebejern dominierte Versammlung – Patrizier ausschließt. Hinsichtlich der Versammlung unter dem Vorsitz der Tribunen schreibt er: »Ein Tribun oder Bürger jeglicher Art konnte dem Volk ein Gesetz vorschlagen, gegen oder für das sich jeder Bürger aussprechen durfte, bevor eine Entscheidung getroffen wurde.«[109] Der Satz ist vage. Bezeichnet der hier erwähnte »Bürger jeglicher Art« ausschließlich die am *concilium* teilnehmenden Plebejer, so wie es historisch der Fall war? Oder ist damit buchstäblich jeder einzelne

106 Machiavellis aristokratischer Gesprächspartner Francesco Guicciardini, befürwortete allgemeine Wahlen – einschließlich einer allgemeinen Amtseignung und eines breiten Wahlrechts – aus genau diesen Gründen. Vgl. Francesco Guicciardini, *Dialogue on the Government of Florence,* aus dem Italienischen von Alison Brown, Cambridge 1994; sowie ders., »Considerations of the *Discourses* of Niccolò Machiavelli«, in: James B. Atkinson, David Sices (Hg.), *The Sweetness of Power. Machiavelli's Discourses and Guicciardini's Considerations*, DeKalb 2002, S. 381-438.

107 Machiavelli, *Discorsi*, Buch I, Kap. 20.

108 Vgl. ebd., Buch I, Kap. 58.

109 Ebd., Buch I, Kap. 18.

Bürger gemeint, wodurch diese Beschreibung auch Patrizier einschließen und daher implizieren würde, dass auch sie am *concilium* teilnehmen?

Oder bezieht sich Machiavellis Aussage überhaupt auf irgendeine Versammlung? Möglicherweise deutet er an, dass die Tribunen Gesetze im *concilium* vorschlagen, während »Bürger jeglicher Art«, einschließlich der Patrizier, Gesetze in der *comitia centuriata* vorschlagen können. Vielleicht finden die von Machiavelli erwähnten Debatten und Streitigkeiten über Gesetze im Rahmen seines Modells nicht im spezifisch plebejischen Umfeld des *concilium* statt, sondern in den informellen Versammlungen, die der öffentlichen Debatte vorbehalten waren, den *contiones* oder *concioni*, die er an anderer Stelle nennt,[110] hier jedoch nicht anführt. Wenn es sich jedoch bei der Versammlung, auf die er sich in diesem Fall bezieht, tatsächlich um das *concilium* handelt, ist es aus dem folgenden Grund unwahrscheinlich, dass sie auch Patrizier einschließt: Da Machiavellis soziale Gegenspieler noch klassenbewusster sind als ihre tatsächlichen historischen Vorläufer (sofern das überhaupt möglich ist), ist es schwer vorstellbar, dass die stolzen und überheblichen *grandi*, Patrizier oder *ottimati* sich dazu herabgelassen hätten, an einer Versammlung teilzunehmen, die unter dem Vorsitz der Volkstribunen stattfand.[111]

Glücklicherweise äußert sich Machiavelli eindeutig, wenn es um den Ort geht, an dem man sich in den römischen Versammlungen berät. Im Anschluss an die eben zitierte Passage betont er – entgegen seinem Zeitgenossen Francesco Guicciardini und dem erst Jahrhunderte später schreibenden Rousseau –, warum eine der Gesetzesabstimmung vorangehende öffentliche Debatte so entscheidend für eine gesunde Republik ist: »Es war gut, dass jeder, der

110 Vgl. ebd., Buch I, Kap. 4f.; sowie Buch III, Kap. 34.

111 Das historische *concilium* schloss Patrizier mit ziemlicher Sicherheit aus. Während Andrew Lintott dies nicht endgültig bestätigen kann, sinniert er, dass »es sicherlich unangemessen, ja sogar abstoßend gewesen wäre, Stimmen von Patriziern im Rahmen von Abstimmungsverfahren zu berücksichtigen, die unter dem Motto ›X […] plebem rogavit plebesque iure scivit‹ standen«, in denen es also darum ging, ein Gesetz von und für die Plebejer zu verabschieden. Vgl. Lintott, *The Constitution of the Roman Republic*, S. 54. Dem fügt er eine Fußnote mit Zitaten hinzu, die die Annahme stützen, dass Patrizier erst in der späten Republik am *concilium* teilnahmen (ebd., Fußnote 67), was Lily Ross Taylor wiederum bestätigt. Vgl. Taylor, *Roman Voting Assemblies*.

sich um das Gemeinwohl sorgte, Gesetze vorschlagen und seine Meinung dazu äußern konnte, damit das Volk anschließend das beste unter ihnen wählen konnte.«[112] Machiavelli folgt der gleichen Begründung, um Debatten im Vorfeld der Magistratswahlen zu rechtfertigen – Debatten, die wenn nicht in den *comizi,* so doch sicherlich in den *concioni* stattfinden sollten:

> [W]enn sie die Mittel festlegen, mit denen das Volk Berufungen in die höchsten Ämter der Stadt vornimmt, gestatten [gute Ordnungshüter von Republiken] jedem Bürger auf eine Weise, die seine Ehre betont, in den Versammlungen (*concioni*) die Mängel eines Kandidaten öffentlich hervorzuheben, so dass das Volk, das bessere Kenntnis von ihm hat, ihn besser beurteilen kann.[113]

Historisch betrachtet konnten die vorsitzenden Magistrate der *concioni* nach eigenem Ermessen entscheiden, wen sie als Sprecher anerkannten – eine Praxis, die ausnahmslos prominente Personen begünstigte. Wenn es jedoch um öffentliche Debatten geht, ist Machiavelli hier wie auch anderswo hartnäckig: Jeder, der berechtigt ist, an einer Versammlung teilzunehmen – vom Senator im Senat bis hin zum Plebejer in einem *concione* –, muss auch das Recht haben, in dieser Versammlung zu sprechen.[114]

Kurz gesagt, Machiavellis Sicht auf republikanische Versammlungen ist differenzierter als diejenige Rousseaus. Zudem verleiht sein Modell gewöhnlichen Bürgern eine echte Stimme. Die Patrizier und die Reichen besetzen den Senat; sämtliche Bürger wohnen dessen *comizi* bei, in denen die Reichen infolge der aristokratischen Tendenzen von (ungewichteten) Wahlen begünstigt werden; schließlich nehmen die Plebejer an ihrer eigenen Versammlung teil, dem *publico consiglio*, der von ihren eigenen Magistraten, den Tribunen, geleitet wird und wirkliche Gesetze hervorbringt, die sogenannten Plebiszite. Jeder Bürger, der berechtigt ist, an jeder dieser Versammlungen teilzunehmen, genießt Redefreiheit in ihnen. Dies gilt ebenfalls für alle Bürger, die den informellen *concioni* beiwoh-

112 Machiavelli, *Discorsi*, Buch I, Kap. 18.

113 Ebd., Buch III, Kap. 34.

114 Nadia Urbinati begreift, dass es sich bei diesem einzigartigen Aspekt von Machiavellis politischem Denken um ein Novum innerhalb der republikanischen Tradition handelt. Vgl. Urbinati, *Mill on Democracy. From the Athenian Polis to Representative Government*, Chicago 2002, S. 65.

nen. Die Verfahren der Machiavellischen Versammlung werden an keiner Stelle unverhältnismäßig zugunsten der Privilegierten gewichtet. Plebejer und Arme sowie Patrizier und Reiche können zwar von einer bestimmten Versammlung ausgeschlossen werden, jedoch wird niemand im Rahmen einer spezifischen Versammlung ungerecht behandelt. Rousseau ist der Meinung, dass jeder Bürger für jede Versammlung infrage kommen sollte, aber innerhalb dieser unterschiedlich behandelt werden kann. Machiavelli rät hingegen zur Einrichtung von gesonderten Versammlungen für Angehörige verschiedener gesellschaftlicher Schichten. In der Theorie ist Rousseaus Versammlungsmodell grundsätzlich egalitär, jedoch nicht in der Praxis. Machiavellis Versammlungstheorie ist ausdrücklich unegalitär, und zwar in einer Weise, die kontraintuitiv darauf abzielt, egalitärere Ergebnisse zu erreichen oder zumindest solche, die zur Folge haben, dass Macht und Privilegien deutlicher infrage gestellt und die Armen und Vulnerablen stärker ermächtigt werden.

Sosehr Machiavelli auch die römischen Versammlungen bewundert, sein höchstes Lob behält er sich für die Tribunen vor – die Magistrate für die gewöhnlichen Bürger der Republik –, weil sie sich der »Anmaßung« der Patrizier beziehungsweise *grandi* entgegenstellten.[115] Laut Machiavelli stellten die Anmaßung der *grandi* und der ihr zugrundeliegende Herrschaftsdrang ernsthafte Bedrohungen für die Freiheit der Bürger und die Stabilität republikanischer Regierungsformen dar. Entweder würden die *grandi* früher oder später einen Fürsten erheben oder eine fremde Macht heranziehen, um ihre unermüdlichen Bestrebungen zur Unterdrückung des Volkes voranzutreiben, oder das Volk würde selbst auf solche Maßnahmen zurückgreifen, um sich vor dem anhaltenden Machtmissbrauch zu schützen oder angesichts seiner Vergeltung zu üben.

Im Laufe der Geschichte der römischen Republik dienten zwei bis fünf oder bis zu einem Dutzend Plebejer für eine Amtszeit von einem Jahr als Tribunen. Plebejer wählten die Tribunen in einer ihrer Versammlungen, vermutlich dem *concilium plebis*, da es mutmaßlich patrizische Bürger ausschloss. Die Tribunen führten Beratungen über die Verabschiedung von Plebisziten im *concilium* durch. Ihre Körper waren »sakrosankt«, das heißt Patrizier durften sie nicht körperlich angreifen, und die Plebejer versprachen all jene

115 Vgl. Machiavelli, *Discorsi*, Buch I, Kap. 3.

zu töten, die dies dennoch wagten. Darüber hinaus übten die Tribunen eine Macht aus, die dem *habeas corpus* verwandt war (die *provocatio*): Sie konnten die Freilassung von Plebejern fordern, die (in der Regel in Situationen der Schuldknechtschaft) von patrizischen Bürgern oder Magistraten festgenommen worden waren und sich an die Tribunen wandten. Zudem konnten die Tribunen ihr Veto gegen Gesetze einlegen, die vom Senat bevorzugt wurden und von dessen Beauftragten, den Konsuln, erlassen werden sollten. Schließlich waren die Tribunen auch dazu befugt, Magistrate oder mächtige Bürger politischer Straftaten zu bezichtigen und sie vor einer der Versammlungen zu verurteilen.

Anhand von Machiavellis Auseinandersetzung mit den römischen Versammlungen und insbesondere dem Volkstribunat fällt auf, wie sehr sich seine Rekonstruktion Roms von Rousseaus gesellschaftlich ganzheitlicher Vision der Republik unterscheidet beziehungsweise wie sehr Rousseau die Erstere bewusst abzulehnen scheint. Machiavellis Rom erzählt eine Geschichte von zwei Städten: Innerhalb ein und derselben Republik gibt es sowohl ein ärmeres Gemeinwesen gewöhnlicher Bürger als auch ein wohlhabenderes Gemeinwesen einer Elite. Die Armen dienen der Elite als Spiegel, als ihr Negativbild. Die *grandi* treffen politische Entscheidungen im Senat, die Plebejer im *concilium*[116] (und beide in den *concioni*). Der Senat nimmt Einfluss darauf, dass die Konsuln Gesetze in seinem Sinne erlassen; wenn das Volk anderer Meinung ist, drängt es die Tribunen, ein Veto gegen sie einzulegen. Die Konsuln bestimmen über Leben und Tod, während die Tribunen die Plebejer mittels der *provocatio* von dieser Bedrohung befreien. Tatsächlich scheint es, als erlaube die formale Trennung dieser beiden Gemeinwesen innerhalb ein und desselben politischen Systems dem weniger gefährlichen plebejischen Gemeinwesen, dem es einzig um die Vermeidung von Beherrschung geht, das patrizische Gemeinwesen der *grandi* zu überwachen, das die fortwährende Unterdrückung anderer anstrebt und von dem Machiavelli ausdrücklich behauptet, dass es die größere Gefahr darstelle.

Es kann nicht genug betont werden, wie schwierig es war, den Patriziern beziehungsweise *grandi* die Einrichtung eines Tribunats oder eines funktionalen Äquivalents desselben schmackhaft zu ma-

116 Vgl. ebd., Buch I, Kap. 18.

chen.[117] In der vormodernen Geschichte der Republiken machten sich gewöhnliche Bürger regelmäßig eine Kombination von Losverfahren und Wahlen als Methoden zur Ernennung von Magistraten zunutze.[118] Ratssitze und sogar ganze Versammlungen, die ausschließlich ärmeren Bürgern vorbehalten waren, waren nicht außergewöhnlich.[119] Aber ein Volksmagistrat, für das die Reichen und Honoratioren nicht infrage kamen, stellt in der Geschichte der republikanischen Verfassungen eine Seltenheit dar. Dennoch hält Machiavelli eine Institution nach dem Vorbild des römischen Tribunats hinsichtlich einer freien Regierungsform für unverzichtbar. Eine Volksherrschaft erfordert auf beinahe paradoxe Weise sowohl die Mitbestimmung und Loyalität der *grandi* als auch die Einrichtung einer Institution, die sie grundsätzlich verabscheuen. Wie bereits erwähnt, wird dies durch Machiavellis Verfassungsvorschlag für eine wiederhergestellte Florentiner Republik beglaubigt, in dessen Rahmen er auf sehr subtile und beinahe heimliche Weise die Einbindung einer tribunizischen Institution in Gestalt der *proposti* vorschlägt.[120]

## 5. Römische und Rousseausche Tribunate

Obschon Rousseau im Gegensatz zu Machiavelli offensichtlich kein glühender Verfechter des Volkstribunats ist, lehnt er den römischen Magistrat nicht vollständig ab. Dennoch ist er der Meinung, dass seine Befugnisse eher auf seine negativen Funktionen (das

117 Vgl. u. a. Marcus Tullius Cicero, *De re publica / Vom Staat*, aus dem Lateinischen von Michael von Albrecht (Hg.), Ditzingen 2013; ders., *De legibus / Über die Gesetze*, aus dem Lateinischen von Rainer Nickel (Hg.), Düsseldorf 2002; sowie Charles Louis de Secondat de Montesquieu, *Betrachtungen über die Ursachen der Grösse der Römer und deren Verfall nebst der Abhandlung über die Politik der Römer in Religionssachen und dem Dialog zwischen Sulla und Eukrates*, aus dem Französischen von Robert Habs (Hg.), Leipzig 1882, S. 77 f.

118 Vgl. Samuel Edward Finer, *The History of Government from the Earliest Times*, 3 Bde., Oxford 1997-1999, Bd. 1, *Ancient Monarchies and Empires*, Oxford 1997.

119 Vgl. ebd.; sowie Finer, *The History of Government from the Earliest Times*, Bd. 2, *The Intermediate Ages*, Oxford 1999.

120 Vgl. Machiavelli, »Discursus Florentinarum Rerum Post Mortem Iunioris Laurentii Medices«, in: Corrado Vivanti (Hg.), *Opere I. I Primi Scritti Politici*, Turin 1997, S. 733-745.

Einspruchsrecht, die *provocatio* und das Anklagerecht) als auf seine positiven Funktionen (wie etwa das Einbringen von Gesetzen) hätten beschränkt werden sollen. Während Machiavelli sowohl die negativen als auch die positiven Funktionen des Tribunats lobend hervorhebt, sollte es Rousseau zufolge im Rahmen der Legislative und Exekutive »nichts tun« und lediglich die Befugnis haben, in beiden Bereichen »alles verhindern« zu können.[121] Nur unter solchen Rahmenbedingungen verdiene das Tribunat, »[a]ls Verteidiger der Gesetze [...] geheiligter und höher geehrt als der Fürst« zu sein, wie beispielsweise in jenen Fällen, als im alten Rom »jene stolzen Patrizier, die stets das Volk in seiner Gesamtheit verachteten, gezwungen wurden, sich einem einfachen Beamten des Volks zu beugen, der weder das Recht zu Auspizien noch richterliche Macht hatte«.[122] Die Tribunen sollten also nur der patrizischen Selbstüberhöhung Einhalt gebieten, die die Freiheit der Plebejer bedrohte; sie sollten hingegen nicht beabsichtigen, die Form der Republik durch politische Einflussnahme oder Verfassungsreformen zu ändern.

Obwohl ein »weise gemäßigte[s] Tribunat [...] die sicherste Stütze einer guten Verfassung [ist]«, betont Rousseau auf entschieden antimachiavellische Weise, dass es »mit etwas zu viel Macht [...] alles um[stürzt]«.[123] Ich werde weiter unten erörtern, was Rousseau unter einem »weise gemäßigten« Tribunat versteht. Hier versuche ich zunächst einzuschätzen, was seiner Ansicht nach »zu viel Macht« in den Händen der Tribunen bedeutet. Rousseau liefert an keiner Stelle konkrete Beispiele dafür, wie das Tribunat als Stütze der römischen Verfassung fungierte; er scheint sich vielmehr ausschließlich mit seinen vermeintlichen Exzessen zu befassen. Dies ist der Kontext, den man angesichts Rousseaus zeitweiliger Seitenhiebe auf die Gracchen oder Gaius Marius – die schwarzen Schafe aller Apologeten der Oligarchie, ob römisch oder nicht – berücksichtigen sollte. Rousseau behauptet, dass die Republik nur dann von schädlichen »Tumulte[n]«[124] heimgesucht wurde, als Magistrate wie die Tribunen vergaßen, dass sie nicht für das Volk sprachen. Als Tribunen verabschiedeten die Gracchen zu Rousseaus Entsetzen ihre proplebejische Gesetzgebungsagenda, indem sie angeblich

121 Rousseau, *Vom Gesellschaftsvertrag*, Buch IV, Kap. 5, S. 137.

122 Ebd.

123 Ebd.

124 Ebd., Buch III, Kap. 14, S. 104.

einen Teil des Volkes dazu aufforderten, »[seine Stimme] von den Dächern herab«[125] abzugeben – das heißt, indem sie den Patriziern und dem Senat Gewalt androhten. In Anlehnung an seine Kritik der griechischen demokratischen Versammlungen behauptet Rousseau, dass das römische Volk in solchen Fällen die Grenzen der Gesetzgebung sowie der Ernennung von Magistraten überschritten habe, um »die wichtigsten Aufgaben der Regierung an sich«[126] zu reißen. So besteht er darauf, dass die Tribunen es in diesen Fällen auf sich nahmen, das Volk »durch Anmaßung der Rechte des Senats«[127] zu vertreten. Er erwähnt jedoch nicht, dass der Senat darauf reagierte, indem er auf viel weniger legale und weitaus gewalttätigere Weise die Befugnisse an sich riss, die die Gracchen rechtmäßig als Tribunen ausübten.[128]

Im Gegensatz zu Machiavelli, dessen Einschätzung zufolge Rom durch die Tribunen »vollkommener« wurde, macht Rousseau die Tribunen aufgrund ihrer unangemessenen Aneignung exekutiver und legislativer Befugnisse für den Untergang Roms verantwortlich: »[D]ie übermäßige Macht, die die Tribunen nach und nach an sich gerissen hatten, diente schließlich mittels der für die Freiheit geschaffenen Gesetze den Kaisern zur Schutzwehr, die damit die Freiheit zerstörten.«[129] Das Tribunat einschließlich seiner gesetzlichen Funktionen, die dazu bestimmt waren, das Volk zu verteidigen, führten in Rousseaus Augen schließlich zur Ermächtigung der Cäsaren. Rousseau zieht nicht einmal den von Machiavelli angedeuteten[130] und in den Geschichtswerken von Sallust, Appian und Plutarch ausgewiesenen Umstand[131] in Erwägung, dass der Senat die Republik ruinierte, indem er die Plebejer durch die Be-

125 Ebd., Buch III, Kap. 15, S. 107.

126 Ebd., Buch IV, Kap. 4, S. 131.

127 Ebd., Buch III, Kap. 15, S. 107.

128 Vgl. Plutarch, *Große Griechen und Römer*, aus dem Griechischen von Konrad Ziegler (Hg.) und Walter Wuhrmann, 6 Bde., Zürich 1954-1965, Bd. 6.

129 Rousseau, *Vom Gesellschaftsvertrag*, Buch IV, Kap. 5, S. 137.

130 Vgl. Machiavelli, *Discorsi*, Buch I, Kap. 37, 39; sowie Buch III, Kap. 24.

131 Vgl. Sallust, *Bellum Iugurthinum / Der Krieg mit Jugurtha*, aus dem Lateinischen von Karl Büchner, Ditzingen 1986; ders., *De coniuratione Catilinae / Die Verschwörung des Catilina*, aus dem Lateinischen von Karl Büchner, Ditzingen 1986; Appian von Alexandria, *Römische Geschichte. Zweiter Teil: Die Bürgerkriege*, aus dem Griechischen von Otto Veh, Stuttgart 2019; sowie Plutarch, *Große Griechen und Römer*, Bd. 6.

schlagnahmung ihrer Ländereien in die Armut stieß, während er sie in immer weiter entferntere Kriege schickte, ihre Schulden nicht tilgte und sicherstellte, dass sie sich den Feldherren gegenüber, von denen ihr materielles Wohlergehen abhing, loyaler verhielten als gegenüber der Republik selbst. Wie bereits in Kapitel 3 erwähnt, waren dies die Missstände, die die Gracchen als Tribunen vergebens zu überwinden suchten und die Julius Cäsar als römischer Diktator auf Lebenszeit erfolgreich ausnutzte. Für den Autor der *Abhandlung über den Ursprung und die Grundlagen der Ungleichheit unter den Menschen*[132] liegt das Problem jedoch lediglich in der Tatsache begründet, dass Augustus sein Imperium zum Teil dadurch legitimierte, dass er sich als Verteidiger des Volkes die tribunizische Gewalt, also die Befugnisse eines Volkstribunen, übertragen ließ.[133]

Obwohl Rousseau eher auf die politischen Missbräuche fixiert ist, denen das Tribunat ausgesetzt sein könnte, scheint er äußerst zuversichtlich zu sein, was die unzähligen Mittel anbelangt, die dem Senat zur Verfügung standen, um den Handlungsspielraum des plebejischen Magistrats einzuschränken. Er blickt mit Wohlwollen auf viele Einschränkungen des Tribunats, die Machiavelli im Grunde als bloße Tatsachen erwähnt.[134] Zum Beispiel heben beide Autoren hervor, wie die Patrizier sich religiöser Motive bedienten, um die Tribunen davon abzuhalten, Gesetze voranzutreiben, die den Plebejern zugutegekommen wären, und die Tatsache ausnutzten, dass das Tribunat ein kollegialer Magistrat war, der ein abgestimmtes Vorgehen erforderte, um geschlossen handlungsfähig zu sein. Einerseits »hielt der Senat ein stolzes und unruhiges Volk im Zaum und mäßigte bei Bedarf den Eifer aufrührerischer Tribunen«,[135] indem er laut Rousseau die Deutung der Auspizien

132 Vgl. Rousseau, *Abhandlung über den Ursprung und die Grundlagen der Ungleichheit unter den Menschen*.

133 In einer Anmerkung scheint sich Rousseau merkwürdigerweise selbst zu widersprechen. Darin stellt er Rom als »eine echte Demokratie« dar, deren Verwandlung in eine Tyrannei der Kaiser durch aristokratische Korruption verursacht wurde. Vgl. Rousseau, *Vom Gesellschaftsvertrag*, Buch III, Kap. 10, Fußnote, S. 96 f. Zu den »machiavellischen« Möglichkeiten, die dieser Widerspruch in sich trägt, vgl. Miller, *Rousseau*. Ungeachtet dieser Analyse fährt Rousseau jedoch damit fort, die Tribunen zu kritisieren, anstatt sie wie Machiavelli zu entlasten.

134 Vgl. Machiavelli, *Discorsi*, Buch I, Kap. 13, 39; sowie Buch III, Kap. 11.

135 Rousseau, *Vom Gesellschaftsvertrag*, Buch IV, Kap. 4, S. 131.

manipulierte. Je größer wiederum die Anzahl der zu irgendeinem Zeitpunkt gewählten Tribunen war, desto leichter konnte der Senat andererseits einen Tribunen unter ihnen bestechen, einschüchtern oder dazu verleiten, ein Veto gegen die proplebejischen Maßnahmen eines anderen einzulegen.[136] Die Plebejer zogen innerhalb der Stadt eine größere Anzahl von Tribunen vor, so dass sie sich eher an jemanden wenden konnten, wenn sie Schutz vor Patriziern suchten. Die wachsende Anzahl von Tribunen schwächte jedoch letztlich ihr Vermögen, eine proplebejische Gesetzgebungsagenda zu verfolgen, weil damit einhergehend auch die Anzahl derjenigen Tribunen stieg, die gegen die Initiativen und Maßnahmen ihrer eigenen Kollegen von ihrem Vetorecht Gebrauch machen konnten.

Machiavelli lässt sich jedoch nie dazu herab, die Autorität oder die Beweggründe der Tribunen auf die typisch oligarchische Weise zu verunglimpfen, auf die es Rousseau fortlaufend tut. Letzterer unterstellt, dass es sich bei den Tribunen lediglich um die reichsten Plebejer und daher um aufstrebende Patrizier gehandelt habe, die ausschließlich im Eigeninteresse agierten. So bezeichnet er Tribunen als »wohlhabende Bürger«,[137] die in Wirklichkeit nur nominell Plebejer gewesen seien. Allerdings war das Tribunat ein gewählter und nicht per Losverfahren zugeteilter Magistrat. Es war davon auszugehen, dass die wohlhabendsten oder namhaftesten Bürger unter den Plebejern in den meisten Fällen zu Tribunen ernannt werden würden. Da die Plebejer jedoch Tribunen aus ihren eigenen Reihen wählten, minimierte die Klassenspezifität dieses Amtes das Ausmaß, in dem sich dieser Wahlvorgang zugunsten aristokratischer Strukturen auswirken konnte.[138]

Wenden wir uns nun Rousseaus eigener Rekonstruktion des Tribunats zu: Sein reformierter Magistrat ist keine permanente Institution, mittels derer gewöhnliche Bürger wohlhabendere und mächtigere Bürger einer Republik überwachen, kontrollieren oder sich ihrer erwehren können. Im Gegenteil: Rousseau stellt sich einen tribunizischen Magistrat als eine Institution vor, die gelegentlich das Gleichgewicht oder ein »[eindeutiges Verhältnis] zwischen den

136 Ebd., Buch IV, Kap. 5, S. 138.

137 Ebd., Buch IV, Kap. 4, S. 133.

138 Vgl. Machiavelli, *Discorsi*, Buch I, Kap. 4, 6, 37; sowie Lintott, *The Constitution of the Roman Republic*, S. 120.

verfassungsmäßigen Teilen des Staates«[139] wiederherstellt. Während Machiavelli beabsichtigt, dem Tribunat ähnliche Institutionen weiter zu stärken und deren Verbreitung zu fördern, schlägt Rousseau deren Aufweichung und Schwächung vor, indem er ihnen lediglich zeitlich begrenzte und keine dauerhaften Ämter einräumt.[140] Da die meisten Republiken oligarchisch organisiert sind und über kein funktionales Äquivalent für Tribunen verfügen, betont Machiavelli, dass es in solchen Gemeinwesen darauf ankäme, Wege zu finden, um vergleichbar tribunizische Institutionen einzurichten. Rousseau hingegen bemerkt, dass Republiken Maßnahmen in Erwägung ziehen sollten, durch die sich tribunizische Institutionen als weniger anfällig für Usurpationen erweisen, und benennt diesen Vorschlag in einem merkwürdigen Zusatz als »ein Mittel, auf das bis heute keine Regierung gekommen ist«.[141] Man sollte meinen, dass die Seltenheit solcher Institutionen, insbesondere in ihrer proplebejischen Form, an sich bereits ein ausreichendes Hindernis für ihre Usurpation darstellt.

Im Gegensatz zu Machiavelli legt Rousseaus Bemerkung Folgendes nahe: Zum einen kümmert es den Genfer offenbar nicht sonderlich, dass die Reichen anhaltende Machtvorteile gegenüber gewöhnlichen Bürgern genießen. Zum anderen scheint er daher zu schlussfolgern, dass Letztere weder einer eigenen Institution bedürfen noch eine solche verdienen, mittels derer sie die Patrizier, *grandi*, *ottimati* und andere politische Gegner herausfordern können. Im Gegenteil: Rousseau zufolge sollte sich ein Tribunat in den Dienst sämtlicher Staatsgewalten stellen, wenn ihnen Unterdrückung droht. So sollte ein Tribunat manchmal dazu dienen, »den Souverän vor der Regierung zu schützen, wie dies in Rom die Volkstribunen taten, manchmal dazu, die Regierung gegen das Volk zu unterstützen, wie es jetzt der Rat der Zehn in Venedig tut, und manchmal dazu, zwischen beiden Seiten das Gleichgewicht zu halten, wie es die Ephoren in Sparta taten«.[142] Rousseau betrachtet das Tribunat vielmehr als einen intermittierenden, in der Schwebe gehaltenen Ombudsmann denn als einen stets wachsamen, starken Verteidiger des Volkes.

139 Rousseau, *Vom Gesellschaftsvertrag*, Buch IV, Kap. 5, S. 136.
140 Vgl. ebd., S. 138.
141 Ebd.
142 Ebd., S. 136.

Man beachte, wie sehr Rousseau daran gelegen ist, dass Regierungseliten von Zeit zu Zeit auf eine tribunizische Institution zurückgreifen können, um gegen das Volk vorzugehen, sobald es sich potenziell unterdrückerisch verhält. Anhand der obigen Ausführungen besteht Grund zur Annahme, dass hinter diesem Versuch, Regierungsbeamte gegen Angriffe der Bevölkerung abzuschirmen, gleichzeitig der Wunsch steht, sozioökonomische Eliten zu schützen. Es ist in der Tat faszinierend, dass Rousseau die einzelnen Akteure, die Zugang zu einem antipopulistischen Tribunat erhalten sollten, als Regierungsinstitution und nicht etwa als eine aufsteigende sozioökonomische Klasse begreift, gegen die sich laut Machiavelli die römischen Tribunen maßgeblich wandten. Vielleicht schreckt Rousseau davor zurück, seinen Reformvorschlag für ein Tribunat im Sinne eines Konflikts zwischen Patriziern und Plebejern zu beschreiben, weil er fürchtet, damit seine Präferenz offenzulegen, dass die Patrizier besser vor den Plebejern geschützt werden sollten. Wie dem auch sei, im Endeffekt neutralisiert er das Tribunat, indem er daraus eine Institution macht, die zu verschiedenen Zeiten die Interessen mehrerer miteinander rivalisierender Akteure vertritt – manchmal diejenigen des Volkes, manchmal diejenigen der Regierung – und nicht etwa einen Magistrat, der ausschließlich dem Volk im Widerstand gegen eine hierarchische Klassenunterdrückung dient. Daher ist er zusammen mit anderen ochlophoben Vertretern des modernen Verfassungsdenkens – Guicciardini, Harrington, Montesquieu und dem Föderalisten Madison – dafür verantwortlich, dass die nach dem achtzehnten Jahrhundert in Kraft tretenden republikanischen Verfassungen den Ausschluss eines solchen plebejischen Magistrats sicherstellten.

## Schluss

Historiker und Politikwissenschaftler haben sich bei dem Versuch verrannt, die Feinheiten von Rousseaus republikanischem Konzept zu entschlüsseln – insbesondere mit Blick auf seine abstrakte Theorie der Gesetzgebung, die darauf abzielt, dass Mehrheitsentscheide nicht den bloßen Willen aller (das einfache Zählen nach Köpfen), sondern allein den Gemeinwillen (das Gemeinwohl) widerspiegeln sollen. In diesem Kapitel habe ich, Rousseaus eigenen Anweisungen folgend, einen weniger komplizierten Weg eingeschlagen und seine Beurteilung einer konkreten Republik untersucht, nämlich der wohl größten in der Geschichte: diejenige des alten Roms. Ich habe argumentiert, dass Rousseaus Ausführungen zur römischen Republik die Paradoxien und Unklarheiten auflösen, die sich für die politische Philosophie und die Demokratietheorie aus den ersten drei Büchern des *Gesellschaftsvertrags* ergeben – und zwar nicht unbedingt auf eine Weise, die Wissenschaftlern gefallen dürfte, die Rousseau gewöhnlich als eine heroische Figur in der Geschichte der demokratischen und egalitären Theorie und Praxis darzustellen versuchen. Rousseau verurteilt und neutralisiert Roms plebejische Institution, die die Rechenschaftspflicht der Eliten gegenüber der Bevölkerung gewährleistet: das Tribunat. Stattdessen hebt er das unegalitärste institutionelle Merkmal der Republik lobend hervor – ihre timokratisch organisierten Versammlungen, in denen wohlhabende Bürger die ärmeren überstimmen – und betont dessen Vorbildcharakter. Der Kontrast zu Machiavellis Ausführungen über das Tribunat und die Versammlungen Roms versetzt Demokratietheoretiker in die Lage, die Wahlaristokratie genauer zu analysieren, die vom angeblichen intellektuellen Vater der modernen Demokratie empfohlen wird.[143]

Wenn sie nicht gerade behaupten, dass zwischen den beiden Theoretikern eine grundlegende Übereinstimmung besteht,[144] stellen konventionelle Interpreten Rousseau und Machiavelli oft auf seltsame Weise einander gegenüber: Rousseau wird zugeschrieben, die moderne Demokratietheorie begründet zu haben, während Machiavelli bestenfalls als Verfechter eines antiquierten Republikanismus gilt, durch dessen Brille sich die Mängel des gegenwärtigen

143 Vgl. u.a. Richard Tuck, *The Sleeping Sovereign. The Invention of Modern Democracy*, Cambridge 2016, in dessen Rahmen Rousseau als entscheidende, vielleicht die entscheidende Figur in der Entwicklung einer modernen demokratischen Politik in Erscheinung tritt.

144 Die Literatur neigt dazu, die Gemeinsamkeiten zwischen den beiden Denkern zu betonen und nur die oberflächlichsten Unterschiede hervorzuheben. Vgl. u.a. Maurizio Viroli, *Jean-Jacques Rousseau and the »Well-Ordered Society«*, Cambridge 1988; sowie ders., »Republic and Politics in Machiavelli and Rousseau«, in: *History of Political Thought* 3 (1989), S. 405-420. Weitaus deutlicher veranschaulicht wird dieser Aspekt durch Marco Geuna, »Rousseau interprete di Machiavelli«, in: *Storia del pensiero politico* 1 (2013), S. 61-87; sowie Annelien de Dijn, »Rousseau and Republicanism«, in: *Political Theory* 1 (2015), S. 59-80.

Liberalismus herausarbeiten lassen (wenn er nicht immer noch – auf weniger schmeichelhafte Weise – als Berater von Oligarchen und Tyrannen in der Kunst der Manipulation des Volkes dargestellt wird). Dies ist in der Tat merkwürdig. Wenn Gleichheit und eine Rechenschaftspflicht der Eliten entscheidende Bestandteile einer modernen demokratischen Theorie und Praxis sind, dann ist eindeutig Machiavelli derjenige, der eingehender nach Möglichkeiten sucht, diese Ziele umzusetzen, während völlig unklar ist, ob Rousseau die Verwirklichung dieser Prinzipien überhaupt für erstrebenswert hält. Machiavelli entlarvt und kritisiert »die Wenigen« im Rahmen seines Plädoyers für stärker ermächtigte und breiter angelegte demokratische Institutionen. Rousseau hingegen feiert eine als Volksregierung getarnte Oligarchie sowohl als den bestmöglichen Zustand, der sich auf dem Höhepunkt der römischen Republik einstellte, wie auch als ein Beispiel, dem alle anderen großen Republiken im Allgemeinen folgen sollten.

Ungeachtet der höchst abstrakten philosophischen Verrenkungen, die Rousseau unternimmt, um in anderen Teilen des *Gesellschaftsvertrags* sein Konzept der Souveränität sowie des Gemeinwillens zu erklären, verdeutlicht seine Interpretation der römischen Republik, dass sich seine politische Theorie nicht allzu sehr vom aristokratischen »Republikanismus« eines Aristoteles, Cicero, Bruni, Guicciardini, Harrington oder Madison unterscheidet. Dieser Tradition zufolge stellt eine Republik ein Kollegialsystem dar, dessen Regierung zugunsten des Gemeinwohls, des Wohlergehens des Volkes oder des öffentlichen Interesses agiert, wohingegen es ausschließlich den besten, angesehensten oder reichsten Bürgern obliegt, sowohl über die Substanz als auch über die Verwirklichung dieser Ideale zu bestimmen. Folglich müssen die Institutionen dieses Modells so eingerichtet werden, dass es diesen Akteuren möglich ist, genau das zu tun. Das Volk sollte nur in dem Maße beteiligt werden, in dem es der Illusion erliegt, dass es entweder selbst regiert oder aber im Zuge der Regierungsarbeit konsultiert wird. Nur in letzter Instanz, das heißt, wenn die besten Bürger in solchen Angelegenheiten uneinig sind, sollte das Volk wirklich befugt sein, Entscheidungen zu treffen. Unter normalen Umständen müssen jedoch die wohlhabendsten Bürger, die senatorische Klasse, das Sagen haben.

Als Abweichler von dieser vorherrschenden Strömung des Republikanismus besteht Machiavelli darauf, dass plebejische Institutionen notwendig seien, um das Volk vor einer oligarchischen Herrschaft zu schützen und seine Teilhabe an Gesetzgebungsverfahren sowie der Politikgestaltung zu erleichtern, damit schließlich die Freiheit der Republiken gewahrt werden könne. Hätte er die Gelegenheit, Rousseaus *Gesellschaftsvertrag* zu kommentieren, würde Machiavelli vermutlich darauf hinweisen, dass die Schaffung eines einzigen, soziologisch anonymen Verfassungsrahmens – mit oder ohne Privilegien für die Reichen, die Rousseau explizit in sein Modell einbaut – lediglich den *grandi* erlaubt, das Volk unangefochten zu manipulieren und zu unterdrücken. Selbst ein nicht ganz urteilsfähiger Leser von Rousseaus Darstellung der römischen Republik hätte eine ziemlich klare Vorstellung davon, wie seine Antwort auf diesen Vorwurf lauten würde.

# 6. Die gegenwärtige Krise der Demokratie und der populistische Schmerzensschrei

Während heutige Demokratien einer zunehmenden plutokratischen Usurpation erliegen, erstarkt der Populismus erneut zu einer mächtigen politischen Kraft.[1] Bisher hat der Populismus in seiner rechten, fremdenfeindlichen Ausprägung nichts dazu beigetragen, dem Problem der sich verschärfenden wirtschaftlichen und politischen Ungleichheit entgegenzuwirken. Es bleibt abzuwarten, ob inklusivere, egalitärere populistische Bewegungen die Dynamik gewinnen werden, die notwendig ist, um sich langfristig des Angriffs der Plutokratie auf die Demokratie erwehren zu können. In diesem Kapitel erläutere ich die Gründe, warum sowohl Plutokratie als auch Populismus endemische Phänomene der Wahldemokratie sind: Sie sind, so behaupte ich, in keiner Weise eine Besonderheit unserer spezifischen Epoche in der Geschichte der repräsentativen Regierungsform. Darüber hinaus werde ich einige Kriterien aufstellen, anhand derer rechte von progressiven Formen des Populismus unterschieden werden können. Schließlich werde ich die Arten von institutionellen Reformen skizzieren, deren Verwirklichung progressive populistische Bewegungen anstreben sollten, um der heute grassierenden wirtschaftlichen und politischen Ungleichheit entgegenzuwirken.

## 1. Parteien der politischen Mitte, Plutokratie und Rechtspopulismus

Beginnen möchte ich mit einigen Anmerkungen zur gegenwärtigen Situation. In den Vereinigten Staaten und Westeuropa sind die Parteien der politischen Mitte – Mitte-rechts- *und* Mitte-links-Parteien – vollends den Unternehmens- und Finanzinteressen erlegen, so dass deren Politik unweigerlich eine moderate bis radikale Um-

1 Vgl. Thomas Piketty, *Das Kapital im 21. Jahrhundert*, aus dem Französischen von Ilse Utz und Stefan Lorenzer, München 2014; sowie Benjamin Moffitt, *The Global Rise of Populism. Performance, Political Style, and Representation*, Stanford 2017.

verteilung von unten nach oben zur Folge hat.[2] Hier treffen wir auf eine perverse Dynamik, durch die sich neoliberale Politiker und rechtspopulistische Bewegungen gegenseitig Aufwind verschaffen. Mit dem Gespenst rechtsextremer populistischer Parteien, die die Macht an sich zu reißen drohen, sichern sich Politiker der sogenannten Mitte Wahlsiege. Einmal in der Regierung angelangt, betreiben sie eine Austeritätspolitik, die zu einer Verschärfung der materiellen Bedingungen führt, von denen wiederum die extremen Rechten profitieren.

Nachdem sie einander dafür beglückwünscht haben, dass sie durch ihren Sieg über die xenophobe Rechte wieder einmal die Aufklärung, die Zivilisation und den menschlichen Anstand gerettet haben, wenden sich Politiker der Mitte in der Regel ab, um sich den politischen Präferenzen der Finanzeliten zu widmen, die ihre Wahlkämpfe direkt oder indirekt unterstützen. Durch die Verfolgung einer weitgehend »neoliberalen« Agenda stürzen sie Angehörige der Mittelschicht und der Arbeiterklasse auf eine Art und Weise in Armut, die uns inzwischen recht vertraut ist. Hierzu zählen die Schwächung von Gewerkschaften, Rentenkürzungen, eine deregulierende Wirtschaftspolitik sowie die Aufhebung von Umweltschutz-, Arbeitsschutz- und Produktsicherheitsbestimmungen.[3] Es sollte daher nicht überraschen, dass die Wählerschaften dieser Demokratien populistische Appelle – und zwar nicht allein aus irrationalen Gründen – zunehmend verlockend finden.[4]

2 Vgl. Larry M. Bartels, *Unequal Democracy. The Political Economy of the New Gilded Age*, Princeton 2009; Martin Gilens, *Affluence and Influence. Economic Inequality and Political Power in America*, Princeton 2012; Benjamin I. Page, *Democracy in America? What Has Gone Wrong and What We Can Do About It*, Chicago 2017; Kay Lehman Schlozman u. a., *Unequal and Unrepresented. Political Inequality and the People's Voice in the New Gilded Age*, Princeton 2018; Robert Kuttner, *Can Democracy Survive Global Capitalism?*, New York 2018; sowie Anthony B. Atkinson, *Ungleichheit. Was wir dagegen tun können*, aus dem Englischen von Hainer Kober, Stuttgart 2018.

3 Vgl. Jeffrey A. Winters, *Oligarchy*, Cambridge 2011; Mark Blyth, *Austerity. The History of a Dangerous Idea*, Oxford 2015; David M. Kotz, *The Rise and Fall of Neoliberal Capitalism*, Cambridge 2017; sowie William Davies, *The Limits of Neoliberalism. Authority, Sovereignty and the Logic of Competition*, Los Angeles 2017.

4 Vgl. Carlos de la Torre (Hg.), *The Promise and Perils of Populism. Global Perspectives*, Lexington 2014; John B. Judis, *The Populist Explosion. How the Great Recession Transformed American and European Politics*, New York 2016; sowie Cas Mudde,

In nicht allzu ferner Vergangenheit – bevor die Umstände sich derart verschärften – habe ich mich bereits für radikale institutionelle Reformen innerhalb gegenwärtiger Demokratien eingesetzt, um dieser wachsenden Krise wirtschaftlicher und politischer Ungleichheit zu begegnen. Ausgehend von Niccolò Machiavellis scharfsinnigen Analysen zu den Gefahren, die von oligarchischen sowie autokratischen Strukturen für die bürgerliche Freiheit ausgehen, erarbeitete ich Bedingungen für ein widerstandsfähiges, post-elektorales Modell einer Volksregierung, das plutokratische Eingriffe in Freiheits- und Gleichheitsrechte stoppen oder rückgängig machen könnte.

Zu den verfassungsrechtlichen Besonderheiten dieser »machiavellischen Demokratie« gehören: (1) Öffentliche Ämter oder Versammlungen, von denen die reichsten Bürger ausgeschlossen sind; (2) Ernennungsverfahren für politische Ämter, in deren Rahmen die Methoden des Losverfahrens und der Wahl miteinander kombiniert werden; (3) ein verstärkter Einsatz von Bürgerreferenden in repräsentativen Demokratien; und (4) politische Strafprozesse, in denen die gesamte Bürgerschaft oder ein großer Teil davon als oberster Richter über die Verfolgung politischer Straftaten wie beispielsweise Korruption oder Verrat entscheidet.[5] Ich behauptete in diesem Zusammenhang, dass eine Volksregierung unhaltbar sei, solange wirtschaftliche Eliten nicht zumindest teilweise von der Herrschaft ausgeschlossen und Bürger nicht unmittelbar dazu ermächtigt würden, Gesetze zu erlassen sowie im Rahmen politischer Strafprozesse zu urteilen. Überdies nahm ich mir den folgenden machiavellischen Imperativ zu Herzen: Gewöhnliche Bürger können nie in den uneingeschränkten Genuss ihrer Freiheit kommen, es sei denn, die Eliten müssten zumindest in einem gewissen Maß um ihr Leben fürchten.

Mehr noch als vor wenigen Jahren werfen jedoch Rufe nach institutionellen Veränderungen eine schwierige Frage auf: Wie lassen sie sich, ausgehend von unserer gegenwärtigen Situation, in die Tat umsetzen? Eine wirkliche Verfassungsänderung setzt die Mobilisierung von Massenbewegungen voraus, die die Regierungseliten

Cristóbal Rovira Kaltwasser, *Populismus. Eine sehr kurze Einführung*, aus dem Englischen von Anne Emmert, Bonn 2019.

5 Vgl. John P. McCormick, *Machiavellian Democracy*, Cambridge 2011.

dazu zwingen, einen grundlegenden institutionellen Wandel zu vollziehen, und die Wirtschaftseliten dazu verpflichten, ebendiesen zu akzeptieren. Um es noch einmal zu wiederholen: Bisher haben sich progressive Bewegungen als deutlich weniger effektiv darin erwiesen, sich hinsichtlich institutioneller und politischer Veränderungen zu organisieren, als rechte Bewegungen.

Und doch möchte ich den Populismus als solchen nicht aufgeben. Um die Mittel bestimmen zu können, mit denen sich ein progressiver institutioneller Wandel herbeiführen ließe, müssen wir uns zunächst mit der drängenden Frage nach dem Verhältnis von Populismus und Demokratie in einem plutokratischen Zeitalter befassen. Ich behaupte, dass der Populismus das notwendige Mittel zur Verwirklichung einer effektiven Reform gegenwärtiger Demokratien ist. Dennoch möchte ich nicht ausklammern, dass der Populismus möglicherweise genau die Art von robuster Demokratie gefährdet, die nur durch populistische Mittel der Massenmobilisierung erreicht werden kann.

## 2. Der populistische Schmerzensschrei

Der große französische Soziologe Émile Durkheim bezeichnete den Sozialismus einst als den Schmerzensschrei der modernen Gesellschaft.[6] Der Sozialismus, so Durkheim, sei ein Aufschrei von Menschen, die unter den Zwängen einer modernen, säkularen sowie nach Gewinn strebenden Gesellschaft den unerträglichen Schmerz der Entfremdung, Ausbeutung und Unzufriedenheit erleiden. Anstelle der ihnen versprochenen beispiellosen Freiheit, Sicherheit und Zufriedenheit erleben moderne Individuen die Qualen emotionaler Anomie und materieller Entbehrungen, für die der Sozialismus in vielerlei Hinsicht das endgültige Heilmittel zu sein schien. In Anlehnung daran lässt sich der Populismus meines Erachtens als der Schmerzensschrei der modernen, repräsentativen Demokratie begreifen.

In Regierungsformen, in denen zwar demokratische Prinzipien gelten, das Volk aber de facto nicht herrscht, stellt der Populismus

6 Vgl. Émile Durkheim, *Le Socialisme. Sa définition, ses débuts, la doctrine saint-simonienne*, Paris 1992, S. 37.

ein unvermeidliches Phänomen dar. Vertreter des Populismus prangern schmerzhafte Beleidigungen und Verletzungen an, die durch vermeintlich repräsentative politische Systeme verursacht werden, die den Mehrheiten ausdrücklich die Regierungsgewalt versprechen, aber in Wirklichkeit keine Volksherrschaft im eigentlichen Sinne ermöglichen. Den Bürgern solcher Systeme wird erzählt, dass sie souverän seien und grundlegende politische Macht ausüben; und doch sagt ihnen ihre gemeinsame, oft schmerzhafte und demütigende Erfahrung, dass sie über nahezu keine Macht verfügen. Tatsächlich herrschen diese demokratischen Mehrheiten nicht, sie dürfen lediglich wählen, von welchen Eliten sie sich für einen begrenzten Zeitraum regieren lassen. Sobald diese politischen Eliten die Macht übernehmen, ignorieren sie in den meisten Fällen die Präferenzen der Mehrheiten, die für sie gestimmt haben. Stattdessen verfolgen sie ihre eigenen Interessen oder lösen die heimlichen Versprechen ein, die sie mächtigen Wirtschaftsakteuren gegeben haben.[7]

Einfach ausgedrückt, führt die Kombination von Kapitalismus und Wahlkampfpolitik unweigerlich zur Ausbreitung wirtschaftlicher und politischer Ungleichheit. Es darf darum nicht überraschen, dass populistische Appelle den Wählerschaften von »Demokratien«, die eine solche Ungleichheit begünstigen, fortwährend verlockend erscheinen. Deshalb bin ich davon überzeugt, dass es triftige Gründe gibt, sich den allzu alarmistischen Reaktionen auf eine populistische Politik zu widersetzen, die heute für viele progressive Wissenschaftler und Experten charakteristisch sind.[8]

7 Wie Natasha Piano veranschaulicht, waren die italienischen Vertreter der sogenannten Elitesoziologie – Gaetano Mosca, Vilfredo Pareto und Robert Michels – besonders scharfe Kritiker der in parlamentarischen Demokratien vorherrschenden plutokratischen Korruption und Kooptation, auch wenn man sie später fälschlicherweise für die Cheerleader des »eisernen Gesetzes der Oligarchie« hielt. Vgl. Natasha Piano, »Revisiting Democratic Elitism. The Italian School of Elitism, American Political Science, and the Problem of Plutocracy«, in: *The Journal of Politics* 2 (2019), S. 524-538; sowie dies., *Democratic Elitism Revisited. Pluralism, Plutocracy and the Secret History of American Political Science*, Dissertation, Politikwissenschaft, University of Chicago 2020.

8 Vgl. Nadia Urbinati, *Democracy Disfigured. Opinion, Truth and the People*, Cambridge, MA 2014; Jan-Werner Müller, *Was ist Populismus? Ein Essay*, Berlin 2016; sowie William A. Galston, *Anti-Pluralism. The Populist Threat to Liberal Democracy*, New Haven 2018.

Selbstverständlich handelt es sich beim Populismus nicht zwangsläufig um ein Gut. Ein ausgesprochen unattraktives Merkmal des Populismus besteht meiner Ansicht nach darin, dass er dazu neigt, viele der Mängel der Wahldemokratie oder der repräsentativen Demokratie zu reproduzieren. So ermächtigt er neben dem Volk andere (beispielsweise einen charismatischen Führer oder eine politische Außenseiterpartei) dazu, im Namen des Volkes zu agieren – ein Szenario, das in Prinzip und Praxis immer schon im Widerspruch zur Demokratie steht.

Tatsächlich stellt eine populistische Politik moderne demokratische Bürger vor ein eigentümliches Dilemma: Die Bürger fordern eine Politik, die ihre Präferenzen und Interessen eher widerspiegelt oder getreuer umsetzt als eine Politik, die das Ergebnis herkömmlicher Wahlinstitutionen ist. Der Populismus legt jedoch solche Forderungen in die Hände von Einzelpersonen oder Parteien, die das Volk erneut lediglich »repräsentieren«, so wie es die Wahlinstitutionen angeblich tun. Genau genommen vertreten diese populistischen Führer oder Parteien das Volk ebenfalls nur auf äußerst dürftige Weise. Populistische Führer oder Parteien können politische Ergebnisse, die das Los gewöhnlicher Bürger tatsächlich verbessern, entweder liefern oder auch nicht. Ob sie es letztlich tun oder nicht, hängt allein von der Kompetenz oder der Gutwilligkeit solcher Eliten ab – Eliten, die sich allzu oft als völlig inkompetent oder eigennützig erweisen.

Ein Blick in die Geschichte zeigt, dass der Populismus nicht immer Maßnahmen oder Institutionen hervorbringt, durch die das Volk dazu ermächtigt wird, sich auf eine substanziellere und direktere Weise selbst zu regieren. Oftmals tritt eine Partei oder ein Führer lediglich an die Stelle von Wahlinstitutionen, die dann mit der Begründung angeprangert, demontiert und gelegentlich abgeschafft werden, dass sie es dem Volk nicht gestatten, sich selbst zu regieren – und dann regieren diese populistischen Parteien oder Führer auf noch unverantwortlichere Weise als die traditionellen Eliten, die dank konventioneller Wahlmethoden die Regierungsmacht erlangten.

In solchen Fällen untergräbt der Populismus die Art von energischer demokratischer Politik, die nur durch populistische Mittel der Massenmobilisierung erreicht werden kann. Daher ist die entscheidende Frage *nicht*, ob Demokraten dem Populismus abschwören sollten, sondern vielmehr, welche Art von Populismus sich Demokraten zu eigen machen sollten. Eine Möglichkeit, zu beurteilen, ob eine populistische Bewegung progressiv oder reaktionär ist, besteht darin, zu untersuchen, ob eine solche Bewegung institutionelle Reformen anstrebt, die den Bürgern den Weg zur Selbstregierung ebnen, oder nicht. Daher darf der Populismus aus demokratischer Sicht kein *Selbstzweck* sein – insbesondere dann nicht, wenn er lediglich die Herrschaft parlamentarischer Eliten durch die Herrschaft eines charismatischen Führers oder einer Partei ersetzt.

Populistische Bewegungen dienen demokratischen Zwecken, wenn sie sich die Etablierung von Verfahren und Praktiken zum Ziel setzen, durch die sich das Volk besser und direkter selbst regieren kann. Während eine Demokratie, in der sich das Volk tatsächlich selbst regiert, aus normativen Gründen den meisten Formen des Populismus bei Weitem vorzuziehen ist, wird eine Form des Populismus noch immer zwingend erforderlich sein, wenn es darum geht, moderne Wahldemokratien wirklich demokratischer zu gestalten. Paradoxerweise ist daher eine politische Bewegung, in der das Volk *nicht* selbst regiert, für die Reform oder die Schaffung einer Regierungsform, in der es dies tatsächlich tut, unverzichtbar. Obwohl ich dem Populismus in vielen seiner Ausprägungen zutiefst skeptisch gegenüberstehe, warne ich deshalb vor übertriebener Kritik an ihm.

## 3. Demokratie und Populismus

Eine Demokratie unterscheidet sich grundlegend vom Populismus. In einer Demokratie herrscht das Volk. Wer ist »das Volk«? »Das Volk« ist eine Bürgerschaft, die sich so weit über die gesamte Bevölkerung erstreckt, dass sie eine Vielzahl von Einzelpersonen und gesellschaftlichen Gruppen einzuschließen vermag, die man wirklich als arm bezeichnen kann. (Aus diesem Grund verspotteten antike Kritiker die Demokratie oft als die schreckliche, unerhörte und nicht erstrebenswerte »Herrschaft der Armen«.) Was ist »Herrschaft«? In einer echten Demokratie »herrscht« das Volk durch die folgenden Institutionen: (1) gesetzgebende Versammlungen, die allen Bürgern offenstehen, nicht etwa Versammlungen, die sich ausschließlich aus Eliten zusammensetzen; (2) öffentliche Ämter, die per Losverfahren und nicht durch Wahlen vergeben werden – das heißt Ämter, die nach dem Zufallsprinzip unter sämtlichen Bürgern verteilt werden; und (3) politische Gerichte, die aus großen Gruppen zufällig ausgewählter Bürger bestehen, nicht aus Justizorganen, die sich aus Berufsjuristen zusammensetzen – das Volk selbst entscheidet, was als politisches Verbrechen gelten soll und welche Strafen dafür vorgesehen sind.

In demokratischen Versammlungen hat jeder Bürger das Recht, Gesetze zu initiieren und über sie zu debattieren. Endgültige Entscheidungen werden durch eine einfache Stimmenmehrheit herbeigeführt, nicht durch die Modalitäten eines Zweikammersystems oder qualifizierte Mehrheiten, die so typisch für moderne Verfassungen sind. In einer Demokratie darf jeder Bürger, der willens und in der Lage ist, für ein Amt zu kandidieren, seinen Namen zur Teilnahme an den politischen Losverfahren einreichen, die über die Ernennung von Amtsträgern entscheiden. Und schließlich können ehemalige Amtsinhaber und de facto jeder Bürger von jedem anderen Bürger angeklagt und aufgrund von Straftaten, die die Demokratie bedrohen oder unterminieren, vor großen Bürgerjurys verurteilt werden.

Diese stilisierte Beschreibung der Demokratie ist selbstverständlich an die Verfassungen der antiken griechischen Demokratien, insbesondere derjenigen Athens, angelehnt.[9] Je mehr eine Regierungsform vom athenischen Modell der direkten Volksgesetzgebung und der zufällig unter den Bürgern verteilten exekutiven und judikativen Gewalt abweicht, desto weniger demokratisch ist meines Erachtens eine solche Regierungsform.[10] Moderne Wahldemokratien oder repräsentative Demokratien mögen auf eine maßgebliche Weise »demokratischer« sein als antike Demokratien, da sie (bewundernswerterweise) die Staatsbürgerschaft auf eine noch grö-

9 Vgl. Mogens Herman Hansen, *Die athenische Demokratie im Zeitalter des Demosthenes. Struktur, Prinzipien und Selbstverständnis*, Berlin 1995. Zu den jüngsten Neubewertungen des demokratischen Athens zählen die Arbeiten von Josiah Ober und Matthew Landauer. Vgl. Josiah Ober, *Demopolis. Oder was ist Demokratie?*, aus dem Amerikanischen von Karin Schuler und Andreas Thomsen, Darmstadt 2017; sowie Matthew Landauer, *Dangerous Counsel. Accountability and Advice in Ancient Greece*, Chicago 2019.

10 Vgl. Moses I. Finley, *Antike und moderne Demokratie*, aus dem Englischen und herausgegeben von Edgar Pack, Ditzingen 1980.

ßere Anzahl von Armen ausweiteten, (verspätet) die Sklaverei abschafften und (schließlich) Frauen volle Bürgerrechte gewährten.[11]

Gleichzeitig sind moderne Demokratien jedoch sehr viel weniger demokratisch, weil sie eine direkte Herrschaft durch Repräsentation und Losverfahren durch Wahlen ersetzen. Darüber hinaus übertragen sie Berufsrichtern oder anderen Amtsträgern und nicht etwa politischen Laien unter den Bürgern die Aufgabe, Beamte für politische Vergehen zu bestrafen.[12] Eine moderne Demokratie verfügt daher über viel mehr *dḗmos*, aber viel weniger *krátos* als ihr antikes Pendant. Sie integriert einen größeren Teil der Bevölkerung als Bürger, ermächtigt diese Bürger jedoch politisch weitaus weniger substanziell, als es das demokratische Athen tat.

So verhält es sich mit der Demokratie, aber wie ist es um den Populismus bestellt? Noch einmal: Der Begriff »populistisch« bezeichnet eine Bewegung, die sich durch eine Mobilisierung des Volkes auszeichnet, jedoch nicht unbedingt auf eine Volksherrschaft abzielt. Populismus manifestiert sich tendenziell außerhalb von Regierungsinstitutionen, beispielsweise durch die Arbeit von Bürgerinitiativen, sozialen Organisationen und Massendemonstrationen. Hinsichtlich seiner Entstehung und seiner Absicht geht der Populismus vom Volk aus: Eine Vielzahl von Individuen und gesellschaftlichen Gruppen (jedoch nicht immer die Mehrheit der Bevölkerung) schließen sich anlässlich eines Themas oder Programms zusammen, das immer als vorteilhaft für die Mehrheit der Bürger (oder allzu oft für die Mehrheit der »echten« oder »wahren« Bürger)[13] angesehen wird. Ein entscheidender Unterschied zwischen dem heutigen Populismus und der traditionellen Demokratie ist folgender: Der Populismus beauftragt letztlich einen einzelnen Führer oder eine politische Partei mit der tatsächlichen Verwirklichung oder konkreten Umsetzung der politischen Ziele, die von der Bewegung befürwortet oder zum Ausdruck gebracht werden. In einer Demokratie hingegen entscheidet immer das Volk.

Wenn Kritiker also häufig behaupten, dass »Demagogie« eine

11 Vgl. Robert Alan Dahl, *Democracy and its Critics*, New Haven 1989.

12 Vgl. Bernard Manin, *The Principles of Representative Government*, Cambridge 1997.

13 Vgl. Yuna Blajer de la Garza, *A House is not a Home. Citizenship and Political Belonging in Modern Democracies. France, Mexico and the United States*, Dissertation, Politikwissenschaft, University of Chicago 2018.

sowohl dem Populismus als auch der Demokratie innewohnende Gefahr darstelle, dann verwechseln sie zwei gänzlich verschiedene Dinge. Der erfolgreiche *populistische* Demagoge wird entweder selbst das höchste Amt erreichen, um dann persönlich das von den Mitgliedern seiner Bewegung getragene politische Programm in die Tat umzusetzen (wie beispielsweise Mussolini oder Lenin); oder er wird sein öffentliches Ansehen und sein politisches Kapital dazu nutzen, Amtsinhaber, die nicht Teil der Bewegung sind, so zu beeinflussen, dass sie dies im Namen ihrer Bewegung tun (wie zum Beispiel Martin Luther King oder Gandhi). Der *demokratische* Demagoge hingegen wird versuchen, das formell versammelte Volk davon zu überzeugen, selbst über eine Politik zu entscheiden, die ihm vermeintlich zugutekommt (wie in den Fällen von Perikles, Alkibiades und Kleon). In einer Demokratie ist daher die Verantwortung für ein daraus resultierendes Gesetz oder eine daraus resultierende Politik letzten Endes an die Entscheidungen des Volkes gebunden und nicht, wie im Populismus, an die Entscheidungen von Eliten, die (entweder selbst oder von dritter Seite) im Namen und/oder im Interesse des Volkes handeln.

In diesem Sinne gab es in den Demokratien und demokratischen Republiken der Antike keinen »Populismus«. Tiberius Sempronius Gracchus mag im alten Rom weitreichende Reformen vorgeschlagen haben, die auf eine wirtschaftliche Umverteilung abzielten, jedoch wurde letztlich der *populus Romanus* selbst damit betraut, solche Gesetze zu verabschieden. Im Gegensatz dazu vertrauen die »Plebejer« oder der »Demos« moderner Republiken darauf, dass von ihnen beauftragte Repräsentanten eine Politik aushandeln, die für mehr Gleichheit sorgen soll (in westlichen Demokratien etwa Interessenvertreter wie Gewerkschaften); oder sie sind von Akteuren abhängig, die eine bestehende institutionelle Ordnung zerstören, um diese durch eine andere zu ersetzen, die ihnen die Verwirklichung einer neuartigen Form der Gleichheit ermöglicht (wie beispielsweise die kommunistischen Parteien des zwanzigsten Jahrhunderts in Russland und China). Zu den namhaften Beispielen für populistische Bewegungen zählen laut dieser Definition: der Jakobinismus im revolutionären Frankreich, die Chartisten-Bewegung im Großbritannien des neunzehnten Jahrhunderts, der Bolschewismus und der Faschismus im Russland und Italien des 20. Jahrhunderts sowie die *People's Party* in den Vereinigten Staaten der 1890er Jahre.[14] Heute gebraucht man den Begriff in der Regel für den Chavezismus in Venezuela, rechtsextreme Parteien in Europa und in jüngster Zeit für den Trumpismus in den Vereinigten Staaten.

## 4. Reaktionärer und progressiver Populismus

Wie bereits erwähnt, handelt es sich beim Populismus um die Kehrseite der in Wahldemokratien vorherrschenden Politik. Moderne Demokratien sichern den Aufstieg von Kandidaten ins Amt, die sozioökonomische Ungleichheit billigen oder gar fördern, um die politische Gleichheit zu unterminieren. Da durch Wahlen Kandidaten in öffentliche Ämter erhoben werden, die selbst außerordentlich reich sind, und da die enormen Summen an Spendengeldern, die für einen erfolgreichen Wahlkampf erforderlich sind, dafür sorgen, dass öffentliche Amtsträger nach ihrer Wahl (unabhängig davon, ob sie selbst besonders wohlhabend sind oder nicht) den Interessen der Finanzeliten verpflichtet sind, werden Wahldemokratien zu Recht als inhärent oligarchische oder plutokratische Regierungsformen charakterisiert.

Dies unterscheidet Wahldemokratien von der traditionellen demokratischen Praxis. Antike Demokratien vertrauten auf einen informellen Waffenstillstand zwischen reichen und armen Bürgern. Dabei handelte es sich um einen Kompromiss – ein kulturell erzwungenes *noblesse oblige* –, der darin bestand, dass der Demos von einer unmäßigen »Enteignung der Reichen« absah, solange die Reichen ihre enormen wirtschaftlichen Mittel und ihr öffentliches Ansehen nicht dazu nutzten, die politische Gleichheit zu unterminieren und die demokratischen Institutionen zu korrumpieren.[15] Der Waffenstillstand, den Wahldemokratien strukturell erzwingen, läuft hingegen auf eine eklatante Bevorzugung reicher Bürger hinaus, was sowohl eine unweigerliche Verschärfung der soziopoliti-

14 Vgl. Jason Stuart Maloy, *Democratic Statecraft. Political Realism and Popular Power*, Cambridge 2013.

15 Vgl. Ober, *Mass and Elite in Democratic Athens. Rhetoric, Ideology and the Power of the People*, Princeton 1991; sowie Gordon Arlen, »Aristotle and the Problem of Oligarchic Harm. Insights for Democracy«, in: *European Journal of Political Theory* 3 (2019), S. 393-414.

schen Ungleichheit als auch eine ausnahmslose Korrumpierung demokratischer Institutionen zur Folge hat.

Dies erklärt weitgehend das Aufkommen des Populismus in praktisch jeder Ära der modernen Demokratie. Wenn ärmere Bürger moderner Wahldemokratien die wirtschaftliche Überlegenheit der Reichen als Bedrohung wahrnehmen, schließen sie sich einem linken Populismus an, um Einfluss auf die Ergebnisse des politischen Räderwerks zu nehmen, die sie nicht unmittelbar kontrollieren können. Gelingt es dem Populismus, die relative sozioökonomische Gleichheit zu bewahren oder zu befördern (wie etwa in Westeuropa nach jedem der beiden Weltkriege[16]), dann suchen sozioökonomische Eliten in der Regel, rechtspopulistische Bewegungen zu entfachen, die darauf abzielen, diese egalitären Errungenschaften in Grenzen zu halten oder nach Möglichkeit wieder rückgängig zu machen. Solche rechtspopulistischen Bewegungen berufen sich auf religiöse, ethnische und/oder kulturelle Aspekte nationaler Identität. Mit derartigen Zuschreibungen versuchen sie an bestimmte Überzeugungen ärmerer Bürger zu appellieren, die oft im Widerspruch zu deren Wunsch nach sozioökonomischer und politischer Gleichheit stehen.

Unter solchen Umständen werden die Prinzipien der »Freiheit« oder »Gleichheit« oft eher kulturell als politisch oder wirtschaftlich gedeutet. Infolgedessen appellieren die Eliten an die nichtökonomischen, affektiven oder emotionalen Bindungen der Bürger oder an ihre Angst vor »fremden Bedrohungen«, um die nationale Solidarität auf einer anderen Grundlage als der sozioökonomischen oder politischen Gleichheit wiederherzustellen. Daher weisen Kritiker immer wieder darauf hin, dass es sich bei der US-amerikanischen Tea-Party-Bewegung nicht um eine echte Graswurzelbewegung handelt[17] und dass der Faschismus genauso wie rechtsextreme europäische Bewegungen neueren Datums weit mehr von Eliten gelenkt wurden beziehungsweise werden als die westeuropäische Sozialdemokratie oder gar der Kommunismus (auf die dieser Umstand selbstverständlich auch in hohem Maße zutrifft).[18]

16 Zu einer Bottom-up-Darstellung der Ursprünge der Sozialdemokratie vgl. Steven Klein, *The Work of Politics. Making a Democratic Welfare State,* Cambridge 2019.

17 Vgl. Theda Skocpol, Vanessa Williamson, *The Tea Party and the Remaking of Republican Conservatism*, Oxford 2012.

18 Vgl. Jane Caplan (Hg.), *Nazism, Fascism and the Working Class. Essays by Tim Mason*, Cambridge 1995.

Die oben genannten Beispiele des Rechtspopulismus deuten darauf hin, dass politische Feindschaft eher durch populistische Bewegungen als durch genuin demokratische Formen der Politik erzeugt wird. Der Demos im antiken Athen und die Plebejer im alten Rom begegneten ihren oligarchischen beziehungsweise patrizischen Mitbürgern mit großem Misstrauen. Sie überwachten ihr Verhalten mit größter Strenge und bestraften ihre politischen Verfehlungen mit äußerster Härte. Gerade weil diese antiken Bürger jedoch über solche Herrschaftsmechanismen verfügten, hatten sie möglicherweise nicht das Bedürfnis, ihre politischen Gegner auf der Stelle zu Feinden zu erklären, wie es die Mitglieder populistischer Bewegungen so oft tun. Man denke in diesem Zusammenhang etwa an die folgenden feindlichen Gegenüberstellungen: Jakobiner versus »Aristokraten« oder »Emigranten«; Kommunisten und Faschisten versus »Bourgeoisie«; Nationalsozialisten versus »Juden« und »Bolschewiki«. In den Vereinigten Staaten betrachten die Trumpisten entweder kriminell veranlagte, sexuell übergriffige Einwanderer aus »Reckslochländern« (*shithole countries*) oder eine amorph gefasste »liberale« intellektuelle Medienklasse, angebliche Lieferanten von »Fake News«, als ihre Feinde.

Die zweifelhafte Intensität solcher politischen Auseinandersetzungen mag der Frustration geschuldet sein, die Bürger in bloßen Wahldemokratien empfinden, da hier, wie James Madison stolz verkündete, »das Volk in seiner Eigenschaft als Kollektiv von jedem Anteil an der Regierung ausgeschlossen ist«.[19] Doch selbst unter den Bedingungen großer Territorialstaaten hätte man die gewöhnlichen Bürger moderner demokratischer Systeme vielleicht nicht so drastisch von der Herrschaft ausschließen dürfen. Machiavelli bemerkte, dass Vorwürfe des Extremismus und launischen Gesinnungswechsels, die seitens aristokratischer Kritiker schon immer gegen das Volk vorgebracht wurden, ihre Stichhaltigkeit verlieren, wenn das Volk in die Lage versetzt wird, selbst zu urteilen und tatsächlich über politische Angelegenheiten zu entscheiden. Das Volk mag alle möglichen empörenden Dinge lauthals einfordern, solange es von der Regierung ausgeschlossen ist (wie etwa die Tötung aller Aristokraten oder die Vernichtung der Städte ausländischer Mächte); sobald es jedoch befugt ist, politische Entscheidungen zu

19 Alexander Hamilton u. a., *Die Federalist Papers*, aus dem Amerikanischen und herausgegeben von Barbara Zehnpfennig, München 2007, Artikel Nr. 63, S. 381.

treffen, urteilt es Machiavelli zufolge angemessen und verantwortungsbewusst – zumindest, so betont er, angemessener und verantwortungsbewusster, als die entsprechend entscheidungsbefugten Eliten es tun.[20]

In der abgehobenen Sphäre der Theorie sind wahrscheinlich Carl Schmitt und Wladimir Iljitsch Lenin die führenden intellektuellen Verfechter dessen, was ich Populismus nenne.[21] Schmitt bestand darauf, dass ein plebiszitär gewählter Regierungschef (beispielsweise der *Reichspräsident* der Weimarer Republik) oder ein vom Volk »bejubelter« Parteiführer, dem es gelungen sei, das gesamte deutsche *Volk*[22] zu »homogenisieren« (das heißt Adolf Hitler), am ehesten dazu in der Lage seien, den Volkswillen zu verwirklichen. In ähnlicher Weise legitimierte Lenins »demokratischer Zentralismus« den Anspruch der kommunistischen Partei, im Namen des russischen Proletariats zu regieren. Es ist bemerkenswert, dass progressive Varianten des Populismus, wie etwa die *People's Party* in den Vereinigten Staaten des späten neunzehnten Jahrhunderts oder die westeuropäische Gewerkschaftsbewegung des zwanzigsten Jahrhunderts, keine solchen »großen Theoretiker« hervorgebracht haben.

Möglicherweise fand die antike Demokratie aus ähnlichen Gründen unter Philosophen und Historikern nur wenige intellektuelle Fürsprecher. Während Aristoteles als der größte »objektive« Analytiker der antiken Demokratie gilt, ist, wie ich bereits oben erörtert habe, Machiavelli – und nicht etwa Jean-Jacques Rousseau – der entschiedenste moderne Befürworter »republikanischer« Institutionen und Praktiken, die sich der antiken Demokratie anzunähern suchen.[23] Machiavelli plädierte für große Versammlungen,

20 Vgl. Niccolò Machiavelli, *Discorsi sopra la prima deca di Tito Livio*, in: Corrado Vivanti (Hg.), *Opere I. I Primi Scritti Politici*, Turin 1997, S. 73-254, Buch I, Kap. 7 f., 47, 58.

21 Vgl. Carl Schmitt, *Verfassungslehre*, München 1928; ders., *Der Hüter der Verfassung*, Tübingen 1931; ders., *Legalität und Legitimität*, München 1932; ders., »Der Führer schützt das Recht«, in: *Deutsche Juristen-Zeitung* 15 (1934), Sp. 945-950; sowie Wladimir Iljitsch Lenin, *Ausgewählte Schriften in zwei Bänden*, Berlin 1989, Bd. 1.

22 Deutsch im Original.

23 Vgl. McCormick, *Machiavellian Democracy*; sowie ders., *Reading Machiavelli. Scandalous Books, Suspect Engagements and the Virtue of Populist Politics*, Princeton 2018.

in denen sämtliche Bürger, ungeachtet ihrer Herkunft oder ihres Vermögens, sowohl Gesetze initiieren, diskutieren und beschließen als auch über das Schicksal von Elitebürgern entscheiden konnten, die wegen politischer Straftaten angeklagt waren. Darüber hinaus sprach er sich für politische Institutionen aus, für die wohlhabende und prominente Bürger nicht infrage kamen, wie etwa das Volkstribunat, das den entsprechenden Amtsträgern – den Volkstribunen – erlaubte, in der römischen Republik bedeutende Veto-, Gesetzgebungs- und Justizbefugnisse auszuüben. Auch wenn durch solche klassenspezifischen Magistrate keine so weitreichende Verteilung von politischen Ämtern unter gewöhnlichen Bürgern erzielt wurde wie durch die politischen Losverfahren des antiken Athens, so sorgten sie doch gewiss für einen breiteren Zugang zu politischen Ämtern, als es Parlamentswahlen in modernen repräsentativen Demokratien vermögen.

## 5. Geläuterte Eliten?

Erlauben Sie mir an dieser Stelle, einige eher düstere Spekulationen anzustellen, bevor ich im Rahmen meiner Schlussbemerkungen hoffnungsvollere Möglichkeiten in Betracht ziehen werde. Die nach dem Zweiten Weltkrieg einsetzende Unterbrechung des plutokratischen Angriffs auf die moderne Demokratie – ein Interregnum, in dem nordamerikanische und europäische Gesellschaften eine relative wirtschaftliche Gleichheit genossen – markierte einen Moment, der in der Geschichte beispiellos war und sich nie wieder ereignen wird, zumindest nicht in diesem Sinne. Es handelte sich um einen Moment, der von sozioökonomischen Eliten geprägt war, die aus den globalen Katastrophen, die sie selbst verursacht hatten – insbesondere der Weltwirtschaftskrise und dem Zweiten Weltkrieg –, zutiefst geläutert hervorgingen.[24] Tatsächlich waren diese Eliten so geläutert, dass sie sich dazu bereit erklärten, den wirtschaftlichen Reichtum – um der künftigen Stabilität und sogar der Gerechtigkeit willen – mit weniger wohlhabenden Mitbürgern

24 Vgl. Karl Polanyi, *The Great Transformation. Politische und ökonomische Ursprünge von Gesellschaften und Wirtschaftssystemen*, Frankfurt/M. 1995; sowie Klein, »Fictitious Freedom. A Polanyian Critique of the Republican Revival«, in: *American Journal of Political Science* 4 (2017), S. 852-863.

ihrer Gesellschaften zu teilen, und zwar in einem weitaus größeren Ausmaß, als dies frühere Eliten jemals getan hatten. Natürlich sollten wir auch die Auswirkungen des Kalten Krieges auf solche Eliten nicht unterschätzen, das heißt den Druck, dem sie ausgesetzt waren, ideologisch und geopolitisch mit wirtschaftlich egalitäreren, wenn auch politisch repressiveren kommunistischen Gegnern konkurrieren zu müssen.

Wie dem auch sei, man könnte behaupten, dass sich der sozialdemokratische Moment der Nachkriegszeit niemals wiederholen wird, da in einer Welt unzureichend kontrollierter Atomwaffen und sich zunehmend beschleunigender Umweltzerstörung die einzigen Bedingungen, die schlimm genug für eine abermalige Läuterung der Eliten wären, diejenigen sind, die in der totalen Zerstörung des Planeten gipfeln würden. Bis die sozioökonomischen Eliten, die derzeit auf nationalstaatlicher und globaler Ebene die Wirtschaftsordnung dominieren, begreifen, dass sie die wirtschaftliche und politische Gleichheit wiederherstellen müssen, um die Zivilisation zu retten, wird es keine Zivilisation mehr geben, die sich noch retten ließe.

Natürlich war es Machiavelli nicht vergönnt, die Versöhnung zwischen sozioökonomischen Eliten und gewöhnlichen Bürgern in den europäischen und nordamerikanischen Demokratien nach dem Zweiten Weltkrieg mitzuerleben. Ihm zufolge könnten wohlhabende Bürger niemals allein durch Worte oder Appelle an die Vernunft davon überzeugt werden, sich freiwillig der Schaffung sozioökonomischer Bedingungen zu fügen, die bürgerliche Freiheit ermöglichen – Bedingungen, die, wie er es ausdrückte, »das Gemeinwesen reich und die Bürger arm halten«.[25] Aus Machiavellis Sicht war die Tatsache, dass der römische Senat Tiberius Sempronius Gracchus im öffentlichen Raum der Republik ermordete, weil er Agrarreformen vorgeschlagen hatte, emblematisch für die Haltung der Reichen zu einer für das bürgerliche Wohlergehen notwendigen Umverteilung. Nach Einschätzung des Florentiners müssen sozioökonomische Eliten dazu *gezwungen* werden, institutionelle Maßnahmen zu akzeptieren, die wirtschaftliche oder zumindest politische Gleichheit garantieren; andernfalls werden sie damit ein-

25 Machiavelli, *Discorsi*, Buch I, Kap. 37. Vgl. ferner McCormick, *Reading Machiavelli*.

hergehende Reformbestrebungen auf gewalttätigste Weise zu verhindern suchen.

Damit kommen wir wieder auf die drängende Frage zurück, die ich eingangs stellte: Wie können wir die Eliten zum gegenwärtigen Zeitpunkt unter Druck setzen? Welche Art von Mobilisierung der Bevölkerung ist notwendig, um institutionelle Reformen herbeizuführen, die darauf abzielen, zumindest die politische Gleichheit wiederherzustellen? Welche Art von Populismus können die klassenspezifischen, auf Losverfahren basierenden, direktlegislativen und die Eliten sanktionierenden Institutionen einfordern, die ich zu Beginn erwähnte?

Wir sehen uns unmittelbar mit zwei Hindernissen konfrontiert: dem Klassenbewusstsein aufseiten der nicht wohlhabenden Bürger (das heute vermutlich nicht ausreichend genug ausgeprägt ist) und dem konkreten Druck, den gewöhnliche Bürger gegenüber sozioökonomischen Eliten ausüben können (der sich als nicht ausreichend erweisen könnte). Die antiken *dēmoi* und Plebejer drohten kollektiv damit, dem Staat ihre militärischen Kapazitäten vorzuenthalten – sie weigerten sich, in den Krieg zu ziehen! –, um von den Oligarchen ihrer Regierungsformen prodemokratische Zugeständnisse zu erhalten. Im Nordamerika und Europa des neunzehnten und zwanzigsten Jahrhunderts erzielten erwerbstätige Bürger vergleichbare Ergebnisse, indem sie der Industriewirtschaft ihre Arbeitskraft verweigerten oder damit drohten, sie zu verweigern.[26] Leider scheinen moderne »Plebejer« nicht über Druckmittel zu verfügen, die mit einer Verweigerung der Militär- oder Arbeitskraft vergleichbar wären und mithilfe derer sie den gegenwärtigen politischen und wirtschaftlichen Eliten demokratische Reformen abnötigen könnten. Selbst wenn die Bürger häufiger und heftiger gegen die wachsende wirtschaftliche Ungleichheit protestieren würden, die die politische Ungleichheit heute radikal verschärft, welcher Zwangsmaßnahmen würden sie sich bedienen, um den modernen Oligarchen und ihren politischen Stellvertretern demokratische Reformen abzuringen?

Die Macht der Verbraucher stellt eine mögliche, jedoch – aus mehrerlei Gründen – zutiefst unbefriedigende Antwort auf diese

26 Vgl. Alex Gourevitch, *From Slavery to the Cooperative Commonwealth. Labor and Republican Liberty in the Nineteenth Century*, Cambridge 2014.

Frage dar. Selbst wenn beispielsweise das Internet den Massenkonsumenten erleichtern würde, vermittels ihrer Kaufkraft gegen die Macht der Konzerne Widerstand zu leisten, bliebe abzuwarten, ob sich dadurch erneut die Art von politischen Errungenschaften erzielen ließen, die der Demokratie historisch durch bewaffnete oder gewerkschaftlich organisierte Bürger zuteilwurden. Die enge körperliche Nähe, die gemeinsamen Opfer und das gemeinschaftliche Handeln – allesamt Aspekte, die in der Vergangenheit durch militär- und produktionsspezifische Umstände begünstigt wurden – schufen eine einzigartige Solidarität unter Soldaten und Arbeitern, die es ihnen ermöglichte, eine beeindruckende kollektive Macht gegenüber politischen und sozioökonomischen Eliten auszuüben. Ich kann mir dazu kein gegenwärtiges funktionales Äquivalent vorstellen.

## 6. Wiederbelebung der Demokratie heute

Hinsichtlich der Krise der Demokratie und des gegenwärtigen Aufstiegs des Populismus lautet also die zentrale Frage: Was können wir tun, um zu verhindern, dass wirtschaftliche Ungleichheit zu politischer Ungleichheit führt? Ohne eine mobilisierte populistische Bewegung, die darauf eine Antwort zu finden sucht, scheint in unserem plutokratischen Zeitalter keine institutionelle Reform der Wahldemokratie möglich. Erlauben Sie mir dennoch, einige der institutionellen Merkmale der »machiavellischen Demokratie« noch einmal aufzugreifen. Zwei insbesondere unter liberalen oder progressiven Akademikern äußerst umstrittene Merkmale eines solchen Modells sind: gesetzgebende Referenden und politische Strafprozesse, bei denen die Gerichtsbarkeit vom Volk ausgeht.

Der Ausruf »Brexit!« ist zum vorhersehbaren Einwand von Kritikern geworden, die sich gegen gesetzgebende Referenden aussprechen. Der Brexit bot vermeintlich linken Professoren und Experten die Gelegenheit, ihr langgehegtes und tiefsitzendes Misstrauen gegenüber dem Urteilsvermögen und der Entscheidungskompetenz gewöhnlicher Bürger zum Ausdruck zu bringen. Wir alle haben schon einmal eine Aussage wie die folgende gehört oder vielleicht sogar selbst von uns gegeben: »Durchschnittsbürger sind einfach zu dumm oder zu uninformiert, um rechtskräftige Entscheidungen treffen zu können – genau deshalb weichen moderne Demokratien von der Praxis antiker Demokratien ab, indem sie fachkundige Abgeordnete bevollmächtigen, Entscheidungen *für* gewöhnliche Bürger zu treffen.« Wenn man dieser Auffassung ist, dann muss man auch die inhärente Gefahr hinnehmen, die privilegierte Eliten und plutokratische Einflüsse für die politische Gleichheit darstellen – eine Gefahr, die sich in der Praxis als äußerst real erweist.

Wie Machiavelli bereits vor Jahrhunderten betonte, ignorieren zudem diejenigen, die das Urteilsvermögen der Bevölkerung so energisch infrage stellen, die Tatsache, dass privilegierte Eliten – das heißt Aristokraten und Autokraten – nachweislich oft weitaus schlechtere Entscheidungen treffen als freie Bürger.[27] Was die Apathie oder Ignoranz der Bürger betrifft, so erscheint Folgendes durchaus plausibel: Hätte man das Brexit-Votum gleich am nächsten Tag wiederholt, unmittelbar nach der Bekanntgabe des Abstimmungsergebnisses zum Austritt am 23. Juni 2016, dann wäre die Wahlbeteiligung in Großbritannien astronomisch höher gewesen und das Ergebnis genau gegenteilig ausgefallen. Die Politik – insbesondere eine demokratische Politik – ist reich an schmerzhaften, jedoch letzten Endes erbaulichen Lektionen.[28]

Zugegebenermaßen können, wie viele politische Realisten gerne betonen, *sämtliche* nicht- oder extra-elektoralen Maßnahmen durch die Macht des Privatvermögens umgangen werden: Wohlhabende Akteure können sogar gewöhnliche Bürger bestechen, die durch Losverfahren oder klassenspezifische Modalitäten ein politisches Amt erlangten; und die Reichen können die Öffent-

27 Vgl. Machiavelli, *Discorsi*, Buch I, Kap. 58.

28 In jedem Fall waren die Rahmenbedingungen des Brexit-Referendums denkbar schlecht. Seit 2016 betonen Wissenschaftler, wie wichtig es sei, im Rahmen einer solchen Abstimmung ein konstruktives Votum herbeizuführen, anstatt lediglich um eine Bestätigung oder Ablehnung des Status quo zu bitten. Viele behaupten, dass das Brexit-Referendum zu einem verfehlten, unverantwortlichen Ergebnis geführt habe, weil es sich dabei um eine schlichte »Ja/Nein«-Abstimmung handelte, für die im Falle eines anfänglichen »Nein«-Votums kein alternatives »Ja«-Votum erforderlich war, das an die Stelle des Ersteren hätte treten können. Vgl. Simon Kaye, »Deal > Remain > No-Deal > Deal: Brexit and the Condorcet Paradox«, in: *British Politics and Policy at LSE*, 7. Dezember 2018, ⟨blogs.lse.ac.uk/politicsandpolicy/brexit-condorcet/⟩, letzter Zugriff 25. 5. 2022; sowie Francis Cheneval, Alice el-Wakil, »The Institutional Design of Referendums. Bottom-Up and Binding«, in: *Swiss Political Science Review* 3 (2018), S. 294-304.

lichkeit gezielt mit Desinformationen fluten, die durch öffentliche Referenden getroffene Entscheidungen verzerren. Was aber, wenn Eliten erfolgreich von solchen Akten der politischen Korruption abgehalten werden könnten? Hier erweist sich ein weiterer institutioneller Aspekt von prä-repräsentativen Demokratien als äußerst faszinierend: Politische Strafprozesse, bei denen die Gerichtsbarkeit vom Volk ausgeht und in deren Rahmen Beamte oder Privatpersonen, die der Korruption oder des Verrats angeklagt wurden, mit der Todesstrafe rechnen müssen. Wie bereits anlässlich meiner Auseinandersetzung mit Josuah Obers Arbeiten[29] erwähnt, denke ich hier an Kapitalprozesse, die von großen Bürgerjurys durchgeführt werden, wie jene, in deren Zuge Sokrates in Athen und Gnaeus Marcius Coriolanus in Rom verurteilt wurden.

Während der Vorwahlen der Demokratischen Partei im Jahr 2016 erklärte das Team Clinton öffentlich, dass die logische Folge von Bernie Sanders' Präsidentschaftswahlkampf sei, »jede dritte Person an der Wall Street zu erschießen«.[30] Die Hinrichtung von Bankern, so die Clintons, würde im Rahmen einer progressiven Politik zu nichts führen. Ich wäre mir da nicht so sicher.

In Anbetracht der Beispiele antiker Demokratien und Republiken bestand Machiavelli darauf, dass die Angst vor der Strafverfolgung von Kapitalverbrechen die einzige – ich betone, die *einzige* – Möglichkeit sei, sozioökonomische und politische Eliten davon abzuhalten, sich auf Kosten der Bevölkerung selbst zu bereichern. Es kann gar nicht genug betont werden, dass Machiavelli weder Pogromen noch Säuberungsaktionen Vorschub leisten wollte. Er sprach sich vielmehr für die ordentliche Durchführung von gesetzlich legitimierten Gerichtsverfahren aus – institutionelle Modi, die es möglichst vielen Bürgern erlauben, über das Leben von Eliten entscheiden zu können, die wegen politischer Verbrechen angeklagt sind. Wie bereits erwähnt, könnten folgende Verbrechen für derartige Verfahren infrage kommen: Die Verbreitung von Lügen, um sinnlose Kriege auf Kosten des Lebens und der Besitztümer zahlreicher Bürger zu initiieren, oder aber das Begehen von Finanzstraf-

29 Vgl. Kapitel 1 in diesem Band.

30 Tom LoBianco, »Bill Clinton. Sanders supporters would ›shoot every third person on Wall Street‹«, in: *CNN*, 16. April 2016, ⟨edition.cnn.com/2016/04/15/politics/bill-clinton-bernie-sanders-shoot-wall-street/index.html⟩, letzter Zugriff 25.5.2022.

taten, die umfangreiche Wirtschaftskrisen auslösen und unzählige Menschen um ihre Arbeitsplätze, Häuser und Ersparnisse bringen. Dem wären hypothetisch Kollusionshandlungen hinzuzufügen, wie etwa die geheime Absprache mit ausländischen Mächten unter dem Vorsatz, öffentliche Institutionen zum Zweck der persönlichen Bereicherung sowie der politischen Vorteilnahme zu korrumpieren,[31] um hier nur ein weiteres Beispiel zu nennen.

Machiavelli zufolge experimentierten antike Volksherrschaften ursprünglich mit Inhaftierungen und Verbannungen als geeigneten Formen der politischen Bestrafung. Wohlhabende Bürger nutzten jedoch oftmals ihre beträchtlichen finanziellen Mittel für ungerechtfertigte Begnadigungen, die Freilassung aus dem Gefängnis oder die vorzeitige Rückkehr aus dem Exil. Machiavelli lehrt uns, dass es bedauerlicherweise keine funktionale Annäherung an den Tod gibt. In der Tat ist die absolute Endgültigkeit des Todes der einzige Faktor, der denjenigen zu denken gibt, die beabsichtigen, ihren Reichtum – wie der Florentiner es ausdrückt – »falsch« zu verwenden, das heißt im ständigen Bestreben, einen politischen Prozess zu korrumpieren, der den Vielen und nicht den Wenigen dienen soll.[32]

Der gute Liberale mag an dieser Stelle protestieren und einwerfen, dass doch schließlich die Aufklärung dem menschlichen Gedeihen und der bürgerlichen Würde einen unschätzbaren Dienst erwiesen hat, da auf ihrer Grundlage in der überwiegenden Mehrheit der liberalen Demokratien die Todesstrafe abgeschafft wurde. Und schauen Sie sich nur an, wie erfolgreich diese Regierungsformen die zunehmende wirtschaftliche Ungleichheit, politische Korruption und den autokratischen Schlingerkurs eingedämmt haben!

Es gibt bereits zu viele Todesstrafen, vor allem in den Vereinigten Staaten, mag der gute Liberale zusätzlich einwenden. Wer würde dem widersprechen? Tatsächlich richtet kein Land in dieser Hemisphäre so viele seiner armen Bürger hin wie die Vereinigten Staaten. Patriotische demokratische Bürger könnten daher erwägen, diese Tatsache zu kompensieren, indem sie die Armen von der Androhung der Todesstrafe ausnehmen. Stattdessen sollte die Todesstrafe ausschließlich für wohlhabende Bürger oder Beamte infrage kom-

31 Vgl. Machiavelli, *Discorsi*, Buch I, Kap. 58; sowie Sallust, *Bellum Iugurthinum / Der Krieg mit Jugurtha*, aus dem Lateinischen von Karl Büchner, Ditzingen 1986.

32 Vgl. Machiavelli, *Discorsi*, Buch I, Kap. 5, 37.

men, die der politischen oder wirtschaftlichen Korruption schuldig gesprochen wurden. In einer wohlgeordneten Demokratie sollten Angehörige der Eliten ein solches Risiko unter »Geschäftskosten« verbuchen – so wie es für alle anderen eine Pflicht ist, als Geschworene zu dienen oder Steuern zu zahlen.

Der Punkt ist folgender: Ein überzeugter Verfechter der Volksherrschaft wie Machiavelli war der Auffassung, dass die Bürger ihre Verpflichtung zu Freiheit und Gleichheit billig, allzu billig, verkaufen, wenn sie solche Prinzipien nicht mit aller Härte verteidigen, das heißt, wenn sie es versäumen, zu deren Verteidigung auf das höchste Strafmaß zurückzugreifen.

*Dirk Jörke*

# Klassensensitive Demokratisierung. Über John McCormicks radikaldemokratisches Denken[1]

## 1. Einleitung

Schaut man auf die demokratietheoretische Debatte der Gegenwart, so fällt bei aller Diversität die Dominanz von zwei Strömungen ins Auge. Auf der einen Seite stehen liberale Ansätze, die angesichts der gegenwärtigen Herausforderungen durch Populismus, räumliche Entgrenzung und nicht zuletzt den Vormarsch autoritärer Systeme – sei es nun als globale Player wie China oder durch einen Angriffskrieg wie im Fall von Russland – geradezu trotzig die Werte und Institutionen der gewaltenteiligen, repräsentativen Systeme der westlichen Welt beschwören. Neben der Verteidigung klassischer liberaler Werte und einer als untrennbar behaupteten Verschränkung liberaler und demokratischer Prinzipien gehört bei vielen Vertretern auch eine starke kosmopolitische Haltung hinzu: Hierzu zählen insbesondere der Vorrang der Menschenrechte vor kollektiven Entscheidungsgewalten sowie die angestrebte Supranationalisierung politischer Entscheidungskompetenzen. Letzteres findet sich auch in deliberativen Demokratietheorien, die sich in vielerlei Hinsicht nicht sonderlich von liberalen Ansätzen unterscheiden. Wenn überhaupt, besteht ein Unterschied auf der Ebene der Begründung und in einer etwas stärker ausgeprägten Kritik der Parteiendemokratie mit einer korrespondierenden Offenheit für »alternative« Verfahren der Meinungsbildung, etwa im Rahmen von Bürgerversammlungen. Vor allem aber treffen sich liberale und deliberative Theoretiker in der strikten Ablehnung von als populistisch bezeichneten Forderungen und Demokratieverständnissen.[2] Doch in der Kritik des Populismus sind sich nicht

1 Für äußerst hilfreiche Kommentare möchte ich mich bei Hubertus Buchstein sowie den Teilnehmerinnen und Teilnehmern des Darmstädter Kolloquiums zur Politischen Theorie und Ideengeschichte bedanken

2 Vgl. unter vielen anderen Nadia Urbinati, *Democracy Disconfigured. Opinion, Truth, and the People*, Cambridge, MA 2014; Jan-Werner Müller, *Was ist Populismus?*, Berlin 2016; Daniel Gaus, Claudia Landwehr, Rainer Schmalz-Bruns, »De-

nur liberale und deliberative Demokratietheorien einig. Eine entsprechende Kritik findet sich überraschenderweise auch bei vielen Verfechtern sogenannter radikaler Demokratietheorien, womit der zweite gegenwärtig vorherrschende Strang der Demokratietheorie bezeichnet ist.[3]

»Radikale« Demokratietheorien stellen zwar auf den ersten Blick mit ihrer Betonung der Agonalität und der Kontingenz sowie mit ihrem emphatischen – manche sprechen auch von einem mystizistischen – Begriff »des Politischen«[4] als Moment einer fundamentalen Infragestellung gesellschaftlicher wie staatlicher Herrschaftsstrukturen eine Alterative zu liberalen und deliberativen Ansätzen dar. Allerdings, so die treffende Beobachtung von John P. McCormick, findet man hier ebenso wie bei neorepublikanischen Ansätzen eine Fortschreibung »der traditionellen Aversion gegen Volksherrschaft«[5] des politischen Denkens. Diese Aversion beruht nicht zuletzt auf einer subkutan geteilten liberal-libertären Politikkonzeption und einer damit verbundenen Kritik einer vermeintlichen Tyrannei der Mehrheit.[6] Und was stellt der Populismus anderes dar als eine Wiederauflage des alten Gespenstes der Mehrheitstyrannei, das sich ideengeschichtlich bis auf Platon zurückführen lässt, vor allem aber in den klassischen Texten des politischen Liberalismus des späten 18. und des 19. Jahrhunderts formuliert worden ist?[7]

fending Democracy. Against Technocracy and Populism: Deliberative Democracy's Strengths and Challenges«, in: *Constellations* 27 (3) (2020), S. 335-347.

3 Vgl. etwa Oliver Flügel-Martinsen, *Radikale Demokratietheorie zur Einführung*, Hamburg 2020; ein positiver Bezug zum Populismus findet sich freilich bei Chantal Mouffe, *Für einen linken Populismus*, Berlin 2019 und Ernesto Laclau, *Die populistische Vernunft*, Wien 2022.

4 Zum Mystizismus der »radikalen« Demokratietheorie vgl. Karin Priester, *Mystik und Politik. Ernesto Laclau, Chantal Mouffe und die radikale Demokratie*, Würzburg 2014.

5 John P. McCormick, »Niccolò Machiavelli«, in: Dagmar Comtesse u. a. (Hg.), *Radikale Demokratietheorie. Ein Handbuch*, Berlin 2019, S. 27-39, hier S. 37.

6 Zu den Gemeinsamkeiten zwischen liberalen und radikaldemokratischen Ansätzen vgl. Dirk Jörke, Christoph Held, »Verstrickt in der Liberalismusfalle. Für eine machiavellische Erweiterung der Mouffe'schen Demokratietheorie«, in: Manon Westphal (Hg.), *Agonale Demokratie und Staat*. Baden-Baden 2021, S. 25-46.

7 Einflussreich u. a. Alexander Hamilton, James Madison und John Jay, *Die Federalist-Artikel*, hg. u. übers. von Angela Adams und Will Paul Adams, Paderborn u. a. 1994 (1788); Benjamin Constant, *Die Freiheit der Alten im Vergleich zu der der Moderne*, in: ders.: *Politische Schriften*, hrsg. und eingel. von Lothar Gall, Berlin

Die in diesem Band nun größtenteils erstmals in deutscher Übersetzung vorliegenden Beiträge von McCormick liefern nicht nur eine ganz andere, wohlwollendere Deutung der gegenwärtigen Welle des Populismus. Darüber hinaus kommt in ihnen eine spezifisch institutionentheoretische und, wie im Folgenden zu zeigen sein wird, wahrhaft radikaldemokratische Alternative zu einem politischen Denken zum Ausdruck, das, wie McCormick nicht ohne Provokation formuliert, »tiefe intellektuelle Kontinuitäten mit der aristokratischen Tradition«[8] aufweist.

Die Schriften von John P. McCormick, der an der Chicago University Politikwissenschaft unterrichtet,[9] stellen ganz ohne Frage einen ebenso originellen wie für viele provozierenden Beitrag zum demokratietheoretischen Diskurs der Gegenwart dar. Für größeres Aufsehen hat vor allem die Publikation von *Machiavellian Democracy* gesorgt.[10] In diesem Buch, auf das weiter unten noch ausführlich einzugehen sein wird, entwickelte McCormick eine Deutung des ebenso berühmten wie berüchtigten Florentiners, die diesen sowohl vor einer einseitigen Betonung seines vermeintlichen Amoralismus als auch vor neorepublikanischen Aneignungsversuchen zu retten versucht. Stattdessen deutet McCormick Machiavelli als einen politischen Denker, der, gerade weil er sich in der Tradition der Mischverfassung, also einer vermeintlich vordemokratischen Denkweise verortet, demokratischere Implikationen besitzt als die vorherrschenden liberal- und »radikaldemokratischen« Ansätze. Das gelingt McCormick, weil er im Anschluss an Machiavelli etwas thematisiert, was im aktuellen demokratietheoretischen Diskurs stark vernachlässigt wird, nämlich die Tatsache, dass auch moderne, liberale Demokratien durch ganz erhebliche, in den letzten Jahren

1972, S. 363-397 (1819); Alexis de Tocqueville, *Über die Demokratie in Amerika*, übersetzt von Hans Zbinden. Beide Teile in einem Band. München 1976 (1835 u. 1840); John Stuart Mill, *Betrachtungen über die Repräsentativregierung*, hrsg. von Hubertus Buchstein, Sandra Seubert, Berlin 2013 (1863).

8 McCormick, »Niccolò Machiavelli«, S. 37.

9 An der University of Chicago lehrt McCormick seit 2003, seit 2006 als Full Professor. Vorherige akademische Stationen waren die University of New Hampshire und die Yale University. Studiert hat er in New York, sein PhD-Studium erfolgte an der University of Chicago. Für sein wissenschaftliches Werk prägend waren zudem Forschungsaufenthalte an der Universität Bremen sowie am Europäischen Hochschulinstitut in Florenz.

10 John P. McCormick, *Machiavellian Democracy*, Princeton 2011.

sogar zunehmende Klassenspaltungen geprägt sind. Diese haben zu einem massiven Verlust an politischer Gleichheit geführt und lassen manchen Beobachter von neofeudalen Strukturen sprechen. Mit nur geringer Übertreibung lässt sich sagen, dass politische Beteiligung und Einflussnahme immer mehr zu einem Privileg ökonomisch starker Akteure geworden sind.[11]

Ich beginne mit einem kurzen Überblick zu McCormicks früher Auseinandersetzung mit dem politischen Denken der Weimarer Republik und insbesondere mit Carl Schmitt sowie seiner Positionierung in der Debatte über den Charakter der Europäischen Union, die er im kritischen Anschluss an Max Weber und Jürgen Habermas entwickelt (2). Im Zentrum dieses Nachworts stehen aber McCormicks Studien zu Machiavelli, den er nicht nur als ersten Demokratietheoretiker der westlichen Ideengeschichte, sondern, damit zusammenhängend, auch als einen dezidierten Analytiker der antiken und frühneuzeitlichen Klassengesellschaften liest. Dabei geht es zum einen um McCormicks Kritik von drei alternativen Adaptionen des florentinischen Klassikers, denen er, wenn auch aus unterschiedlichen Gründen, eine aristokratische und daher verfehlte Machiavelli-Deutung unterstellt (3). Zum anderen werden wir uns etwas ausführlicher McCormicks *Machiavellian Democracy*, seinem bisherigen politiktheoretischen Hauptwerk, zuwenden. Dabei sollen insbesondere die zentralen Interpretationslinien sowie die daraus resultierenden institutionentheoretischen Konsequenzen aufgezeigt werden (4). In jüngeren Beiträgen, von denen einige auch in diesem Band vorliegen, hat sich McCormick schließlich in der international geführten Debatte über den Populismus positioniert. Er plädiert für einen linken Populismus, der zentrale Einsichten von Machiavelli aktualisiert (5).

11 Joel Kotkin, *The Coming of Neo-feudalism. A Warning to the Global Middle Class*, New York 2020; Thomas Piketly, *Kapital und Ideologie*, München 2020 sowie die in Fn. 63 aufgeführte Literatur zu den politischen Implikationen dieser Neofeudalisierung.

## 2. Auseinandersetzung mit Politischer Theorie aus Deutschland

Auch wenn John McCormick mittlerweile vorwiegend durch seine Arbeiten zu Machiavelli bekannt ist, stand am Beginn seiner wissenschaftlichen Karriere eine intensive Auseinandersetzung mit dem politischen Denken in Deutschland.[12] Bezugsautoren hierbei waren unter anderem Max Weber, Carl Schmitt und Leo Strauss sowie Autoren, die der Kritischen Theorie bzw. dem westlichen Marxismus zugeordnet werden wie Max Horkheimer, Theodor W. Adorno, Walter Benjamin und Georg Lukács, also zentralen Autoren der Weimarer Republik und der frühen Phase der Bundesrepublik Deutschland. Hinzu kommt das Studium des Werkes von Jürgen Habermas. Die Früchte dieser Beschäftigung finden sich neben zahlreichen Aufsätzen in zwei von McCormick herausgegebenen Sammelbänden[13] sowie in seiner Dissertation zu *Carl Schmitt's Critique of Liberalism*[14] und einem Buch über Habermas' politische Theorie der Europäischen Union.

Die Kernthese von McCormicks Dissertation besteht darin, dass der Schlüssel zu Schmitts Weimarer Schriften und der dort formulierten Kritik des Liberalismus, inklusive der Ablehnung des Parlamentarismus sowie der existenzialistischen Bestimmung des Politischen als ein Kampf zwischen Freund und Feind, in seiner bereits in frühen Schriften wie *Theodor Däublers »Nordlicht«* (1916) oder *Politische Theologie* (1922) formulierten Technologiekritik besteht. Mit dieser These positioniert McCormick sich gegen die in den 1990er Jahren wieder intensivierte internationale Adaption Schmittscher Denkfiguren auch aufseiten der akademischen Linken – etwa durch Chantal Mouffe. Dieser Literatur wirft McCormick eine ebenso selektive wie oberflächliche Lektüre des Werkes von Schmitt vor, wobei er sich vorwiegend auf dessen Weimarer Schriften konzen-

12 In den USA ist McCormick daher auch zunächst als einer der führenden Experten für das politische Denken aus Deutschland wahrgenommen worden.

13 John P. McCormick (Hg.), *Confronting Mass Democracy and Industrial Technology: German Political and Social Thought from Nietzsche to Habermas*, Durham 2002; Peter E. Gordon, John P. McCormick (Hg.), *Weimar Thought: A Contested Legacy*, Princeton 2013.

14 John P. McCormick, *Carl Schmitt's Critique of Liberalism. Against Politics as Technology*, Cambridge 1997.

triert und diese innerhalb der damaligen politiktheoretischen Debatten verortet. Ziel seiner Rekonstruktion Schmitts ist dabei gerade nicht dessen Verurteilung anhand eines externen liberalen oder neomarxistischen Maßstabes. McCormick möchte Schmitt stattdessen gewissermaßen immanent kritisieren: »by reading himself against himself«.[15] Im Ergebnis läuft diese Vorgehensweise darauf hinaus, eine Wiederkehr von Schmitts Kritik des Romantizismus in dessen Schriften, nicht zuletzt in seiner Technologiekritik und der daraus resultierenden Parlamentarismus- und Parteienkritik, nachzuweisen. McCormick betont in seiner immanenten Kritik an Schmitt insbesondere dessen geistige Nähe zu Max Weber und letztlich zu Nietzsche. Von diesen habe er eine Spannung zwischen einem nüchternen Blick auf die Entzauberung der Welt und einem irrationalen Glauben an die erlösende Kraft des Charismas bzw. der existenziellen Entscheidung geerbt. Weber und mit Abstrichen auch Nietzsche waren freilich auch wesentliche Inspirationsquellen des politischen Denkens von links, wie McCormick herausarbeitet. Gerade in der Konfrontation mit Lukács, aber auch mit Benjamin und der ersten Generation der Frankfurter Schule wird so eine gemeinsame Problemstellung deutlich, nämlich der Einbruch der Moderne und die damit einhergehende Auflösung gesellschaftlicher Strukturen – eine Herausforderung, die von Schmitt auf der einen Seite und den neomarxistischen Denkern auf der anderen Seite freilich völlig unterschiedlich beantwortet wurde. Mit dieser Konfrontation gelingt es McCormick nicht nur, zu zeigen, dass es weniger religiöse als letztlich romantische Motive gewesen sind, die zu Schmitts Liberalismuskritik führten, sondern er vermag dessen Hinwendung zum Faschismus am Ende der Weimarer Republik auch als ein Resultat einer nahezu manischen Ablehnung der kommunistischen Herrschaft in der Sowjetunion sowie der sozialistischen Kräfte in Deutschland zu deuten. Insofern zeigt McCormick in seinem Buch bei aller Kritik Schmitts an liberalen Formen der politischen Auseinandersetzung auch dessen Nähe zu einem wirtschaftsliberalen Denken auf. Für McCormick besteht mithin eine »verborgene Liaison zwischen Liberalismus und Faschismus«,[16] die sich im Werk Schmitts offenbare.

15 Ebd., S. 7.

16 Ebd., S. 14 (soweit nicht anders gekennzeichnet, stammen alle Übersetzungen von D. J.); eine ähnliche Perspektive auf Schmitt findet sich bei Renato Cristi,

Auch in dem zehn Jahre später erschienenen Buch *Weber, Habermas and Transformations of the European State: Constitutional, Social and Supranational Democracy*[17] stehen deutsche Theoretiker im Zentrum. McCormick skizziert in Auseinandersetzung mit den Schriften der beiden Geistesgrößen die Transformationen vom liberalen Rechtsstaat zum Sozialstaat einerseits und vom nationalen Sozialstaat zum supranationalen Sektoralstaat andererseits. Seine zentrale These ist, dass es weder Weber noch Habermas gelingt, die jeweiligen historischen Wandlungsprozesse adäquat zu erfassen, beide vielmehr einem anachronistischen Denken verhaftet sind, das sich wesentlich aus idealistischen Setzungen ihrer jeweiligen Rechts- und Politiktheorien ergibt. Gegen Weber wendet McCormick ein, dass er aufgrund der Verwurzelung in der liberalen Rechtstheorie des 19. Jahrhunderts, die wesentlich patrimonial konzipiert war, es nicht vermag, eine für moderne Massendemokratien adäquate Konzeption von (Sozial-)Staatlichkeit zu entwickeln. Besonders innovativ ist freilich der spiegelbildliche Vorwurf an Habermas, dass er in seinen Schriften zur postnationalen Konstellation und zur Zukunft von Demokratie und Sozialstaatlichkeit im supranationalen Europa sich ebenfalls eine nostalgische Sehnsucht nach einer nunmehr überholten Form von Staatlichkeit, nämlich der des rheinischen Kapitalismus, zuschulden kommen lasse. McCormick zufolge ist nämlich auch Habermas noch zu sehr dem alten nationalstaatlichen Ineinanderwirken von Demokratie und Wohlfahrtsproduktion verhaftet, als dass er der neuen Realität einer supranationalen Ordnung, die wesentlich sektoralstaatlich ist, gerecht werden könne. Dieses Manko führt McCormick wesentlich auf Habermas' kantianische Wende zurück, die zu einem unhistorischen Idealismus bei der Beurteilung historischer Prozesse geführt habe. Konkret wirft er Habermas wie zuvor auch schon Weber eine mangelnde Sensibilität gegenüber den Kontingenzen und der prinzipiellen Offenheit historischer Prozesse vor, die zu einem zu einseitig normativen Blick auf die Entwicklung von De-

*Carl Schmitt and Authoritarian Liberalism. Strong State, Free Economy*, Chicago 1998, Gregoire Chamayou, *Die unregierbare Gesellschaft. Genealogie des autoritären Liberalismus,* Berlin 2019 und Ishay Landa, *Der Lehrling und sein Meister. Liberale Tradition und Faschismus*, Berlin 2021.

17 John P. McCormick, *Weber, Habermas and Transformations of the European State: Constitutional, Social and Supranational Democracy*, Cambridge 2007.

mokratie und Staatlichkeit geführt hätten. Ein solches Vorgehen verleite dazu, nur noch nach entgegenkommenden Tendenzen Ausschau zu halten, die grundlegende Entwicklungsrichtung aber für gesetzt zu halten.[18] McCormick stellt dem seinen eigenen Ansatz entgegen, der in einer zunächst einmal empirischen Bestandsaufnahme der jeweiligen historischen Konstellation besteht und der eben gerade nicht von einem normativen Ideal herab die Wirklichkeit betrachtet oder sich damit begnügt, die historischen Abläufe geschichtsphilosophisch zu deuten. Hier ist in gewisser Weise auch eine Fortsetzung der in der Dissertation verfolgten Methode einer immanenten Kritik zu sehen. Er verweist allerdings auch darauf, dass Habermas selbst in seinem Frühwerk und namentlich in seiner Habilitationsschrift zum *Strukturwandel der Öffentlichkeit* diesem in der Tradition von Hegel und Marx stehenden Ansatz einer stärker empirischen Geschichtsdeutung gefolgt sei.[19]

Die Entstehung von *Weber, Habermas and Transformations of the European State* verdankt sich nicht zuletzt einem Forschungsaufenthalt McCormicks am Center of European Law and Politics der Universität Bremen, wo er insbesondere mit Christian Joerges zusammenarbeitete. Entsprechend stark sind die empirischen Passagen zur Europäischen Union, in denen McCormick seine Theorie des Sektoralstaates entfaltet, von den Forschungen Joerges' aus den 1990er Jahren geprägt.[20] Die Komitologie als Kern eines europäischen Sektoralstaates wird von McCormick gegen die Habermassche Vision einer supranationalen Demokratie und die Wohlfahrts-

18 Habermas selbst würde eine derartige Deutung seiner Schriften zu Europa ablehnen; und gerade in seinen neueren Schriften zeigt er eine größere Sensibilität für die Widersprüchlichkeiten der Supranationalisierung, ohne freilich vom normativen Ideal einer weiteren Supranationalisierung demokratischer Prozesse und sozialstaatlicher Standards Abstriche zu machen.

19 Kritisch lässt sich dagegen freilich einwenden, dass eine derartige Lesart von Hegel und Marx deren eigenen geschichtsphilosophischen Idealismus unterschlägt; vgl. hierzu auch die Rezension von Maeve Cooke, »Weber, Habermas and Transformations of the European State: Constitutional, Social and Supranational Democracy«, in: *Perspectives on Politics* 6 (2008), S. 589-591.

20 McCormick zitiert u. a. Christian Joerges, »Taking the Law Seriously: On the Political Science and the Role of Law in the Process of European Integration«, in: *European Law Journal* 2 (1) (1996), S. 105-135 und Christian Joerges, »›Deliberative Supranationalism‹ – Two Defences«, in: *European Law Journal* 8 (1) (2002), S. 133-151.

staatlichkeit gegen das letztlich Weberiansche Modell des bloßen Intergouvernmentalismus gestellt. Der Clou dieses Modells besteht darin, die Erzeugung von Legitimität nicht mehr allein an staatliche Institutionen, namentlich Wahlen und Parlamente, zu binden, sondern sie in den Verhandlungen von Experten unter Einbeziehung der Zivilgesellschaft, mithin von Akteuren, die nicht mehr nationalstaatlich gebunden sein müssen, zu verorten. Diese letztlich expertokratische Fortentwicklung europäischen Rechts rückte dabei zunehmend in die Rolle eines Legitimitätssurrogats.[21] Etwas unklar bleibt am Ende indes, inwieweit McCormick bei der Bewertung der Legitimität des europäischen Sektoralstaates der Idee einer »deliberativen Komitologie«, wie sie von Joerges zusammen mit Jürgen Neyer formuliert worden ist,[22] zu folgen bereit ist. Denn zugleich zitiert und referiert er ausführlich die eher skeptischen Einschätzungen etwa von Fritz Scharpf oder Philippe Schmitter, die gleichsam die dunkle Seite des Sektoralstaates, etwa dessen größere Anfälligkeit für Lobbyismus oder die Aushebelung sozialstaatlicher Standards betonen. So bleibt am Ende des Buches ein Fragezeichen:

Wenn, wie Scharpf und Schmitter vorschlagen, der EU-Sektoralstaat es den einzelnen Mitgliedsstaaten erlauben wird, sich für oder gegen verschiedene Energie-, Verteidigungs-, Wohlfahrts-, Umwelt- und andere Teilbereiche zu entscheiden, bedeutet dies dann, dass die EU eine »Union« sein wird, die – de jure und nicht nur de facto – größere Ungleichheiten in Bezug auf materiellen Wohlstand, wirtschaftliche Freiheit und sozialen Schutz zwischen ihren Bestandteilen toleriert, als es irgendein Bundesstaat in der Ära des Sozialstaates erlaubt hat?[23]

21 Jüngst findet sich diese Vision der Etablierung europäischer Staatlichkeit durch Rechtsentwicklung bei Armin von Bogdandy, *Strukturwandel des öffentlichen Rechts. Entstehung und Demokratisierung der europäischen Gesellschaft*, Berlin 2022, forterzählt. Eine überzeugende Kritik findet sich bei Florian Meinel, »Auch keine Philosophie der europäischen Integration«, in: *Soziopolis* 22.3.2022. ⟨https://www.soziopolis.de/auch-keine-philosophie-der-europaeischen-integration.html⟩, letzter Zugriff 17.10.2022.

22 Cristian Joerges, Jürgen Neyer, »From Intergovernmental Bargaining to Deliberative Political Processes: The Constitutionalization of Comitology«, in: *European Law Journal* 3 (1997), S. 273-299.

23 McCormick, *Weber, Habermas*, S. 286.

In gewisser Weise kommt in diesem Zitat eine intellektuelle Sackgasse zum Ausdruck, die vielleicht für das politische Denken Deutschlands insgesamt charakteristisch ist. Insbesondere die im Werk von Jürgen Habermas spätestens seit den 1980er Jahren zum Ausdruck kommende liberale Wende der Kritischen Theorie und die damit einhergehende Annahme einer nur beschränkten Möglichkeit der Einhegung ökonomischer Imperative haben dazu geführt, dass der Refeudalisierung westlicher Demokratien weitgehend hilflos begegnet wird. Jedenfalls ist schwer zu sehen, wie ausgerechnet mittels einer deliberativen Deutung des europäischen Supranationalismus der von Scharpf völlig zu Recht konstatierten Neoliberalisierung gesellschaftlicher und politischer Strukturen entgegengewirkt werden könnte. Für McCormick ist es die mit diesen Prozessen einhergehende Oligarchisierung politischer Herrschaft, die ihn zu einer intensiven Auseinandersetzung mit einem der ganz großen Klassiker des politischen Denkens, nämlich Niccolò Machiavelli, motiviert hat.

## 3. Aristokratische Fehldeutungen eines Klassikers

In einem Interview anlässlich des Erscheinens der italienischen Übersetzung von *Machiavellian Democracy* moniert McCormick, dass in westlichen Demokratien die Verantwortungsträger des Regierungshandelns für ihre Verfehlungen – er nennt unter anderem die Invasion in den Irak, die Finanzkrise oder auch Trumps Versuch, die letzte Präsidentschaftswahl durch die Anstiftung zur Gewalt zu unterlaufen – und allgemein für ihre Korruption nicht hinreichend zur Rechenschaft gezogen worden sind. Genau darin sieht er den wesentlichen Schwachpunkt liberaler Demokratien:

> Die Auslöser für meine Rückkehr zu Machiavelli waren die wachsende Ungleichheit und das militärische Abenteurertum unter der Bush-Cheney-Regierung. Schließlich habe ich von Machiavelli gelernt, dass die Bürger der antiken Republiken ihre Eliten weitaus strenger für Korruption und Verrat bestraften, als wir dies in unseren gegenwärtigen liberalen Demokratien gewohnt sind. Seine Werke unterstreichen die Tatsache, dass Staatsbürger nicht wirklich frei sind, wenn sie den politischen und sozio-ökonomischen Eliten erlauben, ungestraft davonzukommen [...]. Die genannten Beispiele ungezügelter Korruption aus der US-amerikanischen Politik führten letzt-

lich dazu, dass meine Arbeiten im Geiste sehr viel weniger habermasianisch und umso mehr machiavellianisch gerieten.[24]

McCormick liest Machiavelli als den »ersten Demokratietheoretiker in der Geschichte des westlichen politischen Denkens«,[25] auch wenn dieser einen eher kritischen Blick auf die Praxis der attischen Demokratie geworfen hatte. Dabei verweist McCormick auf Machiavellis doppelte Einsicht, dass es erstens immer einen Gegensatz zwischen den *grandi* (also den wenigen Herrschenden) und dem *popolo* (also dem Volk, den Vielen) sowie zwischen den jeweiligen Bestrebungen dieser beiden Klassen gebe und dass es zweitens gerade deshalb erforderlich sei, die Vielen durch klassenspezifische Institutionen vor dem »Streben des Adels«[26] nach Herrschaft zu schützen.

Mit dieser demokratietheoretischen Lesart des Werkes von Machiavelli und der Betonung der Notwendigkeit einer institutionellen Absicherung der Herrschaft der Vielen, auf deren Details noch einzugehen sein wird, grenzt sich McCormick explizit von alternativen Deutungen ab. Dabei ist zu beachten, dass die Schriften Machiavellis und insbesondere dessen *Discorsi* in den letzten beiden Jahrzehnten gerade für diejenigen Strömungen des politischen Denkens, die eine Alternative zum vorherrschenden Liberalismus zu formulieren suchten, sich zu einer zentralen Inspirationsquelle entwickelt haben.[27] Entsprechend heftig wurden und werden auch die Deutungskämpfe geführt – allerdings gilt dies bereits für einen

24 John P. McCormick, »Was würde Machiavelli sagen?«, in: *theorieblog*, ⟨https://www.theorieblog.de/index.php/2021/04/was-wuerde-machiavelli-sagen-interview-mit-john-p-mccormick/⟩, letzter Zugriff 12. 5. 2022

25 Ebd.

26 Niccolò Machiavelli, *Discorsi. Gedanken über Politik und Staatsführung*, übersetzt von Rudolf Zorn, Stuttgart 1977, S. 21.

27 Vgl. u. a. Miguel E. Vatter, *Between Form and Event: Machiavelli's Theory of Political Freedom*, Amsterdam 2000; Gabriele Pedullà, *Machiavelli in Tumult: The Discourses on Livy and the Origins of Conflictual Politics*, Cambridge 2018; frühere marxistische Ausdeutungen Machiavellis finden sich bei Gramsci, »Der moderne Fürst«, in: ders., *Gefängnishefte*, hrsg. v. Klaus Bochmann, Wolfgang Fritz Haug, Hamburg 2012, 8. Heft, § 21, S. 955-958; Louis Althusser, »Die Einsamkeit Machiavellis«, in: ders., *Machiavelli, Montesquieu, Rousseau*, hrsg. v. Peter Schöttler, Frieder Otto Wolf, Hamburg, 1987, S. 11-29; Frank Deppe, *Niccolò Machiavelli. Zur Kritik der reinen Politik*, Köln 1987. Eine dezidiert »rechte« Rezeption Machiavellis findet sich bei Hans Freyer, *Machiavelli*, Leipzig 1938.

älteren Text, mit dem sich McCormick ebenfalls kritisch auseinandersetzt.

### 3.1 Leo Strauss' *Thoughts on Machiavelli*

Leo Strauss' *Thoughts on Machiavelli*[28] gehörten zu den einflussreichsten und sicherlich auch zu den komplexesten Beiträgen der Machiavelli-Forschung. In diesem Buch wird Machiavelli als einer der wichtigsten, wenn nicht sogar als der zentrale politische Philosoph der Neuzeit und als ein »Lehrer des Bösen«[29] gelesen, womit Strauss vor allem auf Machiavellis Bruch mit der klassischen Ordnung, also die Entkoppelung von Politik und Moral bzw. Theologie, abzielt. Zugleich geht es ihm um die Frage der Beziehung zwischen dem *Fürsten* und den *Discorsi*, den beiden Hauptwerken Machiavellis, deren Verhältnis er als »obskur«[30] bezeichnet. Machiavelli wird von Strauss zudem – und hier durchaus in Übereinstimmung mit McCormick – als Begründer des demokratischen Denkens präsentiert, einer Tradition, der Strauss freilich mit großer Ablehnung begegnet.[31] Daher ist es auch wenig verwunderlich, dass das Buch mit einer scharfen Kritik endet: Machiavelli habe nicht nur keinen Gedanken über politische Phänomene formuliert, »die nicht schon den antiken Klassikern vollkommen bekannt waren«,[32] sondern seine Lehre besitzt auch einen »seelenlosen Charakter«.[33] Doch trotz dieser Kritik, die in der bei Strauss typischen Manier äußerst verschachtelt vorgetragen wird, finden sich in *Thoughts on Machiavelli* eine Reihe von Formulierungen, in denen er den Florentiner gerade nicht als Befürworter der Demokratie, sondern als Advokat einer Elitenherrschaft und damit als Befürworter des

28 Leo Strauss, *Thoughts on Machiavelli*, Chicago, London 1958. McCormicks Auseinandersetzung mit Strauss lässt sich auch als Brücke zwischen der frühen Phase der Beschäftigung mit dem politischen Denken der Weimarer Republik und seiner späteren Hinwendung zu Machiavelli verstehen. McCormick ist einer der führenden Strauss-Experten und Strauss-Kritiker der USA, daher ist es nicht ohne Ironie, dass er ausgerechnet an der University of Chicago lehrt.

29 Ebd., S. 9.

30 Ebd., S. 15.

31 Vgl. hierzu Harald Bluhm, *Die Ordnung der Ordnung. Das politische Philosophieren von Leo Strauss*, Berlin 2007.

32 Strauss, *Thoughts*, S. 295

33 Ebd., S. 294.

»aristokratischen oder klassischen Republikanismus der klassischen Tradition«[34] deutet.

An dieser Stelle setzt McCormicks Auseinandersetzung mit Strauss – und auch mit Straussianern wie Harvey C. Mansfield oder Carlo Ginzburg – an.[35] Zwar nehme Strauss durchaus die Passagen, in denen Machiavelli die Weisheit der Vielen lobt,[36] zur Kenntnis, doch komme es bei ihm zu einer zu einseitigen Betonung derjenigen Stellen, in denen der Florentiner sich über das mangelnde politische Urteilsvermögen sowie das unmoralische Agieren des *popolo* auslässt. Strauss deute diese Stellen zu Unrecht als Beleg einer insgesamt aristokratischen Neigung Machiavellis. In einer detaillierten Textexegese zeigt McCormick, wie Strauss Machiavelli so rekonstruiert, dass er schließlich seinen eigenen Überzeugungen entspricht. »Strauss' moralische Grundmotivation aus dem Herzen heraus – ›ein mächtiges Vorurteil‹, um einen Ausdruck zu verwenden, den Strauss selbst in einem anderen Zusammenhang verwendet hat – zugunsten der Wenigen gegenüber den Vielen scheint seine Interpretation des politischen Denkens von Machiavelli entscheidend beeinflusst zu haben.«[37] McCormick unterstreicht dagegen die insgesamt stark ausgeprägte Elitenkritik Machiavellis und seine, von wenigen Ausnahmen abgesehen, positive Darstellung der Handlungen des Volkes. Für ihn steht gegen Strauss und die Straussianer mithin fest, dass Machiavelli kein aristokratischer, sondern ein demokratischer Denker war. Doch die Deutung Machiavellis als eines in der Tradition des aristokratischen Republikanismus stehenden Denkers findet sich nicht nur bei Strauss und den Straussianern.

34 Ebd., S. 127.

35 John P. McCormick, »Leo Strauss's Machiavelli and the Querelle between the Few and the Many«, in: ders., *Reading Machiavelli. Scandalous Books, Suspect Engagements & the Virtue of Populist Politics*, Princeton 2018, S. 144-175 und ders., »Prefazione all'edizione italiane«, in: ders., *Democrazia machiavelliana. Machiavelli, il potere del popolo e il controllo delle élites*, Rom 2020.

36 Etwa Strauss, *Thoughts on Machiavelli*, S. 129.

37 McCormick, »Leo Strauss's Machiavelli«, S. 174.

## 3.2 Cambridge School und neorömischer Republikanismus

Das Interesse an Machiavelli hat nicht zuletzt durch die Arbeiten der Cambridge School, namentlich von Quentin Skinner und John Pocock, im letzten Jahrzehnt des 20. und zu Beginn des 21. Jahrhunderts einen deutlichen Schub bekommen. Beiden ist es zu verdanken, dass der Florentiner inzwischen weniger mit dem vermeintlichen Amoralismus des *Fürsten* in Verbindung gebracht, vielmehr sein Denken in die Tradition des klassischen Republikanismus gestellt wird, wobei Skinner seit *Liberty before Liberalism*[38] die Bezeichnung »neorömische« Theorie verwendet. Machiavellis politisches Denken wird so von Skinner explizit als Fortschreibung eines auf Cicero zurückgehenden Republikanismus gedeutet.[39] Charakteristisch für diesen Strang des Republikanismus ist neben dem Theorem, dass eine gemischte Verfassung die größte Stabilität aufweise und auf der Herrschaft der Gesetze und der Tugendhaftigkeit der Bürger beruhe, nun auch ein eher skeptischer Blick auf die attische Demokratie und die Alleinregierung der Vielen. Pocock verortet den Republikanismus dagegen stärker in einer athenisch-aristotelischen Tradition, wodurch er das am Gemeinwohl orientierte politische Handeln der Vielen und damit ein vorwiegend positives Freiheitsverständnis mit der republikanischen Tradition verbindet. Skinner schreibt der politischen Beteiligung dagegen eher einen instrumentellen Wert zum Schutz der Freiheit zu und ordnet diese im Konfliktfall auch der Rechtsstaatlichkeit unter.[40]

Doch auch Pocock erweist sich aus Sicht McCormicks nicht als eindeutiger Demokrat. Pocock hat sich mit seinem 1975 erschienenen Buch mit dem programmatischen Titel *The Machiavellian Moment*[41] der vorherrschenden ideengeschichtlichen Deutung der

38 Quentin Skinner, *Liberty before Liberalism*, Cambridge 1997.

39 Quentin Skinner, »Die Idee der negativen Freiheit. Machiavelli und die moderne Diskussion«, in: ders., *Visionen des Politischen*, Berlin 2009, S. 135-170, hier S. 164 f. Einzig der Bruch mit Ciceros Lehre von den Kardinaltugenden sowie Machiavellis Hervorhebung der positiven Konsequenzen der römischen Klassenkämpfe werden von Skinner als Abweichungen von der klassischen Tradition des Republikanismus erwähnt.

40 Vgl. Philipp Hölzing, *Republikanismus und Kosmopolitismus. Eine ideengeschichtliche Studie*, Frankfurt/M., New York 2011, S. 10 f.

41 John G. A. Pocock, *The Machiavellian Moment. Florentine Political Thought and the Atlantic Republican Tradition*, Princeton 1975.

Amerikanischen Revolution, die diese wesentlich mit der politischen Theorie John Lockes verband, entgegengestellt und auf deren genuin republikanische Wurzeln verwiesen, die er neben James Harrington und weiteren Denkern des englischen Republikanismus des 17. Jahrhunderts insbesondere auf Niccolò Machiavelli und Francesco Guicciardini zurückführt.[42] Allerdings, so McCormicks spitzzüngiges Urteil, wäre »The Guiccardinian Moment«[43] ein weitaus passenderer Titel für Pococks Buch gewesen. Pocock könne doch nur deshalb auf die republikanischen Elemente der politischen Theorie der amerikanischen Verfassungsväter wie der Federalists und insbesondere Madisons verweisen, weil in der US-amerikanischen Verfassung mit der dort erfolgten weitgehenden Filterung des Einflusses der Vielen durch das System der *checks and balances* sowie der Beschränkung der Elitenkontrolle durch periodische Wahlen das System einer aristokratisch ausbuchstabierten Mischverfassung fortgeschrieben werde. Diesen aristokratischen Republikanismus Pococks und Skinners führt McCormick auf Cicero und Guiccardini zurück, aber gerade nicht auf Machiavelli.[44]

Lässt sich die Kritik McCormicks an Pocock als die Kritik an einem Etikettenschwindel beschreiben, so wirft er Skinner eine falsche Verortung Machiavellis vor – eine Verortung in der Tradition eines stärker aristokratischen Republikanismus von Cicero. Dabei werde jedoch Machiavelli nicht nur fälschlicherweise zum Fürsprecher der neorömischen Tradition gemacht. Durch eine allzu individualistische und dem negativen Freiheitsverständnis verpflichtete Politikkonzeption spiele Skinner auch das demokratische Potenzial von Machiavellis politischem Denken herunter: »Infolgedessen reduziert Skinner die republikanische Praxis fast vollständig auf die Wahlpolitik und ignoriert praktisch die partizipatorischen und

42 Andere wichtige Werke einer republikanischen Deutung der Amerikanischen Revolution sind Bernard Bailyn, *The Ideological Origins of the American Revolution*, Cambridge, MA 1965 und Gordon S. Wood, *The Creation of the American Republic. 1776-1787*, Chapel Hill 1969; wobei sich Pocock am Ende seines Buches von Woods These eines »end of classical politics« distanziert, vgl. *Machiavellian Moment*, S. 526.

43 John P. McCormick, »The Cambridge School's ›Guicciardinian Moment‹ Revisited«, in: ders., *Scandalous Books*, S. 176-206, hier S. 179.

44 Die Nähe der US-Verfassung zu Guicciardini wird freilich auch von Pocock eingeräumt: »government accordingly became a Guicciardinian affair of guiding a people who were not virtuous«, *Machiavellian Moment*, S. 520.

klassenkämpferischen Elemente der Politik Machiavellis, insbesondere seine Betonung der Volksgerichtsbarkeit und des plebiszitären Tribunats.«[45]

An diese Tradition eines neorömischen Republikanismus knüpft auch Philip Pettit an, der in den letzten beiden Jahrzehnten wesentlich zum Revival des Republikanismus beigetragen hat. Im Zentrum von Pettits Adaption des Republikanismus steht die Idee der Freiheit als Nichtbeherrschung, dass Akteure also nicht dem Willen anderer unterworfen sind, wobei es sich sowohl um Einzelpersonen als auch um Kollektive handeln kann.[46] Für Pettit folgt aus diesem Freiheitsverständnis, dass er zwar zum einen die Notwendigkeit der Selbstregierung betont, zum anderen aber diese Praxis der Selbstregierung repräsentativ ausbuchstabiert und in ein System der *checks and balances* einbindet. Dabei schließt Pettit explizit an die Warnung des amerikanischen Verfassungsvaters Madison vor einer Mehrheitstyrannei an und schlägt sogar vor, die Demokratie möglichst weit zu depolitisieren.[47]

McCormicks Kritik an Pettits einflussreicher Position verfolgt zwei Hauptmotive:[48] Erstens stellt er Pettits neorömischen Republikanismus in die Tradition eines dezidiert antidemokratischen Denkens. Kennzeichnend hierfür seien die Fortschreibung aristokratischer Vorurteile bezüglich der Demokratie und die Konzeptionalisierung einer institutionellen Ordnung, die die Herrschaft der Wenigen gegen demokratische Bestrebungen abschirme, nicht zuletzt mit Blick auf die Eigentumsverteilung. Wesentlich sei dabei neben der von Pettit bevorzugten Ordnung einer Mischverfassung die Beschränkung popularer Kontrolle auf das Wahlverfahren – und der Ausschluss weitergehender Formen demokratischer Einflussnahme oder gar Herrschaft, wie sie bei Machiavelli anzutreffen seien, etwa die Gesetzgebungskompetenzen der Volksversammlungen. Hinzu komme eine zusätzliche Schwächung demokrati-

45 McCormick, »The Cambridge School's«, S. 190

46 Philip Pettit, *Republicanism. A Theory of Freedom and Government*, Oxford 1997; ders., *On the People's terms. A Republican Theory and Model of Democracy*, Cambridge 2012.

47 Pettit, *Republicanism*, S. 177 f. und ders., »Depolitizing Democracy«, in: *Ratio Juris* 17 (1) (2004), S. 52-65.

48 Etwa McCormick, *Machiavellian Democracy*, S. 141-169 und in diesem Band S. 18-34.

scher Macht durch die von Pettit befürwortete Verlagerung von Entscheidungskompetenzen in nicht gewählte Expertengremien wie Zentralbanken.[49] Zweitens kritisiert McCormick wie schon bei Skinner die Eingemeindung Machiavellis in die Tradition des aristokratischen Republikanismus, die von Pettit an verschiedenen Stellen vorgenommen wird, allerdings ohne den von McCormick aufgedeckten aristokratischen Charakter zu benennen.[50]

Die Auseinandersetzung zwischen McCormick und Pettit verweist darauf, dass der Demokratiebegriff im Zeitalter der großen Revolutionen am Ende des 18. Jahrhunderts und insbesondere dann im 19. Jahrhundert einen radikalen Wandel erfahren hat. Bezeichnete Demokratie bis weit ins 18. Jahrhundert hinein entweder eine direkte Volksherrschaft oder auch pejorativ eine anarchische Herrschaft der Menge, so haben wir uns mittlerweile daran gewöhnt, unter Demokratie wesentlich ein gewaltenteiliges und repräsentatives System indirekter Volksherrschaft zu verstehen, das die Mitwirkung der Vielen vorwiegend auf periodische Wahlen beschränkt.[51] Gegen ein derartig verengtes Demokratieverständnis wenden sich nun sogenannte »radikale« Demokratietheorien.

## 3.3 Radikale Demokratie?

Lassen sich bei Leo Strauss und bei den Autoren, die einen neorömischen Republikanismus vertreten, dezidiert elitistische und antidemokratische Überzeugungen finden – wenn sie auch bei Letzteren weniger stark und offensichtlich sind –, so kritisiert McCormick gleichermaßen Claude Lefort, Miguel Abensour, Louis Althusser, Jacques Rancière und Sheldon Wolin sowie eine Gruppe von poli-

49 Zu Pettits Rechtfertigung unabhängiger Zentralbanken und weiterer vermeintlich neutraler Regulationsbehörden vgl. Philip Pettit, *Gerechte Freiheit. Ein moralischer Kompass für eine komplexe Welt*, Berlin 2015, hier S. 172; eine ähnliche Argumentation findet sich auch bei Pierre Rosanvallon, *Demokratische Legitimität. Unparteilichkeit – Reflexivität – Nähe*, Hamburg 2010; eine überzeugende Kritik an Pettit und Rosanvallon liefert Nadia Urbinati, »Unpolitical Democracy«, in: *Political Theory* 38 (1) (2010), S. 65-92.

50 Vgl. Pettit, *Republicanism*, S. 182; ders., *On the People's terms*, S. 6; ders., *Gerechte Freiheit*, S. 179.

51 Vgl. hierzu John Dunn, *Setting the People Free. The Story of Democracy*, London 2005; Philip Dingeldey, *Von unmittelbarer Demokratie zur Repräsentation: Eine Ideengeschichte der großen bürgerlichen Revolutionen*, Bielefeld 2022.

tischen Denkern, die hierzulande als Radikaldemokraten oder als deren Vorläufer bezeichnet werden[52] und sich ebenfalls positiv auf Machiavelli beziehen.[53] Deren zentraler Bezugspunkt ist dabei eine häufig zitierte Passage aus dem ersten Buch der *Discorsi*, in der Machiavelli den Konflikt zwischen dem Adel und dem Volk lobt:

Ich behaupte, daß diejenigen, die die Kämpfe zwischen Adel und Volk verdammen, auch die Ursachen verurteilen, die in erster Linie zur Erhaltung der Freiheit Roms führten. Wer mehr auf den Lärm und das Geschrei solcher Parteikämpfe sieht als auf deren gute Wirkungen, der bedenkt nicht, daß in jedem Gemeinwesen das Sinnen und Trachten des Volks und der Großen verschieden ist und daß alle zu Gunsten der Freiheit entstandenen Gesetze nur diesen Auseinandersetzungen zu danken sind.[54]

McCormick wendet gegen die »radikaldemokratische« Aneignung Machiavellis zunächst ein, dass diese Literatur zwar die Notwendigkeit von Konflikten betone, aber zugleich durch eine mehr oder weniger schroffe Ablehnung von Staatlichkeit und insbesondere von politischen Institutionen gekennzeichnet sei.[55] Das Ideal für Radikaldemokraten sei nicht Volksherrschaft, sondern Herrschaftsfreiheit. Politische Institutionen würden dabei vorwiegend als Instrumente einer polizeilichen Ausschlusslogik betrachtet. Demokratie wird dagegen als ein »flüchtiger«[56] Moment des Aufbegehrens gegen die staatliche Ordnung, die die gesellschaftlichen Herrschaftsverhältnisse zu stabilisieren trachtet, gesehen. Besonders stark ist dieser Zug McCormick zufolge bei Rancière und Abensour ausgeprägt, da sie Demokratie nur als eine gegen den Staat und seine Institutionen gerichtete Praxis betrachtete.[57]

52 Vgl. Dagmar Comtesse u. a. (Hg.), *Radikale Demokratietheorie. Ein Handbuch*, Berlin 2019; Flügel-Martinsen, *Radikale Demokratietheorie*.

53 McCormick, »Prefazione«, erwähnt zudem einige italienische Autoren wie Filippo Del Lucchese und Vittorio Morfino.

54 Machiavelli, *Discorsi*, S. 19.

55 John McCormick, »Subdue the Senate: Machiavelli's ›Way of Freedom‹ or Path to Tyranny?«, in: *Political Theory* 40 (6) 2012, S. 714-735; ders., »Niccolò Machiavelli«, ders., »Prefazione«.

56 Sheldon Wolin, »Fugitive Democracy«, in: *Constellations* 1 (1) 1994, S. 11-25.

57 In der Sekundärliteratur ist umstritten, ob es sich bei Rancière und Abensour um dezidiert antiinstitutionelle Denker handelt; vgl. Oliver Flügel-Martinsen, Franziska Martinsen, »Befragung ja, Abschaffung nein? Zum Verhältnis von radikaler Demokratietheorie und Institutionen«, in: Steffen Herrmann, Matthias

McCormick kritisiert an den Radikaldemokraten, dass deren Anspruch, die Vielen zu ermächtigen, ins Leere läuft, eben weil sie einem Ideal der Anarchie verhaftet seien und die Notwendigkeit einer institutionell abgesicherten demokratischen Herrschaftsausübung bestritten. In der Konsequenz sei dieses Demokratieverständnis entweder zahnlos oder trage sogar zu einer Verfestigung oligarchischer Strukturen bei. Insbesondere die simple Umkehrung des alten Anarchismusvorwurfs Platons gegen die Demokratie, nämlich die Gleichsetzung von Herrschaftsfreiheit und Revolte mit »wahrer« Demokratie, verkenne, dass Demokratie als Herrschaft der Vielen die des *popolo*, mithin einer konkreten sozialen Klasse ist. So schreibt McCormick im Vorwort zur italienischen Ausgabe von *Machiavellian Democracy*:

> Für Althusser und Lefort und viele italienische Interpreten, die sich von ihnen inspirieren ließen, scheint es in der Tat oft so, als ob Machiavellis *grandi* und Volk nicht mit sozialen Gruppen aus Fleisch und Blut übereinstimmen, sondern vielmehr mit gegensätzlichen sozialen Kräften, Herrschaft vs. Freiheit, wobei Erstere unrettbar unterdrückerisch und Letztere von Natur aus revolutionär und fortschrittlich ist – solange die Kräfte der Freiheit nicht nach Herrschaft streben. Machiavellis demokratische Theorie behandelt die sozioökonomischen Beziehungen und die politische Macht viel realistischer.[58]

Kurzum, für McCormick ist Demokratie eine Form der Mitherrschaft der Vielen und dafür bedarf es klassensensitiver Institutionen. Zentrale Anregungen vermag er den Schriften Machiavellis zu entnehmen, weshalb er die institutionelle Ordnung einer *Machiavellian Democracy* skizziert.

Flatscher (Hg.), *Institutionen des Politischen. Perspektiven radikaler Demokratietheorie*, Baden-Baden 2020, S. 27-41. Vgl. auch die Bemerkungen von Abensour im Vorwort zur italienischen Ausgabe von *Demokratie gegen den Staat*. Hier unterscheidet Abensour zwischen Institutionen, die dem Volk (*popolo*) politisches Handeln ermöglichen, und solchen, die dem entgegenstehen. Allerdings bleibt diese Unterscheidung formal, zumindest werden von Abensour keine konkreten Verfahren der Ermöglichung der Herrschaft der Vielen angegeben. Hervorzuheben ist zudem, dass sich Abensour explizit auf das Ideal der Nichtbeherrschung beruft, also den Vielen den Willen zuschreibt, von den *grandi* nicht regiert zu werden, ihnen aber selbst keinen Willen zur Ausübung von Herrschaft zubilligt. Miguel Abensour, *La democrazia contro lo Stato. Marx e il momento machiavelliano*, Napoli 2008. Den Hinweis auf diesen Text verdanke ich Carlos Morado.

58 McCormick, »Prefazione«, S. 32.

## 4. *Machiavellian Democracy* heute

In dem bereits erwähnten Interview hebt McCormick hervor, dass ihn insbesondere die immer weiter zunehmende soziale und politische Ungleichheit in den USA zu seiner intensiven Auseinandersetzung mit Machiavelli motiviert hat. Dabei ist es nicht nur das Bewusstsein für die Unhintergehbarkeit der Klassenspaltung zwischen den *grandi* und dem *popolo*, das er bei Machiavelli vorfindet. Darüber hinaus übernimmt er von Machiavelli die Einsicht, dass einzig klassensensitive Institutionen es vermögen, die Vielen vor den Wenigen zu schützen und ihre Herrschaft zu sichern.

Seine Begründung dafür lautet, dass die bestehenden politischen Institutionen, die prinzipiell für alle zugänglich sind, unter den geltenden sozialen Bedingungen, in der einige Wenige über erhebliche Ressourcenvorteile verfügen – in erster Linie Geld, aber auch soziale Netzwerke und kognitive Kompetenzen –, dazu tendieren, von diesen Wenigen okkupiert oder zumindest dominiert zu werden.[59] Für McCormick, und er stützt sich dabei auf die historische Interpretation Bernard Manins,[60] erzeugen nicht zuletzt Wahlen einen »aristokratischen Effekt«, der darin besteht, dass reiche Bürger und Prominente »einen dauerhaften Vorteil in allgemeinen Wahlen«[61] besitzen. Wahlverfahren, so schon Aristoteles' Einsicht in seiner

59 Diese Bewertung von formell allgemein zugänglichen Institutionen hat in Deutschland eine Tradition, die auf die Kritische Theorie der Frankfurter Schule zurückgeht; vgl. etwa Claus Offe, »Politische Herrschaft und Klassenstrukturen«, in: *Politikwissenschaft. Eine Einführung in ihre Probleme*, hg. von Gisela Kress und Dieter Senghaas, Frankfurt/M., 1969, S. 155-189 und Hubertus Buchstein, »Perspektiven kritischer Demokratietheorie«, in: *Prokla. Zeitschrift für kritische Sozialwissenschaft* 86 (1992), S. 115-136. Neuerdings bezeichnet auch Jeffrey A. Winters die USA trotz des allgemeinen Wahlrechts als eine Oligarchie und stellt sie auf eine Ebene mit den Philippinen. Beide politische Systeme besitzen zwar demokratische Institutionen, doch diese können von den wenigen Superreichen umgangen werden: »It is clear that oligarchy coexists remarkably easily with democracy. This means that achieving democracy, especially if this only means implanting the democratic method, is not a solution to the oligarchy problem. There is nothing automatic about ending oligarchy through the adoption of free and participatory forms of government.« Ders., *Oligarchy*, Cambridge 2011, S. 284.

60 Bernard Manin, *Kritik der repräsentativen Regierung*, Berlin 2007.

61 McCormick, *Machiavellian Democracy*, S. 98.

*Politik*, bevorzugen die *aristoi*.[62] Dass Aristoteles mit dieser Einschätzung auch heute noch richtigliegt, zeigt der Blick in die Zusammensetzung »demokratisch« gewählter Parlamente. Die dort versammelten Repräsentanten sind kein Spiegel der allgemeinen Bevölkerung. Vielmehr handelt es sich dabei um eine Elite mit spezifischen sozioökonomischen Merkmalen, etwa mit Blick auf ihre Ausbildung oder soziale Herkunft. Das geht wiederum mit einer spezifischen Wahrnehmung der politischen und sozialen Welt einher, die nicht notwendig mit der der Wähler korrespondieren muss. Dies alles ist ausführlich erforscht und braucht hier nicht weiter vertieft zu werden.[63]

Das Ideal der politischen Gleichheit hat McCormick zufolge zu einer Institutionalisierung geführt, die dessen Gehalt in der Realität geradezu entgegengesetzt ist. Er sieht die entscheidende Ursache für diese Entwicklung in einer demokratietheoretischen Gleichheitsfiktion, die sich am augenfälligsten in dem Grundsatz »one (wo)man, one vote« niederschlägt. Das allgemeine Wahlrecht und die aus den Wahlen hervorgehenden Parlamente und Regierungen würden, so die demokratietheoretische Grundannahme, allen Bürgern den gleichen Anteil am Prozess der Selbstgesetzgebung bzw. der Selbstregierung zubilligen. Doch diese Annahme ist für McCormick nicht nur falsch, sie hat darüber hinaus auch eine ideologische Wirkung. Denn die Politikergebnisse würden auf diese Weise vor einer Kritik aus einer der Demokratie verpflichteten Perspektive immunisiert. Ein wesentliches Problem der gegenwärtigen Demokratien bestehe also darin, dass sie von einer Gleichheitsfiktion ausgingen, die die exkludierenden Effekte der existierenden Verfahren und Praktiken verschleiert: »Infolge der Klassenanonymität und des soziologischen ›Holismus‹ scheinen moderne Verfassungen weniger darauf bedacht zu sein, wohlhabende Bürger davon abzuhalten, die Politik zu dominieren, und sind möglicherweise auch weniger geschickt darin als traditionelle Verfassungen, in denen das

62 Aristoteles, *Politik* (1294 b), übers. von Franz W. Schwarz, Stuttgart 1989.

63 Vgl. Martin Gilens, *Affluence and Influence: Economic Inequality and Political Power in America*, Princeton, NJ 2012; Larry M. Bartels, Christopher Aachen, *Democracy for Realists: Why Elections Do Not Produce Responsive Government*, Princeton, NJ 2016; mit Blick auf Deutschland Lea Elsässer, *Wessen Stimme zählt? Soziale und politische Ungleichheit in Deutschland*, Frankfurt/M., New York 2018.

Volk eine Teilmenge, die größte Teilmenge, der Bürgerschaft ausmachte.«[64] In diesem Punkt unterscheidet sich das moderne, liberale Demokratieverständnis McCormick zufolge grundlegend vom demokratischen Republikanismus Machiavellis:

> Es gehört zu Machiavellis tiefsten Einsichten, dass den innerhalb der Republiken vorherrschenden unvermeidlichen Machtunterschieden zwischen den *grandi* und dem *popolo* institutionell so entsprochen werden sollte, dass Letztere sich derer mehr und nicht weniger bewusst werden und sich möglicherweise dazu ermutigt sehen, solchen Ungleichheiten entgegenzutreten.[65]

Vor dem Hintergrund einer explizit klassensensitiven Politiktheorie komme es bei dem Florentiner zu einer Akzentuierung und Verteidigung gerade jener institutionellen Verfahren, die im Rahmen einer Mischverfassungskonzeption den Vielen besondere Vorrechte und Einflussmöglichkeiten gewähren. Im Einzelnen rekonstruiert McCormick Machiavellis Ausführungen zu den römischen Volksversammlungen, bei denen nur die Plebejer (mit Blick auf Rom) zugelassen waren – zumindest nach McCormicks Deutung der nicht immer ganz klaren Aussagen Machiavellis – und die weitgehenden Gesetzgebungs- und Überwachungsrechte, die diesen Versammlungen im System der gemischten Verfassung zukamen oder nach Machiavellis Vorstellung mit Blick auf Florenz wieder zukommen sollten. So war der »Große Rat« während der Zweiten Republik von Florenz (1494-1512) das eigentliche Machtzentrum, und Machiavelli sei voll des Lobes für diese Institution, gerade weil dort der *popolo* die Oberhand hatte. Weiterhin lobe Machiavelli die römischen Tribunen als Beschützer der plebejischen Klasse; eine Institution, die auch seine ideale Verfassung für Florenz vorsah. Schließlich finde sich in den *Discorsi* eine Apologie popularer Gerichte, also von Justizverfahren, bei denen nicht nur wenige Vertreter der Elite, sondern möglichst viele Angehörige der unteren Klassen Recht sprechen. Letzteres ist spätestens seit dem Prozess gegen Sokrates eine außergewöhnliche Position. Doch Machiavelli zeigt sich überzeugt, und McCormick schließt sich hier an: »in einer Republik genügt es nicht, einen mächtigen Mann vor acht

64 McCormick, *Machiavellian Democracy*, S. 12.
65 In diesem Band S. 108 f..

Richtern anzuklagen. Es müssen viele Richter sein, denn wenige werden es stets mit den wenigen halten.«[66]

McCormick schlägt vor, auch in modernen Demokratien wieder solche klassensensitiven Institutionen einzuführen.[67] Zu diesem Zweck skizziert er im Anschluss an Machiavelli für die heutigen USA ein sehr detailliert ausgearbeitetes institutionelles Design, welches soziale Unterschiede und die damit verbundenen ungleichen Ressourcen anerkennt und ebendadurch oligarchische Tendenzen vermeiden soll. Konkret plädiert er erstens für die Einrichtung einer 51-köpfigen Tribunatsversammlung als dritter Kammer neben Repräsentantenhaus und Senat, welche sich aus jährlich ausgelosten Bürgerinnen und Bürgern zusammensetzen soll.[68] Laut McCormick soll es sich dabei insofern um eine klassenspezifische Kammer handeln, als politische Eliten und besonders wohlhabende Bürger dort nicht vertreten sein dürfen. Das Ziel ist, durch Losen eine Kammer zu besetzen, in der der Common Sense der Bevölkerung als Gegengewicht zu den professionalisierten Sicht- und Denkweisen politischer Eliten vertreten ist. Die Aufgabe der auf diese Weise zusammengesetzten Tribunatsversammlung besteht in der Überwachung der Gesetzgebung und des Regierungshandelns. McCormick weist den Tribunen, die an jedem Werktag zusammenkommen und für ihre Tätigkeit finanziell entschädigt werden sol-

66 Machiavelli, *Discorsi*, S. 31; vgl. McCormick, *Machiavellian Democracy*, S. 118.

67 Eine Kritik an McCormicks Übertragung klassenspezifischer Institutionen auf die moderne Demokratie findet sich bei Nadia Urbinati, »Republicanism: Democratic or Popular?«, in: *The Good Society* 20 (2) (2011), S. 157-169. Urbinati bezweifelt, dass es so etwas wie einen demokratischen Republikanismus, der ja auf der Idee einer gemischten Verfassung in der Tradition Roms beruht, geben kann, gerade weil dort politisch und eben nicht nur sozial von zwei Klassen ausgegangen wird. Dem stellt sie das athenische Ideal der politischen Gleichheit und dessen Adaption in der modernen, repräsentativen Demokratie entgegen. Vgl. auch dies., »Democracy and Republicanism. A difficult Partnership«, in: Yiftah Elazar, Geneviève Rousselière (Hg.), *Republicanism and the Future of Democracy*, Cambridge 2019, S. 152-169, insb. S. 160-164. Eine Kritik McCormicks an Urbinatis Verteidigung der repräsentativen Demokratie findet sich in diesem Band S. 34-49 sowie im Vorwort der italienischen Fassung von *Machiavellian Democracy*.

68 McCormick, *Machiavellian Democracy*, S. 178-187 und in diesem Band 111-113; die jährliche Auslosung erinnert an die republikanische Praxis der Rotation der Mandatsträger. Darüber hinaus sieht McCormick vor, die Beratungen innerhalb der Tribunatsversammlung möglichst stark gegen äußere Einflüsse (Korruption, Lobbyismus) abzuschotten.

len, mit Blick auf das politische System der USA Vetorechte gegen Legislativakte zu sowie die Rechte, ein Impeachment-Verfahren zu eröffnen und ein Referendum zu initiieren. Laut seinem Vorschlag darf allerdings nur jeweils eine dieser Maßnahmen während der einjährigen Amtszeit der Tribunen angewandt werden. Gerade das Initiativrecht ist geeignet, Themen, die von den politischen Eliten entweder nicht verfolgt werden oder die sie aktiv bekämpfen, auf die politische Agenda zu setzen. Die Hoffnung ist, damit eine landesweite Diskussion und zumindest auf mittlere Sicht auch grundlegende politische Veränderungen zu bewirken.

Fügen sich diese Idee einer Tribunatsversammlung sowie weitere Vorschläge zur Kombination von Wahl und Losverfahren[69] – abgesehen von dem für heutige Debatten durchaus innovativen Ausschluss wohlhabender Bürger – in die breite Literatur zu Reformen der repräsentativen Demokratie im Allgemeinen und zu Losverfahren im Besonderen ein,[70] so gilt das nicht für eine weitere Forderung McCormicks zur Stärkung der Volksherrschaft.

Denn er plädiert zudem für eine Institutionalisierung von Gerichtsverfahren, in denen das Volk, und zwar in möglichst großer Anzahl, über die Eliten zu Gericht sitzt. Dabei zeigt er sich davon überzeugt, dass eine Sanktionierung etwa von Fehlverhalten politischer Amtsträger durch deren Nicht-Wiederwahl nur ein stumpfes Schwert zur Sicherstellung von Responsivität oder Vermeidung von Korruption darstelle. Ähnliches gelte auch für Gerichtsverfahren, in denen lediglich Juristen oder eine kleine Gruppe von Geschworenen in Zusammenarbeit mit juristischen Eliten über eventuelles Fehlverhalten von politischen Amtsträgern, aber auch ökonomischen Akteuren urteilten – McCormick denkt hier an die verantwortlichen Akteure der Finanzkrise von 2008. Demgegenüber fordert er unter Rückgriff auf Machiavelli »politische Volkstribunale, in denen Beamt:innen oder Privatbürger:innen wegen Korruption angeklagt werden« können. Sie sollen dabei sogar »mit

69 McCormick, *Machiavellian Democracy*, S. 173-176; in diesem Band S. 94-104.

70 Etwa Hubertus Buchstein, *Demokratie und Lotterie: Das Los als politisches Entscheidungsinstrument von der Antike bis zur EU*, Frankfurt/M., New York 2009; Hélène Landemore, *Open Democracy: Reinventing Popular Rule for the Twenty-first Century*, Princeton 2020; Christina Lafont, *Unverkürzte Demokratie. Eine Theorie deliberativer Bürgerbeteiligung*, Berlin 2021.

der Todesstrafe rechnen müssen«.[71] McCormick rechtfertigt seinen Vorschlag mit dem Verweis auf die mangelnde Abschreckungskraft weniger drastischer Strafen. Erneut führt er Machiavelli als seinen Gewährsmann an: »Ausgehend von den Praktiken der alten Demokratien und Republiken besteht Machiavelli darauf, dass die Angst vor Kapitalstrafen der einzige, ich betone, der einzige Weg ist, sozio-ökonomische Eliten davon abzubringen, öffentliche Institutionen in die Richtung ihrer eigenen Privatinteressen zu lenken.«[72] Wichtig ist zu beachten, dass McCormick zum einen bei diesen gerade für deutsche Leser verstörenden Aussagen an die oben skizzierten Oligarchisierungstendenzen in den USA denkt und zum anderen eine abschreckende Wirkung der Drohung mit dem Tod unterstellt. Zudem betont er mit Machiavelli, dass die Institutionalisierung von ordentlichen Verfahren auch zu einer Kanalisierung popularen Zorns führen und gerade dadurch als ein Schutz für die leibliche Integrität der Eliten dienen könne.[73] Auch wenn man sich von diesen Argumenten nicht überzeugt zeigt, bleibt es aus einer demokratietheoretischen Perspektive durchaus eine Herausforderung, sowohl dem vielfach dokumentierten Klassencharakter der Rechtsprechung[74] stärker zu begegnen als auch über Verfahren der Korruptionsbekämpfung und der Bekämpfung von Steuerbetrug nachzudenken, die eine größere Abschreckungswirkung entfalten als die bislang existierenden Mechanismen.

## 5. Populismus als Schmerzensschrei der gehegten Demokratie

Es ist bereits darauf hingewiesen worden, dass McCormick gerade in jüngeren Schriften für einen linken Populismus plädiert. Damit grenzt er sich vom Mainstream der gegenwärtigen Demokratietheorie ab. Wie eingangs erwähnt, stimmen liberale, deliberative, aber auch »radikaldemokratische« Autoren in ihrer bisweilen scharfen

71 McCormick, »Niccolò Machiavelli«, S. 37 f.

72 Ebd., S. 38.

73 John McCormick, »Machiavelli's Political Trials and ›The Free Way of Life‹«, in: *Political Theory* 35 (4) (2007), S. 385-411; ders., »Subdue the Senate«.

74 Vgl. etwa Ronen Steinke, *Vor dem Gesetz sind nicht alle gleich: Die neue Klassenjustiz*, Berlin 2022.

Kritik dessen, was sie als »Populismus« bezeichnen, überein. Dem wird in der Regel ein Ideal demokratischer Praxis entgegengestellt, das durch populistische Ziele, Praktiken und Politiker – gewöhnlich werden Demagogie, Fremdenfeindlichkeit, Antipluralismus und Nationalismus angeführt – bedroht sei. Für McCormick handelt es sich hierbei jedoch um eine verkürzte und in der Tendenz lediglich selbstgefällige Abgrenzung. Insbesondere in seiner an vielen Stellen geführten Auseinandersetzung mit Nadia Urbinati, einer der führenden Populismuskritikerinnen der Gegenwart, verdeutlicht McCormick, dass ihre Kritik des Populismus zu sehr von einem Bild der repräsentativen Demokratie zehrt, welches nur wenig Berührungspunkte mit der politischen Realität aufweist.[75] Zwar komme es in ihren Schriften immer wieder zu einer Kritik der real existierenden Demokratie, wobei Urbinati sich insbesondere gegen den Einfluss finanzstarker Akteure wendet, aber ihre Reformvorschläge verblieben im Rahmen der repräsentativen Demokratie.[76] In Urbinatis Beharren auf formaler Gleichheit erblickt McCormick vor dem Hintergrund seiner skizzierten Kritik der bloßen Wahldemokratie jedoch das Einfallstor für oligarchische Okkupationen, denn – um diesen seinen zentralen Gedanken in Erinnerung zu rufen – in dieser seien die Vielen nahezu schutzlos dem Herrschaftsstreben der Wenigen ausgeliefert. McCormicks Argumentation lässt sich dahingehend zusammenfassen, dass Urbinati von idealisierten Verhältnissen ausgehe, deren Unterstellung das demokratische Ziel der politischen Gleichheit nachhaltig untergrabe. Wie sehr ihre Forderung nach politischer Gleichheit auch normativ überzeugen mag, in der Konsequenz laufen Urbinatis »Verklärungen Gefahr […,] Defizite gegenwärtiger repräsentativer Demokratien unkrititisch zu rechtfertigen«.[77]

Welche Deutung des Populismus setzt McCormick nun der li-

75 Vgl. etwa McCormick, »Prefazione« und in diesem Band S. 34-49.

76 Urbinati zeigt sich als Anhängerin der repräsentativen Demokratie, die sie im Anschluss insbesondere an Condorcet und John Stuart Mill deliberativ ausdeutet. Dabei betont sie vor allem die vielfältigen Kommunikationsbeziehungen zwischen den Repräsentanten und den Repräsentierten; vgl. vor allem Nadia Urbinati, *Representative Democracy*, Chicago 2006; ihre Populismuskritik hat sie in *Democracy Disconfigured*, Cambridge, MA 2014 und in *Me the People. How Populism Transforms Democracy*, Cambridge, MA 2019 skizziert.

77 In diesem Band, S. 38f.

beralen Kritik Urbinatis entgegen? In Wahldemokratien, die ihm zufolge ja mehr Oligarchien gleichen, stelle der Populismus notwendig »die Kehrseite der in Wahldemokratien vorherrschenden Politik« dar.[78] Es handele sich mithin nicht um ein Krisenphänomen einer an sich funktionierenden demokratischen Ordnung, sondern er entspringe der Tatsache, dass demokratische Politik strukturell verunmöglicht werde. Wie oben geschildert, ist es für McCormick nämlich gerade die Nichtexistenz klassenspezifischer Institutionen, die es den Reichen nahezu unbegrenzt ermöglicht, ihre Interessen gegen die Mehrheit zu verfolgen. Habe die von Machiavelli beschriebene republikanische Verfassung Roms einen Waffenstillstand zwischen den Wenigen und den Vielen ermöglicht, so laufe der Waffenstillstand in modernen Wahldemokratien »auf eine eklatante Bevorzugung reicher Bürger hinaus«.[79] Weil die Plebejer in der Darstellung Machiavellis in der römischen Republik über gewichtige Einflussmöglichkeiten verfügten, habe es dort auch keiner populistischen Politik bedurft. Ganz anders in der modernen Wahldemokratie. Hier stelle der Populismus, den McCormick im Unterschied zur Demokratie als eine von Eliten betriebene Politikform begreift, zunächst einmal einen Schmerzensschrei dar, der sich zwangsläufig in Regimen artikuliert, »in denen zwar demokratische Prinzipien gelten, das Volk aber de facto nicht *herrscht*«.[80]

Der Populismus ist also McCormick zufolge Ergebnis einer Spannung zwischen demokratischen Prinzipien, die in vielfältigen Formen beschworen und symbolisch reproduziert werden, auf der einen Seite und einer politischen wie gesellschaftlichen Realität, die diesen Idealen zunehmend Hohn spricht, auf der anderen Seite.[81] Entgegen den vielen Kritikern des Populismus erblickt er in ihm zumindest die Chance einer Politik der Demokratisierung. Entsprechend formuliert McCormick ein Kriterium zur Unterscheidung von progressiven und reaktionären populistischen Bewegun-

78 In diesem Band, S. 240.

79 In diesem Band, S. 240.

80 In diesem Band, S. 233, Herv. i. O.; vgl. zu einer ähnlichen Perspektive auch Max Scheler, »Das Ressentiment im Aufbau der Moralen«, in: ders., *Gesammelte Werke* III, Bd. 3: *Vom Umsturz der Werte. Abhandlungen und Aufsätze*, Bern, München, S. 33-147, hier S. 43.

81 Allerdings liefert McCormick keine Theorie des Populismus, die etwa einen Schwellenwert bestimmt, ab wann sich populistische Widerstände artikulieren bzw. ab wann sie zu einem bestimmenden Faktor werden.

gen, nämlich »ob eine solche Bewegung institutionelle Reformen anstrebt, die den Bürgern den Weg zur Selbstregierung ebnen, oder nicht«.[82] Diese Unterscheidung verweist auf die Geschichte des US-amerikanischen Populismus, an deren Anfang neben ökonomischen Forderungen nicht zuletzt auch institutionelle Reformvorschläge standen, die die Macht ökonomisch starker Akteure begrenzen sollten, etwa Formen der direkten Demokratie oder die Direktwahl der Senatoren.[83]

## 6. Lektionen

Abschließend möchte ich fünf Aspekte des Werkes von John P. McCormick hervorheben, die gerade für die deutsche politiktheoretische Debatte lehrreich sind:

Erstens ist die Akribie seiner Rekonstruktionen zu nennen. Wie gezeigt, zeichnen sich sowohl die frühen Schriften als auch die Arbeiten über Machiavelli und die Deutungen des Florentiners durch eine beeindruckend feingliederige Textexegese aus, besonders prägnant tritt dieser Zug in seiner Auseinandersetzung mit Leo Strauss und Philip Pettit hervor. Zu erwähnen ist hier aber auch McCormicks Rekonstruktion von Rousseaus politischer Philosophie, insbesondere von dessen institutionentheoretischen Ausführungen im vierten Buch des *Contract Social*.[84] Denn gerade durch eine historisch fundierte Textinterpretation vermag McCormick ein neues Licht auf den großen Genfer zu werfen. Rousseau erscheint dann

82 In diesem Band S. 236.

83 Der Verweis auf das Populist Movement findet sich jedoch nicht explizit bei McCormick, vgl. aber Camila Vergara, »Populism as Plebeian Politics: Inequality, Domination, and Popular Empowerment«, in: *Journal of Political Philosophy* 28 (2) (2020), S. 222-246; der Artikel enthält am Ende auch eine etwas schematische Gegenüberstellung zwischen einem progressiven Populismus und reaktionären Formen, denen Vergara im Anschluss an Lefort und Arendt eine totalitäre Logik unterstellt. Eine Gegenüberstellung von Merkmalen eines progressiven und eines reaktionären Populismus findet sich auch bei John Abromeit u. a., »Introduction«, in: dies. (Hg.), *Transformations of Populism in Europe and the Americas. History and Recent Tendencies*, London, New York 2015, S. xi-xxxi, hier S. xvi.

84 Vgl. John McCormick »Rousseau's Rome and the Repudiation of Democratic Republicanism«, in: *Critical Review of International Social and Political Philosophy* 10 (1) (2007), S. 3-27 sowie in diesem Band 180-229.

nämlich weniger als ein demokratischer denn als ein aristokratischer Politiktheoretiker.

Zweitens zeigen seine Arbeiten, dass uns die »Klassiker« (und auch »Klassikerinnen«) der Ideengeschichte heute noch etwas zu sagen haben. In faszinierender Weise demonstriert McCormick das Anregungspotenzial Machiavellis für heutige Debatten und Problemstellungen. Derartige Arbeiten, die, um eine Terminologie von Herfried Münkler aufzugreifen, Ideengeschichte als Laboratorium für die Herausforderungen der Gegenwart betrachten, sind in letzter Zeit im deutschen Sprachraum eher selten gewesen.

Drittens ist in der deutschen Diskussion in den letzten beiden Jahrzehnten die politische Bedeutsamkeit von Institutionen überwiegend in Vergessenheit geraten.[85] Dem steht McCormicks dezidiert institutionentheoretische Rekonstruktion Machiavellis, aber auch Rousseaus entgegen, in denen er jeweils sehr akribisch demonstriert, wie ganz konkrete institutionelle Arrangements wie Wahlverfahren, Vetorechte, gesetzgebende Versammlungen und Zugangsbarrieren entweder den Vielen oder den Wenigen dienen.

Viertens bringen die Schriften McCormicks die Fortexistenz von Klassen in Erinnerung. Auch wenn sich darüber streiten lässt, inwiefern sich der antike Gegensatz von Patriziern und Plebejern bzw. die frühneuzeitliche Entgegensetzung von *grandi* und *popolo* für die Analyse der sozialen und politischen Spaltungen kapitalistischer Gesellschaften des 21. Jahrhunderts nutzbar machen lässt, scheinen sich doch die Zeichen einer Rückkehr der Klassengesellschaft bzw. der Entstehung neofeudaler Strukturen und eines damit einhergehenden Verlustes politischer Gleichheit zu verdichten. Vor diesem Hintergrund lohnt sich ein intensiveres Nachdenken dar-

85 Das gilt, wie gezeigt, insbesondere für die »radikale Demokratietheorie«, wobei sich dort in letzter Zeit eine institutionentheoretische Wende abzeichnet; vgl. Herrmann, Flatscher, *Institutionen des Politischen* und Westphal, *Agonale Demokratie*. Zudem sind die Debatte über die populistische Herausforderung der liberalen Demokratie ebenso wie die Reaktionen auf den weltweilten Vormarsch autoritärer Regime zu sehr von rein normativen Beschwörungsfloskeln geprägt. Es fehlen sowohl institutionentheoretische als auch politikökonomische Fundierungen. Eine Hinwendung zu institutionentheoretischen Fragestellungen findet sich zuletzt auch im weiteren Umfeld der Kritischen Theorie; vgl. insbesondere Hubertus Buchstein, »Kritische Theorie der Politik. Otto Kirchheimer und Max Horkheimer in der Kontroverse«, in: *Leviathan. Berliner Zeitschrift für Sozialwissenschaft* 47 (2) (2019), S. 215-244.

über, wie vermieden werden kann, dass demokratische Institutionen von den Wenigen dominiert werden. Klassensensitive Institutionen wie Vetorechte oder auch zugangsbegrenzte Versammlungen könnten sich dabei als Instrumente zur Rückeroberung demokratischer Gestaltungsmacht erweisen.

Fünftens und vielleicht am entschiedensten ist schließlich McCormicks Einsicht, dass eine Erneuerung der Demokratie eine kritische Distanz zu der in letzter Zeit verstärkt zu beobachtenden liberalen Selbstvergewisserung bedarf. Die gewaltenteilige, rechtsstaatliche und repräsentative Institutionalisierung der demokratischen Versprechen in der Moderne war von Anfang an eine gehegte Demokratie, insofern sie es den Wenigen weitgehend ermöglichte, ihre Privilegien gegen demokratische Begehrlichkeiten abzuschirmen.

# Literaturverzeichnis

Bruce Ackerman, James S. Fishkin, *Deliberation Day*, New Haven 2004.

John Adams, *Discourses on Davila*, in: Charles Francis Adams (Hg.), *The Works of John Adams*, 10 Bde., Boston 1851, Bd. 6, S. 221-404.

Danielle Allen, »Liberty and Equality Aren't Mutually Exclusive«, in: *Washington Post*, 17. Oktober 2014, ⟨www.washingtonpost.com/opinions/liberty-equality-arent-mutually-exclusive/2014/10/17/d9df36ba-55fb-11e4-809b-8cc0a295c773_story.html⟩, letzter Zugriff 25. 5. 2022.

Appian von Alexandria, *Römische Geschichte. Zweiter Teil: Die Bürgerkriege*, aus dem Griechischen von Otto Veh, Stuttgart 2019.

Alissa Ardito, *Machiavelli and the Modern State. The Prince, the Discourses on Livy, and the Extended Territorial Republic*, Cambridge 2015.

Aristoteles, *Politik*, aus dem Griechischen von Eckart Schütrumpf, in: Ernst Grumach, Hellmut Flashar (Hg.), *Werke in deutscher Übersetzung*, 20 Bde., Bd. 9.I-IV, Berlin 1991-2005.

Gordon Arlen, »Aristotle and the Problem of Oligarchic Harm. Insights for Democracy«, in: *European Journal of Political Theory* 3 (2019), S. 393-414.

R. Douglas Arnold, »Can Inattentive Citizens Control Their Elected Representatives?«, in: Lawrence C. Dodd, Bruce I. Oppenheimer (Hg.), *Congress Reconsidered*, Washington, DC 1993, S. 401-416.

Anthony B. Atkinson, *Ungleichheit. Was wir dagegen tun können*, aus dem Englischen von Hainer Kober, Stuttgart 2018.

Peter R. Baehr, *Caesar and the Fading of the Roman World. A Study in Republicanism and Caesarism*, New Brunswick 1997.

Walter Bagehot, *The English Constitution*, hg. von Paul Smith, Cambridge 2001.

Sverre Bagge, »Actors and Structure in Machiavelli's *Istorie Fiorentine*«, in: *Quaderni d'Italianistica* 2 (2007), S. 45-87.

Benjamin Barber, *Starke Demokratie. Über Teilhabe am Politischen*, aus dem Amerikanischen von Christiane Goldmann und Christa Erbacher von Grumbkow, Berlin 1994.

Larry M. Bartels, »Economic Inequality and Political Representation«, in: Lawrence Jacobs, Desmond King (Hg.), *The Unsustainable American State*, Oxford 2009, S. 167-196.

Larry M. Bartels, *Unequal Democracy. The Political Economy of the New Gilded Age*, Princeton 2009.

Jérémie Barthas, *L'argent n'est pas le nerf de la guerre. Essai sur une prétendue erreur de Machiavel*, Rom 2011.

Jérémie Barthas, »Machiavelli, from the Ten to the Nine. À Hypothesis

Based on the Financial History of Early Modern Florence«, in: Diogo Ramada Curto u. a. (Hg.), *From Florence to the Mediterranean and Beyond. Essays in Honour of Anthony Molho*, Florenz 2009, S. 147-166.

Jérémie Barthas, »Machiavelli, Public Debt, and the Origin of Political Economy. An Introduction«, in: Filippo Del Lucchese u. a. (Hg.), *The Radical Machiavelli. Politics, Philosophy, and Language*, Leiden 2015, S. 273-305.

Jérémie Barthas, »Machiavelli, the Republic, and the Financial Crisis«, in: David Johnston u. a. (Hg.), *Machiavelli on Liberty and Conflict*, Chicago 2017, S. 257-279.

George Robert Bateman, *The Transformative Potential of Participatory Budgeting. Creating an Ideal Democracy*, London 2019.

Francesco Bausi, *Machiavelli*, Rom 2005.

Robert D. Behn, *Rethinking Democratic Accountability*, Washington, D.C. 2000.

Charles R. Beitz, *Political Equality. An Essay in Democratic Theory*, Princeton 1979.

Richard Bellamy, *Political Constitutionalism. A Republican Defence of the Constitutionality of Democracy*, Cambridge 2007.

Pablo Beramendi, Christopher J. Anderson (Hg.), *Democracy, Inequality, and Representation in Comparative Perspective*, New York 2011.

Carl Bernstein, Bob Woodward, *Die Watergate-Affäre*, aus dem Amerikanischen von Karl Otto von Czernicki, München/Zürich 1974.

Robert Black, *Machiavelli*, London 2013.

Robert Black, »Machiavelli, Servant of the Florentine Republic«, in: Gisela Bock u. a. (Hg.), *Machiavelli and Republicanism*, Cambridge 1990, S. 71-99.

Mark Blyth, *Austerity. The History of a Dangerous Idea*, Oxford 2015.

Gisela Bock u. a. (Hg.), *Machiavelli and Republicanism*, Cambridge 1990.

Carles Boix, *Democracy and Redistribution*, Cambridge 2003.

Shaun Bowler u. a., »Symposium on the California Recall«, in: *PS. Political Science and Politics* (1) 2004, S. 7-32.

Martin Breaugh, *The Plebeian Experience. A Discontinuous History of Political Freedom*, New York 2013.

Gene Brucker, *Florentine Politics and Society (1343-1378)*, Princeton 1962.

Gene Brucker, »The Ciompi Revolution«, in: Nicolai Rubinstein (Hg.), *Florentine Studies. Politics and Society in Renaissance Florence*, London 1968, S. 314-356.

Gene Brucker, *The Civic World of Early Renaissance Florence*, Princeton 1977.

Leonardo Bruni, *The History of the Florentine People*, 3 Bde., Cambridge 2001-2007, Bd. 2.

Alberto Burgio, *Eguaglianza, Interesse, Unanimità. La politica di Rousseau*, Neapel 1989.
Humphrey C. Butters, *Governors and Government in Early Sixteenth Century Florence (1502-1512)*, Oxford 1985.

Ana Maria Cabrini, »La storia da non imitare. Il versante negativo dell' esemplarità nelle *Istorie Fiorentine*«, in: Francesco Adorno, Giorgio Barberi Squarotti (Hg.), *Cultura e scrittura di Machiavelli*, Rom 1997, S. 197-220.
Jane Caplan (Hg.), *Nazism, Fascism and the Working Class. Essays by Tim Mason*, Cambridge 1995.
Paul Cartledge, *The Spartans. The World of the Warrior-Heroes of Ancient Greece*, New York 2004.
Erwin Chemerinsky, »The Jurisprudence of Justice Scalia. A Critical Appraisal«, in: *University of Hawaii Law Review* 22 (2000), S. 385-401.
Francis Cheneval, Alice el-Wakil, »The Institutional Design of Referendums. Bottom-Up and Binding«, in: *Swiss Political Science Review* 3 (2018), S. 294-304.
Marcus Tullius Cicero, *De legibus / Über die Gesetze*, aus dem Lateinischen übersetzt und herausgegeben von Rainer Nickel, Düsseldorf 2002.
Marcus Tullius Cicero, *De re publica / Vom Staat*, aus dem Lateinischen übersetzt und herausgegeben von Michael von Albrecht, Ditzingen 2013.
John Patrick Coby, *Machiavelli's Romans. Liberty and Greatness in the Discourses on Livy*, Lanham 1999.
Joshua Cohen, *Rousseau. A Free Community of Equals*, Oxford 2010.
Joel Colón-Ríos, »Rousseau, Theorist of Constituent Power«, in: *Oxford Journal of Legal Studies* 4 (2016), S. 885-908.
Dagmar Comtesse u. a. (Hg.), *Radikale Demokratietheorie. Ein Handbuch*, Berlin 2019.

Robert Alan Dahl, *Democracy and its Critics*, New Haven 1989.
Robert Alan Dahl, *Politische Gleichheit – ein Ideal?*, aus dem Amerikanischen von Gabriele Gockel, Barbara Steckhan und Thomas Wollermann, Hamburg 2006.
Eoin Daly, *Rousseau's Constitutionalism. Austerity and Republican Freedom*, London 2017.
William Davies, *The Limits of Neoliberalism. Authority, Sovereignty and the Logic of Competition*, Los Angeles 2017.
Sebastian de Grazia, *Machiavelli in Hell*, Princeton 1989.
Vgl. Yuna Blajer de la Garza, *A House is not a Home. Citizenship and Political Belonging in Modern Democracies. France, Mexico and the United States*, Dissertation, Politikwissenschaft, University of Chicago 2018.

Carlos de la Torre (Hg.), *The Promise and Perils of Populism. Global Perspectives*, Lexington 2014.

Filippo Del Lucchese, *The Political Philosophy of Niccolò Machiavelli*, Edinburgh 2015.

Chiara Destri, »Rousseau's (Not So) Oligarchic Republicanism«, in: *Critical Review of International Social and Political Philosophy* 2 (2016), S. 206-216.

Salvatore di Maria, »Machiavelli's Ironic View of History. The *Istorie Fiorentine*«, in: *Renaissance Quarterly* 2 (1992), S. 248-270.

Mary Dietz, »Between Polis and Empire. Aristotle's Politics«, in: *American Political Science Review* 2 (2012), S. 275-293.

Annelien de Dijn, »Rousseau and Republicanism«, in: *Political Theory* 1 (2015), S. 59-80.

George William Domhoff, *Who Rules America? Power and Politics*, New York 2001.

Oliver Dowlen, *The Political Potential of Sortition. A Study of the Random Selection of Citizens for Public Office*, Exeter 2008.

Émile Durkheim, *Le Socialisme. Sa définition, ses débuts, la doctrine saint-simonienne*, Paris 1992.

Neil Duxbury, *Random Justice. On Lotteries and Legal Decision-Making*, Oxford 1999.

James Farr, David Lay Williams (Hg.), *The General Will. The Evolution of a Concept*, Cambridge 2015.

Max Farrand (Hg.), *The Records of the Federal Convention of 1787*, 3 Bde., New Haven 1911.

Samuel Edward Finer, *The History of Government from the Earliest Times*, 3 Bde., Oxford 1997-1999, Bd. 1, *Ancient Monarchies and Empires*, Oxford 1997.

Samuel Edward Finer, *The History of Government from the Earliest Times*, 3 Bde., Oxford 1997-1999, Bd. 2, *The Intermediate Ages*, Oxford 1999.

Moses I. Finley, *Antike und moderne Demokratie*, aus dem Englischen von Edgar Pack (Hg.), Ditzingen 1980.

Morris P. Fiorina, *Retrospective Voting in American National Elections,* New Haven 1981.

James S. Fishkin, *Democracy and Deliberation. New Directions for Democratic Reform*, New Haven 1991.

Michael P. Fitzsimmons, *The Remaking of France. The National Assembly and the Constitution of 1791*, Cambridge 1994.

Michael A. Flower, »The Invention of Tradition in Classical and Hellenistic Sparta«, in: Anton Powell, Stephen Hodkinson (Hg.), *Sparta. Beyond the Mirage*, London 2002, S. 193-219.

Richard Fralin, *Rousseau and Representation. A Study of the Development of His Concept of Political Institutions*, New York 1978.
Steven Fraser, *The Age of Acquiescence. The Life and Death of American Resistance to Organized Wealth and Power*, New York 2015.
Steven Fraser, Gary Gerstle (Hg.), *Ruling America. A History of Wealth and Power in a Democracy* Cambridge, MA 2005.

William A. Galston, *Anti-Pluralism. The Populist Threat to Liberal Democracy*, New Haven 2018.
David H. Gans, »Justice Scalia's Originalist Sins«, in: *Constitutional Accountability Center*, 22. September 2010, ⟨www.theusconstitution.org/blog/justice-scalias-originalist-sins/⟩, letzter Zugriff 25. 5. 2022.
Thomas Geoghegan, *Were You Born on the Wrong Continent? How the European Model Can Help You Get a Life*, New York 2010.
Marco Geuna, »Rousseau interprete di Machiavelli«, in: *Storia del pensiero politico* 1 (2013), S. 61-87.
Anthony Giddens (Hg.), *Durkheim on Politics and the State*, Stanford 1986.
Felix Gilbert, »Bernardo Rucellai and the Orti Oricellari. A Study on the Origin of Modern Political Thought«, in: *History. Choice and Commitment*, Cambridge 1977, S. 215-246.
Felix Gilbert, *Florentine political assumptions in the period of Savonarola and Soderini,* Indianapolis 1957.
Felix Gilbert, *Machiavelli and Guicciardini. Politics and History in Sixteenth Century Florence*, Princeton 1965.
Felix Gilbert, »Machiavelli's *Istorie Fiorentine*. An Essay in Interpretation«, in: *History. Choice and Commitment*, Cambridge 1977, S. 135-153.
Felix Gilbert, »The Venetian Constitution in Florentine Political Thought«, in: Nicolai Rubinstein (Hg.), *Florentine Studies. Politics and Society in Renaissance Florence*, Evanston 1968, S. 442-462.
Martin Gilens, *Affluence and Influence. Economic Inequality and Political Power in America,* Princeton 2012.
Robert E. Goodin, *Innovating Democracy. Democratic Theory and Practice After the Deliberative Turn*, Oxford 2012.
Alex Gourevitch, *From Slavery to the Cooperative Commonwealth. Labor and Republican Liberty in the Nineteenth Century,* Cambridge 2014.
Jeffrey Green, *The Eyes of the People. Democracy in an Age of Spectatorship*, Oxford 2011.
Jeffrey Green, *The Shadow of Unfairness. A Plebeian Theory of Democracy*, Oxford 2016.
Bernard Grofman, Arend Lijphart (Hg.), *Electoral Laws and their Political Consequences*, New York 2003.
Erich S. Gruen, *Culture and National Identity in Republican Rome,* Ithaca 1995.

Erich S. Gruen, »Patrocinium and clientela«, in: *The Hellenistic World and the Coming of Rome*, Berkeley 1986, S. 162 f.

Elena Fasano Guarini, »Machiavelli and the Crisis of the Italian Republics«, in: Gisela Bock u. a. (Hg.), *Machiavelli and Republicanism*, Cambridge 1990, S. 17-40.

Francesco Guicciardini, *Autodifesa di un politico*, Rom 1993.

Francesco Guicciardini, »Considerations of the *Discourses* of Niccolò Machiavelli«, in: James B. Atkinson, David Sices (Hg.), *The Sweetness of Power. Machiavelli's Discourses and Guicciardini's Considerations*, DeKalb 2002, S. 381-438.

Francesco Guicciardini, *Dialogue on the Government of Florence*, aus dem Italienischen von Alison Brown, Cambridge 1994.

Francesco Guicciardini, *Discorso di Logrogno (On Bringing Order to Popular Government)*, in: Athanasios Moulakis (Hg.), *Republican Realism in Renaissance Florence. Francesco Guicciardini's Discorso di Logrogno*, Lanham 1998, S. 117-149.

Francesco Guicciardini, *Maxims and Reflections*, aus dem Italienischen von Mario Domandi, Philadelphia 1965.

Francesco Guicciardini, *The History of Florence*, aus dem Italienischen von Mario Domandi, New York 1970.

Jürgen Habermas, *Faktizität und Geltung. Beiträge zur Diskurstheorie des Rechts und des demokratischen Rechtsstaats*, Frankfurt/M. 1992.

Jürgen Habermas, *Strukturwandel der Öffentlichkeit. Untersuchungen zu einer Kategorie der bürgerlichen Gesellschaft*, Frankfurt/M. 1990.

Jürgen Habermas, *Theorie des kommunikativen Handelns*, 2Bde., Frankfurt/M. 1981.

Jacob Hacker, Paul Pierson, *Winner-Take-All Politics. How Washington Made the Rich Richer and Turned its Back on the Middle Class*, New York 2011.

Alexander Hamilton u. a., *Die Federalist Papers*, aus dem Amerikanischen von Barbara Zehnpfennig (Hg.), München 2007.

Lawrence Hamilton, *Freedom is Power. Liberty through Political Representation*, Cambridge 2014.

Marci A. Hamilton, »The People. The Least Accountable Branch«, *The University of Chicago Law School Roundtable* 1 (1997), S. 1-18.

James Hankins (Hg.), *Renaissance Civic Humanism: Reappraisals and Reflections*, Cambridge 2000.

Mogens Herman Hansen, *Die athenische Demokratie im Zeitalter des Demosthenes. Struktur, Prinzipien und Selbstverständnis*, Berlin 1995.

Christopher Holman, *Machiavelli and the Politics of Democratic Innovation*, Toronto 2018.

Mark Hulliung, *Citizen Machiavelli*, Princeton 1984.
Mark Hulliung (Hg.), *Rousseau and the Dilemmas of Modernity*, Abingdon 2015.
Lynn Hunt, *Symbole der Macht, Macht der Symbole. Die Französische Revolution und der Entwurf einer politischen Kultur*, aus dem Amerikanischen von Michael Bischoff, Frankfurt/M. 1989.

Jeffrey C. Isaac, »Republicanism vs. Liberalism? A Reconsideration«, in: *History of Political Thought* 2 (1988), S. 349-377.

Michael Janeway, *Republic of Denial. Press, Politics and Public Life*, New Haven 1999.
Robert Jubb, »Whose Republicanism, Which Liberty?«, Reading University, 2017, unveröffentlichtes Manuskript.
John B. Judis, *The Populist Explosion. How the Great Recession Transformed American and European Politics*, New York 2016.
Mark Jurdjevic, *A Great and Wretched City. Promise and Failure in Machiavelli's Florentine Political Thought,* Cambridge, MA 2014.
Mark Jurdjevic u. a. (Hg.), *Florentine Political Writings from Petrarch to Machiavelli,* Philadelphia 2019.

Daniel J. Kapust, *Republicanism, Rhetoric, and Roman Political Thought. Sallust, Livy, and Tacitus*, Cambridge 2014.
Demetra Kasimis, *The Perpetual Immigrant and the Limits of Athenian Democracy*, Cambridge 2018.
Simon Kaye, »Deal > Remain > No-Deal > Deal: Brexit and the Condorcet Paradox«, in: *British Politics and Policy at LSE*, 7. Dezember 2018, ⟨blogs.lse.ac.uk/politicsandpolicy/brexit-condorcet/⟩, letzter Zugriff 25. 5. 2022.
Rogan Kersh, »Influencing the State. U.S. Campaign Finance and Its Discontents«, in: *Critical Review* 1 (2003), S. 203-219.
Steven Klein, »Fictitious Freedom. A Polanyian Critique of the Republican Revival«, in: *American Journal of Political Science* 4 (2017), S. 852-863.
Steven Klein, *The Work of Politics. Making a Democratic Welfare State,* Cambridge 2019.
David M. Kotz, *The Rise and Fall of Neoliberal Capitalism*, Cambridge 2017.
Paul Krugman, *Der große Ausverkauf. Wie die Bush-Regierung Amerika ruiniert,* aus dem Amerikanischen von Birgit Hofmann und Herbert Allgeier, Frankfurt/M. 2004.
Robert Kuttner, *Can Democracy Survive Global Capitalism?*, New York 2018.

Ernesto Laclau, Chantal Mouffe, *Hegemonie und radikale Demokratie. Zur Dekonstruktion des Marxismus,* aus dem Englischen von Michael Hintz und Gerd Vorwallner, Wien 2012.

Matthew Landauer, *Dangerous Counsel. Accountability and Advice in Ancient Greece*, Chicago 2019.

Matthew Landauer, »Demos (a)kurios? Agenda Power and Democratic Control in Ancient Greece«, in: *European Journal of Political Theory*, 2021, ⟨journals.sagepub.com/doi/10.1177/14748851211015331⟩, letzter Zugriff 25. 5. 2022.

Frederic Lane, *Venice. A Maritime Republic*, Baltimore 1973.

Melissa Lane, »Founding as Legislating. The Figure of the Lawgiver in Plato's *Republic*«, in: Luc Brisson, Noburu Notomi (Hg.), *Dialogues on Plato's Politeia* (*Republic*). *Selected Papers from the Ninth Symposium Platonicum*, St. Augustine 2013, S. 104-114.

Martine Leibovici, »From Fight to Debate. Machiavelli and the Revolt of the Ciompi«, in: *Philosophy and Social Criticism* 6 (2002), S. 647-660.

Wladimir Iljitsch Lenin, *Ausgewählte Schriften in zwei Bänden*, Berlin 1989, Bd. 1.

Leonard W. Levy, *The Emergence of a Free Press*, Chicago 2004.

Avi Lifschitz (Hg.), *Engaging with Rousseau. Reaction and Interpretation from the Eighteenth Century to the Present*, Cambridge 2016.

Arend Lijphart, *Democracy in Plural Societies. A Comparative Exploration*, New Haven 1992.

Andrew Lintott, *The Constitution of the Roman Republic*, Oxford 1999.

Titus Livius, *Römische Geschichte*, Buch I-III, aus dem Lateinischen übersetzt und herausgegeben von Hans Jürgen Hillen, Düsseldorf/Zürich 1987.

Titus Livius, *Römische Geschichte*, Buch IV-VI, aus dem Lateinischen übersetzt und herausgegeben von Hans Jürgen Hillen, Düsseldorf/Zürich 1991.

Titus Livius, *Römische Geschichte*, Buch VII-X mit Inhaltsangaben und Fragmenten XI-XX, aus dem Lateinischen übersetzt und herausgegeben von Hans Jürgen Hillen, Düsseldorf 2000.

Tom LoBianco, »Bill Clinton. Sanders supporters would ›shoot every third person on Wall Street‹«, in: CNN, 16. April 2016, ⟨edition.cnn.com/2016/04/15/politics/bill-clinton-bernie-sanders-shoot-wall-street/index.html⟩, letzter Zugriff 25. 5. 2022.

Niccolò Machiavelli, *Discorsi sopra la prima deca di Tito Livio*, in: Corrado Vivanti (Hg.), *Opere I. I Primi Scritti Politici*, Turin 1997, S. 73-254.

Niccolò Machiavelli, »Discorso Sopra Le Cose Della Magna E Sopra l'Imperatore«, in: Mario Martelli (Hg.), *Machiavelli. Tutte Le Opere*, Florenz 1971, S. 68.

Niccolò Machiavelli, »Discursus Florentinarum Rerum Post Mortem Iunioris Laurentii Medices«, in: Corrado Vivanti (Hg.), *Opere I. I Primi Scritti Politici*, Turin 1997, S. 733-745.

Niccolò Machiavelli, *Il Principe (De Principatibus)*, hg. v. Giorgio Inglese, Turin 1995.

Niccolò Machiavelli, *Istorie Fiorentine*, hg. v. Franco Gaeta, Milan 1962.

Niccolò Machiavelli, »Rapporto Delle Cose Della Magna«, in: Mario Martelli (Hg.), *Machiavelli. Tutte Le Opere*, Florenz 1971, S. 63-68.

Niccolò Machiavelli, »Ritratto Delle Cose Della Magna«, in: Mario Martelli (Hg.), *Machiavelli. Tutte Le Opere*, Florenz 1971, S. 68-71.

Amanda Moure Maher, *The Corrupt Republic. The Contemporary Relevance of Machiavelli's Critique of Wealth Inequality and Social Dependence*, Dissertation, Politikwissenschaft, University of Chicago 2017.

Amanda Moure Maher, »The Power of ›Wealth, Nobility and Men‹. Inequality and Corruption in Machiavelli's Florentine Histories«, in: *European Journal of Political Theory* 4 (2017), S. 512-531.

Amanda Moure Maher, »What Skinner Misses About Machiavelli's Freedom. Inequality, Corruption and the Institutional Origins of Civic Virtue«, in: *Journal of Politics* 4 (2016), S. 1003-1015.

Jason Stuart Maloy, *Democratic Statecraft. Political Realism and Popular Power*, Cambridge 2013.

Bernard Manin, *The Principles of Representative Government*, Cambridge 1997.

Jane Mansbridge, »Rethinking Representation«, in: *American Political Science Review* 4 (2003), S. 515-528.

Mario Martelli, »Machiavelli e Firenze dalla repubblica al principate«, in: Jean-Jacques Marchand (Hg.), *Niccolò Machiavelli. Politico storico letterato*, Rom 1996, S. 15-31.

Robert W. Martin, *The Free and Open Press. The Founding of American Democratic Press Liberty*, New York 2001.

Lauro Martines, *Power and Imagination. City-States in Renaissance Italy*, New York 1979.

Robert W. McChesney, *Rich Media, Poor Democracy. Communication Politics in Dubious Times*, Champaign-Urbana 1999.

John P. McCormick, *Carl Schmitt's Critique of Liberalism. Against Politics as Technology*, Cambridge 1997.

John P. McCormick, »Contain the Wealthy and Patrol the Magistrates. Restoring Elite Accountability to Popular Government«, in: *American Political Science Review* 2 (2006), S. 147-163.

John P. McCormick, »Faulty Foundings and Failed Reformers in Machiavelli's *Florentine Histories*«, in: *American Political Science Review* 1 (2017), S. 204-216.

John P. McCormick, »Machiavelli Against Republicanism. On the Cambridge School's ›Guicciardinian Moments‹« in: *Political Theory* 5 (2003), S. 615-643.

John P. McCormick, »Machiavelli's Agathocles. From Criminal Example to Princely Exemplum«, in: Michèle Lowrie, Susanne Lüdemann (Hg.), *Between Exemplarity and Singularity. Literature, Philosophy, Law*, Abingdon 2015, S. 123-139.
John P. McCormick, »Machiavelli's Greek Tyrant as Republican Reformer«, in: Filippo Del Lucchese u. a. (Hg.), *The Radical Machiavelli. Politics, Philosophy, and Language*, Leiden 2015, S. 337-348.
John P. McCormick, »Machiavelli's Inglorious ›Tyrants‹. On Agathocles, Scipio and Unmerited Glory«, in: *History of Political Thought* 1 (2015), S. 29-52.
John P. McCormick, *Machiavellian Democracy*, Cambridge 2011.
John P. McCormick, »Machiavellian Democracy. Controlling Elites With Ferocious Populism«, in: *American Political Science Review* 2 (2001), S. 297-314.
John P. McCormick, »Of Tribunes and Tyrants. Machiavelli's Legal and Extra-Legal Modes for Controlling Elites«, in: *Ratio Juris* 2 (2015), S. 252-266.
John P. McCormick, *Reading Machiavelli. Scandalous Books, Suspect Engagements and the Virtue of Populist Politics*, Princeton 2018.
John P. McCormick, »Subdue the Senate. Machiavelli's ›Way of Freedom‹ or Path to Tyranny?«, in: *Political Theory* 6 (2012), S. 717-738.
John P. McCormick, »Tempering and Redirecting the Grandi's Appetite to Oppress. The Dedication and Intention of Machiavelli's *Discourses*«, in: Victoria Kahn u. a. (Hg.), *Politics and the Passions (1500-1850)*, Princeton 2005, S. 7-29.
John P. McCormick, »The Enduring Ambiguity of Machiavellian Virtue. Crime, Cruelty and Christianity in *The Prince*«, in: *Social Research* 1 (2014), S. 133-164.
John P. McCormick, »The New Ochlophobia? Populism, Majority Rule and Prospects for Democratic Republicanism«, in: Yiftah Elazar, Geneviève Rousselière (Hg.), *Republicanism and the Future of Democracy*, Cambridge 2019, S. 130-151.
John P. McCormick, *The People's Princes. Machiavelli, Leadership and Liberty*, im Erscheinen.
John P. McCormick, *Weber, Habermas and Transformations of the European State. Constitutional, Social, and Supranational Democracy*, Cambridge 2009.
Paul D. McLean, *The Art of the Network. Strategic Interaction and Patronage in Renaissance Florence*, Durham 2007.
Marvin Meyers (Hg.), *The Mind of the Founder. Sources of the Political Thought of James Madison*, Hanover 1981.
Robert Michels, *Zur Soziologie des Parteiwesens in der modernen Demokra-*

*tie. Untersuchungen über die oligarchischen Tendenzen des Gruppenlebens*, Stuttgart 1989.

Fergus Millar, *The Crowd in Rome in the Late Republic*, Ann Arbor 2002.

Fergus Millar, *The Roman Republic in Political Thought*, Waltham 2002.

James Miller, *Rousseau. Dreamer of Democracy*, New Haven 1984.

Benjamin Moffitt, *The Global Rise of Populism. Performance, Political Style, and Representation*, Stanford 2017.

Anthony Molho u. a. (Hg.), *City-States in Classical Antiquity and Medieval Italy*, Ann Arbor 1991.

Arnaldo Momigliano, »Osservazioni sulla distinzione fra patrizi e plebei«, in: *Roma Arcaica*, Florenz 1989, S. 209-224.

Arnaldo Momigliano, »Prolegomena a ogni futura metafisica sulla plebe romana«, in: *Sui fondamenti della storia antica,* Turin 1984, S. 368-377.

Charles Louis de Secondat de Montesquieu, *Betrachtungen über die Ursachen der Grösse der Römer und deren Verfall nebst der Abhandlung über die Politik der Römer in Religionssachen und dem Dialog zwischen Sulla und Eukrates*, aus dem Französischen und herausgegeben von Robert Habs, Leipzig 1882.

Edmund S. Morgan, *Inventing the People. The Rise of Popular Sovereignty in England and America,* New York 1989.

Robert Morstein-Marx, »›Cultural Hegemony‹ and the Communicative Power of the Roman Elite«, in: Catherine Steel, Henriette van der Blom (Hg.), *Community and Communication. Oratory and Politics in Republican Rome*, Oxford 2013, S. 29-47.

Robert Morstein-Marx, »Persuading the People in the Roman Participatory Context«, in: Dean Hammer (Hg.), *A Companion to Greek Democracy and the Roman Republic*, Oxford 2014, S. 294-310.

Robert Morstein-Marx, »Political Graffiti in the Late Roman Republic. ›Hidden Transcripts‹ and ›Common Knowledge‹«, in: Christina Kuhn (Hg.), *Politische Kommunikation und öffentliche Meinung in der antiken Welt,* Stuttgart 2012, S. 191-217.

Athanasios Moulakis (Hg.), *Republican Realism in Renaissance Florence. Francesco Guicciardini's Discorso di Logrogno*, Lanham 1998.

Cas Mudde, Cristóbal Rovira Kaltwasser, *Populismus. Eine sehr kurze Einführung*, aus dem Englischen von Anne Emmert, Bonn 2019.

Jan-Werner Müller, *Was ist Populismus? Ein Essay*, Berlin 2016.

Karma Nabulsi, *Traditions of War. Occupation, Resistance and the Law*, Oxford 2000.

John M. Najemy, *Corporatism and Consensus in Florentine Electoral Politics (1280-1400)*, Chapel Hill 1982.

John M. Najemy, »›Occupare la tirannide‹. Machiavelli, the Militia, and

Guicciardini's Accusation of Tyranny«, in: Jérémie Barthas (Hg.), *Della tirannia. Machiavelli con Bartolo, Quaderni di Rinascimento*, Florenz 2007, S. 75-108.

John M. Najemy, »The Controversy Surrounding Machiavelli's Service to the Republic«, in: Gisela Bock u. a. (Hg.), *Machiavelli and Republicanism*, Cambridge 1990, S. 102-117.

Jennifer Nedelsky, *Private Property and the Limits of American Constitutionalism. The Madisonian Framework and Its Legacy*, Chicago 1991.

Eric Nelson, *The Greek Tradition in Republican Thought*, Cambridge 2004.

Frederick Neuhouser, »Rousseau's Critique of Economic Inequality«, in: *Philosophy & Public Affairs* 3 (2013), S. 193-225.

Frederick Neuhouser, *Rousseau's Theodicy of Self-Love. Evil, Rationality, and the Drive for Recognition*, Oxford 2008.

Claude Nicolet, *The World of the Citizen in Republican Rome*, aus dem Französischen von Paul Stephen Falla, Berkeley 1980.

Josiah Ober, *Demopolis. Oder was ist Demokratie?*, aus dem Amerikanischen von Karin Schuler und Andreas Thomsen, Darmstadt 2017.

Josiah Ober, *Mass and Elite in Democratic Athens. Rhetoric, Ideology and the Power of the People*, Princeton 1991.

Josiah Ober, »Thucydides' Criticism of Democratic Knowledge«, in: Ralph. M. Rosen, Joseph Farrell (Hg.), *Nomodeiktes. Greek Studies in Honor of Martin Ostwald*, Ann Arbor 1993, S. 81-98.

Timothy O'Hagan (Hg.), *Jean-Jacques Rousseau. International Library of Essays in the History of Social and Political Thought*, Abingdon 2007.

John F. Padgett, Chris K. Ansell, »Robust Action and the Rise of the Medici (1400-1434)«, in: *American Journal of Sociology* 6 (1993), S. 1259-1319.

Benjamin I. Page, Martin Gilens, *Democracy in America? What Has Gone Wrong and What We Can Do About It*, Chicago 2017.

Tejas Parasher, »Inequality and *Tumulti* in Machiavelli's Aristocratic Republics«, in: *Polity* 1 (2017), S. 42-68.

Alan Patten, »The Republican Critique of Liberalism«, in: *British Journal of Political Science* 1 (1996), S. 25-44.

Gabriele Pedullà, *Machiavelli in Tumult. The Discourses on Livy and the Origins of Conflictual Politics*, Cambridge 2018.

Philip Pettit, *A Theory of Freedom. From the Psychology to the Politics of Agency*, Oxford 2001.

Philip Pettit, »Democracy. Electoral and Contestatory«, in: Ian Shapiro, Stephen Macedo (Hg.), *Nomos XLII: Designing Democratic Institutions*, New York 2000, S. 105-146.

Philip Pettit, *On the People's Terms. A Republican Theory and Model of Democracy*, Cambridge 2013.

Philip Pettit, *Republicanism. A Theory of Freedom and Government*, Oxford 1999.

Kevin Phillips, *Die amerikanische Geldaristokratie. Eine politische Geschichte des Reichtums in den USA*, aus dem Englischen von Andreas Wirthensohn, Frankfurt/M. 2003.

Mark Phillips, »Barefoot Boy Makes Good. A Study of Machiavelli's Historiography«, in: *Speculum* 3 (1984), S. 585-605.

Natasha Piano, *Democratic Elitism Revisited. Pluralism, Plutocracy and the Secret History of American Political Science*, Dissertation, Politikwissenschaft, University of Chicago 2020.

Natasha Piano, »Revisiting Democratic Elitism. The Italian School of Elitism, American Political Science, and the Problem of Plutocracy«, in: *The Journal of Politics* 2 (2019), S. 524-538.

Thomas Piketty, *Das Kapital im 21. Jahrhundert*, aus dem Französischen von Ilse Utz und Stefan Lorenzer, München 2014.

Plutarch, *Große Griechen und Römer*, aus dem Griechischen und herausgegeben von Konrad Ziegler und Walter Wuhrmann, 6 Bde., Zürich 1954-1965.

John Greville, Agard Pocock, *The Machiavellian Moment. Florentine Political Thought and the Atlantic Political Tradition*, Princeton 1975.

Karl Polanyi, *The Great Transformation. Politische und ökonomische Ursprünge von Gesellschaften und Wirtschaftssystemen*, Frankfurt/M. 1995.

Polybios: *Die Verfassung der römischen Republik. Historien, VI. Buch*, aus dem Griechischen von Karl Friedrich Eisen, Ditzingen 2012.

Richard Posner, *Law, Pragmatism and Democracy*, Cambridge, MA 2004.

G. Bingham Powell, *Elections as Instruments of Democracy*, New Haven 2000.

Adam Przeworski, »Minimalist Conception of Democracy. A Defense«, in: Ian Shapiro, Casiano Hacker-Cordon (Hg.), *Democracy's Value*, Cambridge 1999, S. 23-55.

Adam Przeworski, Michael Wallerstein, »Structural Dependence of the State on Capital«, in: *American Political Science Review* 1 (1988), S. 11-29.

Adam Przeworski u. a. (Hg.), *Democracy, Accountability, and Representation*, Cambridge 1999.

Ethan Putterman, *Rousseau, Law and the Sovereignty of the People*, Cambridge 2010.

Ethan Putterman, »Rousseau on Agenda-Setting and Majority Will«, in: *American Political Science Review* 3 (2003), S. 459-469.

Ethan Putterman, »Rousseau on the People as Legislative Gatekeepers, Not Framers«, in: *American Political Science Review* 1 (2005), S. 145-151.

K. Sabeel Rahman, *Democracy Against Domination*, Oxford 2016.

John Rawls, *Eine Theorie der Gerechtigkeit,* aus dem Amerikanischen von Hermann Vetter, Frankfurt/M. 1979.

John Rawls, *Politischer Liberalismus,* aus dem Amerikanischen von Wilfried Hinsch, Frankfurt/M. 2003.

Carl J. Richard, *The Founders and the Classics. Greece, Rome, and the American Enlightenment*, Cambridge, MA 1994.

Robert Ridolfi, *The Life of Francesco Guicciardini*, aus dem Italienischen von Cecil Grayson, New York 1968.

Robert Ridolfi, *The Life of Niccolò Machiavelli*, aus dem Italienischen von Cecil Grayson, Chicago 1963.

Patrick Riley, »Rousseau's General Will«, in: ders. (Hg.), *The Cambridge Companion to Rousseau*, Cambridge 2001, S. 124-153.

Katherine M. Robiadek, »For the People. Deepening the Democratic Turn in Machiavelli Studies«, in: *Political Theory* 4 (2021), S. 686-699.

Julie L. Rose, »›Keep the Citizens Poor‹. Machiavelli's Prescription for Republican Poverty«, in: *Political Studies* 3 (2016), S. 734-747.

Helena Rosenblatt, Paul Schweigert (Hg.), *Thinking with Rousseau. From Machiavelli to Schmitt*, Cambridge 2017.

Nancy L. Rosenblum, *On the Side of the Angels. An Appreciation of Parties and Partisanship*, Princeton 2008.

Jean-Jacques Rousseau, *Abhandlung über den Ursprung und die Grundlagen der Ungleichheit unter den Menschen*, aus dem Französischen von Philipp Rippel, Ditzingen, 1998.

Jean-Jacques Rousseau, »Briefe vom Berge«, in: Henning Ritter (Hg.), *Schriften*, 2 Bde., München 1978, Bd. 2, S. 7-253.

Jean-Jacques Rousseau, *Vom Gesellschaftsvertrag oder Grundsätze des Staatsrechts*, aus dem Französischen von Hans Brockard und Eva Pietzcker, Ditzingen 2011.

Geneviève Rousselière, »On the Possibility of a Modern Republic. Rousseau and the Puzzle of the Roman Republic«, in: David Lay Williams, Matthew W. Maguire (Hg.), *Cambridge Companion to Rousseau's Social Contract*, Cambridge, im Erscheinen.

Geneviève Rousselière u. a., »Labor Republicanism. Symposium on Alex Gourevitch's *From Slavery to the Cooperative Commonwealth. Labor and Republican Liberty in the Nineteenth Century*, Cambridge University Press, 2014«, in: *Political Theory* 4 (2020), S. 496-527.

Nicolai Rubinstein, *Florentine Studies. Politics and Society in Renaissance Florence,* Evanston 1968.

Nicolai Rubinstein, »I primi anni del Consiglio Maggiore di Firenze (1494-99)«, in: *Archivio Storico Italiano* 112 (1954), S. 151-194.

Nicolai Rubinstein, *The Government of Florence under the Medici (1434 to 1494)*, Oxford 1966.

David Rudenstine, *The Day the Press Stopped. A History of the Pentagon Papers Case*, Berkeley 1998.

Sallust, *Bellum Iugurthinum / Der Krieg mit Jugurtha*, aus dem Lateinischen von Karl Büchner, Ditzingen 1986.
Sallust, *De coniuratione Catilinae / Die Verschwörung des Catilina*, aus dem Lateinischen von Karl Büchner, Ditzingen 1986.
Gaetano Salvemini, *Magnati e Popolani in Firenze dal 1280 al 1295*, Florenz 1899.
Lynn M. Sanders, »Against Deliberation«, in: *Political Theory* 3 (1997), S. 347-376.
Kay Lehman Schlozman u. a., *Unequal and Unrepresented. Political Inequality and the People's Voice in the New Gilded Age*, Princeton 2018.
Ronald J. Schmidt, *Reading Politics with Machiavelli*, Oxford 2018.
Carl Schmitt, »Der Führer schützt das Recht«, in: *Deutsche Juristen-Zeitung* 15 (1934), Sp. 945-950.
Carl Schmitt, *Der Hüter der Verfassung*, Tübingen 1931.
Carl Schmitt, *Legalität und Legitimität*, München 1932.
Carl Schmitt, *Verfassungslehre*, München 1928.
Melissa Schwartzberg, *Counting the Many. The Origins and Limits of Supermajority Rule*, Cambridge 2013.
John T. Scott, »Rousseau's Anti-Agenda-Setting Agenda and Contemporary Democratic Theory«, in: *American Political Science Review* 1 (2005), S. 137-144.
Mortimer N. S. Sellers, *American Republicanism. Roman Ideology in the United States Constitution*, New York 1994.
Ian Shapiro, *The State of Democratic Theory*, Princeton 2003.
Judith N. Shklar, *Men and Citizens. A Study of Rousseau's Social Theory*, Cambridge 1965.
Giovanni Silvano, »Florentine Republicanism in the Early Sixteenth Century«, in: Gisela Bock u. a. (Hg.), *Machiavelli and Republicanism*, Cambridge 1990, S. 40-70.
Gabriella Silvestrini, *Diritto naturale e volontà generale. Il contrattualismo repubblicano di Jean-Jacques Rousseau*, Turin 2010.
Quentin Skinner, *Visionen des Politischen*, aus dem Englischen von Robin Celikates und Eva Engels, Frankfurt/M. 2009.
Theda Skocpol, Vanessa Williamson, *The Tea Party and the Remaking of Republican Conservatism*, Oxford 2012.
Graham Smith, *Democratic Innovations. Designing Institutions for Citizen Participation*, Cambridge 2009.
Graham Smith, David Owen, »Machiavellian Democratic Innovations. McCormick's People's Tribunate«, in: *The Good Society* 2 (2011), S. 203-215.

Céline Spector, *Au Prisme de Rousseau. Usages Politiques Contemporains*, Oxford 2011.

Céline Spector, *Rousseau et la critique de l'économie politique*, Bordeaux 2017.

Jean Starobinski, *Rousseau. Eine Welt von Widerständen*, aus dem Französischen von Ulrich Raulff, München 1988.

Marc Stears u.a., »On Machiavelli as Plebeian Theorist,« in: *Theoria* 161 (2019), S. 108-116.

John N. Stephens, *The Fall of the Florentine Republic (1512-1530)*, Oxford 1983.

Isidor F. Stone, *The Trial of Socrates*, New York 1989.

Peter Stone, *The Luck of the Draw. The Role of Lotteries in Decision Making*, Oxford 2011.

Leo Strauss, *Thoughts on Machiavelli*, Glencoe 1958.

Tracy B. Strong, *Jean-Jacques Rousseau. The Politics of the Ordinary*, Lanham 2002.

Vickie B. Sullivan, *Machiavelli, Hobbes, and the Formation of a Liberal Republicanism in England*, Cambridge 2004.

Vickie B. Sullivan, *Machiavelli's Three Romes. Religion, Human Liberty, and Politics*, DeKalb 1996.

Cass R. Sunstein, »Beyond the Republican Revival«, in: *Yale Law Journal* 97 (1988), S. 1539-1590.

Nathan Tarcov, »Machiavelli's Modern Turn«, in: Michael Rohlf (Hg.), *The Modern Turn*, Washington, DC 2017, S. 36-53.

Lily Ross Taylor, *Roman Voting Assemblies. From the Hannibalic War to the Dictatorship of Caesar (Thomas Spencer Jerome Lectures)*, Ann Arbor 1990.

Thukydides, *Der Peloponnesische Krieg*, aus dem Griechischen von Michael Weißenberger, Berlin 2017.

Richard Tuck, *The Sleeping Sovereign. The Invention of Modern Democracy*, Cambridge 2016.

United States Supreme Court, *City of Richmond v. J. A. Croson*, 488 U.S. 469 (1989).

United States Supreme Court, *Metro Broadcasting v. FCC*, 497 U.S. 547 (1990).

Nadia Urbinati, »Condorcet's Democratic Theory of Representative Government«, in: *European Journal of Political Theory* 1 (2004), S. 53-75.

Nadia Urbinati, *Democracy Disfigured. Opinion, Truth and the People*, Cambridge, MA 2014.

Nadia Urbinati, *Me the People. How Populism Transforms Democracy*, Cambridge, MA 2019.

Nadia Urbinati, *Mill on Democracy. From the Athenian Polis to Representative Government*, Chicago 2002.
Nadia Urbinati, *Representative Democracy. Principles and Genealogy*, Chicago 2006.
Nadia Urbinati, »Republicanism. Democratic or Popular?«, in: *The Good Society* 2 (2011), S. 157-169.

Johan van der Zande (Hg.), *Early French and German Defenses of Freedom of the Press*, Boston 2003.
Miguel E. Vatter, *Between Form and Event. Machiavelli's Theory of Political Freedom*, Dordrecht 2000.
Camila Vergara, »Populism as Plebeian Politics. Inequality, Domination, and Popular Empowerment«, in: *Journal of Political Philosophy* 2 (2020), S. 222-246.
Camila Vergara, *Systemic Corruption. Constitutional Ideas for an Anti-Oligarchic Republic*, Princeton 2020.
Dana Villa, *Teachers of the People. Political Education in Rousseau, Hegel, Tocqueville, and Mill*, Chicago 2017.
Maurizio Viroli, *Jean-Jacques Rousseau and the »Well-Ordered Society«*, Cambridge 1988.
Maurizio Viroli, »Machiavelli and the Republican Idea of Liberty«, in: Gisela Bock u. a. (Hg.), *Machiavelli and Republicanism*, Cambridge 1990, S. 143-171.
Maurizio Viroli, »Republic and Politics in Machiavelli and Rousseau«, in: *History of Political Thought* 3 (1989), S. 405-420.
Maurizio Viroli, *Republicanism*, New York 2002.
Leonard Wantchekon, »The Paradox of ›Warlord‹ Democracy«, in: *American Political Science Review* 1 (2004), S. 17-34.

Mark Warren, Hilary Pearse (Hg.), *Designing Deliberative Democracy. The British Columbia Citizens' Assembly*, Cambridge 2008.
David Lay Williams, »Forestalling ›the ever-widening inequality of fortunes‹. Jean-Jacques Rousseau on Economic Inequality and the General Will«, in: ders. (Hg.), *The Greatest of All Plagues. Economic Inequality in Western Political Thought*, Princeton, im Erscheinen.
David Lay Williams, *Rousseau's Social Contract. An Introduction*, Cambridge 2014.
James Lindley Wilson, *Democratic Equality*, Princeton 2019.
Yves Winter, *Machiavelli and the Orders of Violence*, Cambridge 2018.
Yves Winter, »Plebeian Politics. Machiavelli and the Ciompi Uprising«, in: *Political Theory* 6 (2012), S. 736-766.
Jeffrey A. Winters, *Oligarchy*, Cambridge 2011.

Timothy Peter Wiseman, *Remembering the Roman People. Essays on Late-Republican Politics and Literature*, Oxford 2008.
Robert Wokler, *Rousseau, the Age of Enlightenment, and their Legacies*, Princeton 2012.
Neal Wood, *Cicero's Social and Political Thought*, Berkeley 1991.
David Wootton (Hg.), *Republicanism, Liberty and Commercial Societies (1649-1776)*, Stanford 1994.

Bernard Yack, *Problems of a Political Animal. Community, Justice and Conflict in Aristotelian Political Thought*, Berkeley 1993.
Iris Marion Young, *Justice and the Politics of Difference*, Princeton 1990.

Catherine H. Zuckert, »Machiavelli. Radical Democratic Political Theorist?«, in: *Review of Politics* 3 (2019), S. 499-510.

# Textnachweise

1. »Rethinking Democratic Athens and Republican Rome in an Age of Plutocracy and Populism«, Vortrag im Rahmen der Ringvorlesung des Exzellenzclusters »Die Herausbildung normativer Ordnungen«: »Demokratie in der Krise? Bruch, Regression und Resilienz«, 26. Juni 2019, Goethe-Universität Frankfurt am Main.

2. »Contain the Wealthy and Patrol the Magistrates: Restoring Elite Accountability to Popular Government«, in: *American Political Science Review* 100/2 (May 2006) 147-163.

3. »Keep the Public Rich and the Citizens Poor: Economic Inequality and Political Corruption in the Discourses«, in: John McCormick, *Reading Machiavelli: Scandalous Books, Suspect Engagements, and the Virtue of Populist Politics*, Princeton: Princeton University Press 2018, 45-68.

4. »Machiavelli, Popular Resistance and the Curious Case of the Ciompi Revolt«, in: Véronique Ferrer, Philippe Desan (Hg.), *Penser et agir à la Renaissance*, Genf: Librairie Droz 2020, 369-390.

5. »Rousseau's Rome and the Repudiation of Democratic Republicanism«, in: *Critical Review of International Social and Political Philosophy* (CRISPP) 10/1 (March 2007) 3-27.

6. »Democracy, Plutocracy and the Populist Cry of Pain«, in: Giuseppe Ballacci, Rob Goodman (Hg.), *Populism, Demagoguery, and Rhetoric in Historical Perspective*, Oxford: Oxford University Press, im Erscheinen.

## Sozialphilosophie im Suhrkamp Verlag
## Eine Auswahl

**Judith Butler**

- Anmerkungen zu einer performativen Theorie der Versammlung. stw 2258. 312 Seiten
- Die Macht der Geschlechternormen und die Grenzen des Menschlichen. stw 1989. 414 Seiten
- Die Macht der Gewaltlosigkeit. Über das Ethische im Politischen. Gebunden. 250 Seiten

**John Dewey**

- Sozialphilosophie. Vorlesungen in China 1919/20. stw 2232. 259 Seiten

**Rainer Forst**

- Kritik der Rechtfertigungsverhältnisse. Perspektiven einer kritischen Theorie der Politik. stw 1962. 240 Seiten
- Normativität und Macht. Zur Analyse sozialer Rechtfertigungsordnungen. stw 2132. 254 Seiten
- Die noumenale Republik. Kritischer Konstruktivismus nach Kant. stw 2363. 360 Seiten

**Sally Haslanger**

- Der Wirklichkeit widerstehen. Soziale Konstruktion und Sozialkritik. stw 2174. 283 Seiten

**Axel Honneth**

- Anerkennung. Eine europäische Ideengeschichte. Gebunden. 238 Seiten
- Die Armut unserer Freiheit. Aufsätze 2012-2019. stw 2313. 350 Seiten
- Die Idee des Sozialismus. Versuch einer Aktualisierung. Erweiterte Ausgabe. stw 2224. 199 Seiten

NF 123/1/11.21

**Rahel Jaeggi**

- Entfremdung. Zur Aktualität eines sozialphilosophischen Problems. Mit einem neuen Nachwort. stw 2185. 337 Seiten
- (zus. mit Nancy Fraser) Kapitalismus. Ein Gespräch über kritische Theorie. Herausgegeben von Brian Milstein. Aus dem Amerikanischen von Jürgen Schröder. stw 2307. 329 Seiten
- Kritik von Lebensformen. stw 1987. 451 Seiten

**Zhao Tingyang**

- Alles unter dem Himmel. Vergangenheit und Zukunft der Weltordnung. stw 2282. 266 Seiten

NF 123/2/11.21